Kunst-Reiseführer in der Reihe DuMont Dokumente

Zur schnellen Orientierung – die wichtigsten Orte Liguriens auf einen Blick:

(Auszug aus dem ausführlichen Ortsregister S. 381)

Alássio	313	Moneglia	249
Albenga	287	Noli	276
Albisola	266	Ospedaletti	330
Basilica dei Fieschi	232	Perti	284
Bordighera	330	Portofino	227
Camogli	224	Porto Maurizio	317
Chiávari	229	Portovenere	252
Cinqueterre	250	Rapallo	228
Finalborgo	282	San Fruttuoso	225
Finale Marina	281	San Remo	322
Finalpia	280	Santa Margherita Ligure	228
Genua	118	Sarzana	259
Imperia	316	Savona	267
La Spezia	254	Sestri Levante	232
Lérici	256	Taggia	319
Lévanto	249	Toirano	287
Loano	286	Varazze	264
Luni	257	Ventimiglia	332

In der vorderen Umschlagklappe: Riviera di Ponente

In der hinteren Umschlagklappe: Riviera di Levante

Rolf Legler

Die italienische Riviera
Ligurien – die Region und ihre Küste
von San Remo über Genua bis La Spezia

DuMont Buchverlag Köln

Auf der Umschlagvorderseite: Vernazza in den Cinque Terre, Riviera di Levante
Auf der vorderen Umschlagklappe: Apricale, Riviera die Ponente
Auf der Umschlagrückseite: Genua, Palazzo Gambaro (Banco di Chiávari), Grande Salone mit Deckengemälde von D. Piola und Paolo Brozzi
Auf S. 2: Holzschnitt ›Flotta oceanica‹ des Christoph Kolumbus, die in Wirklichkeit aus drei Caravellen bestand. Basel 1494

© 1985 DuMont Buchverlag, Köln
3. Auflage 1989
Alle Rechte vorbehalten
Satz und Druck: Rasch, Bramsche
Buchbinderische Verarbeitung: Bramscher Buchbinder Betriebe

Printed in Germany   ISBN 3-7701-1425-6

Inhalt

Vorwort 7

I Vor- und Frühgeschichte 9
1 Höhlen, Gräber, Stelen 10
2 Ein geheimnisvolles Volk, die Ligurer 17

II Genua – La Superba 19
1 Zur historischen Identität einer europäischen Stadt 20
   Die Stadt in der Antike 20
   Vom Fischerdorf zur Supermacht 23
   Grundlagen eines Konflikts: Von der venezianischen Expansion
       bis zum Aufstieg der Fieschi 26
   Der Genueser ist dem Genueser ein Wolf oder: Genua, sich selbst ein Problem . . . 28
   Nach Curzola 51
   Der Chioggia-Krieg und seine Folgen 54
   Die neue Zeit bricht an 55
   Glanzlichter: Handel, Seefahrt, Finanzwesen 59
   Das Goldene Zeitalter: Genua und Andrea Doria 62
2 Genua, eine Kunststadt? 73
   Der Superba Darstellung in der Kunstliteratur: ein Zerrbild 73
   Architektur 77
   Skulptur 100
   Malerei 103
3 Die Stadt und ihre Sehenswürdigkeiten. Rundgänge 118
   a Der Hafen und seine Umgebung 118
   b Civitas, Castello und Carignano 130
   c Politisches und religiöses Zentrum (Borgo) 137
   d Straße der Paläste 188
   e Die Neustadt: Von der Piazza De Ferrari zur Piazza della Vittoria 210
   f Vorstädte Genuas 212
   g Riviera di Levante: Hinterland von Genua 219

III Riviera di Levante 222
1 Ambientale Kunst 223
2 Das Vorgebirge von Portofino und der Golf von Tigullio
  Camogli – S. Fruttuoso – Portofino – S. Margherita Ligure – Rapallo 224
3 Von Chiávari bis Levanto
  Madonna delle Grazie – Chiávari – Basilica dei Fieschi – Sestri Levante –
  Moneglia – Levanto 228
4 Die Cinqueterre 250
5 Der Golf der Dichter und die Lunigiana
  Portovenere – La Spezia – Lerici – Luni – Sarzana 225

IV Riviera di Ponente 262
1 Von Varazze bis Savona
  Arenzano – Varazze – Celle Ligure – Albisola – Savona 263
2 Die Seerepublik Noli 276
3 Im Finalese
  Finalpia – Finale Marina – Finalborgo – Perti 279
4 Land der Ingauni – Terra di Albenga
  Pietra Ligure – Loano – Toirano – Albenga – Alassio – Castello Andora 285
5 Die Riviera dei Fiori 315
  Imperia – die offizielle Hauptstadt 316
  Verstecktes Schatzkästlein: Taggia 319
  Die Lebedame San Remo – Ospedaletti – Bordighera 322
  An der Staatsgrenze: Ventimiglia 332

Praktische Reisehinweise 337

1 Geographie, Klima, Temperaturen, Reisezeit 337
2 Flora und Fauna 339
3 Feste und Veranstaltungen 341
4 Küche und Weine 345
5 Kunsthandwerk und heimische Industrien 357
6 Ausflüge ins Hinterland 358
7 Museen und Öffnungszeiten 368

Glossar 373
Bildnachweis 376
Literaturhinweise 377
Register 381

Vorwort

Ligurien hieß der Arbeitstitel, Ligurien wäre auch geographisch und historisch gesehen die korrektere Bezeichnung des vorliegenden Bandes. Der aktuelle Titel ›Italienische Riviera‹ trägt der jüngeren Entwicklung Rechnung. Der den Ligurern nachgesagte Hang zum Individualistentum ebenso wie die zersprengte Situation des überaus bergigen Hinterlandes mit seinen zahllosen landschaftlichen Mikroeinheiten erwiesen sich als ungünstig für die im Kerneuropa einsetzende Industrialisierung. Die Region als Ganzes verlor an wirtschaftlicher Bedeutung. Was ihr vornehmlich heute als wirtschaftliches Rückgrat blieb, ist vor allem die Küste mit ihren geschäftigen Häfen wie Imperia, Savona, Genua und La Spezia. Nach diesen vier Hafenstädten erfolgte auch die Provinzeinteilung der Region.

Als ein anderer, erst im späten 19. Jahrhundert verstärkt wirksamer Wirtschaftsfaktor erwies sich die vorher weniger bedeutende Schönheit der ligurischen Küste. Gerade der Nobeltourismus des 19. Jahrhunderts entdeckte diese natürliche Schönheit der Landschaft als eigenständige Attraktion. Man fuhr nicht mehr nach Ligurien, man fuhr an die Riviera.

Der Massentourismus des 20. Jahrhunderts verstärkte den Trend dieser Entwicklung und brachte der Küste beträchtlichen Wohlstand. Dem wirtschaftlichen Rückgang und der damit verbundenen Landflucht des Hinterlandes folgte das Vergessen seiner Existenz, zumindest im geographischen Bewußtsein der von auswärts einströmenden Touristen. Mehrfach mußte ich diese auffällige Unkenntnis des eigentlichen Landesnamens erfahren.

In Anbetracht der Tatsache, daß Ligurien – also Küste, Genua und Hinterland zusammengesehen – eine wahre Schatztruhe der Kunst darstellt, die deutschsprachigen Urlauber das mit Abstand größte Kontingent an ausländischen Touristen in dieser Region stellen und Werke und Entwicklung der ligurischen Kunst im Bewußtsein der zuständigen Kreise weitgehend unterrepräsentiert sind, erwies sich die Edition eines DuMont-Kunstreiseführers über Ligurien, auch bei dem Zugeständnis in der Titelfrage, als längst überfällig. Für mich als Autor war unter den angezeigten Umständen die Aufgabe, von der Küste, der Riviera, ausgehend, Land, Leute, Geschichte und Kunst Liguriens vorzustellen, höchst reizvoll und beglückend.

Daß diese Aufgabe nicht immer aus eigener Anstrengung zu leisten war, versteht sich von selbst. Für den Fototeil sei die Bereitschaft zur kollegialen Zusammenarbeit von Prof. Dr. Sartori (Palazzo Rosso) und dem Sagep-Verlag, Genua, dankend erwähnt.

VORWORT

Besonders aufgeschlossen für Hilfestellungen verschiedenster Art erwiesen sich Dr. Arcolao von der Regione Liguria, Dr. Bernardini vom Istituto Internazionale di Studi Liguri in Bordighera, Comm. Dr. Ing. Capone von der Banca di Chiavari, Sig. Francieri vom E.T.P. di Savona und Dr. Scajola von der Camera di Commercio di Genova. Überaus nützlich war der Aufenthalt im Gästehaus von Herrn Klissing in Toirano. Als ganz besonders fruchtbar ergab sich die Zusammenarbeit mit dem Goethe-Institut in Genua, wo Dir. Dr. Wittek und Frl. Bader mit nie ermüdender Hilfsbereitschaft für die unmöglichsten Bitten Verständnis aufbrachten und unbürokratisch Abhilfe schafften.

Allen hier namentlich genannten, aber auch all jenen, die hier nicht aufgezählt werden können und dennoch wertvolle Unterstützung beim Zustandekommen dieses Buches, bei Recherchen und persönlichen Problemen leisteten, sei an dieser Stelle der aufrichtige und herzliche Dank ausgesprochen.

München, den 20. März 1985   *Rolf Legler*

I Vor- und Frühgeschichte

Statuenstele der Lunigiana

VOR- UND FRÜHGESCHICHTE

1 Höhlen, Gräber, Stelen

Arcobaleno, Regenbogen, haben findige und smarte Macher der Touristikbranche die Region Ligurien getauft. Es ist tatsächlich verlockend, diesen suggestiven Namen für den ligurischen Küstenbogen von Ventimiglia bis Sarzana aufzugreifen. Die Touristikwerbung für die Region hat dabei die folgende Kombination festgelegt: Rot für Kunst, Geschichte und Kultur, Orange für Wein und Gastronomie, Gelb für Folklore und Kunsthandwerk, Grün für das bergige Hinterland, Hellblau für die Meeresküste, Blau für das Meer und Weiß für Gebirge und Wintersport. Man könnte rechthaberisch darauf bestehen, daß die Farben nicht im Einklang mit dem Farbkontinuum des Regenbogens stünden und daß Weiß dort überhaupt nicht vorkomme, da ja der Regenbogen das farbige Prisma des weißen Lichts ist. Die Urheber und Taufpaten des neuen Namens möchten etwas verstimmt antworten, der Kritiker habe wohl nicht den Sinn dieses schönen bunten Wortbildes verstanden.

Der verständige Historiker, der die seichten Untiefen der Gegenwart hinter sich gelassen hat und zu den dunklen Anfängen der Menschheitsgeschichte in dieser Region hinabgetaucht ist, wird schon mit der Form des Regenbogens für Ligurien nicht viel anfangen können. Die Frühgeschichtler werden nicht müde, darauf hinzuweisen, daß, von der Bevöl-

Paläolithikum: 1 Grotte de Terra Amata 2 Grotte de Lazaret 3 Grotte de l'Observatoire 4 Grotte du Valonnet 5–10 Balzi Rossi 11 Grotta della Madonna dell'Arena 12 Arma di Nasino 13 Arma dello Stefanin 14–16 Grotte di Toirano 17 Grotte delle Arene Candide 18 Arma delle Fate 19 Grotta delle Manie

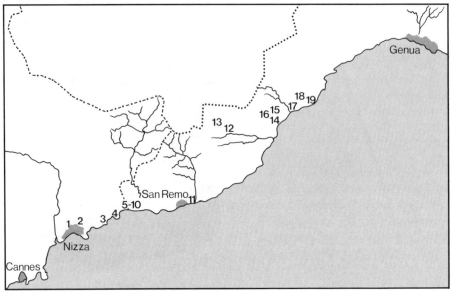

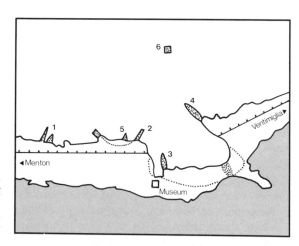

Le grotte dei Balzi Rossi, Grimaldi-Grotten: 1 Grotta dei Fanciulli 2 Grotta del Caviglione 3 Barma Grande 4 Grotta del Principe 5 Riparo Mochi 6 Grotta Grimaldi

kerung her gesehen, Ligurien ursprünglich einen Raum umfaßte, der von den oberitalienischen Seen über die Po-Ebene an die Küste bis zur Rhône reichte; besonders ›ligurische‹ Autoren schreiben: sogar bis zu den Pyrenäen.

Doch westlich der Rhône verliert sich der nachweisbare Einfluß der Ligurer. Aber auch diese bildeten im nordwestlichen Mittelmeerraum nur einen jüngeren Trieb an einem uralten verästelten Baum der Menschheit, dessen älteste Wurzeln gerade hier in einer bestaunenswerten Fülle und Dichte ständig zutage treten.

Betrachten wir das gesamte zeitliche Kontinuum der Steinzeit vom Pithekanthropus *(homo erectus)* über den Neandertaler bis zum *homo sapiens sapiens* (Crô-Magnon), so erweist sich der Küstenabschnitt vom Var westlich von Nizza bis zum Bisagnofluß (Genua) als einzige Fundstelle der Vor- und Frühgeschichte. Die gesamte nordwestliche Küste des Mittelmeeres, von der Rhône bis zur Magra, muß als Einheit gesehen werden. So wie es im Falle der Côte d'Azur unverzichtbar ist, die auf italienischem Boden gelegenen Grimaldi-Grotten zu erwähnen – die Grafschaft Nizza gehört erst seit 1860 zu Frankreich! –, so kann, umgekehrt, von der italienischen Riviera ausgehend, nicht auf die Erwähnung des Monte Bego, erst seit 1947 französisch, verzichtet werden. Die neueren Grenzen werden unbedeutend.

Über die Landbrücken von Gibraltar, Sizilien und Malta kamen die ältesten als Menschen ansprechbaren Vorfahren in die schon seit frühesten Zeiten klimatisch angenehme Küstenregion des nordwestlichen Mittelmeeres. Die ältesten Funde ballen sich im Raum von Nizza, wo in der Grotte de Vallonet ein *homo erectus* für die Günz-Eiszeit (ca. 1 Mio. Jahre) nachgewiesen ist. Dieser Urahne scheint den Nutzen des Feuers noch nicht gekannt zu haben. Eine halbe Million Jahre fortschreitend finden wir in der untersten Schicht der Grotte von Terra Amata wieder Spuren (Mindel-Eiszeit) von Menschen, die nicht nur über feinere Steinwerkzeuge verfügten, sondern schon das Feuer zu nutzen wußten und Hütten bauten. Auch in der nächsten Eiszeit (Riß, 240 000–150 000) war die Region bewohnt (Grotte de

Lazaret). Überreste dieser Jäger und Sammler bieten auch die Höhlen der Balzi Rossi (Grotta del Principe) und die von Monaco (Grotte de l'Observatoir).

Die nächste Zwischeneiszeit, die sogenannte mittlere Steinzeit, bringt einen neuen Menschentypus, den als Neandertaler bekannt gewordenen. Seine Spuren weisen schon in die Gegend des heutigen Ligurien. Wenn auch die Fußspuren in der Grotta di Basura bei Toirano von der jüngsten Forschung weiter vorwärts in die letzte Phase des Paläolithikums verwiesen worden sind, so zeigen doch die Funde in den anderen Grotten von Toirano, Santa Lucia Superiore und Del Colombo, die Grotte der Madonna dell' Arena bei San Remo und vor allem die Grotten der Balzi Rossi, die Anwesenheit des Neandertalers in der Region. Die bedeutendsten Hinweise auf die Anwesenheit des Neandertalers (Moustérien) liefert die Grotta delle Manie auf dem Plateau über Finale Ligure. Die ebenfalls im Finale gemachten Schädelfunde der Grotta delle Fate sind der Öffentlichkeit noch nicht zugänglich.

Ausgesprochen reichhaltig sind allerdings die Erträge der Spatenforschung, die unseren direkten Ahnen, den *homo sapiens sapiens* (Crô-Magnon) betreffen, ca. ab 40 000. Ja, es scheint, daß der Küstenabschnitt des heutigen Ligurien geradezu eine Einfallpforte dieses neuen Menschentypus in die Halbinsel Italien gebildet habe. An Zahl und Qualität der Funde sensationell sind die Grimaldi-Grotten (Baousse Rousse oder Balzi Rossi) bei Menton. Vor allem in den dortigen Grotten La Barma Grande und Dei Fanciulli traten zahlreiche Gräber mit sorgsam ausgerichteten Skeletten, umgeben von Grabbeigaben und Schmuckgegenständen, zutage. Fast noch spektakulärer war aber die Entdeckung des sogenannten ›Grabes des Prinzen‹ in der Grotta delle Arene Candide bei Finale. Leider ist die Präsentation dieser so reichhaltigen Vor- und Frühgeschichte in Ligurien selbst mangelhaft bis ungenügend.

Nur spärlich belegt ist die Phase des Mesolithikums. Doch das Mittelmeer brachte offensichtlich sehr früh die mesolithische Bevölkerung in Kontakt mit den Anrainern dieses Meeres. Mit allergrößter Wahrscheinlichkeit kam die große Wende, jene sogenannte neolithische Revolution, mit ihren Errungenschaften wie Ackerbau, feinsten Werkzeugen und

Pferd, Höhlenzeichnung in der Grotta del Caviglione (Balzi Rossi)

Sogenannte Venus von Grimaldi, Kleinstatue in Steatit

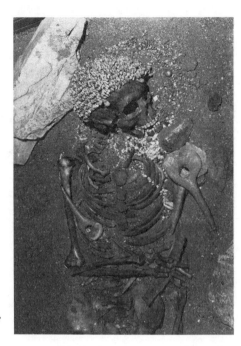

Grab des jungen Prinzen in der Grotta delle Arene Candide (Finale)

Tongefäßen, übers Tyrrhenische Meer an die ligurischen Gestade. Nur wenig wissen wir über die erste Phase des Neolithikums in der Region. Die Siedlungen Peiro Signado bei Montpellier und Cancade bei Nizza, errichtet und bewohnt von Menschen, die übers Meer gekommen waren, bildeten offensichtlich eine Art Brückenkopf für die neue Zivilisation. Die Geschlossenheit jener Völker, die im Mittelmeerraum den Ackerbau verbreiteten, geht aus einem bestimmten Keramiktyp hervor, nach dem sie auch benannt sind: Volk der ›Ceramica impressa‹.

Wichtigster Fundort dieser ›Ceramica impressa‹ in Ligurien ist die Höhle delle Arene Candide am Fuß des Vorgebirges von Caprazoppa westlich von Finale Ligure. Diese Höhle war offensichtlich zwischenzeitlich, d. h. im Mesolithikum, vorübergehend von postglazialen Jägern bewohnt. Die neolithische Bodenschicht aber verbarg die ältesten bislang in Ligurien gefundenen Scherben der sogenannten ›Ceramica impressa‹. Knochen- und Grätenfunde in der gleichen Schicht lassen vermuten, daß die neolithischen Bewohner dieser Höhle nicht nur von den sicher bescheidenen Erträgen des Ackerbaus lebten, sondern auch von Wild und Fisch. Eine besondere religiöse Vorstellung scheint mit der Aufbewahrung der Mahlsteine für die Getreidezerkleinerung verbunden gewesen zu sein, denn alle die aus dieser Zeit gefundenen Mahlsteine wiesen eine stereotype Ruhelage auf: mit dem Gesicht, d. h. der Mahlmulde, nach unten, sorgsam auf andere Steinstützen gestellt! Ebenfalls auf religiöse Vorstellungen verweisen die kleinen Tonstatuetten weiblichen Geschlechts. Liegen

VOR- UND FRÜHGESCHICHTE

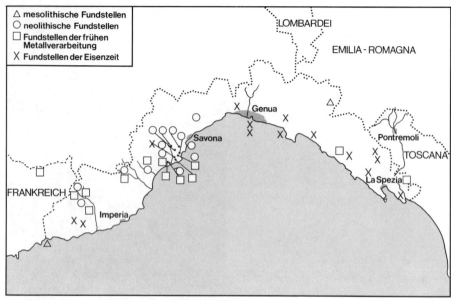

Mesolithikum, Neolithikum und Metallzeitalter

hier älteste Beispiele einer Erdmutter, einer allgemeinen Muttergottheit vor? Um einen Kultort dieser allgemeinen Muttergottheit könnte es sich bei der hoch über Finale Ligure gelegenen Grotta Pollera handeln, wie die dort gefundenen Tonfigurinen nahelegen.

Gerade die Grotten im Finale zeigen eine gewisse Eigenständigkeit der Region, nämlich eine Keramik, die nach der quadratischen oberen Öffnung als Kultur der ›Vasi a bocca quadrata‹ benannt ist (erste Hälfte 4. Jahrtausend). Die Gräber dieser Periode sind in bemerkenswerter Weise bar jeglicher schmuckhafter oder praktischer Grabbeigaben, was einen Glauben an ein Jenseits nahelegt, in dem diese Dinge selbst nicht nützlich waren. Die Anzahl der Siedlungen bzw. der Niederlassungen wird häufiger, besonders im Bereich der Riviera di Ponente, was wiederum die Besiedelung vom Rhônetal her vermuten läßt. Hinweise für Kontakte zur Po-Ebene und den Tyrrhenischen Inseln sind jedoch gegeben, z. B. Vasen mit Spiralmotiven und Ritzzeichnungen, wie sie in der nördlichen Adria gefunden wurden, oder Obsidian aus Lipari (Sizilien). So zeigt das ausgehende Neolithikum Ligurien bereits als Schnittpunkt verschiedener Handelswege, die im folgenden Metallzeitalter noch an Bedeutung zunehmen sollten.

Tatsächlich verschmelzen die Handelswege der Obsidianhändler die Gebiete Provence, Ligurien, westliche Po-Ebene und Tessin (also die Westalpen) zu einer geschlossenen Kulturlandschaft, die nach den drei Hauptfundorten Chassey-Lagozza-Cortaillod-Kultur genannt wird. Die kulturellen Beziehungen zu Südfrankreich werden im folgenden immer

Vasa a bocca quadrata aus der Grotta delle Arene Candide

Ceramica impressa aus der Grotta delle Arene Candide

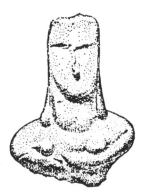

Anthropomorphe Anhänger des Eneolithikums aus der Grotta delle Arene Candide

Venusstatuette, sog. dea madre, aus der Grotta delle Candide (eneolithisch)

besonders intensiv und eng bleiben. Gerade im westlichen Ligurien wurde eine Reihe jener Vasen gefunden, nach der ebenfalls eine ausgedehnte Zivilisation benannt wurde, deren Ursprung und Bedeutung noch immer Gegenstand der Forschung und heftiger Kontroversen ist, die sogenannte Glockenbecherkultur. Die Verbreitung dieses Typs von Keramik von Schottland bis Sizilien, von Portugal bis Ungarn zu einem Zeitpunkt, als die Metallverarbeitung, die erste Bronzezeit (Ende 3. Jahrtausend/Anfang 2. Jahrtausend), einsetzt, läßt an eine Verbindung mit Menschengruppen denken, die die neue Kunst der Metallverarbeitung beherrschten und verbreiteten. Da die Hauptzentren für die Zinngewinnung in Nordspanien, in der Bretagne und vor allem in Cornwall lagen, befand sich Ligurien etwas außerhalb der Haupthandelsrouten. Die althergebrachten Handelsrouten Rhônetal und Giovi-Paß blieben aber nach wie vor frequentiert.

Im historischen Umfeld der Bronzezeit liegen die beiden bedeutendsten Fundorte der ligurischen Frühgeschichte, quasi die äußersten Grenzen des heutigen Ligurien markierend: die Ritzzeichnungen vom Monte Bego und die Statuenstelen der Lunigiana (s. S. 9).

Am Oberlauf des Roya auf dem Weg zum Paß von Tende findet sich ein dunkler, unheimlicher Berg, der Urbevölkerung offensichtlich schon nicht ganz geheuer. Zu seinen Füßen, auf ca. 2400 Metern Höhe und nur im Sommer vom Schnee befreit, hat dort eine unbekannte Bevölkerung über 40 000 Ritzzeichnungen auf dem Felsen hinterlassen. Durch Vergleiche mit tatsächlich gefundenen Waffen konnten die Zeichnungen vom Monte Bego[1] zeitlich eingegrenzt und in vier Stile geschieden werden, von Stil a), identisch mit der frühen Bronzezeit (erste Hälfte 2. Jahrtausend) bis Stil d), identisch mit der ausgehenden Bronzezeit (9. Jahrhundert v. Chr.). Die Ausdeutung der Figuren muß bis heute als ungelöst gelten. Zu viele Ungereimtheiten bis Widersprüchlichkeiten lassen die bislang gemachten Interpretationen offen. Reste der zeitparallelen Megalithkultur? Offensichtlich nicht. Gerade die Hauptmerkmale dieser über das gesamte bekannte Schiffsverkehrsnetz verbreitete Megalithkultur fehlen in Ligurien signifikant. Also Zeugen einer Ackerbaureligion, wie die Tiergespanne vermuten lassen möchte? Aber was tun Ackerbauern im Juni bis August auf diesem Berg? Wie auch immer die Erklärungen ausfallen, lassen sie eine Reihe von Gegenargumen-

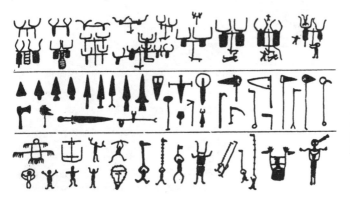

Ritzzeichnungen vom Monte Bego, oben Tiergespanne, Mitte Waffen, unten Menschen

[1] Näheres s. R. Legler, *Côte d'Azur*, Köln 1982

ten offen. Wer ehrlich ist, muß eingestehen, das Geheimnis vom Monte Bego ist noch keineswegs gelöst.

Gleiches gilt für die zahlreichen Stelen der Lunigiana, am anderen Ende des heutigen Ligurien. Am Unterlauf und im Mündungsbereich des Magra gefunden, liefern diese Statuenstelen auch ein anderes Rätsel der Frühgeschichte dieser Region. Ihre Datierung reicht vom Ende des 3. Jahrtausends bis zum Anfang des 2. Jahrtausends, also zeitversetzt zu den Ritzzeichnungen des Monte Bego, um ein geringeres älter als diese. Weder Auffindungsort noch Zustand entsprechen oft den originalen Verhältnissen. Zum Teil Frauen, aber zum überwiegenden Teil bewaffnete Männer darstellend, bleibt die Frage: Wozu dienten sie, diese Stelen? Etwa zur Markierung einer heiligen Stätte, einer Grenze, zum Gedenken o. ä.? Immerhin ist ihre Besichtigung wesentlich bequemer möglich als die der Zeichnungen vom Monte Bego, nämlich im Museo Civico in La Spezia und im Museo Archeologico della Lunigiana in Pontremoli (siehe Museen).

2 Ein geheimnisvolles Volk, die Ligurer

Obwohl wir uns mit den letzten Exemplaren der Stelen der Lunigiana und den späten Zeichnungen vom Monte Bego bereits dem letzten vorchristlichen Jahrtausend genähert haben, ist immer noch nicht der Name jenes Volkes gefallen, dem die Region ihren Namen verdankt. »Urteilt man nach den archäologischen Resten, käme man wohl ins Zweifeln an der Wahrhaftigkeit der römischen Quellen (allen voran Titus Livius), die von den Schwierigkeiten berichten, auf welche die römischen Legionen bei der Unterwerfung der ligurischen Stämme, die das heutige Ligurien bewohnten, stießen.«

Wenn schon ein so fundiert informierter Wissenschaftler wie Santo Tiné ein solches Resümee zieht, muß man wohl aufhorchen. Nach wie vor liest sich in Lexikabeiträgen und Kurzformulierungen der Befund etwa wie folgt: »Die Ligurer, ein seit dem späten 2. Jahrtausend v. Chr. im Raum zwischen westlicher Po-Ebene und Südfrankreich siedelndes vorindogermanisches Volk. Diese wurden im Südosten seit dem 8. Jahrhundert von den Etruskern, im Südwesten von den Griechen Massalias seit dem 6. Jahrhundert und vom Norden seit dem 4. Jahrhundert von den Kelten zusammengedrängt auf den engen Raum des heutigen Ligurien.« Also eine ursprünglich weiträumig siedelnde vorindogermanische ethnische Gruppe, die im Laufe des letzten Jahrtausends v. Chr. auf ein relativ kleines Areal zurückgedrängt wurde? Was ist von einer solchen vorindogermanischen geschlossenen ethnischen Gruppe zu halten?

Zunächst müssen wir konstatieren, daß die Region, vor allem die von Genua bis zur Rhône, lebhaft an der Menschheitsgeschichte Anteil hatte. Bis zur einsetzenden Eisenzeit konzentrieren sich fast alle Funde auf den Abschnitt, der auf dem Landweg die italienische Halbinsel über die Po-Ebene mit der südfranzösischen Küste und damit dem Rhônetal einerseits und der Iberischen Halbinsel andererseits verbindet. D. h. Ligurien lag an einer wichtigen natürlichen Straße. Das Neolithikum mit seinen tiefgreifenden Veränderungen für das tägliche Leben ist besonders stark vertreten. Diese neolithische Revolution sei, so hörten wir, vermutlich über das Meer an die ligurische Küste gelangt. Dies kann allerdings erfolgt sein sowohl durch bloßen Kontakt mit Mittelmeeranrainern als auch durch Landnahme eines urmittelmeerischen Volkes. Da die vorangegangene Epoche des Mesolithikums nur äußerst spärlich belegt ist, vielleicht Depopularisierung durch Abwandern der Jägervölker nach Norden, ist durch den Vergleich von Schädelfunden eine ethnische Veränderung größeren Ausmaßes nicht nachzuweisen. Wenn überhaupt eine solche ethnische Verschiebung stattgefunden haben sollte, dann müßte diese im frühen Neolithikum erfolgt sein. Da Ligurien im frühen Metallzeitalter etwas abseits der großen Handelsrouten lag, ist für diese Periode eine ethnische Verlagerung kaum anzunehmen. D. h. wenn die für den Zeitraum von ca. ab 1200 v. Chr. angenommene Ansässigkeit der Ligurer als gesichert gelten kann, dann stellten sie entweder eine Bevölkerung, die seit dem Paläolithikum hier ansässig war, oder eine im Neolithikum zugewanderte mittelmeerische Gruppe, die nach und nach seit dem 2. Jahrtausend v. Chr. langsam, aber sicher von südwärts tendierenden Menschengruppen einer ersten vagen keltischen Ausbreitung durchsickert wurde. Riemschneider hat, bislang ohne großes Echo in der Keltenforschung, auf eklatante Übereinstimmungen zwischen keltischen und ligurischen Mythen und Götterdarstellungen hingewiesen. Den vergleichenden Sprachforschern sind ebenfalls Gemeinsamkeiten zwischen dem ligurischen und dem keltischen Idiom längst vertraut. Das Wort *Alpen, Alb,* soll keltischen Ursprungs sein. Die am südlichen Alpenrand wohnenden Ligurer kennen dasselbe Wort für hochgelegene Orte: Alba, Albium, Albinum. Wichtige Hauptorte wie Albium Intemilium (Ventimiglia) oder Albium Ingaunum (Albenga) führen ebenfalls den Wortstamm in ihrem Namen. Allerjüngste Forschungen zu ligurischen Ortsnamen haben außerdem für Genua den Gleichklang mit Genf (Genova – Geneva) aus gemeinsamer keltischer Wurzel eruiert. Die ähnliche Lage an einem starken Küsten- bzw. Uferknick ergab bei gleicher sprachlicher Voraussetzung eben den gleichen Ortsnamen. Da also keinerlei archäologische Funde eine große ethnische Verschiebung im heutigen Ligurien nahelegen, dürfte das »vorindogermanische« Volk der Ligurer bestanden haben aus einem schwer scheidbaren Amalgam alteingesessener ackerbauender Bevölkerung und langsam vom Norden her eingesickerter ebenfalls ackerbauender Kelten.

Erst in der zweiten Hälfte des letzten Jahrtausends v. Chr. hat dann diese noch keineswegs seefahrende eingeborene Bevölkerung auf äußeren Druck hin (Griechen, Etrusker und Kelten der La-Tène-Zeit) ihre Fliehburgen auf unzugänglichen Bergrücken, meist im Hinterland, errichtet. Merkwürdig ist jedoch, wie ein Blick auf die Karte S. 14 zeigt, daß sich diese Castellaras fast ausschließlich auf den Bereich der Riviera di Levante verteilen. Waren sie schon gegen die immer stärker expansiv nach Norden tendierende Landmacht der Römer errichtet? Daß keineswegs freundliche Beziehungen zwischen Römern und Ligurern geherrscht hatten, geht schon daraus hervor, daß beim ersten Punischen Krieg alle ligurischen Stämme mit einer einzigen Ausnahme, der Genuaten, auf seiten Hannibals standen. Doch damit haben wir längst die Frühgeschichte verlassen und sind in die schriftlich dokumentierte Geschichte eingetreten.

II Genua – La Superba

Genua, nach Hartmann Schedels Weltchronik, 1493

1 Zur historischen Identität einer europäischen Stadt

> »*I genovesi non hanno mai saputo innestare – per lo meno in forma duratura – la vitalità delle imprese individuale in un contesto di cooperazione che garantisse un funzionamento del governo.*«
>
> Howard, 1971

> »*Du erblickst in Genua eine Stadt von herrscherlichem Wesen an schroffen Berghängen gelegen, prächtig an Mauern und Männern.*«
>
> Petrarca, 1354

Von jeher bot sich Genua dem Reisenden, der die Superba zur See ansteuerte, von seiner schönsten Seite. Die per Schiff ankamen, waren meistens Engländer (Addinson, Smollet) oder Franzosen. So schrieb z. B. Lamartine: »Von hier sieht das berauschte Auge zu Füßen der Hügel Genua, die Tochter des Meeres, aus dem Herzen der Wasser entsteigen.« Tatsächlich umschließen die leicht, keineswegs schroff ansteigenden Hügel, wie die Cavea eines römischen Theaters, das zwischen Promontorio di Capo Faro und Castello-Hügel halbkreisförmige natürliche Hafenbecken, und alle Veduten der Stadt vom 15. bis 19. Jahrhundert werden nicht müde, diese Situation immer wieder suggestiv vor Augen zu führen (Abb. 1; Fig. S. 27). Der heutige Anblick ist weniger berauschend. Wo einst blühende Terrassen, Villen, Kirchen und Kastelle das Auge erfreuten, robbt sich wie weiße Schuppen die moderne Bebauung die Hänge hinauf. Die Anreise zu Land war noch nie besonders attraktiv. Wie Geschwüre ziehen sich die phantasielosen Vorstädte längs der Täler von Bisagno und Polcevera flußaufwärts. Die griesgrämige Beschreibung, die Dickens von seiner ersten Begegnung mit Genua, der Königin der Meere, gibt, möchte der heute ebenfalls zu Land Ankommende gerne unterschreiben. Doch Dickens' Einleitung schließt versöhnlich: »An jenem Tage hätte ich schwerlich gedacht, daß ich sogar für die Steine Genuas einmal Liebe empfinden würde, daß ich mich um vieler dort verbrachter glücklicher und geruhsamer Stunden willen mit großer Zuneigung an diese Stadt erinnern sollte.« Mit diesen von Herzen niedergeschriebenen Worten Dickens' möchte ich jeden Genua-Reisenden ermuntern zu der sicher beglückenden Begegnung mit dieser geschichtsträchtigen Stadt. Genua ist eine Auster. Sie trägt ihre Perlen innen.

Die Stadt in der Antike

Seit dem hohen Mittelalter ist die Geschichte Liguriens mehr oder minder identisch mit der Geschichte Genuas. Deshalb wurde der Geschichte dieser Stadt in diesem Band so viel Platz eingeräumt. Noch in der Spätantike, z. B. auf der Peutingerschen Tafel (3. Jahrhundert n. Chr.), ist Genua nur mit dem Symbol für eine mittelgroße Stadt vermerkt. Doch wie fing alles an?

Sind, wie wir gehört haben, unsere Kenntnisse über Ursprung, Herkunft, Rasse und Lebensgewohnheiten der Ligurer allgemein recht bescheiden, so trifft dies erstaunlicherweise noch in erhöhtem Maße auch auf Genua selbst zu, so daß z. B. Poleggi nur ein Bild »*in negativo*« zu zeichnen wagt, und Howard flüchtet in die diplomatische Formel: »Die überzeugendste Hypothese schreibt die Gründung der Stadt einer Gemeinde zu, die aus Eingeborenen (Genuati), griechischen Händlern und vielleicht auch Etruskern bestand.« Für die Existenz des in den antiken Quellen erwähnten vorrömischen Oppidums der Genuaten auf dem Boden des heutigen Genua konnte die Archäologie beachtliche Zeugnisse zutage fördern. 1898, bei der Trassierung der Via XX. Settembre, parallel zur alten Via Giulia, und 1920 bei der Nivellierung des Sant' Andrea-Hügels traten Reste einer vorrömischen Nekropole mit Urnengräbern ans Licht. Insgesamt sind bis 1966 121 Urnengräber auf diesem Areal gefunden worden. Aufgrund der zahlreichen Grabbeigaben konnte einerseits die Nutzung dieser Nekropole in die Zeit von 500–300 v. Chr. datiert und andererseits der lebhafte Kontakt sowohl zur benachbarten griechischen Welt als auch zur Po-Ebene und der etruskischen Halbinsel nachgewiesen werden.

Durch die Bombenzerstörungen auf dem Castello-Hügel konnten dort im Bereich des ehemaligen San Silvestro-Klosters systematische Grabungen seit den fünfziger Jahren durchgeführt werden. Auch hier war das Ergebnis nicht überraschend. Mauerreste aus vorrömischer Zeit belegen eine Bebauung und Befestigung des Castello-Hügels seit dem 6. vorchristlichen Jahrhundert.

Von Interesse auch für die zukünftige Rolle der Stadt ist die Interpretation dieser Fakten. Das angenommene Völkergemisch aus Genuaten, Griechen und Etruskern, das was zur Gründung dieses Oppidums führte, nämlich die geographische Lage (natürlicher Hafen, kurze Verbindungen über den Giovi-Paß zur Po-Ebene und Landweg von Italien nach Gallien) und die Grabbeigaben verschiedenster Herkunft lassen Genua schon *in statu nascendi* als wichtigen Warenumschlagplatz erkennen. Schon bei seiner Geburt war das Schicksal Genuas vom internationalen Handel bestimmt.

Seine Bestimmung als überregionales Handelsemporium könnte Genua, ebenfalls wie Marseille, dazu veranlaßt haben, sich im Gegensatz zu allen anderen ligurischen Stämmen in den Punischen Kriegen auf die Seite Roms zu stellen. Aus der unterschiedlichen Parteinahme in den Punischen Kriegen läßt sich schon eine Konfliktsituation zwischen Genuaten und anderen Ligurern erkennen. Wegen seiner prorömischen Haltung wurde das Oppidum der Genuaten im Zweiten Punischen Krieg, im Jahre 205 v. Chr., von Maso zerstört. Doch die Römer lohnten die Bundestreue der Genuaten und schickten ihrem *foedus aequum* 202 v. Chr. den Konsul Spurius Lucretius mit zwei Legionen, die zunächst den Genuaten beim Wiederaufbau ihrer zerstörten Stadt halfen und dann aber von Genua aus die anderen romfeindlichen ligurischen Stämme unterwarfen. Die Unterwerfung der ligurischen Stämme und deren Zwangsromanisierung wurde effektiv begleitet von Massendeportationen. So wurden z. B. 40 000 apuanische Ligurer nach Süditalien umgesiedelt.

Inwieweit die Römer beim Wiederaufbau nur tätige Hilfe leisteten oder die Stadt der Genuaten nach ihrem orthogonalen System neu errichteten, ist nicht mehr erkennbar und

Tafel von Polcevera, im Rathaus 117 v. Chr.

deshalb umstritten. Um die Mitte des 2. Jahrhunderts v. Chr. ließ der Konsul Postumius die Verbindung zwischen Genua und Po-Ebene durch den Bau einer Straße erheblich verbessern: Via Postumia, 148 v. Chr., von Dertona (Tortona) nach Genua. Nur wenig jüngeren Datums ist das philologisch und kulturhistorisch wichtigste erhaltene Schriftdokument Liguriens, die sogenannte ›Tafel von Polcevera‹, eine in Bronze gegossene Schrifttafel, die einen Schiedsspruch über einen Gebietsstreit zwischen den Genuati und den Veituri Langarsi formuliert. Die römischen Brüder Quintus und Marcus Minucci fungierten als Richter und entschieden an den Iden des Dezember 117 v. Chr. zugunsten der Veiturer. Der Ausbau der neuen Trasse von Dertona über Aquae statiellae nach Vado sabatia (westlich von Savona) zeigt, daß Genua den Römern doch nicht so wichtig gewesen war. Diese neue Straße, die Via Emilia Scauri, 109 v. Chr., lenkte den Hauptverkehr zwischen Italien und Gallien an Genua vorbei.

Genua lag nun abseits der großen Verkehrswege, es wurde still um die Stadt. Immerhin wurde sie bereits 49 v. Chr. von Cäsar zum Municipium erhoben und in die Lex der Gallia cisalpina mit einbezogen. Zur selben Zeit, als Mailand in die Rolle der neuen Kapitale hineinwuchs, erfuhr Genua, als quasi zugehöriger Hafen, politische Aufwertung. Wann das Christentum nach Genua gekommen ist, kann nicht genau bestimmt werden. Der erste bekannte Bischof war Diogenes (gestorben 381), dessen Kathedrale sich im Burgus befand: San Siro.

Cassiodor, der Kanzler Theoderichs d. Gr., bestätigt 507 und 511 der jüdischen Gemeinde von Genua zweimal des Recht, ihre Synagogen zu erneuern. Kurz darauf, 537, landeten die Truppen von Byzanz. Ligurien wurde byzantinisch, und seit Justinian war Genua Verwaltungshauptstadt der oströmischen Provinz Liguria. Knapp 100 Jahre später gliederte Rothari Ligurien in die nun langobardische Provinz Maritima Italorum ein. Unter Karl d. Gr. bildete Ligurien einen Teil der ausgedehnten Marca Tuscia, der toscanischen Mark. Seit dem 8. Jahrhundert allerdings trat der schnelle Niedergang der Küstenstädte erkennbar ein. Der Zusammenbruch des Mittelmeerhandels, ausgelöst durch die islamische Expansion und die verstärkt seit dem 9. Jahrhundert einsetzenden Inkursionen der Sarazenen besiegelten das Schicksal einst so stolzer Städte wie Marseille, Frejus oder Genua. Besonders arg entwickelten sich die Zustände, als es einer Gruppe von maurischen Korsaren und Freibeutern gelang, sich im Maurenmassiv einzunisten, dort ihre Hauptniederlassung an der provençalisch-ligurischen Küste, das große Fraxinetum (La Garde Freinet[1]), zu errichten und von hier aus den gesamten Schiffahrtsverkehr zwischen Spanien und Italien zu terrorisieren. Aber diese tödliche Gefahr in direkter regionaler Nachbarschaft weckte neue Kräfte, aus denen die geschundenen Seestädte, allen voran Pisa und Genua, als neue militärische und wirtschaftliche Potenzen des erstarkenden Abendlandes hervorgehen sollten.

Vom Fischerdorf zur Supermacht: 800–1200

Die Karolinger hatten das den Mittelmeervölkern fremde Feudalsystem eingeführt. Genua als Stadt scheint dabei von Anfang an dem Zugriff der Feudalmächte entzogen gewesen zu sein. Der erste und einzige von Karl d. Gr. eingesetzte und namentlich bekannte Graf, Ademar, trägt explizit den Titel eines *comes civitatis*, also eines Stadtgrafen, und er fällt bezeichnenderweise 806 im Kampf gegen Sarazenen auf Korsika. Lucca, der Verwaltungshauptsitz der Marca Tuscia und verantwortlich für die Verteidigung der Litora Maris von Luni bis zur Provence, war zu weit vom Schuß. Die wichtigsten Küstenstädte wie Genua oder Pisa erhielten einen eigenen Vizegrafen. Die heutige Region Ligurien war aufgeteilt in drei Markisate, die zukünftig die bedeutendsten Feudaldynastien stellen sollten. Diese drei Marken waren die Marca Arduinica, die Marca Aleramica und die Marca Obertenga. Der erste namentlich bekannte Marchese aus dem Haus der Obertenghi war der 951 eingesetzte Oberto. Dieser hatte sich von Anfang an auf die Seite Ottos I. (d. Gr.) gestellt, was seinem Haus offensichtlich große Vorteile einbrachte. Der wichtigste Gegenspieler Ottos d. Gr. in

---

[1] Näheres siehe R. Legler, *Côte d'Azur*, Köln 1982

GENUA – LA SUPERBA

Oberitalien im Kampf um die italienische Königskrone, Berengar II. von Ivrea, hatte gegen die sachsenfreundliche Politik der Obertenghi der Stadt Genua in einem Diplom von 958 die ursprüngliche Autonomie und damit Unabhängigkeit vom Feudalherren Oberto zugesichert. Dies ist der älteste Akt der Anerkennung, der institutionalisierten Autonomie einer mittelalterlichen Stadt noch in der Zeit der Vorkommune.

Doch das Interesse aller galt der Befriedung der See, denn von dort kam die tödliche Gefahr. 830 hatten die Sarazenen Marseille zerstört, 860 verheerten sie den Landstrich um Luni, und etwa zehn Jahre später nisteten sich spanische Korsaren im Maurenmassiv ein. Das letzte Jahrzehnt des 9. Jahrhunderts brachte besonders verheerende Überfälle. Die Küste wurde vorübergehend unbewohnbar und deshalb aufgegeben. Nach einer kurzen Phase relativer Ruhe brachte die Regierung Sultan Obeids eine neue Welle von Überfällen und Zerstörungen. Doch diesmal war man gerüstet. Nach zwei vergeblichen Anläufen in den vorausgegangenen Jahren tauchten die Sarazenen 935 mit einer riesigen Flotte in Ligurien auf. Nachdem bereits die kleineren Orte der Ponente und Levante geplündert worden waren, bemächtigten sich die Sarazenen der Stadt Genua, plünderten, brandschatzten und führten Kinder und Frauen in die Gefangenschaft. Nach diesem Sacco di Genova versuchten es die Sarazenen wenige Jahre später noch einmal und hatten zunächst Glück. Die Stadt war weitgehend ohne Verteidigung. Die Sarazenen machten erneut große Beute. Doch die zur Verteidigung des Meeres in See befindliche vereinte Flotte der ligurischen Städte Albenga, Noli, Ventimiglia, Genua usw. kehrte rechtzeitig zurück, um die beutebeladenen Kaperschiffe bei der Insel Asinara zu stellen und zu schlagen. Die Seeschlacht bei Asinara bedeutete einen Wendepunkt. Von nun an waren die Ligurer nicht mehr billige Beute der Sarazenen. Zwar hörten die Angriffe von Seeseite nicht auf mit diesem Datum, San Remo und Taggia wurden gegen Ende des Jahrhunderts zerstört, doch waren dies die letzten Erfolge der Sarazenen in Ligurien. Den provençalischen Rittern unter Führung von Gaugraf Wilhelm von Arles war es 973 gelungen, das große Fraxinetum im Maurengebirge auszuheben und die provençalische Küste von allen Stützpunkten der Sarazenen zu befreien. In Genua regierte mit weiser Hand Bischof Theodolfo (945–984), in dessen Amtszeit das Diplom Berengars II. fällt.

Genua, das eine kaiserliche Urkunde vom Anfang des 10. Jahrhunderts noch als weitgehend agrarisches Gemeinwesen beschreibt, hatte die sarazenische Herausforderung zur See angenommen.

Nicht nur für das flache Land, auch für die Stadt als typischen Exponenten der italienischen Geschichte, war das Jahr 1000 der Beginn eines neuen Aufschwungs. Die Angriffsspitze der islamischen Expansion war auch zu Wasser gebrochen. Die Grenze des Abendlandes war nun das Meer. »Von den italienischen Seestädten muß man ausgehen, denn die Geschichte des italienischen Volkes beginnt mit dem Meer.« Gemeint sind hier vor allem die Seestädte der Tyrrhenis, allen voran Amalfi, Pisa und etwas später Genua. Bereits um 1005 konnte eine größere Flotte Genuas Korsika anlaufen und die Sarazenen von dort vertreiben. Das Jahr 1016 sieht die beiden Städte Genua und Pisa vereint gegen die Flotte des Emirs Mugahid vorgehen. Vor der sardischen Küste gelingt den Pisanern und Genuesen ein überwältigender Seesieg über die sarazenische Großflotte. Bei der Aufteilung der gewaltigen Beute soll es zwischen Pisanern und Genuesen zum ersten Streit gekommen sein.

Den Bischöfen von Genua war es gelungen, die kleinen Feudalherren und adeligen Familien an die Stadt zu binden und gemeinsam gegen die Obertenghi und andere Feinde der Kommune einzusetzen. Diese adeligen Familien waren es auch, die wohl das größte Kontingent an Waffen, Männern und Schiffen für die Verteidigung Genuas und Liguriens stellten. Die Stadt war geteilt in drei Bereiche: Castrum (Castello-Hügel), Civitas (vom Fuß des Castello-Hügels bis San Lorenzo) und Burgus (um die Kirche San Siro). Gegen Anfang des 11. Jahrhunderts wurde der Bischofssitz von San Siro nach San Lorenzo verlegt. Gegen Mitte des Jahrhunderts war dem Bischof eine weitestmögliche Aussöhnung zwischen den Städtern und Adeligen geglückt. In der Bürgerschaft bildeten sich Zusammenschlüsse von Familienclans zu sogenannten Companie. Diese Companie bildeten die Bausteine der 1090 konstituierten Compania Communis. 1087 war es Papst Viktor gelungen, die Rivalen Genua und Pisa zu einer gemeinsamen Expedition gegen die nordafrikanische Emirate und Königreiche zu vereinen. Es gelang ihnen, Mehadia zu besetzen und die Könige von Tripoli und Tunis dem Heiligen Stuhl tributpflichtig zu machen. Die von den italienischen Seestädten ausgehende christliche Gegenoffensive war also bereits voll im Gange, als Urban II. 1095 zum Ersten Kreuzzug aufrief. Genua, Pisa und Amalfi waren gerüstet für das Abenteuer der Kreuzzüge, und so waren sie die ersten, die daran verdienen sollten. Allerdings nicht ohne höchste menschliche Anstrengungen und Opfer.

Der genuesische Anteil an der Eroberung von Antiochia, Jerusalem und Tripoli war beträchtlich. Vor allem der Stadtadel des Castrum zeichnete sich dabei von Anfang an aus, allen voran die Familie der Embriaci, deren wehrhafter Geschlechterturm noch heute nördlich von Santa Maria di Castello an diese Familie erinnert. Guglielmo Embriaco, von den Zeitgenossen Caputmalii (der Rammbock) genannt, war der Admiral, der drei Flotten, die zwischen 1097 und 1101 von Genua bzw. dessen Familien gestellt wurden, befehligte. Besonders die Geschicklichkeit der genuesischen Schiffbauer erwies sich für die Errichtung von fahrbaren Belagerungstürmen von höchster Wirksamkeit. Kurz, es gab seit 1097 kaum ein Unternehmen im Heiligen Land, kaum die Eroberung einer Stadt, wo nicht an vorderster Stelle Genuesen zu finden gewesen wären. Ihr Einsatz hat sich aber gelohnt. Schon 1098 konzedierte Boëmund den Genuesern in ›seiner‹ neuen Stadt Antiochia ein ganzes Stadtviertel, bestehend aus einer Kirche, einem Platz, einem Brunnen, einem Fonduk und dreißig Häusern. Hinzu kamen natürlich Handelsprivilegien und Freistellungen von Steuern und Zöllen. 1099 folgte eine entsprechende Konzession für Jerusalem. Der lateinische König Balduin I. hatte aus Dankbarkeit für die genuesische Unterstützung am Architrav über der Grabeskirche mit goldenen Lettern einmeißeln lassen: »*praeponens genuensicum praesidium*« (mit hervorragender genueser Hilfe)! In Arsuf, Cäsarea, Tortosa, Acri, Ghibiletto, Tripoli, Sidon, Beirut, praktisch in jeder wichtigen Hafenstadt Syriens hatten die Genueser, ebenso die Pisaner, ihre Handelsniederlassungen. Um die Mitte des 12. Jahrhunderts waren 80 % des gesamten genuesischen Syrienhandels in den Händen von fünf Familien, von denen drei dem ehemaligen Adel zugehörten.

Doch die Expansion Genuas erfolgte nicht ausschließlich nach Südosten. Auf der Straße des Oltregiogo eroberte man 1121 Voltaggio zur Sicherung des Weges nach Mailand. An der Riviera di Levante sicherte man sich schon 1113, als vorgeschobenen Posten gegen Pisa, Portovenere.

Ebenfalls noch in der ersten Hälfte des 12. Jahrhunderts legte Genua den Grundstein für eine weitere Stütze seiner wirtschaftlichen Unternehmungen. Schon 1092 hatte man, allerdings mit unglücklichem Ausgang, versucht, auf die Bitte von Alfons von Kastilien, in Spanien Fuß zu fassen. Dies gelang allerdings erst 1146–48 (also parallel zum Zweiten Kreuzzug) mit der Eroberung von Almeria und Tortosa. Mit diesem Fuß auf der Iberischen Halbinsel konnte Genua sein Handelsimperium auch auf Nordafrika ausdehnen, wo die Superba in Boughi, Ceuta und Tunis ihren Fonduk hatte. 1120 gewährte Innozenz II. Genua das Privileg eines Erzbischofs. Im Jahr zuvor hatte es Krieg mit Pisa gegeben. 1133 gab sich die Stadt eine neue Verfassung. Anstelle der ursprünglichen zwei Konsuln wurden nun zwölf Konsuln gewählt.

Als Friedrich I. Barbarossa im Rahmen seiner ehrgeizigen Italienpolitik 1154 zum Reichstag auf den Ronkalischen Feldern rief, hatte auch Genua einen Beobachter dorthin geschickt. Dies war kein Geringerer als Caffaro, Kreuzzugsteilnehmer, Konsul, Diplomat und Chronist. Was Caffaro über die Pläne und Forderungen des neuen Kaisers in Genua zu berichten hatte, führte dort zum beschleunigten Ausbau der bereits 1152 begonnenen neuen Stadtmauer. An der Porta Soprana wurde eine Inschrift angebracht, die heute noch lesbar folgendes zu wissen gibt: »Ich (Genua) bin bewehrt mit Soldaten und umgeben von beträchtlichen Mauern. Mit meinem Mut weise ich die Waffen der Feinde zurück. Wenn du Frieden bringst, kannst du diese Türe durchschreiten. Suchst du aber Krieg, wirst du dich traurig und besiegt wieder zurückziehen. Süd und West, Nord und Ost wissen, in wie vielen Schlachten ich, Genua, siegreich hervorgegangen bin.« Der Adressat war jedem klar. Barbarossa mußte diese Kröte schlucken. Schließlich brauchte er die Seestädte Genua und Pisa für seine sizilianischen Pläne. So bestätigte er sogar 1162 die Rechtmäßigkeit der gewählten Konsuln, die vollständige städtische Autonomie und das Münzrecht der Stadt. Gegen Ende des Jahrhunderts gelang den Genuesern mit der Eroberung von Bonifacio ein erneuter Sieg über den nahen Rivalen Pisa. 1191 hatte Genua wieder einmal seine Verfassung geändert, wie noch so oft in seiner Geschichte, und anstelle der zwölf Konsuln einen ausländischen Podestà gewählt. Der erste Podestà der ligurischen Hauptstadt war ein Lombarde aus Brescia.

Grundlagen eines Konflikts: Von der venezianischen Expansion bis zum Aufstieg der Fieschi

Das vollendete 12. Jahrhundert zeigte Genua, das den Erzrivalen Pisa in die Schranken gewiesen hatte und seine Bevölkerung weitgehend gesichert wußte, in stetig wachsender Bedeutung. Doch dann kam der erste Einbruch. Er war verursacht von der neuen Konkurrenz, der Königin der Adria. Der Serenissima, genauer dem Dogen Enrico Dandalo, war es

Vedute Genuas von Westen, 19. Jh.

gelungen, die zur Abfahrt auf ihre Schiffe wartenden Kreuzfahrer des sogenannten Vierten Kreuzzuges hinzuhalten und schließlich die Schiffe zu liefern mit der Bedingung, die Kreuzfahrer müßten auf dem Weg ins Heilige Land zuerst, so ganz nebenbei, den wichtigsten Rivalen, nämlich Konstantinopel, erobern. Nach lange hinhaltenden Verhandlungen stürmten schließlich 1204 die solchermaßen zu venezianischen Söldnern umfunktionierten Kreuzritter die Stadt am Goldenen Horn und setzten auf den Thron des Blachernenpalastes als neuen lateinischen Herrscher Balduin IX. Venedig erhielt ca. ⅜ der Stadt in Eigenbesitz nebst allen Zoll- und Steuervorteilen im ehemaligen byzantinischen Reich. Damit war das Gleichgewicht der Kräfte im östlichen Mittelmeer zugunsten von Venedig verschoben, was Genua, das ja überdies immer stärker mit Pisa in einen Machtkampf verwickelt war, nicht hinnehmen konnte. Auch im Westen entstand der Superba plötzlich ein neuer mächtiger Rivale, nämlich Barcelona-Aragon. Wieder einmal war Genua zur Aufbietung aller seiner Kräfte gezwungen. Doch die internen Streitigkeiten verhinderten, daß Genua tatsächlich alle Kräfte vereinen konnte; Genua kämpfte zu Anfang gleichzeitig gegen Pisa um Sardinien, gegen Venedig um Kreta und gegen Nizza und Marseille. Diese Aufsplitterung der Kräfte verhinderte eine konzentrierte Rückerwerbungspolitik im östlichen Mittelmeerraum. Byzanz und Kreta blieben zunächst unter venezianischem Einfluß. Honorius III. stiftete Frieden zwischen Pisa und Genua. Gegen Venedig wurde nun ein brutaler Kaperkrieg entfacht, der die Versorgung Venedigs ernsthaft gefährdete. Die Genuesen waren in diesem Guerillakrieg zu Wasser mit ihren schnellen ›Saettie‹ im Vorteil und hißten bereits 1208 am Lido von Chioggia zum ersten Mal das Sankt-Georgs-Banner von Genua.

1229 wählte die Stadt einen neuen Podestà, und die Wahl von Jacobus Balduino, Professor der Rechte aus Bologna, war eine gute. Unter seiner Amtsführung blühte Genuas Handel wieder auf. Die folgenden zwei Jahrzehnte standen aber auch im Zeichen der Auseinandersetzungen zwischen Friedrich II. und dem Heiligen Stuhl. Friedrichs ungeschickte Städtepolitik trieb das weder ghibellinische noch guelfische Genua auf die Seite der Lega Lombarda und des Papstes. Die Kardinäle des Abendlandes, von Gregor IX. zum Konzil gerufen, sollten von Genua aus, eskortiert von einem starken Flottenverband, nach Rom gebracht werden. Doch die kaiserliche Flotte, bestehend aus pisanischen und sizilianischen Schiffen, fing die Genueser bei der Insel Giglio (1241) ab und bracht der Superba ihre bisher größte Niederlage bei: über 10 000 Tote und Verwundete auf seiten der Verlierer. Doch Gregor starb wenige Wochen darauf, und die versammelten Kardinäle wählten 1243 als Nachfolger einen Genueser zum obersten Hirten der Christenheit, Sinibaldo Fiesco, Graf von Lavagna, der als Papst den Namen Innozenz IV. annehmen sollte. Als Friedrich II. Innozenz IV. zu Sutri in eine Falle locken wollte, waren es die Genueser, die in einem minuziös abgestimmten Timing ›ihren‹ Papst in letzter Minute vor dem wutschnaubenden Staufer nach Lyon in Sicherheit bringen konnten. Durch Innozenz IV. erfuhr gleichzeitig die bislang öffentlich kaum in Erscheinung getretene Familie der Fieschi im politischen Geschehen eine Aufwertung. Für Genua sollte dies nichts Gutes bringen.

Der Genueser ist dem Genueser ein Wolf oder: Genua, sich selbst ein Problem

Die bisherigen und keineswegs unbeträchtlichen Parteiungen und Zwistigkeiten fanden ein neues Ventil. Wie so viele andere Städte fand sich auch Genua plötzlich gespalten in zwei Lager. Die Anhänger der päpstlichen Politik nannten sich Rampini und die kaiserlichen Mascherati. Den Mascherati gelang es als ersten, die Handwerker und kleineren Gewerbetreibenden zu einem Volksaufstand und zu einer erneuten Verfassungsänderung aufzustacheln. Der angesehene und wohlhabende Bürger Guglielmo Boccanegra wurde Genuas erster Capitano del Popolo mit quasi diktatorischen Vollmachten. Als Kontrollorgan war ihm ein Rat der 32 Ältesten, d. h. jeweils vier Senatoren aus einem der acht seit 1133 feststehenden Companie, zur Seite gestellt.

Nach vorübergehendem Rückgang der Geschäfte in Outremer (Oltremar) gelang es Boccanegra durch einen genialen Schachzug nicht nur verlorene Positionen zurückzugewinnen, sondern darüberhinaus erneut die Venezianer an Einfluß, Bedeutung und Handelsvolumen zu überflügeln. Guglielmo Boccanegra hatte es geschickt verstanden, sich mit dem rechtmäßigen byzantinischen Thronprätendenten ins Einvernehmen zu setzen. Mit Genueser Militärhilfe gelang es 1261, Michael Paläologus im Blachernenpalast zu inthronisieren. Aus Dankbarkeit konzedierte der neue Kaiser den Genuesern alle jene Handelsvorteile im byzantinischen Reich, die sich reichlich ein halbes Jahrhundert vorher Venedig unrechtmäßig angeeignet hatte. Im Vertrag von Ninfeo (1261) schlossen Genua und Byzanz ein weitgehendes Beistandsabkommen. Mehr noch, 1266 erhielt Genua den ganzen Stadtteil Galata-Pera auf der anderen Seite des Goldenen Horns. Gestützt auf den Vertrag von Ninfeo, gründeten die Genueser bedeutende Handelsniederlassungen am Südufer des Schwarzen Meeres (Trapezunt), auf der Krim (Caffa) und am Asowschen Meer (Tana). Damit kontrollierte Genua nicht nur den Westhandel des byzantinischen Reiches, sondern auch die innerasiatischen Handelswege, sofern sie in Südrußland endeten (z. B. Seidenstraße). Damit nicht genug: Durch ein Dekret von Kaiser Michael VIII. Paläologus setzte ein Run auf die griechische Inselwelt ein. Das besagte Dekret gewährte jedem Eroberer von ehemals byzantinischen Inseln das eroberte Gebiet als Lehen auf Lebenszeit. So eroberten die Genueser Familien Lemnos (Embriaci), Mytilene (Centurioni) und Enos (Gattilusi). Weil ein Zaccaria Euböa für Byzanz zurückerobert hatte, erhielt er im Austausch dafür Chios, und den Cattanei war die Eroberung von Phokäa geglückt. Die letzten beiden Landgewinne waren wirtschaftlich von höchstem Gewicht, denn Chios lieferte den besten Mastix im Mittelmeer, stellte somit eine Art Monopol, und Euböa andererseits, mit seinen reichen Alaunbergwerken, bescherte seinen Besitzern ebenfalls das Monopol für den Handel mit diesem wichtigen Färbemittel, das die Genueser direkt von hier in die Textilzentren England und Flandern lieferten. Als der griechische Kaiser den Genuesern Tenedos, die Insel, die den Zugang zum Bosporus kontrollierte, schenken wollte, war dies für Venedig der Punkt, an dem es nicht mehr stillhalten konnte. Die Lagunenrepublik besetzte kurzerhand Tenedos selbst. Ein größerer Konflikt zwischen den Kontrahenten war vorprogrammiert.

Schon nach dreijähriger Regierungszeit Guglielmo Boccanegras hatte sich Widerstand bemerkbar gemacht. Er kam traditionellerweise vom Adel. Diesmal unter der Führung der Grimaldi. Doch der gescheiterte Putsch festigte vorübergehend die Position des Capitano del Popolo. Doch bereits ein Jahr nach dem großartigen außenpolitischen Erfolg des Vertrags von Ninfeo gelang es der guelfischen Adelspartei, diesmal geführt von den beiden einflußreichen Familien der Grimaldi und Fieschi, die Regierung zu stürzen. Abgesehen von der weiteren Ausbreitung der Handelsbeziehungen im Osten, auf der Basis des Vertrags von Ninfeo, brachte die Regierung der guelfischen Partei der Republik keine Fortune. Das von den Guelfen mitverschuldete Desaster des Siebenten Kreuzzuges, das Genua erneut in eine Staatskrise brachte, führte das unzufriedene Volk den mächtigsten Vertretern der ghibellinischen Partei zu. 1270 wählte Genua Oberto Doria und Oberto Spinola zu Capitani del Popolo. Diese Diarchie, bestehend aus jeweils einem Vertreter des Hauses Doria und einem Vertreter der Casa Spinola sollte sich segensreich für die Republik auswirken. Unter der Konstellation Doria – Spinola strebte das innerlich zerrissene Genua seinem absoluten Höhepunkt entgegen. Trotz ständiger Scharmützel mit wechselseitigem Erfolg zwischen Genua und Venedig blieben noch viele Fragen ungeklärt, vor allem die Besitzverhältnisse über die großen Mittelmeerinseln Korsika und Sardinien einerseits und Kreta andererseits. Bereits 1277, also unter dem Kapitanat der Doria – Spinola, wurde die erste Linie Atlantik-Mittelmeer eingerichtet. Schließlich brachte der Ausbruch der Vesper-Kriege eine völlig veränderte Kräftekonstellation, bescherte das Jahr 1282 der italienischen Halbinsel das politische Chaos. »Aragonesen auf Sizilien gegen Anjou, Genua gegen Pisa und Venedig, Florenz gegen Pisa, Mailand im Kampf zwischen Torriani und Visconti, in Rom das ewige Duell zwischen Orsini und Colonna, das Schauspiel, das die Halbinsel im letzten Viertel des 13. Jahrhunderts bietet, ist im wahrsten Sinn des Wortes das eines *bellum omnium contra omnes*.«

Vorübergehend mit Aragon verbündet, hatte Genua Zeit, sich ganz auf seine direkte benachbarte Hauptrivalin zu konzentrieren. Anlaß zum Losschlagen bot ein Konflikt auf Korsika. Die innerlich gefestigte und geordnete Superba rüstete eine für damalige Verhältnisse riesige Flotte aus. Unter Oberbefehl von Admiral Oberto Doria schlugen die Genuesen 1284 bei Meloria den Erzrivalen so vernichtend, daß sich Pisa von dieser Niederlage nie mehr erholt hat.

Inzwischen hatte aber Venedig keinen anderen gewichtigen Gegner als Genua. Die Serenissima war durch Sultan Kamil ihres wichtigen Kontors in Acri verlustig gegangen. Auf Zypern, wo König Heinrich II. dank genuesischer Unterstützung seine Position festigen konnte, erhielten die Ligurer günstigste Konditionen, so daß auch hier, auf ihrem einstigen Besitz, die Venezianer ins Hintertreffen gerieten. Die Schuld an dieser Entwicklung schob man Genua in die Schuhe. Dort war inzwischen die legale Regierungszeit der beiden Oberto zu Ende gegangen. Nach einem Zwischenspiel eines ausländischen Capitano del Popolo und einer erneut gescheiterten Rebellion der Guelfen wählte die Republik Genua wieder eine Diarchie aus Spinola- und Doria-Mitgliedern, die Söhne der beiden Oberto: Corrado Doria und Corrado Spinola hieß das neue Erfolgsgespann. Der alte Kämpe Oberto Doria wurde zum Oberbefehlshaber der genueser Flotte ernannt, doch er starb kurz darauf. 1295 scheiterte erneut eine Verschwörung der Fieschi und Grimaldi. Papst Bonifaz VIII. sorgte für Frieden zwischen Genua und Venedig. Der beim Volk unbeliebte Corrado Doria wurde durch Lamba Doria ersetzt.

Unter Admiral Lamba Doria setzte Ende August 1298 die genuesische Flotte Segel in Richtung Adria. Am 8. September kam es bei Curzola zur entscheidenden Auseinandersetzung. 85 Galeeren auf genuesischer Seite standen 98 Galeeren der Venezianer gegenüber. Doch der Sieger hieß Lamba Doria. Genua hatte seinen mächtigsten Rivalen zur See besiegt und stand auf dem Höhepunkt seiner Macht. Aber Lamba Doria hatte zu viele beschädigte Schiffe und verwundete Soldaten. Er konnte nicht nach Venedig weiterfahren, um Tabula rasa zu machen. Die genuesische Flotte unter Lamba Doria hatte die venezianische Flotte unter Andrea Dandolo besiegt. Venedig, die Serenissima, aber war keineswegs geschlagen. Curzola brachte keine Entscheidung, sondern eine Pattsituation.

Danach folgte für die Superba eine lange Phase des schleichenden Niedergangs und der politischen Entmündigung. Die Gründe dafür lagen keineswegs in den konkreten Opfern dieses Pyrrhus-Sieges von Curzola, sie sind vielmehr ein Teil der Geschichte Genuas selbst. Von den vier mächtigsten Seerepubliken Italiens im 11. Jahrhundert: Amalfi, Venedig, Pisa und Genua, zeigt letztere die unentschiedenste Ausformung eines geordneten Gemeinwesens. Venedig kannte bereits seit den letzten Jahren des 7. Jahrhunderts eine leitende Füh-

Der Hafen von Pisa, romanisches Steinrelief, um 1290, im Museo di S. Agostino, Genua

rungsperson im Amt eines Duca. Vom ersten Duca bis zur Vollendung der politischen Organisationsstruktur im späten 13. Jahrhundert (Einführung des Consiglio Grande, Festlegung der Anzahl der Ratsmitglieder etc.) verläuft eine geradlinige Entwicklung. Amalfi kennt ebenfalls seit der Neukonstituierung des Gemeinwesens im Jahre 837 eine konstante republikanische Tradition. In Pisa findet die Konsolidierung republikanischer Vorstellungen mit der Bestätigung der Konsularregierung im Jahre 1070 ihren vorläufigen Abschluß. In Genua ist eine solche konstante Entwicklung zu einem gefestigten Gemeinwesen weder bis 1070 noch später erkennbar.

Zwar war es der Stadt gelungen, sich von den Rechtsansprüchen der hohen Feudalität der Obertenghi zu befreien und die kleinen Adeligen auf ihre Seite zu ziehen, zwar war es den Bischöfen gelungen, diese gebietslüsternen Territorialherren einzugemeinden, doch war die Auflage, diese aktiven Neubürger müßten mindestens ein Vierteljahr in der Stadt zubringen, nur ein fauler Kompromiß. Nie war es der Kommunalgewalt Genua gelungen, auch nicht 1099 mit der Einrichtung der Compania Communis, diese zentrifugalen Kräfte positiv einzuschmelzen. Dazu hatte Genua gar keine Zeit. Die Organisation der Stadt in Companie war schon ein solches Element der internen Zersplitterung. Die Beteiligung an den Kreuzzügen brachte der Stadt zwar Ruhm und Rechte ein, aber kein Geld. Die Schiffe und Großteile der Ausrüstung und Besatzung wurden finanziert von den kapitalstarken Gruppen des Stadtadels und Patriziats, z. B. die Familien Della Torre und Embriaco. Die ersten Erfolge dieser Privatunternehmer machten Schule. Genua zerfiel in eine potente Schicht von erfolgreichen Privatunternehmern und eine besitzlose Masse von Zubringern, die sich als Kommune verstanden. Die großteils dem ehemaligen Feudaladel zugehörigen Ausrüster von

GENUA – LA SUPERBA

Schiffen, Eroberer und Fernhändler hatten ihr altes Konkurrenz- und Fehdeverhalten noch keineswegs voll abgestreift. Sie bekämpften sich, wo es ging, gegenseitig. Der Genueser war dem Genueser ein Wolf. So kam es zu einer Vielzahl von konfliktreichen Konstellationen innerhalb der Stadt: Familienclan gegen Familienclan, besitzende Geldschicht gegen niederes Volk, Kommune gegen Privatunternehmen usw. An einigen Präzedenzfällen kann sehr deutlich das Auseinanderklaffen der verschiedenen Interessen, vor allem der von Kommune und Privatunternehmer, aufgezeigt werden.

Beispiel Korsika
1120 hatte Calixtus II. Korsika den Genuesern zugesprochen. In den neunziger Jahren versuchte nun Pisa die Insel, die ihr von Friedrich I. zuerkannt worden war, mit Gewalt an sich zu reißen. Der Senat nahm die Vorkommnisse auf Korsika gar nicht zur Kenntnis. Es waren schließlich drei Männer, die die Initiative ergriffen, Enrico Camardino, Ingone Longhi und Ottone Polpo, drei Kriegsschiffe ausrüsteten und Segel in Richtung Bonifacio setzten. Nach 48 Stunden Kampf war Bonifacio in der Hand der drei wagemutigen Kapitäne. Aufgerüttelt durch dieses Beispiel besann sich der Senat und rüstete ebenfalls eine Flotte, die schließlich die Pisaner besiegte und somit den Besitz der Insel für Genua rettete.

Beispiel Sardinien
Genua hatte 1163 durch einen klugen Schachzug Sardinien für sich beansprucht. Barbarossa durchkreuzte die Pläne von Genua und machte den Richter von Arborea tatsächlich zum König der Insel. Damit waren die genueser Ansprüche zunächst annulliert. Die privaten genueser Geldgeber aber setzten den neugekrönten König, anstelle ihn nach Sardinien überzusetzen, einfach gefangen, mit der Forderung der sofortigen Rückzahlung seiner Schulden, was dieser natürlich nicht leisten konnte. Die Aufforderung an den Senat, tätig zu werden und für die Freilassung des Königs von Sardinien zu sorgen, wurde abgelehnt mit der Begründung, daß sich Genua nicht in die Geschäfte seiner Kaufleute einzumischen pflege. Insgeheim hoffte der Senat natürlich, daß der sardische König, um in sein Königreich zu kommen, anstelle der Schuldrückzahlung günstige Konditionen auf der Insel einräumen würde. Doch Barbarossa ließ sich von den Genuesern keineswegs hinhalten. Er hatte inzwischen die Insel an den Erzrivalen der Superba, an Pisa, verkauft. So verlor Genua durch die Uneinigkeit zwischen Privat- und Stadtgeschäften diese eminent wichtige Insel.

Beispiel Kreta
Einer der Führer des sogenanten Vierten Kreuzzuges war Bonifaz von Montferrat. Ihm war aus der *spolia optima* des ehemaligen byzantinischen Reichs u. a. die Insel Kreta zugefallen. Bei dem Versuch, die Insel an einen solventen Käufer zu verscherbeln, wandte sich der Graf von Montferrat zunächst an seinen Gebietsnachbarn Genua. Doch der Senat konnte sich trotz endloser Diskussionen nicht sofort entschließen. Enrico Dandolo, der Doge von Venedig, erfuhr von den Verkaufsabsichten des Montferrat und bot sofort mehr als dieser ursprünglich von Genua herausschlagen wollte, und so wehte das Löwenbanner des Hl.

1 GENUA Stadtvedute im Palazzo Doria-Spinola

2 GENUA Alter Hafen mit Lanterna

4 GENUA Palazzo Doria-Pamphily, Osttor

◁ 3 GENUA Blick über die Dächer der Altstadt

5 GENUA Palazzo Doria-Pamphily, dreischaliger Brunnen

6. Andrea Doria, Gemälde von Sebastiano del Piombo im Palazzo Doria, Rom

7 Andrea Doria, Gemälde von Jan Matsys in der Galleria di Palazzo Bianco

9   GENUA   Die Börse

◁ 8   GENUA   S. Giovanni di Pré

10   GENUA   Palazzo di S. Giorgio

11 Genua S. Ambrogio (Il Gesù)

13 Genua S. Maria Assunta di Carignano

12 Genua S. Ambrogio (Il Gesù)
14 Genua S. Maria Assunta di Carignano:
Hl. Sebastian von Puget

Genua S. Maria Assunta di Carignano

16, 17 GENUA Museo di S. Agostino: Madonna von Puget; Grabmal der Margareta von Brabant von Giovanni Pisano (Detail)
18, 19 GENUA S. Maria di Castello: Sakristei-Portal und Mystische Hochzeit der Hl. Katharina

20 GENUA S. Maria di Castello   21 GENUA S. Cosimo

22, 23 GENUA S. Maria di Castello: Loggia dell' Annunziazione und Himmelfahrt Mariä von Parodi

24 GENUA Dom S. Lorenzo

25 GENUA Dom, Fassade mit sog. Arrotino

28 GENUA Dom, Blick ins Langhaus ▷

26, 27 GENUA Dom, Portalgewände mit Stammbaum Jesse und Fassadendetail

29 Genua   Dom S. Lorenzo, Tympanon des Hauptportals

30 Genua   Museo del Tesoro di S. Lorenzo: Sog. Teller von Calzedon

31 Genua   Stirnseite der Cappella di S. Giovanni Battista im Dom

32, 33
GENUA
S. Matteo; rechts
Fassadendetail mit
römischer Spolie

34, 35
GENUA
S. Matteo, Portal;
Palazzo Lamba
Doria

36, 37
GENUA
S. Matteo: Sarkophag der Hll. Maurus und Eleutherius im Kreuzgang (1356) und Figurenkapitell

38 Genua Palazzo Spinola della Casa (dei Marmi)   39 Genua Palazzo Doria-Spinola, Hof ▷

Markus nun auf Kreta. Notorischer Geldmangel der Stadtkasse und Unentschlossenheit im Senat brachten Genua um den Erwerb eines der größten Brocken, die die Eroberung von Konstantinopel auf den Markt geworfen hatte.

Gerade letzteres Beispiel zeigt die Unterschiede zu Venedig, und so »bleibt der unleugbar venezianische Erfolg zu erklären, in der Bestätigung der solideren und organischeren Struktur der politischen Institutionen von San Marco im Vergleich zu den Unzulänglichkeiten, die Genua als Staat und Gemeinwesen betreffen«.

Die innere Zerrissenheit der Stadt Genua drückt sich nicht nur in der Unentschlossenheit seiner Ratsmitglieder aus, sondern viel direkter und brutaler in den mit Waffen ausgetragenen Händeln der einzelnen Clans. Wir haben eine Reihe von zeitgenössischen Berichten bis ins 12. Jahrhundert, die solche Kämpfe nicht nur erwähnen, sondern bis ins Detail beschreiben. Wenn die blutigen Konflikte überhand nahmen, sah sich die Kommune sogar gezwungen, ausländische Söldner gegen die eigenen außer Rand und Band geratenen Mitbürger einzusetzen. So geschehen 1169 und 1224–27. Doch diese Söldner kosteten Geld.

Damit kommen wir zum zweiten Charakteristikum von Genua. Zu der sprichwörtlichen genueser Uneinigkeit in der Bürgerschaft kam als Folge der rein kapitalistischen Struktur der Unternehmerschicht hinzu, daß diese nicht nur für einen Großteil der Schiffe und Soldaten aufkam, sondern konsequenterweise auch die vorrangigen Nutznießer der neugeschaffenen Vorteile, Eroberungen, Kolonien, Handelsniederlassungen, Handelsmonopole, Konzessionen und Handelsvorteile allein auf ihr Konto verbuchte. Für Genua, die Stadt, blieb so gut wie nichts. Anwerbung von Söldnern, Ausrüstung von Schiffen, Verteidigung der Stadt, Ausbau des Hafens und andere kommunale Aufgaben kosteten aber Geld. Schon sehr früh sah sich Genua gezwungen, bei seinen Bürgern zu borgen. So tätigt die Superba bereits zum ersten Mal 1154 eine Staatsanleihe bei ihren Bürgern in Höhe von 15000 Lire. Zum Vergleich: Die Hafeneinnahmen der Stadt im Jahre 1163 werden mit 6550 Lire beziffert! Borgen konnte natürlich nur, wer Geld hatte – und dies war wiederum die obere Schicht der Unternehmer. Diese ließen sich bei Zahlungsunfähigkeit des Gläubigers (= Kommune) ihre Außenstände durch Überlassung von Hoheitsrechten, Steuereinnahmen usw. abfinden und versichern. So geriet das Finanzwesen der Stadt Genua schon sehr früh in die Hände einer kleinen wohlhabenden Schicht. Ein altes Sprichwort konnte deshalb sagen: »*Quando le casse dello stato sono vuote Genova è povera ma i genovesi sono ricchi.*« Hier liegen die Anfänge des Banco di San Giorgio. Eine typisch genuesische Besonderheit ist auch die Einrichtung der sogenannten Maona. Das Wort ist dem Arabischen entlehnt und heißt so viel wie Entschädigungsgesellschaft. Das will heißen, daß Besitzungen, die unter genuesischer Flagge erobert wurden, rechtlich zwar der Kommune gehörten; die Kommune konnte aber ihre Vorteile wie auch Pflichten für dieses Gebiet abtreten an private Nutznießer, die dann für Verteidigung, Alimentation, Verwaltung usw. zuständig waren und sich dafür schadlos halten konnten durch die Ausbeutung dortiger Bodenschätze usw. Die berühmtesten Maonen waren die von Chios und die von Phokäa, aber auch Korsika oder Famagusta waren als

Maonen geführt. Die ohnehin finanzschwache Staatskasse war die Verantwortung für diese Kolonien los, verdiente aber auch nichts daran.

Zu diesen Genueser Besonderheiten kam schließlich Mitte des 13. Jahrhunderts eine neue Entwicklung erschwerend hinzu. Durch die ungeschickte Städtepolitik Friedrichs II. fanden sich nolens volens die an sich als Geschäftsleute neutralen Genueser auf der Seite der Lega Lombarda und des Papstes. Durch die vorübergehende Übereinstimmung mit der päpstlichen Politik und die Wahl eines ligurischen Grafen, der gleichzeitig zum eingemeindeten Stadtadel gehörte, zum obersten Hirten der Christenheit, schlitterte die Stadt unversehens in ein überregional politisches Lager, das der Guelfen. Den oppositionellen Parteien blieb nichts anderes übrig, als sich ghibellinisch zu erklären. Genua war zusätzlich in einen weiteren Interessenkonflikt hineingelangt, einen Konflikt, der sich für die Stadt um so fataler erweisen sollte, als dadurch das zwar intern zerstrittene, aber nach außen einige Genua in europäische Konflikte geriet, die nicht von Genua ausgingen und auch nicht von dort gesteuert werden konnten.

Mit dem Auftreten der Fieschi betrat nicht nur eine neue Kraft die politische Bühne der Stadt, auch die Art und Weise der Konfliktauseinandersetzung änderte sich. Mit den Fieschi beginnt die Ära der Verschwörungen. Nachdem bereits 1256 der politische Unmut der Bürger über die Ausübung der Politik durch die von den Grimaldi und Fieschi geführten Guelfen in der Wahl des politisch neutralen Podestà Guglielmo Boccanegra zum Ausdruck kam, fanden die Grimaldi und Fieschi keine andere Möglichkeit zur Rückgewinnung der verlorenen Macht, als gegen Boccanegra zu konspirieren. Dieser hatte alle Hände voll zu tun, um die Angelegenheiten der Superba in den Griff zu bekommen. Ein Jahr nachdem der rührige Podestà mit der Beihilfe zur Rückeroberung von Byzanz und dem Vertrag von Ninfeo Großes geleistet hatte, wurde er bereits durch Betreiben der Fieschi und Grimaldi zu Fall gebracht. Die nachfolgenden acht Jahre guelfischer Regierung kulminierten schließlich in dem Reinfall des Siebten Kreuzzugs, der für Genua speziell zum Desaster wurde. Erneuter Unmut über die Rampini führte die Mehrheit der Bürger auf die Seite der Mascherati, die mit der Einführung der Diarchie unter Leitung der angesehenen Ghibellinen Oberto Doria und Oberto Spinola Genua zu neuen Höhepunkten führte. Mit der ersten Diarchie der beiden Oberto ist der Sieg bei Meloria verbunden. Nach Ablauf ihrer offiziellen Amtszeit traten die beiden gewählten Capitani del Commune e del Popolo, ganz verfassungskonform, zurück. Unter der Leitung der zweiten Diarchie, Corrado Spinola und Corrado Doria (nach zwei Jahren ersetzt durch Lamba Doria), gelang Genua der schwer erkämpfte Seesieg über Venedig bei Curzola. Auch diesmal traten die beiden Capitani nach Ablauf ihrer Amtszeit zurück, um Jüngeren Platz zu machen. Vergleicht man damit die Verhaltensweisen der Fieschi und Grimaldi, die, nur um an der Macht zu bleiben, nicht davor zurückschreckten, fremde Mächte nach Genua zu holen und die Stadt fremden Herren zu unterstellen, so zeigt sich schon daran, warum die Tätigkeit der Spinola und Doria, bei aller Tradition, ihr privates Süpplein zu kochen, segensreicher für die Stadt war als die der guelfischen Familien. Deren erste Stütze war ja im Papsttum Innozenz' IV. gelegen. Um die gewählten Capitani del Popolo der ghibellinischen Partei aus ihren Ämtern zu heben, schreckten die Fieschi und

Grimaldi nicht zurück, im Jahre 1272 Karl von Anjou die Herrschaft über Genua anzutragen, wenn er ihnen nur in Genua wieder zur Macht verhülfe. Außer der konspirativen Praxis geht also auch die zweite für Genua fatale Verhaltensweise, die Übereignung der Stadt an ausländische Mächte, ebenfalls auf die Fieschi und Grimaldi zurück.

Schließlich ein Letztes. Der Mangel an politischer Kraft und die eklatante Finanzschwäche waren schuld, daß Genua, das nicht aufhörte, unzählige kühne und geschickte Seefahrer und wagemutige und vorausblickende Händler hervorzubringen, diesen aufstrebenden Kräften keine Heimat bieten konnte. Diese waren auf sich selber gestellt und auf die Fremde verwiesen. Und so nimmt es nicht wunder, daß bereits seit dem 13. Jahrhundert Genueser, Abenteurer *par excellence*, auf allen Weltmeeren verstreut im Dienste anderer Potentaten zu finden sind, so Manuel Pessagno als Admiral des Königs von Portugal, Enrico Mardosi als königlicher Schiffsbauer im Dienst von Philipp dem Schönen usw. Für einen Venezianer wie Marco Polo war es unvorstellbar, sich als jemand anderen als einen Vertreter der Republik von San Marco zu sehen. Für einen Genueser war es durchaus normal, seine Dienste jedem beliebigen Geldgeber anzubieten. In diese Traditionskette sind schließlich auch Christoph Kolumbus, John Cabot (Giovanni Caboto) und der junge Andrea Doria einzureihen.

Nach Curzola

Die auf Curzola folgenden zwei Jahrhunderte tragen alle die aufgezählten Merkmale wie: interne Zerrissenheit, Interessenkonflikt zwischen Kommune und Privatunternehmen, Finanzschwäche der Republik, mangelnde homogene Führungsschicht, Kampf jedes gegen jeden, Verschwörungen und Aufruhr, Unterwerfung unter fremde Mächte und erneuten Aufruhr, nichtexistente langfristige Außenpolitik, Übergang staatlicher Einnahmequellen in private Hände, Flucht in die Fremde usw. Unter solchen Vorzeichen konnte nur ein Niedergang der Superba die natürliche Folge sein. Da sich die Ereignisse und die Schemata, nach denen sie ablaufen, nun ständig wiederholen, genügt für die folgende Zeit eine mehr summarische Darstellung.

Das Jahr 1298 sah also Genua auf dem Höhepunkt seiner Macht. Pisa war endgültig niedergerungen und Venedig in die Schranken gewiesen. Zentrum eines unerhörten Handelsimperiums und innerlich gefestigt, beschloß die Republik nach Ablauf der Amtszeit der siegreichen Capitani del Popolo, Corrado Spinola und Lamba Doria, eine erneute Reform der Verfassung. An die Stelle der beiden bewährten Capitani traten ein Volksabt als Vertreter des Popolo und ein ausländischer Podestà für die juristische Verwaltung. Doch wenn Genua keinen gemeinsamen äußeren Feind hatte, wußte es sich im Innern selbst welche zu schaffen. Die Jahre 1301 bis 1311 sahen die verschiedensten Konstellationen. Wie wenig die Parteiung Guelfen und Ghibellinen für die Genueser als festgeschriebene unverrückbare Blockbildung existierte, zeigte der Zwist zwischen Doria und Spinola, was zu einer vorübergehenden Koalition von Spinola/Fieschi und Doria/Grimaldi führte. Als jedoch die inzwischen regierende Partei der Fieschi/Grimaldi die mitverbundenen Doria ausmanövrierte, schlossen sich die Doria wieder mit den Spinola zusammen. Die alten Fronten waren 1311 wiederhergestellt. Obizzino Spinola hatte zuletzt Kaiser Heinrich VII. zum Schiedsrichter aufgerufen, um sich in seiner Herrschaft von der höchsten abendländischen Feudalmacht absegnen zu lassen. Doch als Heinrich VII. 1311 in Genua weilte, ernannte er sich kurzerhand für zwanzig Jahre selbst zum Podestà der Stadt. Spinola hatte das Nachsehen. Die Doria hingegen begrüßten den Schritt und nahmen anläßlich dieser kaiserlichen Intervention den Reichsadler in ihr Familienwappen auf.

Erst ab 1311 waren also die Doria endgültig zu Ghibellinen geworden. Aus Unzufriedenheit über die kaiserlichen Steuern und die Tätigkeit des kaiserlichen Gouverneurs kam es erneut zu Parteiungen zwischen Grimaldi und Doria, die ja beide ihre Feudalsitze vorwiegend an der Ponente besaßen, und Fieschi und Spinola. Das Doppel-Kapitanat von Carlo Fiesco und Gaspari Grimaldi vereinigte wieder Doria und Spinola. Gemeinsam mit Mailand, Verona und den lombardischen Ghibellinen bekämpfte die Doria-Spinola-Fraktion nun Genua. In ihrer Not riefen die guelfischen Fieschi und Grimaldi König Robert I. von Neapel zu Hilfe. Am 8. 8. 1318 übernahm Robert I. zusammen mit Papst Johannes XXII. das Kapitanat der Stadt Genua. Während Obizzino Spinola 1311 Heinrich VII. nur als Schiedsrichter gerufen hatte, hatte die Fieschi-Grimaldi-Koalition vorsätzlich und bewußt den Anjou als neuen Herren nach Genua geholt. Doch letztlich siegten durch ihre bessere Position die Ghibellinen. Erst 1328 endete vorübergehend der Streit um das Kapitanat, man hatte nämlich wieder einen gemeinsamen äußeren Feind, nämlich das gefährlich stark gewordene Katalonien-Aragon. Der Streit entbrannte um Sardinien, wo Aragon festen Fuß gefaßt hatte. Die genueser Flotte unter Gaspari Doria wurde vor Sardinien geschlagen. Im selben Jahr 1329 kaufte Gherardo Spinola für 60000 Gulden die Signoria von Lucca. Erst eine erneute Anstrengung unter Admiral Antonio Grimaldi lehrte die Aragonesen das Fürchten. Sardinien blieb genuesisch. Am 9. März 1335 gelang den Ghibellinen die Rückkehr zur Macht. In Anknüpfung an die erfolgreiche Amtszeit der beiden Oberto wählten die Genueser Raffaele Doria und Galliotto Spinola zu Capitani del Popolo. Obwohl deren Amtszeit 1337 auf weitere drei Jahre verlängert wurde, sahen die beiden Capitani nicht das natürliche Ende ihrer Amtszeit.

Das Volk von Genua hatte endgültig die Nase voll vom Gezänk, den Intrigen und dem häufigen Wechsel der regierenden Adelsparteien. Es setzte die beiden Capitani ab, änderte die Verfassung zum x-tenmal und wählte Simone Boccanegra zum ersten Dogen der Stadt. Die Adelsparteien, die vom Dogat ausgeschlossen waren, verließen die Stadt und zogen sich auf ihre Feudalsitze zurück. Als erste kamen die ghibellinischen Adeligen wieder in die Stadt. Doch der verfassungsmäßige Ausschluß der Adelsparteien von der Regierungsverantwortung war erneut ein schwerwiegender Fehlgriff, schuf er doch wiederum eine tödliche Parteiung innerhalb der Stadt. Simone Boccanegra tat als erster Doge von Genua, was in seinen Mächten stand zur Befriedung der Superba und zur Sicherung ihrer Besitzungen. Doch nicht in seiner Gewalt, weil verfassungsmäßig ausgesperrt, waren die Adelsparteien. Ihnen war es gelungen, dem Dogen 1344 einen Kompromiß abzuringen, woraufhin Boccanegra sein Amt niederlegte. Der Krieg gegen die exilierten Adeligen kostete die Kommune so viel Geld, daß sie 1346 zum zweiten Mal eine große Schuldanleihe bei der Bevölkerung aufnehmen mußte. Hauptspender waren wiederum die finanzkräftigen Familien. Die von der Republik ausgesandte Flotte erreichte gegen die Rebellen nichts, brachte aber als Erfolg die Rückeroberung von Chios und Phokäa mit. Den Geldgebern wurden als Sicherheit für die Rückzahlung jährlich 7000 Lire aus den Einnahmen in den wieder eroberten Gebieten zugesagt, außerdem wurden die Einnahmen des genueser Kapitelhauses und mehrerer Orte zuerkannt und die Zolleinkünfte des Hafens verpfändet. Die Gläubiger bildeten ein Konsortium, für das ein achtköpfiges Spezialistendirektorium die Verwaltung übernahm. Dieses private Direktorium zur Verwaltung der staatlichen Konkursmasse war der Anfang vom Banco di San Giorgio. Genua, die Kommune, stand vor dem Bankrott. Dieses gebeutelte Genua wurde 1348 auch noch eines der ersten Opfer der über die eigenen Kolonien am Schwarzen Meer aus China importierten Pest. Doch ein Unglück kommt selten allein. Wegen des Schwarzmeerhandels kam es erneut zum Streit mit der Lagunenrepublik, der vierte Seekrieg mit Venedig stand ins Haus. Obwohl zahlenmäßig unterlegen und schon auf der Verliererstraße, gelang es dem genialen Admiral Pagano Doria 1352 durch taktisch geschicktes Einsetzen der genuesischen Wunderwaffe, seiner gefürchteten Armbrustschützen, den Sieg davonzutragen. Genua zur See zu besiegen, schien fast unmöglich. Pagano Doria, ein würdiger Vorfahr von Andrea Doria, wollte bei der Gelegenheit mit türkischer Hilfe Byzanz erobern. Kaiser Johannes VI. Kantakuzenos machte Pagano Doria jedoch ein so vorteilhaftes Friedensangebot, daß Genua dadurch für unabsehbare Zeit zur absoluten Vorherrschaft in den byzantinischen Gewässern gelangt wäre. Pagano Doria unterschrieb guten Gewissens im Namen der Superba. Doch die Senatoren kannten keine Dankbarkeit, ratifizierten dieses günstige Abkommen nicht und setzten den Doria ab. Neuer Admiral wurde Andrea Grimaldi, der jedoch bei der ersten Gelegenheit im Flottengefecht gegen die vereinigten Aragonesen und Venezianer in einer entscheidenden Phase der Schlacht kehrtmachte und sich mit einigen Galeeren in Richtung des sicheren Hafens von Genua aus dem Staub machte. Ihm wurde nicht einmal der Prozeß gemacht. In ihrer Not bot die Republik diesmal die Schutzherrschaft über Genua Erzbischof Giovanni Visconti an, als Fürstentum auf Lebenszeit! Damit war Genua zum ersten Mal unter mailändischer Kuratel. Die nun fließenden Gelder ermöglichten Genua die Aufstellung einer neuen Flotte, die bei Portolungo, diesmal unter Führung von Pagano Doria, gegen die zahlenmäßig überlegenen, besser postierten Venezianer einen großartigen Seesieg davontrug. Als im Jahre darauf 1355 Erzbischof Giovanni Visconti starb, war Genua das mailändische Joch wieder bequem losgeworden. Doch die erneut einsetzenden Parteihändel veranlaßten die Genueser, sich unter die Schutzherrschaft seiner Neffen zu stellen. Genua blieb mailändisch.

Aufruhr des Volkes gegen Mailand, erneutes Dogat von Boccanegra, es schien als ob Genua sich wieder auf sich selbst und seine alten Tugenden besonnen hätte. Alles florierte unter dem zweiten Dogat des Simone Boccanegra. Doch der Superba war keine längere Verschnaufpause gegönnt. Bereits 1363 wurde bei einem festlichen Bankett der für Genua so erfolgreiche Doge vergiftet. Von nun an folgten die Dogen in immer kürzeren Zeitintervallen aufeinander. Man spricht vom sogenannten Dogenkarussell. Dieses drehte sich praktisch bis zum Ende des 15. Jahrhunderts. Vor allem die beiden Familien der Adorno und Fregosi (Campofregosi) standen sich einander nicht nach, der jeweils anderen Partei am Stuhlbein zu sägen. Der einzige Lichtblick für Genua bestand in einer Reihe von kleineren Seesiegen unter Luciano Doria, Ambrogio Doria und Pietro Doria.

Der Chioggia-Krieg und seine Folgen

In diese Zeit höchster innerer Spannungen und Parteienkämpfe fällt der fünfte Seekrieg mit Venedig, der sogenannte Chioggia-Krieg (1379–80). Am 13. August 1370 wurde der fünfte Doge der Republik gewählt. Es ist dies zum ersten Mal ein Mitglied einer reichen Kaufmannsfamilie der ghibellinischen Volkspartei, Domenico Campofregoso. Unter seiner Ägide wurde ein Staatsschuldentilgungsfonds installiert. Die Staatsschulden wurden umgewandelt in staatliche Pfandbriefe, die sogenannten Luoghi. Der Bruder des Dogen, Piero Fregoso, eroberte erneut Zypern und ließ die genuesische Flagge auf der Insel hissen. Als der griechische Kaiser Andronicus IV. den Genuesern für empfangene Militärhilfe Tenedos, die Wächterin des Hellespont, überlassen wollte, konnte dies das wieder mal ins Hintertreffen geratene Venedig nicht zulassen. Es besetzte kurzerhand die rechtlich den Genuesern zustehende Insel. Dies war praktisch eine Kriegserklärung. Genua ging sofort zum Gegenangriff über und operierte mit Erfolg in der Adria. Das Gros der venezianischen Flotte befand sich auf Kaperfahrt im östlichen Mittelmeer. Der genuesische Admiral war Luciano Doria. Die Genueser hatten sich für ihren direkten Schlag gegen Venedig durch Bündnis mit Padua von der Landseite her abgesichert. Nach anfänglichen Erfolgen kam, nach Einnahme von Chioggia, die Offensive zum Stehen, und es entwickelte sich ein zäher Stellungskrieg, der sich mit zunehmender Dauer für die Angreifer nachteilig entwickelte. Dissens und gegenseitiges Mißtrauen machten es Luciano Doria unmöglich, das taktisch einzig richtige, die Stürmung der von einem Teil ihrer Verteidiger entblößten Lagunenstadt, durchzuführen. Das alte Übel der Genuesen, ihre innere Zerrissenheit, hatte für die erfolgreich Angreifenden einen greifbar nahen Sieg schließlich in eine Niederlage, die verhängnisvollste für Genua selbst, verwandelt. Ganz anders die Venezianer, die, von außen bis an den Rand ihrer Existenz gedrängt, unmenschliche Anstrengungen aufbrachten, um unter Aufbietung aller gemeinsam verfügbaren Kräfte die drohende Niederlage doch noch abzuwenden. Der abschließende Frieden von Turin 1381 wurde somit mehr von Venedig diktiert. Der verlorene Chioggia-Krieg hatte auch Genua bis zum letzten ausgelaugt. Die erneute Verschuldung des Staates brachte damit praktisch das Ende einer staatlichen Marine Genuas.

Reichlich zehn Jahre nach dem Turiner Frieden waren die Zustände in der Genueser Seerepublik wieder einmal verheerend. Viele Städte waren von Genua abgefallen. Savona war französisch geworden. Die Cinqueterre und der Golf von La Spezia mit den wichtigen befestigten Häfen Lerici und Portovenere war in Händen der exilierten Guelfen, und von der Ponente her drohten die ghibellinischen Adeligen mit einem Sturmangriff auf Genua, wo 1394 zum vierten Male Antoniotto Adorno zum Dogen gewählt worden war. Doch dieser sah keinen anderen Ausweg, als wieder einmal mehr seine Heimatstadt an eine fremde Macht zu verkaufen. Der Nutznießer war diesmal Frankreich. Doch als auch noch die Pest hinzukam, sah das Jahr 1398 Genua im Zustand eines totalen Chaos. Selbst der französische Gouverneur hatte sich aus dieser vermaledeiten Stadt zurückgezogen. Doch der französische König gab nicht auf, er schickte seinen härtesten Mann, um den Augiasstall Genua auszumisten. Jean Lemeingre, Maresciall de Bouzicaut (italienisch Buccicaldo), räumte auf. Die Raubnester der sarazenischen Korsaren wurden ausgehoben, Famagusta befreit, Elba erobert, Savona und Monaco wieder unter Genueser Flagge gestellt, der Bau des Castelleto vollendet und die Darsena befestigt. In die Amtszeit des Buccicaldo fiel auch die offizielle Anerkennung des Banco di San Giorgio als Staatsbank (1407). Um die erhöhten Steuern bezahlen zu können, mußten die Bürger praktisch Anleihen aufnehmen, und keine andere Instanz als der Banco di San Giorgio gab diese aus. Die Befugnisse des Banco wurden vermehrt u. a. um das Recht, die im Umlauf befindlichen Schuldverschreibungen (Luoghi) zu verkaufen. So konnten später, wie das Beispiel Zypern und Chios zeigt, staatliche Gebiets- und Hoheitsverluste in Privatverluste der Gläubiger verwandelt werden. Insgesamt wirkte sich das harte Regiment von Bouzicaut als Segen für die Stadt aus. Doch selbst der Eisenfresser Bouzicaut konnte auf die Dauer die Genueser weder kleinkriegen noch zur Raison bringen. Der inzwischen gehaßte französische Gouverneur wurde mit Gewalt vertrieben. Das Dogenkarussell drehte sich wieder fleißig weiter bis zur nächsten Unterwerfung unter einen ausländischen Herrn. So wechselte Genua nach 1421 von Frankreich wieder an Mailand (1421–35), danach an Alfons von Aragon (1435), dann wieder an Frankreich unter Karl VII. (1458), an Fransceso Sforza (1461), an Ludovico Il Moro (1488) und schließlich für ca. dreißig Jahre an Frankreich. Ein freies Genua schien und war für immer verspielt, wohlgemerkt durch eigene Schuld.

Die neue Zeit bricht an

Während Genua alle Kräfte zur Selbstzerstörung verbrauchte, hatte sich die politische Landschaft Europas und der Mittelmeerwelt grundlegend geändert. Die Jahre 1453/54 markieren die Wende. Am 29. 5. 1453 fiel das bedeutendste Bollwerk des Abendlandes gegen den Islam. Mit Byzanz brach auch der Orienthandel der Genueser weitgehend zusammen. Die Tage von Caffa, das mit ca. 600 000 geschätzten Einwohnern eine der größten Städte seiner Zeit war, Tana am Asowschen Meer, Trapzon am Schwarzen Meer und der jonischen Besitzungen waren gezählt. Nur Chios hielt sich, weil als Umschlagplatz internationaler Währungen und Waren von den Türken geduldet, bis weit ins 16. Jahrhundert (wie z. B. heute Hongkong). Wie schon Venedig 1203/04 hatte im 15. Jahrhundert Genua seinen Anteil am Fall dieses Tausendjährigen Reiches. Eine mangelnde konstruktive und vorausschauende Außenpolitik, arrogantes und selbstsicheres Unterschätzen der türkischen Macht und die Form der Maona auf seiten Genuas waren wertvolle Bundesgenossen der osmanischen Heere. Ja, es waren Genueser Schiffe, auf denen 1402 die osmanische Armee auf das europäische Festland übersetzte, um vom Westen her Istanbul sturmreif zu schießen. Die Genueser hatten wieder einmal mehr dem eigenen Henker das Beil geliefert. Als Konstantinopel fiel, hatte die Kommune Genua nicht einmal das Geld, um einen Botschafter für Verhandlungen um seine Kolonien zu schicken.

Das zweite für Italien epochale Ereignis fand nördlich der Apenninen statt. Venedig hatte eben seine Terra-Ferma-Politik erfolgreich abgeschlossen. Als es zum Konflikt mit Mailand kam, war beiden kriegführenden Parteien klargeworden, daß jede den Zenit ihrer Ausdehnungsmöglichkeiten erreicht hatte. Man einigte sich im Frieden von Lodi 1454 auf den Status quo. Als im Jahre darauf diesem Frieden von Lodi das aragonesische Königreich von Neapel, Florenz, Savoyen und Montferrat beitraten, entstand das Bündnissystem der Lega Italica, das praktisch einer Aufteilung Italiens und Zementierung der im Jahre 1455 existenten Grenzverhältnisse entsprach, dies um so mehr, als auch der Papst als Herr des Kirchenstaates diese Lega Italica tolerierte. Italien war also durch Konvention aller wichtigsten Beteiligten für immer aufgeteilt worden, ohne Mitsprache von Genua. Die ›Superba‹ war nicht gefragt worden. Sie war zum Zeitpunkt des Friedensschlusses von Lodi gerade wieder einmal französisch; später vorübergehend mailändisch, hatte sie als abhängiges Territorium indirekten Anteil an der Lega Italica.

Wenngleich der Frieden von Lodi den Anfang für 40 relativ friedliche Jahre auf der Halbinsel bedeutete, so hatte er für die Zukunft Italiens doch höchst negative Folgen. Als man 1478 den Frieden auf weitere 25 Jahre verlängerte, hätte es weitschauenderer Modifikationen bedurft. Doch sie erfolgten nicht. So bedeutete die Lega Italica letztlich die Festschreibung der regionalen Zersplitterung der Halbinsel, die einer größeren integralen territorialen und politischen Einheit hinderlich im Wege stand. Genau diese Entwicklung zu größeren territorialen und nationalen politischen Machtblöcken ereignete sich aber im übrigen Europa. 1477, also ein Jahr vor Verlängerung der Lega Italica, mußte Karl der Kühne von Burgund den Traum von einem burgundischen Mittelreich begraben. Er folgte dem Traum ins Grab bei der Schlacht von Nancy. Nutznießer war zunächst König Ludwig XI. Als Karl VIII. die dem Österreicher Maximilian versprochene Anne de Bretagne heiratete, um eine habsburgische Umklammerung zu verhindern, heiratete der düpierte, aber dadurch freigewordene ›empereur sans sou‹ die Erbtochter Karls des Kühnen von Burgund, und er machte damit den viel größeren Fang. In Spanien war durch die Heirat von Ferdinand von Aragon und Isabella von Kastilien 1469 die Einigung der Iberischen Halbinsel vorbereitet und 1479 faktisch vollzogen. Als 1492 gleichzeitig das letzte Bollwerk der Mauren in Spanien, nämlich Granada, gefallen und unter spanische Flagge gestellt und Amerika entdeckt worden war, schnellte Spanien im Konzert der europäischen Kräfte mit einem Schlag an die vorderste Position. Als sich die zweitmächtigste Landkonstellation Habsburg (Österreich und Reichsburgund) über Heirat und Erbfolge mit Spanien vereint sah, war Frankreich in eine noch gefährlichere Umklammerung geraten. Mit aller Macht galt es für Frankreich, die territoriale Vereinigung zu verhindern. Es mußte einen Keil zwischen Österreich-Burgund und Spanien treiben, d. h., Frankreich mußte Italien haben. Die Chancen dafür standen zunächst besser als für die Gegenpartei. Die Provence war 1481 durch Erbschaft an das französische Königshaus gefallen. Genua, und damit die benachbarte ligurische Küste, hatte sich von selbst dem französischen Protektorat unterstellt, und auf Mailand und Neapel hatte man dynastische Ansprüche. Der Streit der neuen Supermächte ging um Italien, sprich um Mailand und die Lombardei; Genua war, ohne selber etwas dazu geleistet zu haben, und trotz der Verluste im östlichen Mittelmeer, in den Mittelpunkt der Weltpolitik geraten. Daß Genua daraus den größten Nutzen zu ziehen verstand und im 16. Jahrhundert zur reichsten Stadt Europas wurde, hatte nun die wirklich zur Superba aufblühende Stadt weder ihrer eigenen zielsicheren Außenpolitik noch ihrer starken Regierung zu verdanken, sondern einzig und allein wieder einer Reihe von Einzelpersönlichkeiten.

Dies war also die Situation im letzten Viertel des 15. Jahrhunderts. Dennoch, die Ursache für den schleichenden Niedergang der politischen Macht Genuas war keineswegs durch die veränderte europäische Situation behoben. Als 1479 z. B. die Genueser wieder einmal gegen die selbst ins Haus geholten Mailänder rebellierten, griff Herzogin Bona zum einzig richtigen Mittel, um Genua kleinzuhalten; sie unterstützte eine der führenden Parteien Genuas, schuf damit berechenbare Zwietracht unter den Bürgern und blieb letztlich Sieger über Genua. Die genuesische Zerrissenheit war ein politischer Faktor, man konnte auf ihn bauen und – wenn man so will – damit regieren. Die Armut der öffentlichen Hand hatte sich ebensowenig geändert. Als die Türken bereits 1480 Italien attackierten (Otranto), wandte sich der savoneser Papst Sixtus IV. an Genua um Hilfe. Auf private Initiative wurden zwanzig Galeeren ausgerüstet. Die Republik war zu solchem Aufwand nicht imstande.

Die Bereitschaft mächtiger Familien, die Republik zugunsten eigener Interessen gegebenenfalls zu verraten oder zu verkaufen, auch dies hatte nicht nachgelassen. 1496 war es zum Krieg zwischen Pisa und Florenz gekommen. Mailand hielt es für zweckmäßig – um die Konstellation der Lega Italica nicht zugunsten von Florenz zu ändern –, Pisa zu unterstützen. Genua, das zu Mailand gehörte, wurde aufgefordert, Pisa zu Hilfe zu eilen. Bei der Aufteilung der Beute fühlte sich Genua benachteiligt. Die aufgebrachte öffentliche Stimmung gegen Mailand wußten die Fieschi auszunutzen, indem sie heimlich Ludwig XII. die Republik anboten, sofern dieser bereit war, Gian Luigi Fiesco zum Gouverneur auf Lebenszeit einzusetzen. Der französische König willigte ein. 1499 zog Ludwig XII. mit Heeresmacht nach Italien und nahm dabei Genua in Besitz. Als die politisch blinden Genueser ab 1505, als ihnen Ludwig XII. verbot, Livorno zu kaufen, merkten, daß sie vom Regen in die Traufe gekommen waren, begannen sie sich 1507 gegen den französischen König aufzulehnen. Doch dieser war von anderem Format. Nach schweren Kämpfen war die Stadt besiegt. Am 28. 4. 1507 hielt der Monarch triumphalen Einzug in die Stadt und ließ bei der Gelegenheit den gedemütigten Genuesern die Unterwerfungsakte vorlesen, die mit dem Satz begann: »Stolzes Genua, ich habe dich mit der Waffe bezwungen!« Auch die einseitigen Besitzverhältnisse hatten sich keineswegs geändert, sondern gefestigt. So waren im Jahre 1509 drei Viertel des Grundbesitzes in den Händen einiger weniger Familien. 1512 wagten die Genueser wieder einen Aufstand. Diesmal befand sich auf seiten der Republik, übrigens zum ersten Mal offiziell in Diensten seiner Vaterstadt, der neue Stern am Himmel Genuas, Andrea Doria.

GENUA – LA SUPERBA

Einzug Ludwigs XII. in Genua, Ms. lat. n. 8393, Bibliothèque Nationale, Paris

Liest man die politische Geschichte der Superba, ist man bereit, sich angewidert von so viel Intrigen, sozialer Unfähigkeit, Parteienstreit, bis zum alltäglichen politischen Mord und Verrat mit Abscheu von dieser Stadt abzuwenden, um frohen Herzens anderen Stadtstaaten der italienischen Geschichte wie Mailand, Florenz oder Venedig artige Reverenz zu erweisen. Doch wer solches täte, müßte sich den Vorwurf allzu leichtfertigen und vorschnellen Verurteilens gefallen lassen.

In römischer Zeit wurde der autochthone Name Genova latinisiert zu Civitas Januae. Und dieser neue Name sollte sich als Omen, als höchst zutreffend für die mittelalterliche Stadt erweisen. Diese Civitas Januae ist tatsächlich ein Januskopf. Und nur, wer beide Gesichter kennt, studiert und erlebt hat, darf über Genua den Stab brechen, aber er wird es voller Hochachtung für diese schwergeprüfte Stadt nicht tun. Wir wollen uns einigen Aspekten des anderen, bestaunenswerten und faszinierenden Gesichtes zuwenden.

Glanzlichter

Handel (Genuensis ergo mercator)

Guido Piovene schreibt in seinem Italienband: »Die Geschichte unseres Landes ist die Geschichte eines endlosen Kampfes des Menschen mit einem winzigen Stück Erde.« Wenn dies für Italien gelten soll, sicher die Po-Ebene ausgenommen, so trifft dies um so mehr für Ligurien zu, wo über 95% des Landes aus Küste und Bergen bestehen. Große agrarische Reichtümer waren da nicht zu gewinnen. Aber auch der Fischfang allein genügte nicht, um Schätze anzuhäufen. Wenn aber zum Meer noch günstige Verkehrsknotenpunkte oder Landverbindungen zu wichtigen und reichen Regionen hinzukamen, konnte das Zusammenwirken dieser Faktoren die Grundlage bilden für eine Vermittlerposition. Vermittler sind Händler. Dies war seit fernsten Zeiten so. Der Naturhafen war offensichtlich spätestens seit dem 6. Jahrhundert v. Chr. frequentiert. Aus dem Handelsemporium war zu Füßen eines etwa 400 v. Chr. errichteten Castellaras dieses sogenannte Oppidum der Genuaten entstanden. Handelsinteressen waren es sicherlich, die Marseille und Genua veranlaßt hatten, in den Punischen Kriegen mit dem näher gelegenen Rom zu halten. Als Etappenort der römischen Küstenschiffahrt konnte Genua sich bis ins frühe Mittelalter hinein retten. Hafen und Handel waren es, die Genua seit dem Ende des 11. Jahrhunderts den Weg zu neuem Reichtum eröffneten. Mit den ersten Handelsniederlassungen in der östlichen Levante, dann im ganzen östlichen Mittelmeer, wuchs ein Handelsnetz, das die ganze damals bekannte Welt umfaßte. Die Genuesen waren es auch, die für den Ablauf des Handels die entsprechenden Techniken entwickelten und verfeinerten. 1250 wurden bereits die ersten ›lettere di cambio‹ (Wechsel) ausgestellt. Verlagswesen und Commende sind andere den Genuesen seit frühesten Zeiten vertraute Prinzipien. In genuesischen Kontoren wurden die doppelte Buchführung und die Seeversicherung erfunden. Schon 1277 gelang es einer genuesischen Galeere, die regelmäßige Seeverbindung zu Nordeuropa auf der Atlantikroute einzurichten. Von Brügge, London und Southampton über die Meerenge von Gibraltar, zu dessen beiden

59

Seiten, der spanischen und der afrikanischen, Genueser ihre Kontore und Kolonien besaßen, bis zu den Kolonien im Schwarzmeerbereich, den Maonen der Ägäis und den Fonduks in Syrien, kurz, überall, wo es etwas zu vermitteln und damit zu verdienen gab, waren sie zu finden, die erfolgreichen genueser Unternehmer. Sie handelten mit jedem und mit allem. Die Warenkollektion reichte vom Sklaven bis zum Quecksilber. Für den Handel mit Südrußland, Zentralasien und China hatten sie über ihre Kolonien Tana, Caffa und Trapzon praktisch das Monopol, desgleichen für Mastix mit der Maona von Chios und für Alaun mit der Maona von Phokäa. Andere Spezialgebiete waren Papierherstellung und Schiffsbau. Als 1262, auf Betreiben Venedigs, Genua wegen seines Abkommens mit Konstantinopel von Urban IV. exkommuniziert worden war, interessierte die weltoffene Handelsstadt nicht ein Deut der päpstliche Segen, solange der Geldsegen des Handels aus dem Orient in ihre Schatullen prasselte, wie Kurowski süffisant formulierte. Die Muselmanen, durchaus kompetent in Handelsfragen, hielten die genueser Kaufleute für gerissener als die Juden. Der Ruf der genueser Händler reicht bis weit in die Neuzeit, selbst als längst deren Handelsimperium zusammengebrochen war. Gebildete Franzosen des 18. Jahrhunderts mokierten sich über die Genueser, indem sie behaupteten: »*Ils ne connaissent de lettres que les lettres d'échanges*« (frei übersetzt mit dem Gleichklang von Brief: Die einzigen Briefe, die sie lesen können, sind Pfandbriefe).

In vielem gleichen die Genueser den Griechen, in Stärken und Schwächen: Zum einen im politisch hinderlichen Egoismus und Individualismus, der schließlich ein homogenes und wohlkonstituiertes Staatswesen verhinderte, und zum anderen in ihrer Abneigung gegen eine Seereichbildung. Kolonien blieben sich selbst überlassen, und eroberte Territorien wurden in Maonen überführt. Die Aufrechterhaltung eines regelrechten Seereiches hätte Geld gekostet und da »*sostenere una politica o una cosa che comportasse sacrificio economico doveva essere per i genovesi un atto contro natura*« (Howard), unterließ man eben dies, was Venedig so stark machte. Das genuesische System war offener und flexibler, aber auch gefährdeter.

Seefahrt
Die Basis des genuesischen Handels waren das Meer beziehungsweise die Weltmeere. Der Reichtum Genuas lag auf den Planken seiner Schiffe, die ständig und überall unterwegs waren. Das setzte aber tüchtige, erfahrene und wagemutige Seefahrer voraus. Ohne die Freikämpfung des Tyrrhenischen Meers von den sarazenischen Korsaren wäre es zu keinem genuesischen Handelsreichtum gekommen. Und liest man die Geschichte Genuas, so weiß man nicht, vor wem man zuerst den Hut ziehen soll, dem Händler oder dem Seemann. Beide Stände sind miteinander eng verwoben. Wie schon im 4. Jahrhundert v. Chr. die erste Welle von systematischen Entdeckungsfahrten über die Säulen des Herkules hinaus von der ligurischen Küste ausgegangen waren, nämlich von Marseille (Pytheas und Euthymenes), so waren es im 13. Jahrhundert fast ausschließlich gebürtige Genueser, welche die zweite Welle europäischer Entdeckungen eröffneten. Anfang des 14. Jahrhunderts gelangte höchstwahrscheinlich der Genueser Kapitän Lanzarotto Malocello bis zu den Kanarischen Inseln. Die

nördlichste des Archipels trägt noch heute seinen Namen: Lanzarote. Während 1271 Marco, Mateo und Nicolò Polo von Venedig aus über den Landweg nach dem Fernen Osten reisten, machten sich die genueser Brüder Ugolino und Vadino Vivaldi zwanzig Jahre später, also noch vor der Rückkehr Marco Polos (!), auf nach Westen, um die direkten Seewege nach Indien zu finden. Sie kehrten nie wieder zurück. Doch vom Schicksal der Vivaldi ließen sich andere wagemutige ligurische Kapitäne keineswegs abhalten, ebenfalls in die Weiten des Atlantik hinauszusegeln. So entdeckte Nicolo da Recco 1341 die Azoren und Antonio da Noli stieß bis zu den Kapverdischen Inseln vor. Antoniotto Usodimare stieß mit seinen Schiffen 1455 bis zur Mündung des Gambia vor. Doch die Krone gebührt zwei Genuesern, die im letzten Jahrzehnt des 15. Jahrhunderts, jeweils für einen fremden Monarchen tätig, den Atlantik überquerten und Amerika entdeckten. Zunächst war es Christoph Kolumbus, der 1492 im Dienste der katholischen Majestäten Ferdinand und Isabella die mittelamerikanische Inselwelt entdeckte (Westindien), und fünf Jahre später war es Giovanni Caboto (John Cabot), der, unter englischer Flagge fahrend, als erster Weißer nach den Wikkingern den Boden Nordamerikas betrat. Und schließlich, der erste Offizier von Magelhan, bei dessen erster Weltumsegelung, war ein Genueser: Leone Pancaldo. Dies ist nur die Spitze eines Eisberges.

Längst war es Usus geworden, für jeden genuesischen Schiffseigner oder Kapitän, der in seiner Heimat kein Auskommen fand, sich im Ausland bei fremden Herren zu verdingen. Kompetenz und Geschick, Wagemut und Ausdauer der ligurischen Seeleute waren sprichwörtlich geworden und im Ausland deren bester Empfehlungsbrief. Besonders als Flottenbefehlshaber und Condottiere des Meeres waren Genueser auf allen Weltmeeren und unter allen Flaggen zu finden. Die Pisaner wählten in der Stunde ihrer höchsten Bedrohung einen Genueser als Flottenadmiral: Natto Grimaldi. Auch die französische Marine ist den heimatlosen Genuesen zu größtem Dank verpflichtet. Der Schiffsbaumeister Philipps des Schönen war Genueser, und im Hundertjährigen Krieg verdingte sich Aidone Doria für Frankreich, während zur selben Zeit Antonio Pessagno lange Jahre Aquitanien für England kontrollierte und Ambrogio Boccanegra als Admiral der kastilischen Flotte den Engländern 1371 bei La Rochelle eine schwere Niederlage beibrachte. Einen anderen Pessagno finden wir als Admiral in Portugal. Die ligurischen Werften versorgten Auftraggeber von Rouen bis Bagdad. Schon früh war der Ruf der genuesischen Schiffsbauer weit über die Grenzen Italiens geeilt, so daß bereits 1113 der Bischof von Santiago einen gewissen Genueser Ogerio mit dem Bau von zwei Kriegsschiffen beauftragte. Es schien, als sei die gesamte christliche Seefahrt im ausgehenden Mittelalter von einer einzigen Nation, der ligurischen, bestimmt gewesen.

Finanzwesen

Neben Seefahrt und Handel muß noch ein drittes Ruhmesblatt aufgeschlagen werden, um das positivere Gesicht des Janus' Genua so richtig erkennen zu lassen. Gemeint ist Genua als die Großbank Europas.

Es liegt in der Natur des Gewerbes, daß Kaufleute Spezialisten im Umgang mit Geld und Währungen sind, ja sein müssen. Die Tüchtigkeit der Seeleute und Krieger hatte den Kaufleuten große Märkte eröffnet. Im Laufe des Mittelalters waren es zunächst kleinere Städte, die sich aufs Geldwesen spezialisiert hatten, z. B. in Frankreich Cahors und Grasse oder in Norditalien Asti und Chieri. Besonders die Lombarden waren zunächst Bankspezialisten des Abendlandes. Der Begriff Lombardsatz für einen bestimmten Zinstypus erinnert noch an diese Rolle der Norditaliener.

Als 1178 in St-Gilles die Zahl der hauptberuflichen Wechsler für immer festgesetzt wurde, waren darunter sicher eine Reihe Genueser, denn diese zusammen mit den Pisanern genossen ja seit dem Ersten Kreuzzug in der languedozischen Hafenstadt besondere Privilegien, ausgestellt 1096 von Raimund von St-Gilles. Bereits 1154 waren die Bürger Genuas, natürlich nur die wohlhabenden Patrizier und Adelsfamilien, als Geldleiher für die Kommune auf den Platz getreten. Im selben Jahr 1252 brachten Genua und Florenz eine eigene Goldwährung heraus, den Genovino und den Fiorino, was die Möglichkeit zu Gewinnabschöpfungen aus Wechselkursdifferenzen bot. Doch die große Zeit der Bankiers bereitete sich erst im 15. Jahrhundert vor, als zur ständig schwelenden Staatskrise eine ernsthafte Handelskrise hinzukam. Ausgelöst war diese Handelskrise ja durch den Fall von Byzanz und den weitgehenden Verlust der östlichen Kontore und Niederlassungen. Die Mehrzahl der großen Familien flüchtete in Immobilien-Anlagen und Geldgeschäfte. Der Bankier unterscheidet sich ja bekanntlich dadurch vom Kaufmann, daß er keine Waren braucht, um Gewinne zu machen, das Geld vermehrt sich selbst. Die Flucht in Immobilienwerte, verbunden mit einer Flucht aufs Land, steht auch am Anfang der genueser Villenarchitektur. Weil das im Osthandel zunächst angehäufte Kapital nicht mehr in neue Waren gesteckt werden mußte, konnte man den nach Vermehrung drängenden Goldberg ehrgeizigen und erfolgversprechenden Politikern beziehungsweise Fürsten zur Verfügung stellen – gegen Zins und Garantien versteht sich. So wuchs das genuesische Großbürgertum in Gestalt des Banco di San Giorgio innerhalb eines halben Säkulums zum größten Geldgeber europäischer Fürstenhöfe. Aus Händlern waren Bankiers geworden. Doch deren Blüte sollte erst im 16. Jahrhundert einsetzen. So wie die Republik Genua über die Einrichtung des Banco di San Giorgio ihre direkten Verpflichtungen losgeworden war und sich langsam zu einem Privatunternehmen entwickelt hatte, so hatten die eigentlichen Herren des Banco auch noch am Niedergang des Osthandels verdient, indem sie für das brachliegende Geld am Kapitalmarkt investierten. Die reichen Familien wurden noch reicher und mächtiger, der Popolo sank weiter ab in Armut und Bedeutungslosigkeit. Der durch die Lega Italica entstandene vierzigjährige Frieden auf der Halbinsel hatte gleichzeitig die Kommune vor größeren Rüstungsausgaben verschont. Doch das Bild änderte sich drastisch, als 1494 Karl VIII., seine dynastischen Rechte auf Neapel geltend machend, die Halbinsel mit Heeresmacht überzog.

Das Goldene Zeitalter: Genua und Andrea Doria

Der Monat August des Jahres 1528 kennzeichnet ein Datum von welthistorischer Bedeutung. Beteiligte beziehungsweise Betroffene waren Kaiser Karl V., Franz I. von Frankreich und Andrea Doria. Was war geschehen? Weswegen nennen wir den Namen eines genuesischen Condottiere des Meeres in einem Atemzug mit den beiden durchlauchten Kampfhähnen des 16. Jahrhunderts? Andrea Doria hatte als Söldnerführer seinen Geldgeber gewechselt. Nichts besonderes für die damalige Zeit. Auf französischer Seite wurde von Verrat gesprochen. Wenn ein Assientistà seinen Auftraggeber wechselte, weil der neue besser zahlte, so war dies ein eiskaltes Geschäft. Die Fragen, die den Historiker interessieren, heißen: Warum hat Andrea Doria wirklich die Fronten gewechselt, und worin lag nun das Weltbewegende dieser Entscheidung?

Für das neu entstehende Weltreich Österreich-Burgund-Spanien in Personalunion durch Karl von Burgund, seit 1519 Kaiser Karl V. des Heiligen Römischen Reiches Deutscher Nation, vereint, waren die Lombardei und deren nächstgelegener bedeutendster Seehafen, Genua, zu Schlüsselpositionen geworden, zum Scharnier, das die beiden Reichshälften militärisch und wirtschaftlich zusammenschließen konnte. Das umringte Frankreich mußte dies um jeden Preis verhindern. Genua hatte sich freiwillig 1499 dem französischen König unterstellt und war 1507 von Ludwig XII. mit Gewalt an das Königreich gefesselt worden. Das zunächst über die Liga von Cambrai siegreiche Heer löste sich nach dem Tode des Feldherrn Gaston de Foix auf. Mailand und Genua wurden befreit. Giovanni Fregoso, der neue Doge von Genua, ernannte den erfolgreichen Kaperkapitän Andrea Doria zum Befehlshaber der genuesischen Flotte. Nur noch La Briglia, die französische Hafenfestung, war in der Hand der Besatzer. Das herannahende französische Entsatzheer vertrieb für kurze Zeit Andrea Doria und den Dogen. Doch nach der Niederlage der Franzosen bei Novara 1513 war auch Genua nicht mehr zu halten. Franz I. rächte die Niederlage seines Vorgängers und stellte am 13. September 1515 mit seinem Sieg bei Maragnano die alten Verhältnisse wieder her. Genua war wieder einmal in französischer Hand. Doch das Jahr 1522 brachte für Franz I. nicht nur die schmerzliche Niederlage gegen Mailand, sondern auch den Verlust von Genua an Spanien. Die Spanier machten Antoniotto Adorno de Agostino zu ihrem Dogen. Worauf Andrea Doria, spinnefeind mit den Adorno, die Fronten wechselte und für Frankreich kämpfte. Ausbleibender Sold und Nichtbeachtung seiner Pläne waren für den Condottiere zuviel, Andrea Doria trat in den Dienst des Papstes. Nach dem Sacco di Roma war der Papst gezwungen, beizugeben. Andrea Doria war arbeitslos und bot seine Dienste erneut Frankreich an. Zusammen mit französischen Galeeren schritt Andrea Doria zur Befreiung Genuas von den Spaniern. So wurde Genua erneut französisch.

Im Kampf um Neapel hätte Andrea Doria das Zünglein an der Waage für Frankreich sein können. Jedoch wieder einmal ausbleibender Sold, Vorenthaltung von verdientem Lösegeld und schließlich die von Franz I. angeordnete Absetzung des Admirals Doria ließen diesen endgültig das Lager wechseln.

Die Verhandlungen mit Barcelona, wo Karl V. weilte, verliefen positiv. Alle seine Forderungen wurden erfüllt, Andrea Doria wurde oberster Admiral der spanischen Flotten mit einem Jahresgehalt von 60000 Dukaten. Die ersten beiden Vertragspunkte betrafen aber nicht die privaten Interessen Andrea Dorias, der ohne offiziellen Auftrag der Republik verhandelte, sondern sicherten seiner Vaterstadt Genua die formelle Unabhängigkeit als

Republik und die Wiederherstellung seines Dominiums inklusive der abgefallenen Stadt Savona.

Andrea Doria

Andrea ist zunächst ein würdiger Nachfahre der Familie Doria. Dieses Genueser Adelshaus ist uns schon mehrfach beim Durcheilen der Geschichte Genuas an hervorragender Stelle begegnet. Die Finanz- und Führungsschwäche der Republik hatte dazu geführt, daß viele begabte Genueser gezwungen waren, als hochangesehene Fachkräfte sich auswärts zu verdingen oder ihr Glück zu suchen. Bei vielen im Ausland erfolgreichen genueser Familien schwankt das Bild zwischen ›*de patria bene meritus*‹ und egozentrischer Gewinnsucht auf Kosten der Kommune. So bei den Vertretern der Familien Embriaco, Assereto, Zaccaria, Fregoso, Spinola und Grimaldi. Einseitig in Richtung ›Schädlinge der Republik‹ fällt das Pendel bei den Familien der Fieschi und Adorno.

1240 hatten einige besonnene und weiterdenkende Adelsfamilien, darunter die Avvogado, Doria, Spinola und Volta, versucht, eine prokaiserliche Haltung durchzusetzen, in der richtigen Einschätzung der Situation, daß eine Zusammenarbeit mit dem Kaiser der Republik auf die Dauer mehr Nutzen bringen würde als ein ständiger Streit mit dem mächtigsten Feudalherren und dem obersten weltlichen Repräsentanten des Abendlandes. Doch die antikaiserliche republikanische Partei konnte sich durchsetzen. Das Ergebnis, das den Ghibellinen rechtzugeben schien, war die schmerzliche Niederlage bei Giglio. Als die Kardinäle aber 1243 einen Papst aus der Familie der Fieschi wählten, war es Ehrensache der Stadt, auf der Seite ›ihres‹ Papstes zu stehen. Durch die Papstwahl von Innozenz IV. erlebte das bis dato wenig in Erscheinung getretene Haus der Fieschi aus Lavagna eine gewaltige Prestigeaufwertung. Im Jahr 1249 bekleidete zum ersten Mal ein Fiesco ein öffentliches Amt im Kollegium der Acht. Obwohl 1256 die Bürger der Stadt mehrheitlich mit der Wahl des Guglielmo Boccanegra zum ersten Podestà eine Verfassungsänderung durchgesetzt hatten, begann schon drei Jahre danach die politische Wühlarbeit der Fieschi um die Rückkehr zur Macht.

Doch das Komplott schlug fehl und stärkte Rechte und Macht des Podestà. Weitere drei Jahre später gelang jedoch der Staatsstreich. Das fieschisch geführte guelfische Regiment brachte der Stadt aber nur Nachteile, z. B. Beteiligung am Siebten Kreuzzug. Natürlich versuchten die Fieschi im Bunde mit den Grimaldi auch das erfolgreiche Führungsgespann der beiden Obertos abzusetzen, doch das Volk erteilte den Aufwieglern eine Abfuhr. Es war zufrieden mit seinen beiden Capitani del Popolo. Während der Zeit des sogenannten Dogenkarussells bis Ende des 15. Jahrhunderts waren es abwechselnd die Fieschi-Grimaldi-Koalition oder die Adorno, die immer wieder versuchten, mit allen Mitteln auf Kosten der Kommune an die Spitzenposition der Republik zu gelangen. Oft standen Vertreter beider Parteien direkt auf der Seite der Gegner Genuas, z. B. als die Genuesen eine Strafexpedition gegen die Katalanen losgeschickt und dabei Alfons V. gefangengenommen hatten. Der gefangene Monarch, dessen fälliges Lösegeld für Genua eine willkommene Auffrischung der Staatskasse gewesen wäre, konnte sich aber durch Bestechung des genuesischen Flottenchefs

Gian Philippo Fiesco retten. Als wenig später derselbe Alfons V. versuchte, Genua zu erobern, waren seine Heerführer zwei Brüder aus dem Hause Adorno.

Ganz anders die Doria. Schon früh treten sie uns namentlich als wagemutige und unerschrockene Kapitäne und Flottenführer in der Geschichte Genuas entgegen. Bereits 1146 beim spanischen Unternehmen gegen Almeria unter der Führung von Caffaro und Della Torre taucht neben den weiteren fünf verantwortlichen Konsuln der Flotte der Name von Ansaldo Doria auf. Seit Anbeginn des ersten Höhenflugs der Stadt hatten sich die Mitglieder der Familie Doria der Kommune als Führungskräfte zur Verfügung gestellt. 1205 mußte Admiral Gaspare Doria eine böse Niederlage gegen die Aragonesen einstecken. Das Plädoyer für eine friedliche Kooperation mit Friedrich II. wurde von den Doria mitgetragen.

Das genuesische Reservegeschwader unter Oberto Doria schlägt die Venezianer im zweiten Seekrieg. Dem ungebändigten Ehrgeiz der Fieschi, die Macht in der Kommune an sich zu reißen, treten die Doria und Spinola entschieden entgegen. Seit 1270 stellen diese beiden Familien für mehr als eine Generation die diarchische Regierung der Capitani del Popolo. Mit den Namen Oberto Spinola und Oberto Doria verbindet sich die Erinnerung an den Seesieg bei Meloria über Pisa. Der Sieg von Curzola über Venedig hatte als Väter des Sieges Corrado Spinola und vor allem Lamba Doria. Nach Ablauf ihrer jeweiligen regulären Amtszeit hatten die Spinola und Doria, ganz auf dem Boden der Verfassung, ihre Ämter abgegeben, ohne Versuch, diese zu behalten. Ein Verhalten, das für einen Fiesco, Grimaldi oder Adorno schier unvorstellbar ist. Innere Stabilität, Sicherung der ausländischen Besitzungen, höchster Wohlstand sind das Ergebnis der Doria-Spinola-Ära. Die Zeit von 1270 bis 1301 wird allgemein für Genua angesehen als *»l'eta del massimo fiore«*. Ein weiterer würdiger Vertreter des Hauses Doria und echter Vorläufer Andrea Dorias war Pagano Doria. Er schlug nicht nur 1352 die byzantinische Flotte vernichtend, er war es auch, der jenen so vorteilhaften langfristigen Beistandsvertrag mit Johannes VI. Kantakuzinos aushandelte und unterschrieb. Das kurzsichtige Denken der Genueser Ratsmitglieder hatte dieses Abkommen nicht unterzeichnet. Wäre es zustandegekommen, hätte es für das Genua des 14. Jahrhunderts dasselbe bedeutet, was jener Vertrag von 1528 zwischen Andrea Doria und Karl V. für die Stadt war. Ein vereinigtes Genua und Byzanz hätte sicherlich das Mittelmeer beherrscht, und es bleibt die Frage, ob es den Türken gelungen wäre, ein zur See von Genua geschütztes Konstantinopel zu erobern. Statt Pagano Doria zu ehren, hat man ihn abgesetzt. Sein Nachfolger als Flottenchef, Antonio Grimaldi, hatte nicht das Format von Pagano. Bei der ersten gefährlichen Auseinandersetzung mit der aragonesischen Flotte machte er sich mitten im Kampf aus dem Staub. Das Jahr danach sah wieder Pagano Doria an der Spitze der Flotte. Obwohl zahlenmäßig unterlegen und in schlechter Position, gewinnt Pagano Doria die Schlacht gegen Venedig, vor allem durch die wahnwitzige Operation seines Neffen. Filippo Doria eroberte, weil er Alghero auf Sardinien nicht einnehmen konnte, aus Verlegenheit Tripolis mit der ihm anvertrauten genuesischen Flotte. Doch der Senat deckte diese wichtige Eroberung wieder einmal nicht ab. Die weiteren Seesiege Genuas gehen ebenfalls auf Kapitäne des Doria-Clans zurück: Ambrogio, Pietro und Luciano Doria. Vor allem letzterer war es, auf dessen Strategie die Anfangserfolge im sogenannten Chioggia-Krieg beruhten.

Der Bedeutendste dieser ruhmreichen Familie aber wird der 1468 in Oneglia geborene Andrea Doria. Vom abenteuerlustigen Kaperkapitän, dem unbesiegbaren Condottiere des Mittelmeeres, zum obersten Flottenadmiral der habsburgischen Weltmacht und zum Staatsmann führt eine zähe und lange Karriere, die seine Heimatstadt, der er zumindest auf dem Papier den Status einer unabhängigen Republik verschafft hatte, mit dem Titel ›*pater patriae*‹ honorierte.

Andrea Dorias Aufstieg ging von der Pike aus an, als Kaperkapitän in den Diensten Innozenz' VIII. Dem Dienst bei Federigo di Montefeltro folgte schließlich der Aufbau einer eigenen kleinen Flotte, die er als Condottiere und Söldnerführer dem Meistbietenden unterstellte. Zu seinen Auftraggebern gehörten neben Ferdinand von Aragon auch Giovanni della Rovere. Erst nach diesen stürmischen Lehr- und Wanderjahren stellte er seine inzwischen berühmt und teuer gewordenen Fähigkeiten in den Dienst seiner Vaterstadt. Als Siebenunddreißigjähriger leitete er 1503 im Auftrag Genuas eine militärische Expedition in Korsika. Als Flottenadmiral Genuas half er 1512 bei der Vertreibung der Franzosen. Ab diesem Datum vermischen sich bei Andrea Doria die Aktivitäten als Schiffsführer und als Politiker. Noch überwiegt der erfolgreiche Condottiere. Andrea Doria wird immer ein Mensch der Meere bleiben. 1526 besiegte er im Auftrag des Papstes bei Piombino die gefürchtete Flotte von Sinan dem Hebräer, Statthalter des berühmten Kair-ad-din, von den Italienern Barbarossa genannt. Dieser Handstreich gegen die ebenfalls als unbesiegbar geltende Piratenflotte brachte ihm noch vermehrt Ruhm und Entsetzen bei den muselmanischen Korsaren ein, was ihm die Einbeziehung in die Grußformel brachte: »Allah schütze dich vor den Galeeren des Doria!«

Das spanische Bein

Darauf, vorübergehend wieder im Dienste von Franz I., kam es zu jener historischen Entscheidung für Karl V. Für die habsburgische Krone brachte erst das Bündnis mit Andrea Doria die ersehnte und langumkämpfte Vereinigung der iberischen und österreichisch-burgundischen Hemisphäre. Andrea Doria, der zu Meer Unbesiegbare, nunmehr Admiral der kaiserlichen Flotten, brachte Karl V. die unumstrittene Vormacht zu Wasser. Das Scharnier Genua-Mailand begann zu wirken, zu arbeiten. Der Verlierer war Frankreich. Die Bedeutung Dorias für das Reich ist bequem einsichtig und bekannt. Doch was die Entscheidung Dorias für Genua tatsächlich bedeutete, muß noch aus einem anderen Licht erhellt werden, ein Aspekt, der bislang vorsätzlich ausgeklammert wurde, nämlich das Verhältnis von Genua zum westlichen Mittelmeer, speziell zu Spanien.

Nach dem Sieg der vereinigten Flotten von Pisa und Genua über die Sarazenen im Jahr 1016 war die genuesische Stärke zur See eine bekannte Größe. Bereits 1091 hatte ja der kastilische König die Genuesen zu Hilfe gerufen. Ein halbes Jahrhundert später gelang den vereinten Katalanen und Genuesen die Eroberung von Almeria und Tortona. Von nun an hatte Genua, im Gegensatz zu Venedig, nicht nur ein Bein im östlichen Mittelmeer, sondern mit stetig wachsender Bedeutung auch eines im westlichen Mittelmeer. Wir haben von den Fahrten der Genueser über die Säulen des Herakles hinaus gehört. Dies konnten sie nur von ihren gesicherten Basen in Nordafrika und Südspanien aus. Genua eröffnete nicht nur die Schiffsroute nach London und Brügge, es war auch auf der gesamten Iberischen Halbinsel praktisch ohne Konkurrenz vertreten. Der Atlantikhandel mit Portugal, Frankreich, England und den Niederlanden war fest in Genueser Hand. Malaga war die Basis für die nordafrikanischen Niederlassungen in Ceuta, Salech, Arsilah usw. In Sevilla besaßen die Genueser, ähnlich wie am anderen Ende des Mittelmeeres in Konstantinopel, ein ganzes Stadtviertel, und Cadiz hieß im Volksmund das zweite Genua. Als Kolumbus Unterstützung und Auskünfte für sein Unternehmen suchte, tat er dies in Sevilla bei den einflußreichen Familien der Centurioni, Ferrari, Pinello, Di Negro, Spinola und Doria. Die Genueser brachten den aufstrebenden Seefahrernationen Portugal und Spanien die technischen Voraussetzungen für modernsten Schiffsbau und lehrten sie die Kenntnisse und Fertigkeiten, die für den internationalen Fernhandel notwendig waren. Die Genueser Familien liehen den jungen Seefahrerstaaten Geld, das für ihre Unternehmungen Voraussetzung war. Und bei alledem kassierten sie natürlich kräftig ab, direkt und in Form von Privilegien und Monopolen in den zukünftigen Kolonien. Gerade als Genua völlig verausgabt zu Boden lag, nach dem verlorenen Chioggia-Krieg, mit allen Vorteilen für den Konkurrenten Venedig im östlichen Mittelmeerraum, begann sich die Superba verstärkt auf ihr zweites Bein zu stellen und baute unter dem Dogen Tommaso Fregoso gezielt den West- und Südwesthandel aus.

Als schließlich, nach dem Fall von Byzanz und dem Verlust der östlichen Kontore, Maonen und Kolonien, diese Situation im östlichen Mittelmeer für Venedig tödlich wurde, fand sich Genua zwar amputiert, aber keineswegs in seiner Existenz gefährdet. Das zurückgehaltene Geld, die neue Entwicklung der Genueser von Händlern zu Bankiers, sollte in Spanien seine wahrhaft goldenen Früchte tragen. Die Kapitalien, die man Habsburg und Kastilien geliehen hatte, sollten Wucherzinsen abwerfen. Aber alles dieses wäre niemals Wirklichkeit geworden ohne die vertraglich abgesicherte Liaison Andrea Doria – Karl V. Die beiden Staatsmänner wußten, was sie aneinander hatten. Die reiche Ernte der genuesischen Expansion ›in die andere Richtung‹ einbringen zu können, war eines der Verdienste von Andrea Doria für Genua. Zusammengefaßt sind diese folgende: 1. Andrea Doria gab der Republik Genua einen starken dauerhaften Partner, der zumindest formell die Freiheit der genuesischen Verfassung akzeptierte und den Schein der Autonomie der Superba bewahrte; 2. Die Einbindung in ein supranationales Großreich, das Genua in Zukunft vor Anfeindungen direkter Art und dadurch vor Krieg verschonte; 3. Eine neue Verfassung, aus der die bestehende Oligarchie gefestigt hervorging, was für geraume Zeit wenigstens inneren Frieden und Stabilität bedeutete; 4. Die Chance, an den Reichtümern der Neuen Welt, die der gebürtige Genueser Kolumbus den Spaniern mit seiner Entdeckung eingebracht hatte, teilhaben zu können; 5. neue Dimensionen der Geldinvestition und -transaktion, durch die Genua zur reichsten Stadt Europas wurde; 6. neue Impulse für Architektur und bildende Kunst, durch den Ausbau seines Palazzo in Fassolo unter Heranziehung bedeutender Künstler aus Rom. Zu Recht hatten die Genueser Andrea Doria als *pater patriae* empfunden. Welche staatsmännische Klugheit aus seinem Handeln erkennbar wird, zeigt nicht nur der Wortlaut seines Vertrages mit Karl V. Als echter Sproß der Doria hatte er immer seiner Republik gedient, ihr nie Schaden zugefügt. Die ersten Forderungen hatten ja nicht seine Verdienste oder Vorteile zum Gegenstand, sondern das Wohl der Superba. Sicher war Andrea Doria, damals gerade 60 Jahre alt, bewußt, daß die zu Papier garantierte ›freie‹ Republik nur Rhetorik war. Genua war ja schon 200 Jahre lang, ohne dies brieflich versichert zu haben, nicht mehr realiter politisch frei gewesen. Aber er kannte seine Genueser – und ließ sie in ihrem Glauben. Die neue Verfassung, die er der Republik gegeben hatte, war gleichwohl konservativ im Interesse der herrschenden Schicht. Aber mit der Einführung der 28 wichtigsten Alberghi der Stadt hatte er nach venezianischem Vorbild erst einmal einen gemeinsamen Konsensus, frei von der bekannten Rivalität, geschaffen, der zumindest eine Generation lang tragfähig war. Überdies war er klug genug, sich selber nicht zum Dogen machen zu lassen. Das Amt hatte nur noch repräsentativen Charakter. Im Kontrollorgan des Staates, den fünf Sindaghi, führte er den Vorsitz. So mußte er nicht regieren, und nichts konnte verfassungsgemäß ohne ihn geschehen. Er schuf sich eine auf die typisch genuesischen Eigenschaften zugeschnittene eigene Signoria, der lediglich das ehrliche Etikett fehlte. Als Generalkapitän der kaiserlichen Flotten hatte er ohnehin ein angeseheneres und einflußreicheres Amt als es das in Genua unbequeme Dogenamt gewesen wäre. Symbolisch ist auch die Lage seiner Residenz. Unmittelbar am Hafen, dem Lebensnerv der Stadt, und unmittelbar vor der Stadt, beim Thomas-Tor. So war er sofort präsent und doch nicht greifbar, zwischen Kaiser und Doge, zwischen Meer und Republik. Betrachtet man die beiden Porträts, dasjenige in Rom von Sebastiano del Piombo und jenes späte von Quentin Matsys im Palazzo Rosso, so zeigt das erstere (Abb. 6) doch deutlich die Züge des Tatmenschen der Renaissance: die energisch bedeutende und zupackende Hand, der dunkle Admiralsmantel lässig über den Schultern, ein Mann, trotz seiner fast 70 Jahre kein bißchen gebeugt, der unbesiegbare selbstsichere Held tausender gewonnener Schlachten; ein wachsamer durchdringender, fast stechender Blick, dem die Mundwinkel Argwohn und Skepsis beimengen. Selbst wer den Dargestellten als historische Person nicht kennt, dem muß angesichts dieses Porträts bewußt werden, daß es sich hier um eine bedeutende Persönlichkeit von hoher Ausstrahlung handelt. Ein Block von einem Menschen, der aber nicht wie toter Stein sich dem Sturm der Wellen stellt und schließlich, zernagt, daran zerbricht, nein, geschmeidig wie eine Genueser Galeere, die die Wogen zerteilt und ihnen enteilt. Ohne daß hier die Person in dynamischer Aktion erfaßt ist, wird man gewahr, daß diese in sich ruhende Figur eine eigenartige Sammlung kennzeichnet, eine Ruhe, die beunruhigt. Sebastiano del Piombo legt hier ein hohes Zeugnis seiner Fähigkeit zum psychologischen Porträt ab. Er, der Mitarbeiter Raffaels und zeitweilige Freund Michelangelos, der auch als Schöpfer des heroischen Porträts gilt, hat diese seine Fähigkeit besonders klar an Andrea Doria demonstriert.

Ebenfalls ein Meisterwerk im Œuvre des Künstlers ist sicherlich Matsys' Porträt des greisen Doria im Palazzo Rosso (Abb. 7), gleichwohl ein Meisterwerk des psychologischen Porträts, vergleichbar tizianischen Porträts, allerdings ohne dessen koloristisches Feuer. Diesmal sitzt der nun ca. Neunzigjährige. Aber er sitzt nicht altersgebeugt wie Tizians

Genua, im Palazzo del Principe Doria, Stich von 1890

Farnese-Papst, der weißblütige Andrea Doria sitzt immer noch lässig, in sich ruhend, doch voller Spannung. Auch hier fallen sofort die feingliedrigen, aber energischen Hände in den Blick. Auch hier die geläuterte Gelassenheit. Auch hier keine stoische Passivität, sondern der gleiche wachsame Blick und skeptische Mundwinkel. Alle Energie, die sich in diesem Greise ballt, überwältigt das Gegenüber; hier sitzt ein ungekrönter König, ein Partner, würdig Karl V. Um die Gesamtsituation, die von diesem sitzenden Alten ausgeht, mit wenigen Worten zu skizzieren, fällt mir nur der Wahlspruch eines anderen Genuesen ein: *Sedens ago* (ich handle im Sitzen). Der diese Worte prägte, war ein Fiesco, nämlich Innozenz IV. Die Wirkung des einen auf das Reich war die gleiche wie die Wirkung der gesamten Familie auf Genua: zerstörerisch. Der Fiesco wurde zum Fiasko des Heiligen Römischen Reichs Deutscher Nation. Der andere, der Doria, wurde zum Segen seiner Stadt, ebenso wie für das Reich, konstruktiv, aktiv. So erlebten die beiden größten Kaiser des Heiligen Römischen Reiches Deutscher Nation ihr Schicksal in einem Genueser: Für Friedrich II., den man ›stupor mundi‹, Staunen der Welt, nannte, wurde der genuesische Widersacher zum Schicksal, zum Tod der Dynastie; für den anderen Kaiser, in dessen Reich die Sonne nicht unterging, war der Genuese Andrea Doria Ergänzung und Halt.

Das Geheimnis von Andrea Dorias Erfolg lag aber nicht nur in seiner Unerschrockenheit und seinen tollkühnen Einsätzen. Von Anfang an stand ihm ein erfindungsreicher, allseitig interessierter wacher Geist zur Seite. Dorias besonderes Interesse galt dem Schiffsbau.

Schon früh hatte er sich um Verbesserungen der bekannten Schiffstypen bemüht. Als er das nötige Geld hatte, ließ er sich Schiffe nach eigenen Plänen anfertigen, diese waren schneller und wendiger als alle die seiner Gegner, gleichzeitig auf die neuesten militärtechnischen Erfindungen hin konzipiert, z. B. gegen die neue Waffe der Bombarden und Kanonen. Andrea Doria entwickelte das neue System der Dreimastschiffe zur Perfektion. Er ließ das erste Panzerschiff anfertigen. Seine Seeleute waren besonders geschult und konnten jedes technisch machbare Manöver ausführen. Zu den besonders angefertigten Schiffen, der Ausrüstung nach dem neuesten Stand der Technik und dem perfekt geschulten Personal addierte sich noch die Fähigkeit eines genialen Feldherrn und Strategen, der immer Herr der Situation blieb und nie die Übersicht verlor. Er wußte, wann er sinnvollerweise aufs Ganze gehen mußte und wann er sich zurückzuhalten hatte. Nachdem er sich einmal einen allseits respektierten Namen gemacht hatte, wußte der Politiker Andrea Doria auch noch diese Gabe ins Spiel der Kräfte einzubringen. Der Respekt sarazenischer und türkischer Flottenchefs vor dem Genueser ermöglichten es Andrea Doria, durch allgemein vermutete, aber nicht erwiesene Absprachen mit dem Gegner, unnötiges Blutvergießen und Kräftemessen zu vermeiden. Nur all dies zusammen trug dazu bei, daß dieser Haudegen und Held der Meere das biblische Alter von 92 Jahren erreichen konnte. Gewiß hatte für die gesamte Menschheitsgeschichte die Entdeckung Amerikas durch den gebürtigen Genueser Christoph Kolumbus weitreichendere und bahnbrechendere Konsequenzen. Doch für Genua selbst war Andrea Doria die bedeutendste Persönlichkeit in seiner ganzen Geschichte.

Das 16. Jahrhundert brachte für Europa neue Dimensionen des Denkens und des Handelns. Mit diesem Säkulum beginnt Europas Aufschwung zur technologischen, intellektuellen und politischen Vormachtstellung gegenüber dem Rest der Welt. Spanien stand das Glück der Stunde zur Seite: Im gleichen Moment politisch geeint und Verwalter einer neuen Welt. Andrea Doria hatte wie in seinen Seeschlachten sofort die Lage überschaut. Durch seinen privaten Pakt und die Einbeziehung seiner Vaterstadt in dieses Abkommen vom 10. August 1528 mit Karl V. hatte er als erster italienischer Politiker und Fürst eine klare Entscheidung getroffen. Genua, wenn auch als Republik tituliert, verstand sich zukünftig als fester Bestandteil der Politik Habsburgs. Als Vorreiter einer solchen pro-habsburgischen Politik kamen seine Vaterstadt und auch automatisch alle führenden Familien in den Genuß des neuen Reichtums. Für das große Weltreich aber wurde Genua zum neuralgischen Punkt der gesamten europäischen Wirtschaft. Natürlich erlebte durch die Ausweitung des Welthandels auch der Mittelmeerhandel einen neuen Aufschwung, von dem sogar indirekt Venedig profitieren konnte. Doch dieser wirtschaftliche Nachsommer währte für das restliche Italien nur kurz. Genua aber sollte noch bis ins 18. Jahrhundert die Sonne scheinen. Dies hatte seine besonderen Gründe.

So wie es die Genueser – wohlgemerkt nicht Genua, die Republik – sehr früh verstanden hatten, sich im Westhandel eine zweite Basis ihrer wirtschaftlichen Unternehmungen zu schaffen, so war es eben denselben Kräften sehr früh gelungen, die Art ihrer hauptsächlichen Tätigkeit der gegebenen Situation anzupassen. Sie waren rechtzeitig, ohne die Entdeckung

Amerikas ahnen zu können und die politische Konzentration der europäischen Kräfte im Auge zu haben, von Händlern zu Finanzspezialisten geworden. Die von Andrea Doria seiner Heimatstadt diktierte Verfassung von 1528 war die verfassungsmäßige Stabilisierung dieser Finanzoligarchie rund um den Banco di San Giorgio. Mit dem *pater patriae* und der ihm auf den Leib geschriebenen Verfassung konnte die Schicht der genuesischen Kaufleute und Bankiers den größten Coup ihrer langen Geschichte landen.

Die genueser Bankiers hatten als aufsteigende Finanzmacht zwar ihr Geld an alle ständig in Geldnot befindlichen Fürstenhäuser verliehen, aber die Hauptinvestition galt der wirtschaftlichen und politischen Aufrüstung Spaniens. Dafür hatten sie nicht nur die üblichen Privilegien, Steuervergünstigungen, Zollfreiheiten und Garantien in Form von öffentlichen Renditen zuerkannt bekommen. Für die Ausbeutung der Edelmetalle in Amerika und den Transport waren hohe Investitionen nötig. Die Genueser waren bereit, gegen entsprechende Zinsen diese Unternehmungen zu unterstützen. Da das Verlustrisiko relativ hoch war (Seeräuberei, Havarie usw.) fielen diese Zinsen recht hoch aus. D. h. wenn die Silberschiffe aus Amerika in Sevilla eintrafen, wurden sie, bevor sie weiter zu den Gold- und Silbermärkten Antwerpen oder Lyon kamen, von den Genuesern abkassiert. So wuchs Genua sehr schnell in die ehemals von Antwerpen und Lyon diktierte marktbestimmende Position. Zunächst war der Goldumschlagplatz vom französischen Lyon in die freie Reichsstadt Bisanz (Besançon) verlegt worden, wo die genueser Verbindungsmänner ein Konsortium gegründet hatten, den sogenannten Bisanzone. Bereits 1579 verlegten die Genueser aber den Sitz des Bisanzone in das näher gelegene Piacenza. Die Genueser verdienten zweifach. Erstens am hohen Zins auf die Goldtransporte, die sie wohlweislich bereits in Sevilla in Empfang nahmen, und zum anderen durch die gewaltigen Paritätsunterschiede des Preisgefälles von Gold und Silber. Durch ihre von alters her gepflegten Kontakte zum östlichen Mittelmeer konnten sie ihre Silberanteile gegen billiges asiatisches Gold eintauschen und das Gold für den dreifachen Silberpreis wieder in Europa verkaufen, da in Asien einem Pfund Gold vier Pfund Silber entsprachen, während in Europa das Pfund Gold zwölf Pfund Silber erbrachte. Die Genueser verstanden es also, den Wert ihrer ihnen zustehenden Silberration zu verdreifachen. Selbst als durch den Frieden von Câteau Cambresis 1559 der Waffenstillstand zwischen Frankreich und Habsburg vereinbart und dadurch die Assientistà (Ausrüster von Mannschaften, Geräten, die gegen Geld in den Dienst jedweder Auftraggeber traten) überflüssig geworden waren, schwand der Einfluß Genuas keineswegs. Andrea Doria hatte den Weg für Genua freigekämpft. Die Flotte spielte künftig für den genueser Reichtum nur noch eine nachgeordnete Rolle, auch wenn der direkte Nachfolger im Amt des Andrea Doria, Gian Andrea Doria, mit der genuesischen Flotte den rechten Flügel der christlichen Flotte bei Lepanto stellte. Die bestimmende Größe Genuas waren zukünftig seine Bankiers. Diese verdienten an allen und an allem. Während der notorischen Zahlungsunfähigkeit seitens der spanischen Krone hatten die Genueser, die ja in Sevilla schon absahnten, den längeren Atem als andere Geldgeber, wie z. B. Fugger und Welser. Der durch den Aufstand der Niederlande erfolgte Rückgang Antwerpens war vorteilhaft für Genua als Edelmetallbörse. Ebenso verdienten sie, die Genueser, an den Religionskriegen in Frankreich.

GENUA – LA SUPERBA

Genua, Vedute des 18. Jh.

Der historisch Interessierte, der die Geschichte im Auge behält und nicht zum Spezialisten regionaler Einzelentwicklungen von ehemals bedeutenden politischen Exponenten ersten Ranges werden will, kann gegen 1600 getrost der Republik Genua, die zu Recht den Titel La Superba führte, den Rücken zuwenden. Wenn Howard in seinem Buch meint darauf verweisen zu müssen, daß das einstige ligurische Emporium immerhin titularmäßig bis zum Wiener Kongreß die Hauptstadt einer unabhängigen Republik gewesen sei, so ist dies doch mehr im Sinne einer artigen Hommage eines Verehrers dieser Stadt als ein historisch relevantes Kriterium zu verstehen. Natürlich hat die Zentrale des europäischen Großkapitals weiter als Kreditgeber für bedeutende Fürstenhäuser bis ins 18. Jahrhundert fungiert. Die von Andrea Doria einmal eingeleitete Bindung Genuas an Spanien war nie mehr rückgängig zu machen. In den Friedensschlüssen zu den Kriegen der Ausgburger Liga (Frieden von Rysswick), den spanischen und österreichischen Erbfolgekriegen war Genua nur ein Verrechnungsfaktor im Konzept der Großmächte. Deutlicher trifft da schon Procacci die Situation: »Mehr denn je bot Genua am Ende des 16. Jahrhunderts das Bild einer Stadt, deren politische Führung mehr nach den Gesichtspunkten einer Firmenleitung als nach denen einer Regierung handelte ... Das Mißverhältnis zwischen dem weltweiten Ansehen und dem Einfluß der genueser Bankiers und der Schwäche der Stadt als politischem Organismus springt förmlich ins Auge.«

2 Genua, eine Kunststadt?

Der Superba Darstellung in der Kunstliteratur: ein Zerrbild

> »Mir erscheint es daher als verdienstvolles Werk, für die geschätzte Öffentlichkeit in allen Regionen nördlich der Alpen all die von mir während meiner Reisen in Italien gesammelten Zeichnungen einiger Paläste der überwältigenden Stadt Genua ans Licht zu bringen.«
>
> Peter Paul Rubens, 29. Mai 1626

Nun, wenn eine unbestrittene Koryphäe wie Peter Paul Rubens der Stadt Genua das geläufige Prädikat ›superba città‹ bestätigt und einigen Palazzi sogar paradigmatischen Wert für modernes Bauen in Italien zugesteht, was soll dann das Fragezeichen hinter Genua, eine Kunststadt?

Der Sachverhalt ist verworrener. Kunst wird erst solche *per definitionem*. Rubens hatte es damals noch leicht, er konnte als Kunst bezeichnen, was er als solche empfand, er hatte noch keine systematisierende und besserwissende Kunstwissenschaft als universitäre Disziplin hinter oder gegen sich. Das Bild verschiebt sich gewaltig zuungunsten Genuas, zieht man einmal klassische Sammeldarstellungen zur Kunst Italiens hinzu. Überlassen wir dem Kompatrioten der Genuesen, dem Italiener G. C. Argan das erste Wort, so werden wir festhalten müssen, daß in seinem Werk ›Storia dell'Arte Italiana‹ Genua vor dem Jahre 1600 praktisch nicht vorkommt. Das gleiche merkwürdige Schweigen über Genua finden wir in André Châstels' zweibändigem Werk ›Die Kunst Italiens‹. Sogar in dem eigens eingeschobenen Kapitel über die italienischen Seestädte finden wir dort nur erwähnt: Pisa, Amalfi, Bari und Ancona. Nicht einmal als Seestadt, geschweige denn als Kunststadt, wird Genua gesehen. Aber das eher zurückhaltende Schweigen des Italieners und des Franzosen muß noch als gönnerhaft empfunden werden im Vergleich zu der bösen Schelte, die Harald Keller in seinen ›Kunstlandschaften Italiens‹ der Superba verabreicht. Dort heißt es gar: »Der Tatsache, daß Ligurien die einzige italienische Landschaft ist, wo keine Rassenmischungen stattfanden, wird es wohl sein völliges Versagen als Kunstlandschaft zu danken haben.« Dantes berüchtigtes Urteil über die Genuesen (Inferno, Kapitel 33, Vers 151–153) wird zur Bestätigung hinzugezogen. Toleranter und unvoreingenommener ist da schon der Altmeister Jacob Burckhardt in seinem ›Cicerone‹. Burckhardt beschreibt Genueser Kunst, wo sie vorhanden ist. Doch auch er muß einräumen, daß Genua im späten Mittelalter »im Verhältnis zu seiner Macht und seiner handelspolitischen Bedeutung noch unglaublich arm an Kunstwerken« sei und daß dort ab dem 15. Jahrhundert »kaum eine Malerei existiert zu haben« scheint.

Ausgerechnet aber für die Zeit, die als der Höhepunkt der Kunstentfaltung in Genua gilt, nämlich von 1600 bis 1750, wiederholt Keller sein vernichtendes Urteil: »Daß den Ausländern Rubens und besonders van Dyck die großen Portraitaufträge zufielen, welche das genuesische Patriziat im Seicento zu vergeben hatte, und daß der französische Barockbildhauer Pierre Puget hier von 1660 bis 1667 ein reiches Wirkungsfeld fand, bezeichnet das Versagen der einheimischen Kräfte.« Auch das große Standardwerk von Rudolf Wittkower

›Art and Architecture in Italy, 1600–1750‹, das Genua verteidigend zur Seite stehen könnte, leistet die Hilfe nicht. Die sonst an Wittkower vertraute Zuverlässigkeit und Wohlinformiertheit enttäuschten gerade am Problemfall Genua. So bleibt der Interessent an Genua verwiesen auf die lokale Forschung, die zwar in den letzten Jahren Großes geleistet hat, aber in ihrem Bemühen, die unbestreitbaren Vorzüge Genuas ins rechte Licht zu stellen, bisweilen, gelenkt vom *sacro campanilismo,* etwas zu enthusiastisch die eigene Rolle sieht.

Was bliebe, ist der konkrete Vergleich. Doch Genua mit Venedig, der großen Konkurrentin, als Kunststadt vergleichen zu wollen, wäre zu vermessen. Welche Stadt überhaupt kann mit Venedig verglichen werden? Dieser Stadt, die halb Land, halb Wasser, durch und durch amphibisch ist, die halb Orient, halb Okzident bedeutet, diese Mischung aus Sklavenhändlern und Poeten? Aber auch Rom, die Ewige Stadt, der Mittelpunkt des römischen Weltreiches, Sitz des höchsten Repräsentanten der Una Sancta Ecclesia! Nein, auch Rom besitzt Vorzüge und Eigenheiten, die sich nicht verrechnen lassen. Gleiches gilt auch für jene ganz aus sich selber schöpfende und um sich strahlende Sonne, die Arno-Metropole Florenz. Zu ungleich sind auch hier die Voraussetzungen. Seit etruskischen Zeiten entströmte höchst geheimnisvoll der toscanischen Erde ein Fluidum, das sich ausdrückt in den Grundeigenschaften der Bewohner, als da sind: Ordnungsverlangen und Schönheitssinn, Logik und Ästhetik. Um dies zu verdeutlichen, genügt die Erwähnung einer Begebenheit aus Florenz, die Zimmermanns im Zusammenhang mit dem Or San Michele beschreibt: Nach einer reichen Kollekte war die Bruderschaft der Laudesi in der Lage, bei Orcagna ein kostbares Marmortabernakel in Auftrag zu geben – und noch ehe das Kunstwerk vollendet war, wurde der umliegende Getreidemarkt verlegt, und nur deshalb, »weil wegen des Marktes, der dort stattfindet, der Glanz und die Schönheit des Tabernakels verblasse«. Kurzum ein Vorgang, der in Genua schier unvorstellbar wäre.

Aber selbst kleinere Städte wie Ferrara, Mantua, Siena oder Urbino gelten als ausgesprochene Kunststädte. Genua hingegen nicht. Die einzige Stadt, die von geographischer Lage, Größenordnung und wirtschaftlicher Grundlage mit Genua vergleichbar wäre, ist Pisa. Obwohl auch Pisa, wie Genua, eine vom Fernhandel lebende Seestadt ist und konkret mit allen Häfen des Mittelmeers Kontakte hatte, ist der typische Eklektizismus oder Stilpluralismus dieser Hafenstädte nur *ein* Wesenszug der Arnostadt. Mit dem Gesicht zum Meer, aber mit dem Rücken zur Toscana, genügt schon diese unmittelbare Berührung mit der Toscana, um die Unterschiede zur ligurischen Metropole klar herauszufiltern. Der am Rande der einstigen Stadt angelegte Kathedralbezirk mit der Gebäudegruppe Dom, Baptisterium, Campanile und Campo Santo verrät den unbedingten Willen zur Raumordnung und der Gestaltung von Schönheit, bei allem dem gegenüber in den Hintergrund tretenden Eklektizismus im Dominieren.

Wenn schon für Pisa die bloß teilweise Zugehörigkeit zur Toscana verantwortlich ist für die Verwirklichung von Rahmenverhältnissen, von Orthogonalität, dann scheint Kellers Vorwurf an die ligurische Unfähigkeit zum ›klassischen Bilden‹ doch etwas Wahres anzuhaften. Genua selbst hat es bis zum 19. Jahrhundert nicht geschafft, seinem Stadtbild den Anstrich eines geordneten Ganzen zu verleihen.

Das Fehlen eines fruchtbaren Hinterlandes und eines ausbeutbaren Contados, was die Genuesen schnell zur Seefahrt und zum Handel gezwungen hatte, wollten sie nur überleben, hat sicherlich deren Lebensform bestimmt und geprägt. Das von Lorenzo Bernini 1665 in Paris ausgesprochene Urteil, die Genuesen seien »überhaupt die faulsten Köpfe von ganz Italien, und zwar durch den Handel, der ihr Urteil prostituiert und jegliches Verständnis für anderes ausschließt«, scheint sich zu bestätigen, um so mehr, wenn man bedenkt, daß Genua über Jahrhunderte keine eigene Universität hatte, keine großen Wissenschaftler, Philosophen, Dichter, Musiker usw. hervorgebracht hatte, weder eine platonische Akademie noch Musenhöfe kannte. Im Gegenteil, hält man sich die folgende Liste von stadtfremden Künstlern vor Augen, möchte man voreilig das von Keller attestierte Versagen der einheimischen Künstler unterstreichen:

    a   *Architekten:* Galeazzo Alessi, Bartolomeo Bianco und Rocco Lurago
    b   *Bildhauer:* Giovanni Pisano, die Familie der Gaggini und della Porta, Andrea Sansovino, Giovanni Angelo Montorsoli (Michelangelo-Schüler), Giambologna und Pierre Puget
    c   *Maler:* Manfredino da Pistoia, Barnaba da Modena, Taddeo di Bartolo, Turino Vanni, Justus von Ravensburg, Vincenzo Foppa, Donato da Bardi, Gérard David, Jan Prévost, Jost van Cleve, Filippino Lippi, Pier-Francesco Sacchi, Perin del Vaga (Schüler von Raffael), Giovanni Bordenone, Domenico Beccafumi, Jan Matsys, Giovanni Battista Castello (Il Bergamasco), Giovanni Carlone, Federigo Barocci, Caravaggio, Peter Paul Rubens, Guido Reni, Antonis van Dyck, Diego Velasquez usw.

Also Genua doch keine Kunststadt? Die Frage muß anders gestellt werden. Zwei klassische Kriterien müssen erfüllt sein, damit eine Stadt oder Landschaft jeweils in den Rang einer Kunststadt beziehungsweise Kunstlandschaft rückt. Zum einen wird zu fragen sein: Was hat z. B. diese oder jene Stadt zum Fortgang der allgemeinen Kunstentwicklung aktiv, originär und selbständig beigetragen? Nach Art und Weise und Bedeutung dieses originären Beitrags, der im Falle von Florenz oder Rom sehr hoch ausfiel und allgemein bekannt ist, wird der Rang als Kunststadt ausfallen. Zum anderen interessiert, ob eine Stadt oder Landschaft es verstanden hat, über einen mehr oder minder langen Zeitraum in zumindest einer der großen Kunstepochen eine eigenständige Sprache, einen unverkennbaren Stil zu entwickeln, der zugleich das Gesamtbild unverwechselbar bestimmt, wie z. B. in der Bretagne oder Provence, Apulien oder im Veneto.

Zu diesen beiden klassischen Kriterien muß eine dritte, unorthodoxe Frage im Falle von Genua hinzukommen: die nach der vorhandenen Menge an Kunstwerken oder Kunstschätzen – oder anders ausgedrückt: Wenn eine Stadt z. B. nur aus Museen, privaten Sammlungen und kostbar ausgestatteten Kirchen und anderen öffentlichen Gebäuden bestünde, müßte eine solche nicht auch das Recht haben, sich Kunststadt nennen zu dürfen? Ist ein Kunstwerk, das z. B. ein Barocci, Lippi, Justus von Ravensburg, Perin del Vaga, Caravaggio, Rubens oder Van Dyck hergestellt haben, kein Kunstwerk mehr, wenn der Künstler dies nicht in seiner Heimatstadt, sondern in Genua geschaffen hat, wo es heute auch noch zu sehen ist?

Ich habe hier langen Anlauf genommen, weil es leichter ist, das Besondere und Einmalige von Genua aufzuzeigen, wenn man alle Gefahren kennt, die traditionellerweise dazu führen, Genua falsch zu sehen, mit anderer Elle zu messen und, dementsprechend, keine passende Schublade zu finden.

Genua ist ein absolutes Individuum, so wenig wie es im Laufe seiner politischen Geschichte zähmbar war, so wenig ist es katalogisierbar. Genua war eine jener für Italien und das gesamte Abendland so unendlich fruchtbaren Seestädte. Diese Seestädte haben nicht nur Großes geleistet für Handel und Wirtschaft, stellten nicht nur unerschrockene Seeleute und Soldaten gegen den Islam, sie waren auch Vermittler zwischen den Kulturen. So übernahmen die Amalfitaner von den Arabern den Kompaß, das sogenannte lateinische Segel war eine Erfindung der Griechen oder Syrer, und der Pisaner Leonardo Fibonaccio brachte dem Abendland die arabischen Ziffern bei. Das Völkergemisch in ihren Häfen war so bunt wie die Völkerschaften der Häfen, die sie selber anliefen. Die Vorbilder für ihre Kunst sammelten sie an allen bekannten Ecken des Mittelmeeres. Wichtig für Aussehen und Kunst dieser Städte war ihre ›Charakterlosigkeit‹, ihr Eklektizismus ist Ausdruck dieser Mittlerrolle. Genua hatte im 13. bis 15. Jahrhundert ein ebenso unverwechselbares mittelalterliches Gesicht wie Venedig. Seine farbigen, fast ausnahmslos vier- bis fünfstöckigen Häuser am Kai und in der Altstadt hatten ihr den Namen La Superba eingebracht. Die aufragenden Hochhäuser Genuas waren eine Art Manhattan des Mittelmeeres. Genua war von den vier wichtigsten italienischen Seestädten die intensivste und daher ›charakterloseste‹. Kaum hatte sie sich zwangsweise vom Orient abgenabelt, hatte sich die Superba in die spanisch-amerikanische Ehe eingelassen. Amalfi war schon seit dem 12. Jahrhundert, durch die bedrohliche Nähe der Normannen, faktisch zur Bedeutungslosigkeit abgesunken. Pisa war nach Meloria keine Konkurrenz mehr für Genua oder Venedig. Und die Serenissima? Sie hatte im 13. bis 15. Jahrhundert ebenfalls ihr unverwechselbares Kleid gefunden. Doch nach einem kurzen wirtschaftlichen Nachsommer um 1570, eine Zeit, da Genua gerade dabei war, seinen Reichtum zu multiplizieren, war der langsame Niedergang eingeleitet. Nicht auszudenken, was in Venedig mit all den ›altmodisch‹, heute so malerisch die Kanäle begleitenden spätgotischen Häusern passiert wäre, hätte Venedig im 17. Jahrhundert dieselbe Welle des Reichtums überspült wie Genua! Aber Armut ist der beste Denkmalspfleger. Umgekehrt waren Epochen von Besitz und Reichtum allgemein begleitet von Phasen künstlerischen Aufschwunges. Die Besonderheiten Genuas, die ablesbar sind an seiner bewegten und turbulenten Geschichte, nämlich das existentielle Hinausgeworfensein aufs Meer, die unbedingt lebensnotwendige Abhängigkeit vom Seehandel, die spezifisch ligurisch-genuesische Tüchtigkeit einerseits und Unfähigkeit die freigesetzten individuellen Kräfte sinnvoll für die Gemeinschaft einzusetzen andererseits, die Piraten und Pfeffersäcke der Superba, kurz, hätte all dies zusammen einen Rahmen gebildet, welcher der Kunst nicht gerade förderlich war? Formte dies alles einen Menschentypus, der allgemein als amusisch gilt? Bevor wir diese Frage beantworten können, ist ein Streifzug durch die Kunstgeschichte Genuas empfehlenswert.

Architektur

Nach dem letzten erfolgreichen Sarazenenangriff auf Genua wurde erstmals nach römischer Zeit der älteste Siedlungskern, bestehend aus Castello-Hügel und Stadt zu dessen Füßen (Civitas), wieder befestigt. Diese erste mittelalterliche Mauer umfaßte den Stadtbereich zwischen Piazza Cavour, Via Santa Croce, Piazza Sarzana, Porta Soprana, jetzigem Palazzo Ducale, San Pietro in Banchi und Piazza Praibella. Ob die zum Teil rechtwinklig geführten Straßen der Civitas auf das römische Muster der 203 v. Chr. erneuerten Stadt zurückgehen, konnte bislang nicht geklärt werden. Überhaupt wissen wir nichts über ein monumentales römisches Genua. Die wenigen Funde, Sarkophage und Spolien in den mittelalterlichen Kirchen (Dom San Lorenzo, San Matteo oder Santa Maria di Castello) lassen keine Rückschlüsse über Lage oder gar Vorhandensein von prächtigen öffentlichen Gebäuden erkennen. Die von Friedrich I. ausgehende staufische Bedrohung der freien Kommune wurde mit dem Abschluß einer zweiten Mauer beantwortet. Diese folgte im Bereich von Castello und Civitas zum Teil der alten ottonischen Mauer, wurde aber im Nordosten bis zu dem wenig besiedelten Ortsteil Portoria und im Nordwesten um die dichtbesiedelte Vorstadt (Burgus) gezogen. Von dieser Mauer stehen noch zwei repräsentative Tore, die Porta dei Vacca im Westen (Burgus) und die Porta Soprana (Castello) im Osten. Beide Stadttore stehen in der antiken Tradition von römischen Anlagen, bei denen schlanke Doppeltürme halbrund vor die Flucht der 12 Meter hohen Mauer treten. Der Wehrgang befindet sich dabei im unteren der beiden Geschosse. Die spitzbogigen Portale sind gerahmt von übereinandergestellten Freisäulen mit sehr schönen antikisierenden Kapitellen, eine Anordnung, die besonders im normannischen Unteritalien beliebt war. An der Porta Soprana befindet sich noch *in situ* jene schon zitierte Tafel aus dem Jahre 1155. Besonders letzteres Stadttor gibt ein recht anschauliches und eindrucksvolles Bild von der staufischen Stadtmauer. Unter Einbeziehung in den Befestigungsring von Molo Vecchio, Pré, Carignano und Casteletto war schließlich das mittelalterliche Verteidigungssystem bis zum 16. Jahrhundert abgeschlossen worden.

Nach Antritt Andrea Dorias als *pater patriae* entstand nach 1533 bis 1553, selbstverständlich unter Berücksichtigung neuester Erkenntnisse des Wehrbaus, eine vorletzte Mauererweiterung. Verantwortlicher Baumeister dieses neuen Verteidigungsringes war der padaner Spezialist Giovanni Maria Olgiati. Angeblich soll auch der junge Antonio da Sangallo beteiligt gewesen sein. Der in Genua anwesende Alessi leistete in der heute noch unzerstört erhaltenen Porta Siberia seinen bemerkenswerten Beitrag. Reste dieser Mauer der Andrea Doria-Zeit sind noch gut erkennbar südlich der Piazza della Vittoria und nördlich der Via XX. Settembre als östlicher Begrenzung der Spianata dell'Acquasola. Der Ponte Monumentale der Via XX. Settembre durchbricht als ›Point de vue‹ den Verlauf dieser Mauer. Ab 1626 währte eine letzte Phase der Befestigung der Stadt, diesmal auch die Hügelkette, die Genua von den beiden Flüssen Bisagno (Osten) und Polcevera (Westen) trennt, einbeziehend, so daß ab dem 17. Jahrhundert die Superba von einem waffenstarrenden Ring kleiner oder größerer Forts, die mit ihren Batterien sowohl Land- als auch Seeseite bestreichen konnten, umgeben war. Neben den Villen und Kirchen bildete nun die Kette von verschiedenartigen Forts einen wesentlichen Bestandteil des von See erlebten Panoramas der Stadt.

Blickt man dagegen aus der Vogelperspektive auf die Stadt, speziell die Altstadt, das Centro Storico, so vermißt man ein großzügiges, die Orientierung erleichterndes System. Der genuesische Individualismus und die komplizierten, ständig wechselnden politischen Ordnungen haben auch vom Stadtbild Besitz ergriffen. Die politische Aufteilung in Nachbarschaften, adelige Konsorterien und die Macht der Alberghi ergeben ein schier unentwirrbares Geflecht von konkurrierenden Mikroeinheiten, ein Konglomerat von unzähligen Kleinstvierteln, für jeden Fremden zunächst ein Labyrinth. Dies sind natürlich die uns bekannten »Zeichen einer Zersplitterung des städtischen Lebens in nebeneinander existierende geschlossene Einheiten«. Aus diesem Chaos treten sichtbar als eine Möglichkeit des Ordnens die wichtigsten Kirchen, schon allein ihrer Größe wegen, ihnen ist auch ein kleiner Platz vorgelagert. Die ältesten in ihrer baulichen Substanz erhaltenen Kirchen Genuas, abgesehen von der unzugänglichen vorromanischen Krypta von Santa Maria delle Grazie sind San Donato (Mitte des 12. Jahrhunderts) und dieser stilistisch engstens verwandt SS. Cosma e Damiano (nach 1150). Beide befinden sich im Castello-Viertel. Ebenfalls aus dem 12. Jahrhundert stammen noch teilweise (restauriert) San Giovanni di Pré, Santo Stefano (beide außerhalb der Stadtmauern) und die Hauskirche der Doria, San Matteo, in ihrer Gestalt von 1125 (im Borgo, seit 1155 innerhalb der neuen Mauer). Eine summarische, aber exakt zutreffende Beschreibung dieser mittelalterlichen Kirchen Genuas hat uns schon Burckhardt in seinem ›Cicerone‹ hinterlassen: »In Genua vermischt sich der romanische Stil Frankreichs mit der von Pisa ausgehenden Einwirkung. Die betreffenden Kirchen sind meist Basiliken mit einer Art von Querschiff... Die Säulen teils antik, teils in Schichten von schwarz und weiß abwechselnd, die Kapitäle teils antik, teils antikisierend. An der Fassade ist nirgends das reichere toscanische System mit Galerien, sondern nur das einfache von Wandpfeilern, mit Abwechslung der Farbschichten, zu bemerken... Zur gotischen Zeit behielt man diese ganze, für die reiche Stadt etwas dürftige Bauweise und ersetzte nur einen Teil der Rundbogen durch Spitzbogen.« Zu dieser »dürftigen Bauweise« gehört noch, daß diese einfachen Basiliken lediglich einen holzgedeckten offenen Dachstuhl besaßen. Im Prinzip von gleicher Gestalt, nur etwas reicher in der Ausstattung und größer im Gesamtvolumen, waren die im 12. Jahrhundert entstandenen Vorgängerbauten von San Lorenzo (Dom) und Santa Maria di Castello (zeitweise als Ersatzdom fungierend!). Eine Ausnahme als Bau bildete San Giovanni di Pré, als doppelgeschossige Konventskirche der Johanniter (Abb. 8). Die beiden nicht umgebauten gotischen Kirchen Santa Maria del Carmine und Sant' Agostino *(in restauro)* zeigen keine wesentlichen Strukturveränderungen als jene von Burckhardt schon angedeuteten. Am Prinzip der Säulenbasilika hält Genua, in Kunstsachen immer recht konservativ, sogar noch in den Cinquecento-Bauten von SS. Annunziata und San Siro fest. »In Genua nehmen die Bauten des 15. Jahrhunderts überhaupt keine bedeutende Stellung ein; was man davon sieht, ist überdies nicht frei von lange nachwirkender Gotik.« (Burckhardt).

Wegen des arg beschränkten Raumes innerhalb der zweiten Stadtmauern gab es nur wenige umbaute Innenhöfe, in Profanbauten so gut wie gar keine bis zum Ende des 15. Jahrhunderts, und nur wenige Klosterhöfe. Schon 1133/34 war offensichtlich im Bereich der heutigen Altstadt der Bauplatz so eng geworden, daß die damaligen Konsuln sich veranlaßt sahen, den Häusern entlang der Parallelstraßen zur Hafenmauer ebenerdige Portiken zu verordnen. Diese mittelalterlichen Ladenpassagen von Sottoripa (*sub ripa maris*) an der Via Gramsci und an der Piazza del Scaricamento sind heute noch, nach Abriß der Hafenmauern im 19. Jahrhundert, in Gebrauch! Auch für die anderen Straßen der Altstadt galt später die Auflage der ebenerdigen Arkadengänge, nur so war den nur mit Eselskarren befahrbaren Carrugi halbwegs geschäftlicher Raum abzugewinnen. Auch die Plätze waren entsprechend winzig, meist nur Straßenerweiterungen wie z. B. Piazza Soziglia oder Piazza Campetto. Geradezu verschwenderisch weit ist schon die Piazza San Matteo, das räumliche Zentrum des Doria-Viertels. Und wie heute, wo kein Platz vorhanden oder der Quadratmeter unbezahlbar geworden ist, baute man eben in die Höhe. So waren die etwas reicheren Häuser durchwegs fünf Stockwerke hoch. Diese echten Hochhäuser des Mittelalters, diese Wolkenkratzer Genuas, waren sehr wohl ein eigener Bautypus, der ja der Superba diesen Beinamen eingetragen hatte. Bis um 1500 baute man also mittelalterlich in Genua. Nur wo Platz war, entweder am Rande des Zentrums oder gar vor den Toren der Stadt, konnte weiträumig geplant und gebaut werden, z. B. am Fuß des Castelletto-Hügels, auf dem Carignano-Hügel, vor dem Thomas-Tor oder in den Vorstädten wie Sampierdarena oder Albaro.

Aber bereits um die Mitte des 15. Jahrhunderts machen sich neue Tendenzen im Stadthausbau der bedeutendsten Adelsfamilien bemerkbar. Poleggi hat dazu verschiedene Typen registriert. Der wichtigste Typ (A) zeichnet sich aus durch verschieden hohe Geschosse und einen internen Hof beziehungsweise einen geräumigen Lichtschacht. Diesen Typus vertreten vor allem die Casa Doria (ehemals Branca Doria, via Valamonica 1) und Palazzo Brancaleone-Grillo (vico Mele 2), beide um 1450 entstanden. Der pompöseste Bau dieser Generation ist der gegenwärtig *in restauro* befindliche Palazzo Spinola dei Marmi (Abb. 38), dessen sachgerechte Wiederherstellung sicher eine enorme Bereicherung des Stadtbildes darstellen wird. Bezeichnend ist dessen Lage an der stadtabgewandten Seite der Piazza Fontane Marose. In diesem 1459 erbauten Stadtpalast fand zum ersten Mal die orographische Situation der Superba in der Bauorganisation ihren Niederschlag. Und zwar in der ansteigenden Raumfolge von einer ebenerdigen Eingangshalle zu einer rückwärtig höhergelegenen Loggia, d. h. bereits in der zweiten Hälfte des 15. Jahrhunderts ist eine Veränderung der genuesischen Palastarchitektur erkennbar, sind die Anfänge einer für die orographische Situation Genuas maßgeschneiderten Palastarchitektur festzustellen, wohlgemerkt ohne fremden Einfluß, aus innerer Einsicht, aus spezifisch ortsgebundenen Bedürfnissen, auch wenn die Baumeister Genuas wohl seit dem 11. Jahrhundert traditionellerweise Lombarden waren. Eine andere Entwicklung im Bereich des Bauens, die ebenfalls eine genueser Besonderheit war, setzt erkennbar um die Mitte des 15. Jahrhunderts ein. Schon dem um 1480 Genua besuchenden Florentiner Ridolfi war neben den Wolkenkratzern eine zweite, das Gesicht oder das Panorama Genuas kennzeichnende Besonderheit aufgefallen, nämlich die zahlreichen im Grünen verstreuten weißen *muretti*, welche die zahllosen Villen der Vororte einzäunten. Bereits 1414 kennen wir für das Gebiet zwischen Voltri und Nervi in den Besitzverzeichnissen über 500 solcher eingetragener Landsitze, die sich auf nur 38 Alberghi (Großfamilien, Besitz- und Geschäftsgemeinschaften) verteilen. 1463 zählen die Besitzverzeichnisse der Städte an die 1561 Landsitze, von denen 135 *palatia* (Paläste) genannt werden. Da das Wort *palatium* im genuesischen Sprachgebrauch erst sehr spät und zögernd für Herrenhaus Eingang findet, muß es sich bei den explizit als Palazzo titulierten Landsitzen um ganz besonders prächtige Herrschaftssitze gehandelt haben.

Diese sich abzeichnende Prunksucht im Palast- und Villenbau der Geldaristokratie scheint zunächst in einem Widerspruch mit der wirtschaftlichen Entwicklung, speziell Genuas, zu stehen. Doch genau das Gegenteil ist der Fall. Zwar ist seit der Katastrophe des militärischen Desasters des Chioggia-Krieges ein spürbarer Niedergang Genuas erkennbar, doch erst um die Mitte des nächsten Jahrhunderts kommt der große Knall. Konstantinopel fällt, und mit ihm die östlichen Besitzungen Genuas. Doch kein Kollaps der Plutokraten zeichnet sich ab. »So möchte man sagen, daß die schwierige Zeit im 14. und 15. Jahrhundert in den italienischen Bürgern und Kaufleuten die zweite latent vorhandene Seele, die des Grundrentners, geweckt und in den Vordergrund gerückt hat. Der Kauf von Grundstücken, Staatsanleihen oder Häusern erschien immer mehr als das einzige Mittel, um die durch Handel und Spekulation angehäuften Reichtümer vor den Schwankungen der Konjunktur und des Glücks in Sicherheit zu bringen. So entstanden in den Städten die ersten großen Familienpaläste und auf dem Land die ersten Villen.« (Procacci).

Diese Fakten und Entwicklungen müssen als bekannt vorausgesetzt werden, ehe man sich zeitlich weiterwagt. Genua war vorbereitet auf das 16. Jahrhundert, zumindest in dem Bereich, in dem es seine persönlichste und ausgesprochenste Unverwechselbarkeit erreichte, in Palast- und Villenarchitektur.

Wie für die Innenpolitik und die Wirtschaftslage der Stadt, so brachte auch die Kunst der Superba das Jahr 1528 eine Zäsur, was sich im Falle der Architektur weniger als Bruch, sondern mehr in Form einer Beschleunigung eines bereits seit Mitte des 15. Jahrhunderts einsetzenden Prozesses bemerkbar macht. Bereits im Jahre 1 der Andrea Doria'schen Verfassung ließ sich der Seeheld und von Karl V. in den Fürstenstand erhobene erste Admiral der spanischen Flotte westlich vor dem Thomas-Tor und direkt am Hafen gelegen eine neue standesgemäße Residenz bauen. Für dieses Vorhaben ging der Blick des Bauherren weit über die bisherigen Traditionsgrenzen (Lombardei und Toscana) hinaus, er war aufs Zentrum des neuen Bauens, nach Rom, gerichtet. Das beste, was es dort abzuwerben gab, zunächst Perin del Vaga (1529–37, Schüler und Mitarbeiter von Raffael), dann Giovanni Angelo Montorsoli (1543–47, Schüler und Mitarbeiter von Michelangelo), wurde nach Genua gerufen. Dieser prächtige vor der Stadt gelegene Palast – darauf ist immer wieder von Burckhardt bis Poleggi zu Recht hingewiesen worden – war keinesfalls ein Modell oder gar ein Musterbau. Dies konnte er auch gar nicht sein. Zu singulär und herausgehoben waren topographische Situation und Rang (und damit verbunden die spezifischen Aufgaben des Bauwerks) des Bauherrn. Die Außenfassade bot keineswegs etwas Besonderes in architektonischer Hinsicht.

41 GENUA Villa Pallavicino delle Peschiere, Vorraum im 1. Stock
◁ 40 GENUA Palazzo Pessagno-Pallavicini   43 GENUA Villa Pallavicino delle Peschiere, Salone ▷
42 GENUA Villa Pallavicino delle Peschiere, Fresken von G. B. Castello (Il Bergamasco)

44 GENUA   Palazzo Lercari-Parodi, Fresken von L. Cambiaso im Salone des 2. Stocks

45 GENUA   Palazzo Lercari-Parodi

46, 47   GENUA   Palazzo Gambaro, Salone; Palazzo Carrega-Cataldi, Vestibül

48   GENUA   Palazzo Rosso

49, 50   Genua   In der Via Garibaldi; Palazzo Lercari-Parodi, Portal
51, 52   Genua   Palazzo Podestà; Palazzo Doria-Tursi

53, 54 Genua Palazzo Doria-Tursi; Palazzo Rosso
55 Genua Palazzo Doria-Tursi

56, 57 GENUA Palazzo dell'Università; SS. Vittore e Carlo: Schmerzensmann von Maragliano

58 GENUA Via Balbi, Palazzo Reale

59 GENUA Im Palazzo Reale ▷

60 GENUA   Piazza De Ferrari

63 GENUA   S. Stefano ▷

61, 62   GENUA   Galleria Mazzini; kleiner Hof im Palazzo Ducale

64 STRUPPA S. Siro

65 GENUA-SAMPIERDARENA Villa Spinola di S. Pietro: Deckenfresken von G. Carlone und A. Ansaldo

67 Wallfahrtskirche MADONNA DELLE GRAZIE bei Chiávari ▷

66 GENUA-TERRALBA Villa Imperiale di Terralba: Fresko von L. Cambiaso

68 S. Margherita Ligure   Kapuzinerkirche: romanische Sitzmadonna
69 Abtei S. Fruttuoso   Nekropole der Doria
70 Abtei Valle Cristi
72 Abtei S. Fruttuoso ▷
71 Rapallo   Castrum Venagi

73 Chiávari Laubengänge

74, 75 Chiávari S. Francesco; Palazzo dei Portici Neri

Die heute schnöde und langweilig wirkende, wenig strukturierte Außenwand war nur Folie für prächtige Außenfresken, für deren Ausführung Andrea Doria ebenfalls berühmte Künstler seiner Zeit nach Genua berief: Gerolamo da Treviso, Giovanni Pordenone aus Venedig und Domenico Beccafumi aus Siena. Für die Zusammenstellung und die Gärten waren unter anderem tätig: Silvio Cosini, Giovanni da Jesole, Guglielmo della Porta.

Wenn schon kein Modell für genueser Paläste oder Villen, so hatte Dorias Reggia in Fassolo doch eine Art Auslöserfunktion. Die Nutznießer der von Andrea Doria quasi diktierten Verfassung einer plutokratischen Oligarchie, eben die wichtigsten anderen Plutokraten, gelangten gleichwohl zu unermeßlichem Reichtum und, damit verbunden, zu Ansehen. Ansehen, das nach Selbstdarstellung, Repräsentation und stilgerechtem Wohnsitz geradezu schrie. Bereits in den vierziger Jahren festigten sich Prestige und Macht dieser Quasi-Mitregenten der Stadt dergestalt, daß diese Haltung einerseits zur Verfeinerung in Form klassenspezifischer Architektur, dem Genueser Palastbau, führte und andererseits ebenso neidvolle wie selbstbewußte Aufmüpfigkeit gegen den Größten der Großen, den *pater patriae*, erzeugte, was sich unter anderem in der berühmten von französischer Seite geschürten Verschwörung des Fiesco (1547) ausdrückte. Die großen Familien der Doria, Spinola, Pallavicini, Cataldo, Negrone, Grimaldi, Lomellini usw. begannen ab ca. 1540 das Stadtbild Genuas zu prägen, das großartige und unverwechselbare Genua.

Bei der Gestaltung der Piazza Fossatella, einem der wenigen Gemeinschaftsprojekte, in denen private und kommunale Interessen Hand in Hand gingen, erlangte Babilone Pallavicini für seinen dort zu errichtenden Palazzo die Genehmigung einer neuen Fassade, welche die erste und damit älteste Fassade des Manierismus in Genua darstellt. Das folgende Jahr sieht den Baubeginn zweier für die Architektur des genuesischen Stadtpalastes entscheidender Werke. Im Restitutionsjahr der freien Republik Genua hatten die Bewohner der Stadt die Zwingburg des Castelletto, als Symbol der ca. 200jährigen Herrschaft fremder Mächte, für immer zerstört. Hang und Fuß des Castelletto-Hügels waren weitgehend, aus verteidigungstechnischen Gründen, unbebaut geblieben. Hier im Grünen, auf dem Gebiet des einstigen Franziskanerklosters, baute sich Giovanni Battista Grimaldi einen luftigen Stadtsitz, den heutigen Palazzo della Meridiana, der westlich die damals noch nicht geplante Strada Nuova begrenzt. Dieser hochgebildete Grimaldi, er war Mitglied der römischen Accademia della Virtù, ließ sich eine Bleibe errichten, in der sich sowohl ein hangorientierter Palast als auch, architektonisch in diesen einbezogen, hängende Gärten ergänzten und durchdrangen. Mit seinem Palazzo importierte Giovanni Battista Grimaldi die in den manieristischen Akademien Roms und in der Toscana entstandene Gartenbaukunst nach Genua.

Ebenfalls 1541 begonnen, aber in kürzerer Bauzeit schon 1543 weitgehend fertiggestellt, war der Palazzo des Admirals Antonio Doria. In ihm findet die sich schon 1459 im Palazzo Spinola dei Marmi abzeichnende spezifische Form des typischen Genueser Stadtpalastes ihre vollendete Gestalt: Senkrecht zum Hang geführte, orographisch bedingte ansteigende perspektivische Raumfolge von Vestibül mit achsial geführter Freitreppe zur Ebene der seitlich geführten Treppen und des Loggienhofes und schließlich, in der Mittelachse gelegen, der hangwärtige Durchgang zum Garten oder Nymphäum. Als Architekten für diesen Modellpalast (Doria-Spinola, Präfektur) werden allgemein Giovanni Battista Castello, gen. Il Bergamasco, oder Bernardino Cantone genannt. Der Typus des genuesischen Palastes ist damit 1541–43 geschaffen, also lange Jahre vor dem ersten Auftreten des dritten großen Architekten Genuas im Cinquecento, nämlich Galeazzo Alessi, der damit als Schöpfer des Genueser Palastbaues ausscheidet. Das geniale Multitalent Il Bergamasco hat in Genua noch eine Reihe entscheidender Aufträge, auch als Architekt, ausgeführt. Da er in Genua in der Gilde der Maler und Dekorateure eingetragen war, durfte er nicht gleichzeitig offiziell als Baumeister arbeiten. Deswegen mußte oft ein anderer Architekt, sozusagen als offizieller Baumeister, vorgeschoben werden. Die quellenmäßig sichere Zuschreibung so mancher Bauten des Bergamasco ist dadurch erheblich erschwert. Die dem Bergamasken zugeschriebenen Bauten sind:

Palazzo Doria-Spinola, 1541–1543 (Bernardino Cartone ebenfalls zugeschrieben)
Villa Pallavicino delle Peschiere, 1558 bis 1562? (Mitarbeit sicher, Pläne von Alessi?)

Palazzo Spinola-Pessagno
Palazzo Carrega-Cataldi, 1559–1561
Palazzo Imperiale
Villa Grimaldi in Sampierdarena, 1561 (Mitarbeit)
Palazzo Podestà, 1563–1565 (auch Bernardino Cantone zugeschrieben).

Der in Genua offiziell als Architekt eingetragene und niedergelassene Lombarde Bernardino Cantone, der auch als möglicher Autor des Modellpalastes Doria-Spinola genannt wird, erfuhr bereits 1546 seine amtliche Anerkennung durch die Ernennung zum offiziellen Stadtbaumeister der Kommune. Als Architekt der obersten Baubehörde war er der verantwortliche und leitende Mann bei der Planung und Durchführung der seit 1550 projektierten Strada Nuova (Via Garibaldi). In welchem Maße beziehungsweise ob überhaupt Bernardino Cantone dabei auf die konkrete Gestalt der Palazzi, die nicht authentisch von seiner Hand stammen, Einfluß genommen hat, ist gegenwärtig noch Gegenstand heftigster Diskussionen. Ganz sicher nicht der Schöpfer der Via Garibaldi, auch nicht der geistige Vater des typisch genuesischen Stadtpalastes, ist aber der in der Literatur so reichlich überfrachtete Galeazzo Alessi aus Perugia. Lediglich ein Palazzo der Strada Nuova wird, und auch das nur durch Stilvergleiche, dem Alessi zugeschrieben, nämlich der Palazzo Cambiaso. Seine Verdienste liegen auf anderen Gebieten.

Der allgemein lesbaren Datierung zufolge war Alessis erster Großauftrag in Genua der Bau der Villa Cambiaso (1548). Mit diesem Werk schuf der gebürtige Umbrier einen anderen Modellbau. In Anwendung der zuvor in Rom erfahrenen und erlernten Prinzipien des dortigen manieristischen Monumentalbaus übertrug er diese auf die noch mittelalterlich spätgotisch bestimmte Bauweise der luxuriösen Landsitze der Genueser Plutokratie. Wie diese Vorgängerbauten ausgesehen haben, können wir uns nicht mehr vergegenwärtigen, denn aus der vor-alessischen Zeit sind nur Teile der Villa Tomati (Salita degli Angeli) und im Parterre der Villa Imperiale in Terralba erhalten. Diese älteren Teile, z. B. am Westeingang der Villa Imperiale, verraten noch deutlich spätgotische Formtraditionen. Doch Alessis moderne, wahrhaft monumentale Lösung: Zusammenfassung der malerischen Gebäudeteile und Dachgruppen zu einem einheitlichen geschlossenen Block auf rechteckigem Grundriß mit übersichtlichen, geradezu klassischen Pilasterordnungen der Geschosse und Achsen, muß derart revolutionierend gewesen sein, daß er noch mit dem Entwurf einer Reihe anderer bedeutender Adelssitze beauftragt wurde, so z. B. der Villen Pallavicino delle Peschiere (?), Villa Grimaldi und Villa Imperiale Scassi. Hier, und nur hier bei diesen Villen von unzweifelhaft alessischer Handschrift, kann von einer homogenen Gruppe und von einem Typus gesprochen werden, dessen Wirkung sich auch die anderen im Genueser Raum tätigen Architekten nicht entziehen konnten, der also Schule machte.

Doch das Genie Alessis war vielseitig und keineswegs gebunden an eine bestimmte Bauaufgabe. Sein unbestritten bedeutendstes Werk war die Planung und Konzeption der von der Familie Sauli gestifteten enormen Wallfahrtskirche Santa Maria Assunta von Carignano, die heute noch das Fernbild der Stadt mitbestimmt. Doch durch die lange Bauzeit und die zahlreichen Eingriffe der mit der Ausführung betrauten Architekten wurde die ursprüngliche sicherlich kompaktere Lösung verwässert, im Vergleich mit anderen, nach dem Vorbild von Bramantes Sankt-Peter-Modell entstandenen Wallfahrtskirchen in Form eines Zentralbaus über griechischem Kreuz, z. B. in Todi und Montepulciano, muß man sogar sagen, kläglich verdorben. Der im Verhältnis zu ihrer Breite insgesamt zu niedrig geratenen und nur mangelhaft gegliederten Fassade gelingt es keineswegs, Monumentalität auszuströmen. Die durch die Fassade selbst zu wenig motivierten Türme treten nun in zu starke Konkurrenz zur zu klein proportionierten Kuppel, deren glattgeschuppte Oberfläche, mangels sichtbarer Rippenprofile oder anderer Reliefzonen, Spannung, Energie und Leben vermissen läßt. Was Santa Maria Assunta am Außenbau an Mängeln und Mittelmäßigkeit anhaftet, ist schnell vergessen, betritt man das Kircheninnere. Hier ist Alessi ein übersichtlich geordneter, wohlproportionierter, wahrhaft ›großer‹ Raum der Renaissance von höchster Reinheit und Harmonie gelungen. Doch im Gegensatz zum Villenbau blieb dieses Hauptwerk Alessis ohne Nachfolge in Genua. Es hatte sich seit dem Mittelalter nichts geändert in der Superba, der Kirchenbau als echte Gemeinschaftsaufgabe existierte und interessierte nicht.

Um die ganze Spannweite von Alessis Tätigkeit in Genua ermessen zu können, muß man noch ein Werk ganz anderer Art erwähnen, nämlich den Beitrag des Umbriers zur neuen Mauer Genuas, die Porta Siberia (1551–53) an der alten Mole. Das zwischen im unteren Bereich leicht geböschten Zwillingsbastionen eingefügte, wie im Wehrbau üblich stark rustizierte Portal ist ein weiteres Beispiel von Alessis klassischer Gesinnung, ein Stadttor, das neben Meisterwerken dieses Genres, wie z. B. Sammichelis Stadttoren Veronas, bestehen kann.

Neben dem Dreigestirn Galeazzo Alessi, Bernardino Cantone und Giovanni Battista Castello (Il Bergamasco) war natürlich eine Reihe anderer begabter sowohl ausländischer als auch einheimischer Baumeister tätig, so Bernardo Spazio, Rocco Orsolino und vor allem der in Oneglia geborene Giovanni Ponsello, dessen Palazzo Tursi, heute Municipio, den Höhepunkt der Palastarchitektur des Cinquecento darstellt. Und doch ist dieser gewaltige

Palast nur die gigantische Vergrößerung des Palazzo Doria-Spinola, des Urmodells des Genueser Stadtpalastes. Der Initialzünder von Andrea Dorias Palazzo in Fassolo hatte also gewirkt. In den vierziger Jahren war der Weg beschritten, der Weg von der *una reggia*, jener in Fassolo, zu einer erheblichen, wenn auch begrenzten Anzahl kleinerer Residenzen. Wie ein roter Faden am nördlichen Rand der damaligen mittelalterlichen Stadt zogen sich die aus dem Boden sprießenden Privatresidenzen dahin, praktisch von der Villa delle Peschiere über die Salita di Santa Catarina, die Piazza Fontane Marose, über die Palazzi Grimaldi (della Meridiana), Lomellini bis hinaus zum Palazzo Doria Principe. Kernstück dieser Stadt der Reichen am Rande der eigentlichen Stadt war die Via Aurea dei Genovesi, eben die Strada Nuova. Was für andere Städte öffentliche Bauten, z. B. Rathaus oder Kirche, bedeuteten, waren für die Genueser ihre Palazzi, die damit in die Rolle von Tempeln des Kommerzes, zu Kathedralen des Geldes wurden. So kann man die Strada Nuova, die heutige Via Garibaldi, mit Fug und Recht die Straße der Kathedralen des Geldes nennen. Wenn nach einer neuen Lesart Goethes Faust als Drama der Alchimie, besonders der zweite Teil als Drama der alchimistischen Geldschöpfung aus dem Nichts interpretiert werden kann, muß Faust ein Genueser gewesen sein. Die Superba des 16. Jahrhunderts ist die faustische Stadt schlechthin. Im Jahre nach dem Tode des historischen Dr. Faustus im Gasthaus Zum Löwen (1539) beginnt der neue Reichtum der Genueser Geldaristokratie sich am nördlichen Stadtbild auszuformen, Stein zu werden. Das 17. Jahrhundert setzt den eingeschlagenen Kurs des 16. Jahrhunderts konsequent fort. Neue hochtalentierte Architekten wie Rocco Lurago, Bartolomeo Bianco und Pier Antonio Corrado schufen neue, noch größere, noch gigantischere Stadtpaläste. So entstand als Gegenstück des 17. Jahrhunderts zur Strada Nuova, durch die Via Cairoli mit dieser verbunden, die neue Prachtstraße Via Balbi. Der allen Oberitalienern charakteristische Hang zur dekorativen Lösung ermöglichte in Genua sogar eine sehr frühreife Form des Rokoko. Mit dem Niedergang der spanischen Macht, an die Genua ja seit 1528 gekettet war, erfolgte auch der wirtschaftliche Niedergang der Genueser Plutokratie. Und da für die Genueser Kunst nie einen eigenen Wert hatte, nie Selbstzweck war, sondern immer Dekorum, das man sich gerne leistete, sofern man keine Opfer dafür bringen mußte, war damit auch die goldene Zeit der Superba als Kunststadt zu Ende. Dies gilt auch für die anderen Kunstgattungen wie Skulptur oder Malerei.

Skulptur

Mehr als in der Architektur wirkt sich die schon in der Prähistorie bemerkbare kulturelle Zusammengehörigkeit des westlichen Alpenraumes aus; von der Lombardei zur Rhône, zwischen Marseille und Genua bestanden engste Bande. Daß die ligurische Küste von der Rhône bis zur Magra sich erstreckte, ist schon betont worden. Für die exportierenden lombardischen Steinmetze und Bildhauer waren Savona und Genua deren natürliche Häfen. Eine der führenden Regionen in der mittelalterlichen Bildhauerei, Südfrankreich (Toulouse,

Moissac, St-Gilles, Arles etc.), war der ligurischen Küste direkt verbunden. So darf der jeweilige Einfluß der Lombarden oder Südfranzosen als nicht allzu fremd empfunden werden. In der Skulptur bis 1200 ist klar erkennbar, daß die südfranzösische Nachbarregion den Ton bestimmt und die Vorbilder liefert. Zwei Meisterwerke der hochromanischen Epoche, die Arca des San Giovanni Battista in der Johanneskapelle im Dom und der 1921 neuversetzte Kreuzgang des Andreas-Klosters, zeigen beide in diese Richtung. Aber auch die Domfassade ist ebensowenig ohne französische Vorbilder denkbar wie der 1308–10 errichtete Kreuzgang von San Matteo. Doch die Domfassade (siehe dort) ist für Genua eine absolute Ausnahme. Überhaupt scheint man in Genua und Umgebung der Skulptur keine große Bedeutung zugemessen zu haben, denn die allgemein schlichtgehaltenen Kirchenfassaden zeichnen sich durch weitgehenden Verzicht auf plastische Gestaltung aus. Was brauchte man auch in den engen Gassen prächtige Fassaden? »Ja, es ist ganz unwahrscheinlich, daß einheimische Künstler von Bedeutung existierten, wenn für alle größeren Aufträge namhafte Fremde berufen wurden!« (Suida). Die unproportional reiche Verwendung antiker Spolien an Fassaden, Portalen und im Kircheninneren, z. B. San Matteo, Dom, Santa Maria di Castello usw., scheint diesen Befund noch zu untermauern. Um die genuesische Skulptur zu überblicken, genügt es, San Matteo, den Dom San Lorenzo und das im Sommer 1984 neueröffnete Skulpturenmuseum in Sant' Agostino zu besuchen. Das einst bedeutendste Werk der mittelalterlichen Skulptur in Genua war sicher das von Kaiser Heinrich VII. persönlich beim berühmtesten Bildhauer seiner Zeit, Giovanni Pisano, in Auftrag gegebene Grabmal seiner 1311 in Genua verstorbenen Gemahlin Margarete in der Franziskanerkirche am Castelletto-Hügel (Abb. 17; Fragmente heute im Augustinermuseum!). Giovanni Pisanos Alterswerk machte insofern Schule in Ligurien als die Blickrichtung Genuas im Trecento nun nach der toscanischen Nachbarstadt ging.

Doch den größten Anteil an auswärtigen Künstlern stellte die benachbarte Lombardei, die *maestri antelami*. Früher als nach Venedig kam über lombardische Wanderkünstler die Florentiner Frührenaissance nach Genua. 1448 erhielt der Brunelleschi-Schüler Domenico Gaggini aus Bissone am Luganer See (wo ebenfalls Borromini herstammt) den Auftrag für die neu zu errichtende Johanneskapelle im Dom. Domenico Gaggini wählte als Form für die Kapelle des Täufers einen überkuppelten Zentralbau. Von seiner Hand stammen noch die qualitätvollen Reliefs der Fassade dieser Kapelle. Sein Neffe Elia Gaggini und ein anderer Gaggini, Giovanni, arbeiteten weiter an der Kapelle bis 1456. Domenico Gaggini ging 1465, nachdem er die Renaissance in Genua eingeführt hatte, wieder nach Sizilien, wo er schon früher für die dortige Genueser Gemeinde von Palermo gearbeitet hatte. Von der Sippe der Gaggini und deren Mitarbeitern stammen vor allem noch eine Reihe prächtiger Palastportale in der Altstadt und die prächtige Sakristeitüre in Santa Maria di Castello, eine malerische Kombination aus renaissancistischen floralen Dekorations- und gotischen Formelementen. In den überengen Gassen Genuas waren oft die Hauseingänge, Portalrahmungen und Soproporten die einzigen Schmuckteile, so daß diese besonders prächtig ausfielen und eine ligurische Spezialität darstellen. Das Material war der leicht zu bearbeitende, aber dauerhafte schwarze Schiefer (Ardesia). Diese in ganz Ligurien begehrten Türrahmen wurden oft direkt am Schieferbruch gefertigt und dann exportiert. An der Riviera di Ponente war es das Dorf Cenova im mittleren Aroscia-Tal, das ein solches Zentrum für ›portale in ardesia‹ bildete. Von Giovanni Gaggini stammen u. a. die prächtige Sopraporta des Palazzo Doria-Quartara und vor allem das Grabmal des Kardinals Giorgio Fiesco der Fieschi-Kapelle im Dom.

Eine weitere, für Genua im Quatrocento wichtige Bildhauerfamilie, die der d'Aria, stammt aus dem Intelvi-Tal, gleichfalls bei Bissone. Von Michele d'Aria stammen vier der für den Schmuck des Palazzo di San Giorgio in Auftrag gegebenen Statuen von um Genua verdienten Bürgern. Vor allem aber das ursprünglich in San Domenico aufgestellte Grabmal des Francesco Spinola und die fünf Monumentalstatuen am Palazzo Spinola dei Marmi möchte man der Hand Michele d'Arias zuschreiben.

Aber auch die toscanische Konkurrenz bleibt spürbar. Matteo Civitali aus Lucca wurde mit dem Umbau und der Neugestaltung des Inneren der Johanniskapelle beauftragt. Nach seinem Tode 1501 wurden die zwei noch fehlenden Nischenstatuen des Täufers und der Madonna dem Florentiner Andrea Sansovino anvertraut, der besonders in der elegant bewegten Madonna eines seiner Hauptwerke geschaffen hatte. Den dominierenden Anteil an den fremden Künstlern in Genua stellte dennoch die Lombardei. Pace Gaggini (offensichtlich Bruder von Giovanni) und dessen Onkel Antonio della Porta, bereits durch Mitarbeit an der Fassade der Certosa von Pavia zu Ehren gelangt, fallen eine Reihe wichtiger Aufträge zu. Diesen beiden letzteren gelang es, mit ihren genuesischen Arbeiten internationalen Ruf zu erlangen, so daß sie sogar für größere Aufträge in Frankreich und Spanien herangezogen wurden. Dennoch ließ die Superba nicht ab von ihrer Gewohnheit, bedeutende Aufträge an auswärtige Künstler zu vergeben. Die beiden prominentesten Gastarbeiter im 16. Jahrhundert sind auf dem Gebiete der Bildhauerei und Plastik Giovanni Angelo Montorsoli und Jean de Boulogne (Giambologna). Montorsoli, der von Andrea Doria zur Leitung der Bauarbeiten der Reggia in Fassolo bestellt war, schuf auch die neue Grablege der Doria in San Matteo und trug eine Statue für den Chor des Domes bei. Sein Einfluß auf die lokale Bildhauerei kann wohl nicht überschätzt werden. Geringeren Einfluß zeigte dagegen das Wirken Giambolognas, dessen »kalte und seelenlose« Art den Genuesern wenig entgegenkam. Immerhin gehören die vom einstigen Grabmal Lazzaro Grimaldis in der Franziskanerkirche erhaltenen, heute im Palazzo dell'Università aufgestellten Arbeiten zu den bedeutendsten Werken der Plastik in Genua. Nach Giambologna dauerte es noch geraume Zeit, genauer bis zur Mitte des 17. Jahrhunderts, bis Genua aufhörte, die Nehmende zu sein. Auch hier machte den Anfang ein Fremder oder, sagen wir, ein Halbfremder. Denn der gebürtige Massaliote Pierre Puget (1622–94) kann nur mit äußersten Wohlwollen, bei besonderer Berücksichtigung und bei besonderer Betonung der Gemeinsamkeiten der ursprünglichen ligurischen Küste, als Einheimischer bezeichnet werden. Nach einem längeren Studienaufenthalt in Rom und Mitarbeit in Berninis großer Werkstätte, fand Pierre Puget in Genua so reichlich Aufträge vor, daß er gleich sechs Jahre hier blieb. Diese Zeitspanne von 1660 bis 1667 war für Puget, den Bernini Frankreichs und manchmal berninischer als Bernini, wie Burckhardt meint, eine schaffensreiche Periode, in der viele seiner Hauptwerke entstanden, so die unvergleichlich schöne ›Immacolata‹ für das Oratorium der Nerianer, bei der engelsgleiche Sanftheit des Ausdrucks und hinreißender Schwung der geblähten Draperie stimmig zusammen komponiert sind, oder sein ›Heiliger Sebastian‹ in Carignano, der in so labilem Gleichgewicht gehalten ist, daß man sich nicht entscheiden kann, ob er nun leidend hängt oder triumphierend entschwebt (Abb. 14).

Von Pugets Erfolg ermutigt, läßt sich noch im selben Jahr wie jener der gebürtige Genueser Filippo Parodi in der Superba nieder. Während sich Pugets Genie durchaus im figuralen Bereich ausdrückt, kommt Parodis dekoratives Talent in zahlreichen Aufträgen wie Bilder- und Spiegelrahmen, Hermen und Atlanten an Portalen, in Brunnengestalten (Palazzo Podestà) u. ä. zum Ausdruck. Hier fand Parodi in Genua ein weiteres Betätigungsfeld.

Von höchst internationalem Rang sind auch noch die nachfolgenden Bernardo Schiaffino und der sich in ganz Ligurien größter Beliebtheit erfreuende Anton Maria Maragliano, dem es gelang, die kunsthandwerkliche Holzschnitzkunst zu höchstem künstlerischen Niveau zu heben. Fast jede zweite oder dritte Kirche Liguriens besitzt eine Arbeit, die von Maraglianos Hand stammt oder seiner Werkstatt zugeschrieben wird. Somit hat Genua, mit dem Quartett Puget, Parodi, Schiaffino und Maragliano doch noch, wenn auch spät, seinen genuinen und durchaus beachtlichen Beitrag zur abendländischen Skulptur geleistet.

Malerei

Alles, was allgemein für Architektur und Skulptur gilt, kann auch von der Malerei Genuas gesagt werden, doch gilt es hier in weiterem Ausmaß und muß mehr differenziert werden. Der qualitativ und genuin ligurisch-genuesische Beitrag zur Malerei ist, verglichen mit dem von Architektur und Skulptur, zeitlich weniger begrenzt und auf mehrere Gebiete verteilt. Auch hier gilt am Anfang, »daß alle Anregung von draußen kam«. Das älteste erhaltene Bildwerk in Ligurien ist das berühmte bemalte Holzkruzifix von Sarzana aus dem Jahre 1138. Der unterzeichnete Meister Guglielmo war vermutlich ein Toscaner, was in diesem besonderen Fall noch nichts aussagt, ist ja die Lunigiana jene Region, die zum Teil, und dies heute noch, zur Toscana und zum anderen Teil zu Ligurien gehört. Die nächst ältesten Beispiele, das Matthäus-Mosaik in der Lünette des Portals der gleichnamigen Kirche in Genua und die erhaltenen Fresken von San Michele in Fassolo, heute im Museo di Sant' Agostino, gemalt 1292 von Manfredino da Pistoia, zeigen alle jenen für das ganze christliche Mittelalter typischen Einfluß von Byzanz, der ja erst in Rom (Cavallini) und Assisi (Cimabue, Giotto) seine Verwandlung erfährt. Besonders bei der künstlerischen Uneigenständigkeit und der engen wirtschaftlichen Verflechtung Genuas ist dieser byzantinisierende Zug keineswegs verwunderlich. Außerdem war die Stadt voll von Beutestücken aus dem östlichen Mittelmeerraum, z. B. der Sacro Cateno (angebliche Gral-Schüssel im Domschatz), die byzantinische Prozessionsleuchte (angeblich Kreuz der Kaiserin Helena, Domschatz), wundertätige schwarze Madonnen (Ikonen, z. B. in Santa Maria di Castello) oder Geschenke der byzantinischen Kaiser (z. B. das im Palazzo Bianco gezeigte Pallium, das 1261 Kaiser Michael VIII. Paläologos den Genuesern geschenkt hatte) usw.

Die Malerei war also zunächst byzantinisch, dann gotisch ausgerichtet. Die ausführenden Meister stammten bis Anfang des 15. Jahrhunderts weitgehend aus der benachbarten Toscana, z. B. Vanni da Pisa (1347 in Genua bezeugt), Taddeo di Bartolo aus Siena (1393, 1398 in Genua bezeugt) und Turino Vanni da Pisa (1415 in Genua bezeugt). Fest niedergelassen in Genua war der Lombarde Barnaba da Modena. Daneben wissen wir noch die Namen dreier zu ihrer Zeit berühmter einheimischer Künstler, Bartolomeo da Camogli, Giovanni dei Re da Rapallo und Nicolò da Voltri, doch von ihnen kennen wir kaum repräsentative Werke. In den Jahren 1394 bis 1402 kommt es auch in Genua zu einem gildenmäßigen Zusammenschluß der meist ausländischen Maler in Genua. Ein Dokument des Jahres 1415 nennt 19 vollwertige Mitglieder, von denen nur drei aus Ligurien, zwei aus Pavia, zwei aus Siena, die meisten aber aus Pisa stammen.

Danach, weitgehend das gesamte 15. Jahrhundert, stand Genua unter mailändischer Flagge. Das ›Protektorat‹ der Visconti und Sforza machte die eigene Domäne Ligurien offensichtlich für lombardische Künstler attraktiver. In Genua selbst scheint in der ersten Hälfte des 15. Jahrhunderts kaum eine eigenständige Malerei bestanden zu haben. Die wichtigsten Lombarden bis 1528 sind: Donato de Bardi (bei Pavia, ab 1434 in Genua bezeugt), Vincenzo Foppa aus Brescia (ab 1461 mehrfach in Genua bezeugt), Giovanni Masone aus Alessandria (1463, Verkündigungsaltar in Santa Maria di Castello), Cristoforo Moretti aus Cremona, Carlo da Milano detto del Mantegna (1482–1501 in Genua bezeugt), Lorenzo Fasolo aus Pavia (ab 1494 in Genua bezeugt) und Francesco Sacchi, gleichfalls aus Pavia (bis 1528).

Doch Ligurien hatte nicht nur enge, aber unbequeme Beziehungen zur Lombardei, es unterhielt auch kontinuierliche, einträgliche und daher angenehmere Beziehungen zum künstlerischen und wirtschaftlichen Zentrum nördlich der Alpen, nämlich Flandern und den Niederlanden. Die farbenprächtigen und detailfreudigen, bei allem Naturalismus aber von zutiefst inniger Frömmigkeit erfüllten Bilder der Flamen erfreuten sich schon sehr früh größter Beliebtheit in Genua und Umgebung. Jan van Eyck malte ein Triptychon für Battista Lomellini, und von Roger van der Weyden existierte, laut Suida, ein ›Frauenbad‹ in Genua. In der Tradition niederrheinischer und flämischer Kunst und der genuesischen Liebe zu dieser Malerei steht auch das kurze Wirken von Justus von Ravensburg in Santa Maria di Castello (1541; Farbt. 51). Von der zweiten Generation der sogenannten flämischen ›Primitiven‹ wirkten Gérard David, Jan Prevost und Jos van Cleve in Ligurien (alle drei im Palazzo Bianco). Schließlich bezeugt Suida auch Aufträge für die jüngere Generation der niederländischen Romanisten, Jan Scorel und Barend van Orley.

Daneben nimmt sich der Auftrag an Filippino Lippi für den Sebastiansaltar (1503) nur als unbedeutende Episode aus.

Gegen diese mächtige lombardische, flämisch-niederländische und vereinzelt Florentiner Konkurrenz gelang es seit der zweiten Hälfte des 15. Jahrhunderts einer geringköpfigen Gruppe von einheimischen Malern, sich zu behaupten, einer Gruppe, die nach dem vermeintlichen Hauptbetätigungsfeld im Raume von Nizza als Schule von Nizza bezeichnet wurde. Ihr Hauptvertreter ist Ludovico Brea, dessen Ausbildung und Frühwerk offensichtlich mehr von den Ausläufern der Schule von Avignon/Aix und den Flamen bestimmt wurde als von den Italienern. Betrachtet man Geburtsort und größte Verbreitung seiner Werke, braucht man nicht bis an die äußersten Westgrenzen der ehemaligen ligurischen Küsten zu gehen, wenn Brea und sein Kreis als ligurisch-einheimische Gruppe bezeichnet werden sollen. Ludovico Brea wurde in Montalto im Valle d'Argentina, also im Hinterland von Taggia geboren, und Konzentrationen seiner Werke finden wir neben Nizza auch in Taggia, Savona und Genua.

Aber nicht nur in der Tafelmalerei, auch im Fresko kann Ligurien auf eine reiche Tradition im 15. Jahrhundert zurückblicken. Weniger höfisch, mehr auf die ländlich-rustikale Bevölkerung, für die diese kleinen Kirchen und Kapellen ausgestattet wurden, zugeschnitten, sind diese kraftvollen, dramatischen und eindringlichen Wandmalereien in den südwestlichen Alpen. Der namhafteste Vertreter im späten Quattrocento dieser volkstümlichen eigenstämmigen Freskotradition ist der an der Südgrenze zu Ligurien geborene Giovanni Canavesio da Pinerolo. Neben ihm ist namentlich noch Tommaso Biasacci di Busca zu erwähnen. In dieser Tradition, die Eigenständiges mit einem kräftigen Schuß lombardischer Kunst vermischte, stehen im Grunde genommen auch noch die Cinquecento-Maler und Väter der ersten Epigonengeneration: Antonio Semino, Terramo di Piaggio da Zoagli, Agostino Calvi und Giovanni Cambiaso.

»So behauptet der lombardische Stil noch bis gegen die Mitte des 15. Jahrhunderts in Ligurien mit Würde das Feld, allerdings nicht, ohne fruchtbare Anregung von seiten der Niederländer und Römer aufzunehmen und zu verarbeiten«, so faßt, sicherlich heute noch von Gültigkeit, Suida die Situation bis 1530 etwa zusammen. Was dann kam, wissen wir bereits: der Beginn der Ära Andrea Doria und der Bau der Reggia in Fassolo.

Durch den Sacco di Roma arbeitslos geworden und von Niccolo Veneziano, dem langjährigen Kunststicker des Fürsten empfohlen, wurde der Raffael-Schüler und Mitarbeiter an den Loggien im Vatikan, Perin del Vaga, von Andrea Doria in leitende Funktion beim Bau seiner Residenz berufen. Dies war sicher ein Glücksgriff. Mag auch allgemeinhin und zu Recht Giulio Romano als der begabtere Maler und daher Lieblingsschüler Raffaels gelten und mag jener auch kraftvoller und energischer in den großen Formaten sein; in der Feinheit der Zeichnung und in der Abstimmung verschiedener Materialien und Dekorationsteile zueinander war Perin Buonaccorsi del Vaga dem Giulio Romano ebenbürtig. Perin del Vaga konnte die junge Generation vom hohen Niveau der Kunst in der Papststadt überzeugen und einen Teil von ihr dazu bewegen, selbst nach Rom zu gehen, um dort in Augenschein zu nehmen, was er, Perin, hier nur als Einzelner attestieren konnte. Und allein ein Blick auf das Chiaroscuro der Grablege an der rechten Chorwand von Santa Maria di Consolazione in Genua genügt noch heute, daß einem die Augen aufgehen (s. S. 212), den wahren Unterschied zu erkennen zwischen der Qualität eines Raffael-Schülers und der gesamten Kunstproduktion in Genua und Umgebung, stamme sie nun aus ligurischer oder aus lombardischer Hand. Perin del Vaga hat bei den einheimischen Künstlern Niveauunterschiede aufgezeigt, das Bewußtsein zum Lernen geweckt und den Blick nach Rom gelenkt, das römische Dekorationssystem eingeführt, eine Art Musterbuch für monumentale Dekoration vorgelegt, zusammen mit Andrea Doria einen Themenkatalog der antiken Geschichte und Mythologie ausgearbeitet und damit den Anfang einer für die genuesische Adelsschicht, zur eigenen historischen Identifikation wichtigen Ikonographie gelegt. Nach Perin del Vaga muß man in Genua der Entwicklung der Malerei auf zwei getrennten Wegen folgen, getrennten Wegen, die sich bisweilen in der einen oder anderen Künstlerpersönlichkeit begegnen und überschneiden können.

Verfolgen wir zunächst den einen Weg, jenen, den auch die klassische Kunstgeschichte fast ausschließlich verfolgt hat und der dazu führte, das einmal getroffene Urteil über Genua als Kunststadt auch im Bereich der Malerei nicht zu revidieren; gemeint ist jener Weg, der bedingt durch unzählige Einflüsse von außen zwar einerseits die Entstehung einer homogenen, unverwechselbaren ›genueser Schule‹, nicht aber die Ausbildung einiger großer Malerpersönlichkeiten hindern konnte. Da dieser Weg derjenige bis einschließlich Wittkower, zum Teil sogar falsch nachgezeichnete allgemein bekannte ist, sei er nur im Stenogramm wiedergegeben. Es wird dies eine erneute, nun ins Unermeßliche ansteigende Liste von renommierten ausländischen Künstlern, die entweder direkt in Genua geschaffen oder zumindest für genuesische Auftraggeber gearbeitet haben. Im 16. Jahrhundert muß da unbedingt noch die nördliche Komponente Jean Clouet, Pieter Aertsen, Joachim Beukelaer und Jan Matsys erwähnt werden. Letzterer vor allem wegen des schon erwähnten großartigen Porträts von Andrea Doria (ca. 1550). Die große Anzahl von Venezianern im Genueser Privatbesitz, heute zum Teil im Palazzo Rosso (Paris Bordone, Tizian-Schule, Palma il Vecchio, Tintoretto, Veronese usw.), läßt eine große Leidenschaft für die Malerei der Erzrivalin erkennen. Um das Jahr 1600 verdichten sich die Aufenthalte höchst bedeutsamer, auch für das gesamte Abendland wichtiger Maler in Genua. Die Schüler der Carracci sind ebenso vertreten wie renommierte Vertreter des Bologneser Frühbarock. Guercino war sehr beliebt in Genua, von Domenichino sind hier einige seiner Hauptwerke vertreten. Barocci lieferte eines seiner schönsten und ergreifendsten Werke für die Sebastianskapelle im Dom (1595), und Guido Reni malte 1616–17 eine Assunta für Sant'Ambrogio. Von der fortschrittlichen Mailänder Schule arbeitete Procaccini ca. ein Jahr (1618) in der Superba. Auch die Florentiner waren im ersten Jahrzehnt des 17. Jahrhunderts mit Aurelio Lomi, Giovanni Battista Paggi (gebürtiger Genuese) und Pietro Sorri stark vertreten.

1605 weilte für kurze Zeit Caravaggio in der ligurischen Hafenstadt. Am mächtigsten und von nachhaltigstem Einfluß erwiesen sich aber wieder einmal die räumlich entfernteren Niederländer und Flamen. Frans Sneyders dürfte 1608 in Genua geweilt haben. Das Ergebnis von Rubens' erstem Genua-Aufenthalt waren die ersten Zeichnungen für die ›Palazzi von Genua‹ und der Auftrag für die ›Beschneidung‹ in Sant' Ambrogio. Für eben diese Kirche fertigte er 1620 ein Werk seiner reifen Schaffensperiode, ›Das Wunder des Hl. Ignatius‹, ein Bild von glühendem Kolorit. Eine Reihe von Porträts läßt immerhin einen zweiten Genua-Aufenthalt vermuten. Nach Peter Paul Rubens' Anwesenheit läßt sich Cornelis de Waal für immer in Genua nieder und wird zum Vorstand einer kleinen niederländischen Kolonie, die van Dyck zum Anlaufposten macht für seine zwei Aufenthalte 1621–22 und 1626–27. In dieser Zeit war Van Dyck in die Rolle des wichtigsten Porträtisten der genuesischen High-

Society gewachsen (Palazzo Bianco). Auch Velasquez war mindestens einmal in Genua (1629). Von Perin del Vaga bis zu Velasquez' Besuch ist genau ein Säkulum verstrichen. Die in Genua persönlich anwesenden oder für Genueser Auftraggeber arbeitenden Maler dieses Jahrhunderts bilden zusammen so recht eine bedeutende Pinakothek der europäischen Malerei dieser Zeit, nur wenige wichtige fehlen.

Was mochte in der von Perin del Vaga aus provinziellem Schlaf aufgeschreckten einheimischen Künstlerschaft vorgegangen sein? Hatte sie resigniert vor diesem Ansturm hochbegabter Künstler von auswärts? Nein, sie hatte das Feld nicht geräumt, sie hatte gelernt. Doch es fehlte eine ordnende Kraft, wie z. B. eine Akademie oder eine mächtige Hand, die auswählte. Das Ergebnis war so vielschichtig und vielgesichtig wie das Angebot der Vorbilder, die so verschiedenen Vorstellungswelten angehörten wie jener des Caravaggio oder des Rubens, des Barocci oder des Velasquez. Die Entfaltung eines einheitlichen Lokalstils war unter diesen Umständen nicht zu erwarten.

Doch im dritten Jahrzehnt, auf dem Kulminationspunkt der Ausländerinvasion, in der Zeit des Van Dyck in Genua, war eine junge Generation herangewachsen, in deren Reihen Talente von internationalem Rang zu finden waren, keine Schule, aber eine Fülle von großartigen Malern. Andrea Ansaldo und Giovanni Battista Carlone werden noch gesondert zu behandeln sein. Das größte Genie, das sich in den zwanziger Jahren des 16. Jahrhunderts herausschälte, war zweifellos Bernardo Strozzi. 1581 in Genua geboren, elfjährig ins Kloster gesteckt, 1610 seines Talentes wegen beurlaubt, 1614–21 als Ingenieur für die Kommune tätig, seit 1621 wieder als Maler in Aktion, 1630 nach Malverbot und Gefängnis Flucht nach Venedig, ebendort 1644 gestorben, hatte er ein bewegtes Malerleben hinter sich. Ebenso vielfältig ist die Auswahl seiner Vorbilder. Von Veronese, Rubens, Paggi und Caravaggio beeindruckt, entwickelt er seine eigene Handschrift, die sich am besten beschreiben läßt mit lichtdurchflutetem Kolorismus. Als er schließlich zur Flucht aus Genua gezwungen ist, flieht er dorthin, wo er sich auch als Maler offensichtlich am meisten hingezogen fühlte, nach Venedig. In seiner vierzehnjährigen venezianischen Schaffenszeit beeinflußte er zusammen mit Liss und Fetti die dortige in Stagnation begriffene Malerei. Das Beispiel Strozzi zeigt am besten die veränderte Situation. In den Jahrzehnten um 1600 herum war Genua zur größten Kunstkreuzung des Abendlandes geworden. Als solchen Schmelztiegel der Strömungen und Stile hat auch Wittkower Genua im 16. und 17. Jahrhundert gesehen. Dies ist aber nur zum Teil richtig. Das Mündel war volljährig geworden, der Schmelztopf begann überzusprudeln. Genua konnte die meisten seiner einheimischen Talente nicht ernähren oder halten. Gerade die Begabtesten verließen ihre Heimatstadt und gelangten auswärts zu Ehren.

Das ›leider‹ unbekannteste Beispiel ist sicherlich Luigi Miradori, genannt Il Genovesino. Von diesem zu Unrecht so unbekannten Sohn der Stadt heißt es in einem Kunstlexikon des Jahres 1864: »Miradori Luigi, geboren zu Genua und daher Il Genovesino genannt, blühte 1639 bis 1647. Er lernte dort, wie es scheint, die Anfangsgründe der Kunst und kam zu Anfang des 17. Jahrhunderts nach Cremona. Hier studierte er fleißig die Werke des Pancilio Nuvolone, bildet sich aber nachher eine Manier, welche mit der Carracci'schen Ähnlichkeit hat, zwar weniger ausgewählt, aber frei, großartig, wahr im Kolorit, harmonisch und von schöner Wirkung ist. Dieser in seinem Vaterlande unbekannte und von der Geschichte fast vergessene Künstler wurde in der Lombardei und besonders in Cremona sehr geschätzt.« Ein einziges Bild von Miradori hängt in Genua, im Palazzo Rosso (Farbt. 56). Wer es einmal gesehen hat, kann sich nur schwer davon trennen. Sparsame, aber sichere Setzung der farblichen Hauptakzente, beredte Stille und gedämpfte Spannung, feinste Valeurs und zartgeführte Lichtregie, vordergründig ein Bild der Musica, aber bei genauerem Hinsehen ein Vanitas-Bild. Der schräg gegenüberliegende Caravaggio wirkt dagegen derb, marktschreierisch, profan.

Ein anderer Großer, Giovanni Benedetto Castiglione, genannt Il Grechetto (1616–70), war nach Anfängen bei Gregorio De Ferrari fast ausschließlich auswärts tätig: in Rom (10 Jahre), in Venedig und schließlich als Hofmaler in Mantua. Sehr früh schon ging Giovanni Battista Gaulli (auch Il Baciccio, 1639–1709) nach Rom, wo er sich nach Bernini ausrichtete und ihm neunundzwanzigjährig der große Auftrag zur Ausmalung der Gewölbe von Il Gesù zufiel. Daneben galt Gaulli im Rom des 17. Jahrhunderts als begehrter Porträtspezialist.

Und schließlich ist da noch die bizarrste und eigenwilligste Gestalt, die Genua hervorgebracht und der Welt der Malerei geschenkt hat: Alessandro Magnasco, genannt Il Lissandrino (1667–1749). Auch er verließ in jungen Jahren Genua, um, abgesehen von einem zweijährigen Zwischenspiel in Florenz, fast ausschließlich in Mailand zu arbeiten. Erst die letzten vierzehn Jahre seines Lebens verbrachte Magnasco in seiner Geburtsstadt. Diesem Umstand verdankt Genua eine Fülle von typischen Magnascos aus der Spätzeit dieses eigenwilligen Malers. Mit seiner pastos, ganz leicht hingestrichelten Auftragsweise, seinem fast monochromen grau-braun-grün-gelben Kolorit, seinem fast durchwegs geheimnisvollen Halbdunkel, seinen bizarren, gespenstischen oder schrulligen Figuren, seiner Vorliebe für ungewöhnliche Vorgänge oder Ausschnitte ist Magnasco eigentlich ein ganz ›modernerer‹ Künstler, viel zu weit schon vorgeprescht für seine Zeit (Farbt. 57). Seine skizzenhaft nervöse Handschrift findet schon Anklänge bei Ölskizzen von Strozzi und Bildern von Valerio Castello. Ein direkter Weg über Sebastiano und Marco Ricci führt zur Malweise von Guardi. Seine Handschrift, zusammen mit diabolischen und morbiden Sujets, führt aber auch in Richtung Goya. Magnasco war sicher ein Revolutionär, dem keine Revolution unmittelbar in der Malerei folgte. In Genua war dies auch nicht zu erwarten.

Einige prominente Maler, die hier in der Traditionskette und Entwicklung der Malerei aus der Sicht des Tafel- bzw. Staffeleibildes nicht Erwähnung fanden, aber für Genua von hervorragender Bedeutung sind, wie z. B. Luca Cambiaso, Giovanni Battista Castello, genannt Il Bergamasco, Andrea Ansaldo, Giovanni Battista Carlone, Domenico Piola und Gregorio De Ferrari, müssen in einem anderen Traditionszusammenhang gesehen werden, dem die klassische Kunstgeschichte bisher nicht mit angemessener Aufmerksamkeit gefolgt ist.

Dieser zweite Weg der Malerei, der für die ganz spezifische Situation und die eigenständige Tradition in Genua eine Schlüsselposition besitzt, betrifft die Geschichte der Freskenmalerei. Und zwar geht es hier weniger um die Freskenmalerei im sakralen Bereich, denn diese ist wie überall in Europa seit jeher fester Bestandteil der Ausstattung von Kirchen,

Oratorien oder Krypten; erinnert sei dabei nur an die Fresken von Manfredino da Pistoia aus dem Jahr 1292 (heute Augustinermuseum) oder die der gleichen Schule zugehörigen romanischen Freskenfragmente im Dom San Lorenzo. Wichtiger ist hier die Tradition der Affrescomalerei im Bereich profanen Bauens. Es ist genau dieser Bereich, dem die Kunstgeschichte bis inklusive Wittkower zu wenig Beachtung schenkte, wenn sie Genua als Kunststadt zu gering einschätzte. Gerade hier liegt der Schlüssel zu Genua als Kunststadt.

Es ist wiederum der fest abgegrenzte Zirkel des privaten Bauens, jener typisch genuesischen Stadtpaläste und Villen, die den feudalen Hintergrund dazu bieten. Sicherlich gehörte hierzu auch das Außenfresko, das vielfach Gestalt und Ansehen einzelner Bauten wie auch ganzer Straßen und Plätze beherrschte. Genua und ganz Ligurien war ein buntes Land, so bunt wie seine Natur. Der Bau des Palazzo Doria Principe erscheint äußerlich so dürftig und schmucklos, weil seine aufwendigen Außenfresken, für deren Ausführung Andrea Doria eigens namhafte Künstler wie Girolamo da Treviso, Perin del Vaga, Giovanni Pordenone und Domenico Beccafumi berufen hatte, heute so gut wie unkenntlich und damit für immer verloren sind. Nur noch an wenigen Stellen, z. B. am Palazzo Pessagno-Pallavicini (Salita Santa Catarina 3), Palazzo Pasqua-Pallavicini (Piazza Fontane Marose 2) und Palazzo Squarciafico-Invrea (Piazza Invrea), kann man sich das farbig leuchtende Genua, das Burckhardt im 19. Jahrhundert und Suida Anfang unseres Jahrhunderts noch zum Teil sehen konnten, etwa vorstellen.

Möglicherweise hatte auch auf diesem Felde die Reggia von Fassolo eine initiierende Funktion. Man kann sich nur schwer vorstellen, daß die hohen Fassaden der Stadthäuser in ihren extrem engen und dunklen mittelalterlichen Carrugi tatsächlich schon bemalt waren. Aber außerhalb der Stadt, am mit viel Licht und Raum um sich erbauten Doria-Palast, konnte die ligurische Begabung und Leidenschaft zum farbigen Ambiente ihren künstlerischen Ausdruck finden. Fassadenaufträge vor dem Palazzo Doria Principe sind meines Wissens nicht bekannt.

Für die Ligurer, schon immer mehr malerisch-intuitiv als tektonisch-logisch begabt, begann ein neues Kapitel gestalteter Umwelt. Die mit Fassolo beginnende Initiative fand solchermaßen Anklang, daß in Ligurien im wahrsten Sinne des Wortes die ›malerischsten‹ Orte entstanden sind. Daß dies keine Übertreibung ist, beweisen die zahllosen Fischerorte wie Camogli, Santa Margherita Ligure, Portofino oder Sestri Levante. Dieses heute weitgehend verlorene Gesicht Genuas ist aber im Inneren der Palazzi und Villen großteils noch erhalten, wenn auch nur teilweise oder schwer zugänglich.

Die Anfänge dieser Tradition der gemalten Innendekoration in Genua dürften Anfang des 15. Jahrhunderts anzusetzen sein. Das älteste diesbezügliche Dokument stammt aus dem Jahre 1414 und berichtet, daß Nicolo Grimaldi sich in diesem Jahr von einem gewissen Bartolomeo da Piacenza die Wände einiger Zimmer seines Palastes mit Bäumen, Büschen und anderen Staffagen hatte ausmalen lassen, vielleicht nach dem Vorbild der Papstgemächer von Avignon. Doch wiederum ist es die Reggia von Fassolo, d. h. genauer deren wichtigster Baumeister und Dekorateur, Perin del Vaga, der zum Initiator für eine neue Epoche der Kunst in Genua wird. Die Wandmalereien dienten Andrea Doria nur zum Teil als Schmuck, mindestens ebenso bedeutsam ist deren Funktion als Selbstdarstellung und Apotheose des Hauses Doria. In der oberen Südloggia, der Loggia degli Eroi, sind die 12 wichtigsten Vertreter der Casa Doria als antike Helden dargestellt. So finden sich Andrea Doria selbst als Odysseus – und Karl V. dem Zeus assoziiert. In dem noch heute allen bequem zugänglichen Eingangsatrium kann sehr schön die Vorstellung von Vagas System abgelesen werden. Die Decke ist noch die Nachahmung einer Kassettendecke, deren Felder von Groteskwerk, Stuckrahmen und eingeschobenen Bildtafeln gebildet werden. In der Mitte ein runder Schlußstein. Der Malerei als Abbildungsfläche kommt nur geringe Bedeutung zu. Lediglich an der Spiegelkrümmung, genau in den Zwickelfeldern, den Gewölbekappen und den Lünetten tritt uns Perin del Vaga als Monumentalmaler entgegen, doch alles in allem, die Malerei ist dem Dekorationssystem untergeordnet. In der Gewölbedekoration und der Loggia wird Perin del Vagas Kassettenprinzip mit Gleichwertigkeit von Stuckrahmung, Relieffeldern und Malerei besonders deutlich. Immerhin, das ›römische‹ Dekorationssystem war an hervorragender Stelle in Genua eingeführt, und zusammen mit dem Bauherrn Andrea Doria hatte Perin del Vaga zugleich ein schlüssiges, für den Kenner sowohl der genueser Geschichte als auch der antiken Mythologie lesbares ikonographisches Programm eingeführt. Viele der von Perin eingebrachten mythologischen Themen, z. B. Geschichte des Perseus, Metamorphosen Ovids, Jupiter-Sagen, Phaëton, Psyche, vor allem aber jene aus der römisch-republikanischen Geschichte, als deren Verlängerung sich die genueser Aristokratie sah, blieben quasi kanonisch für die genueser Innenausstattung bis zum Ende des 17. Jahrhunderts. Die zur Zeit Perins in Genua lebende und die darauffolgende Malergeneration fanden im Palast Andrea Dorias ihr Musterbuch. Dies trifft vor allem auch auf den frühen Luca Cambiaso, die jüngeren Semino und die Calvi-Brüder zu. Letztere hielten dem Manierismus Perins bis zum Ende des Jahrhunderts die Stange und waren vor allem Spezialisten für Außendekorationen.

Luca Cambiaso war sicher von der auf Perin folgenden Generation der begabteste und bedeutendste einheimische Maler. Seine Fresken im Palazzo Spinola (Prefettura) verweisen noch auf Perins Musterbuch. Er war wie die Semino-Brüder der Weisung Perins gefolgt und hatte sich in Rom und Florenz umgesehen. Diese Generation von Malern, Lazzaro und Pantaleone Calvi, Andrea und Ottavio Semino, Luca Cambiaso, Giovanni Battista Castello und Lazzaro Tavarone hat Burckhardt noch als »einen besonders ungenießbaren Ableger der römischen Schule« empfunden. Lediglich Luca Cambiaso galt ihm als der große Könner, der einsam aus der Menge dieser ›Ableger‹ herausragte. Für Suida ist Cambiaso sogar Anlaß zu wahren Lobeshymnen, und noch Wittkower sieht in ihm den großen Mann, der die Anfänge der genueser Barockmalerei gelegt hätte. Der italienische Kunsthistoriker Argan sieht schon klarer, wenn er den Faden, der bei Perin del Vaga beginnt, bei Cambiaso aufhören läßt. Poleggi und vor allem ganz dezidiert Gavazza in dem für die genueser Freskenkunst fundamentalen Werk haben den Sachverhalt klargestellt. Wieder kam der Anstoß und die für weitere Generationen bindende bildnerische Formulierung von einem ›Ausländer‹, der ebenfalls zuvor seine römischen Vorbilder studiert hatte. Dieser für Genuas Dekorationsmalerei bedeutendste Mann war Giovanni Battista Castello, genannt Il Bergamasco.

Das Schlüsselwerk war die ab 1556 entstehende und etwa 1558–60 dekorierte Villa delle Peschiere. Der Bau, zumindest in Grund- und Aufriß, ist sicher Alessi zuzuschreiben, sei es direkt als verantwortlichem Zeichner oder indirekt durch das klar erkennbare Vorbild der 1548 entstandenen Villa Cambiaso in Albaro. Doch der für die Gesamtausführung inklusive Gärten- und Innendekoration verantwortliche Mann war Il Bergamasco. Diese samt ihrer Ausmalung wunderbar intakt erhaltene Villa delle Peschiere war die neue Bibel, das neue Musterbuch, vor allem gültig für die Auftraggeber.

Giovanni Battista Castellos Talent als Maler ist über allen Zweifel erhaben. Seine lichtvoll helle, heitere, aber immer disziplinierte und kultivierte, kraftvolle und monumentale Malerei versetzte ihn in die Lage, nicht nur als künstlerischer Koordinator der Villa delle Peschiere den Respekt seiner Kollegen zu gewinnen, sondern die bereitwillige Aufnahme seines neuen Systems bei den anderen Künstlern der Stadt zu finden. Im Verhältnis zu Bergamascos lebensfrohem Kolorit erwies sich Cambiasos Malerei nur von zweitrangigem Wert. Luca Cambiaso, tüchtig in der Komposition, klar und überschaubar in der geforderten Erzählung, volksnah im Szenarium, aber eigenartig zurückhaltend, um nicht zu sagen blaß in der Farbigkeit, hatte seine Stärken in einem ausgesprochenen Gefühl für den effektvollen Einsatz der Valeurs. Diese Meisterschaft im Chiaroscuro, die schon Burckhardt und Suida erwähnenswert fanden, scheint mir doch die hervorstechendste und auf die Zukunft hin betrachtet ausschlaggebende Leistung Cambiasos gewesen zu sein. Besonders in seinen Staffeleibildern kommt diese Stärke, neben einem Hang zur Vereinfachung der Gesamtkomposition, besonders zum Ausdruck. Ein hervorragendes Beispiel für diesen prä-caravaggesken Luminismo Luca Cambiasos ist dessen Bild ›Anbetung der Hirten‹ in der Brera. Ein zweites unschätzbares Verdienst Cambiasos für die Dekorationskunst des 16. Jahrhunderts ist zweifellos der Umstand, daß er als der begabteste und am meisten geschätzte Maler Genuas, sozusagen als Lokalmatador, sich keineswegs dem Einfluß des insgesamt größeren ›fremden‹ Giovanni Battista Castello entzog, dessen Können er bei ihrer reichlichen Zusammenarbeit (Villa delle Peschiere, Palazzo Pessagno-Pallavicini, Palazzo Imperiale, S. Matteo und Cappella Lercari im Dom) hinreichend Gelegenheit kennenzulernen hatte. Er gab dieses spätestens in seinen Fresken in der Villa Imperiale di Terralba (1560) erkennbare Eingehen auf die Vorstellungen Bergamascos auch an seinen Schüler Lazzaro Tavarone weiter. Da auch noch Andrea Semino mit an der dekorativen Ausgestaltung der Villa delle Peschiere beteiligt war, konnten auch die Semino-Brüder sich dem Einfluß des Genies Giovanni Battista Castello nicht entziehen. Praktisch war dieser nicht nur der Schöpfer des genueser Dekorationsstiles, sondern darüber hinaus zum Klassiker geworden, der allseits zitiert, nachgeahmt und von den Auftraggebern gefordert wurde.

Das Neue im Vergleich zu Perin del Vaga lag nun darin, daß er dessen Kassettenprinzip der Decken, die Wölbzone und die Wand zu einem einheitlichen System mit Krönung im großen Deckenfresko zusammenband. Dies aber nicht nur in Bezug auf die bemalte Fläche, sondern vielmehr im Dialog mit der Architektur. Zwischen bemalter Raumgrenze und architektonisch vorgegebenem Raum entstand eine harmonische Wechselbeziehung, die jedem bewußt wird, sobald er den Salone der Villa delle Peschiere betritt. Die Tromp-l'oeil-

Malerei der Wände weitet den Raum, die Gebälkzone der Scheinarchitektur vermittelt zum als leicht schwebend empfundenen Schlußstein, als der das große Deckengemälde betrachtet werden muß. Die kunstvolle Verschmelzung von real gegebenem architektonischem Raum und bemalter Raumgrenze wird zum angestrebten Dialog zwischen Raum und Fläche, zwischen Raum und Körper, zwischen Licht und Farbe. Selbst der kritische Dickens, der nicht nur löblich über Genua schrieb, konnte sich dem Reiz dieser Schöpfung ca. 300 Jahre nach deren Entstehung nicht entziehen und gestand bereitwillig ein: »Wie man sagt – und ich glaube es auch –, gibt es in ganz Italien keinen entzückenderen Wohnsitz als den Palazzo Peschiere, den Palast der Fischteiche... Die Gemächer sind alle in ihren Maßen und Verzierungen sehr schön, während die über 50 Fuß hohe Halle mit ihren drei großen Fenstern am Ende, von dem aus man ganz Genua, den Hafen und das nahe Meer übersieht, eine der bezauberndsten Aussichten der Welt bietet. Ein beglückenderes und wohnlicheres Haus, als es der Palazzo mit seinen großen Räumen war, läßt sich kaum denken... Ob man von Raum zu Raum wandern kann und doch nicht müde wird, die phantastischen Gemälde an Wänden und Decken zu bewundern, deren Farben so frisch prangen als wären sie erst gestern gemalt...« Der erzählende Kritiker und respektlose Spötter, der Dickens auch sein konnte, war erschlagen vom Reiz dieses Gesamtkunstwerks der Villa delle Peschiere.

Die herausragende Doppelbegabung (Architekt, Dekorateur und Maler) von Giovanni Battista Castello einerseits und die Anerkennung seiner Leistung von seiten der lokalen Freskanten andererseits hätten aber allein nicht genügt, um aus der Villa delle Peschiere – wie schon vorher, ebenfalls demselben Künstler zugeschrieben, der Palazzo Spinola! – einen Modellbau werden zu lassen. Obwohl der Palazzo Doria Principe (Pamphily) zum Bauherrn einen anerkannten Heros, den *pater patriae* Andrea Doria, und als Verantwortlichen der ersten Bauphase den Abkömmling eines Gottes, Perin del Vaga als Schüler und Mitarbeiter des ›göttlichen‹ Raffael, hatte, war er kein Modellbau für Genua, sondern ›nur‹ Auslöser einer Entwicklung geworden. Gleiches Schicksal hätte der Villa delle Peschiere beschieden sein können. Daß dieser Villa aber die Bedeutung eines Modelles zukommen sollte, hatte noch zwei weitere Gründe. Deren erster liegt in der Person des Bauherrn begründet. Tobia Pallavicino war durch sein europäisches Monopol im Alaunhandel der reichste der Reichen Genuas, noch vor den Spinola, den Grimaldi, den Doria! Sowohl durch seine geschäftlichen Beziehungen als auch vom kulturellen Interesse her war er Rom aufs engste verbunden. So kannte er sicher die Villa seines ›Kollegen‹ Chigi, die über alle Grenzen berühmte Farnesina. Dort hatten Perucci (bauliche Oberleitung als Architekt und Maler eines Teils der Räume), Raffael (künstlerische Oberleitung über die malerische Ausgestaltung), Giulio Romano, Sodoma (Gehilfen Raffaels) und Sebastiano del Piombo das Wunderwerk einer luxuriösen Villa geschaffen. Gewiß schwebte Tobia Pallavicino mit dem Bau seiner Villa ähnliches für Genua vor Augen. Die namhaftesten Künstler Genuas im Cinquecento, Alessi, Il Bergamasco, Luca Cambiaso und Andrea Semino waren in das Projekt einbezogen.

Die enge Zusammenarbeit von Bauherrn und Cheforganisator bei der Auswahl der mythologischen Motive, also bei der Erstellung einer standesgemäßen Ikonographie, war noch enger als im Falle Andrea Doria – Perin del Vaga. Da der Bauherr aber nicht der ›Fürst‹, sondern einer der ihren war, war dies für die anderen Peers, die anderen gleichrangigen Plutokraten Genuas, sicher ein Grund, dieses Modell für ›rangfähig‹ zu erachten. Die Villa delle Peschiere war aus Aspekten rein künstlerischer Art nicht nur den einheimischen Künstlern bewunderungswürdig geworden, sie war auch von der herrschenden Schicht als standesgemäßer würdiger Ausdruck ihrer Repräsentationsansprüche erkannt worden. Im Gleichklang von künstlerischem Anspruch und breiter schichtenspezifischen Anerkennung als Vorbild für angestrebte Selbstdarstellung, aber auch durch das maßgebliche Mitwirken der führenden Künstler der Stadt an der Villa delle Peschiere beziehungsweise der Gestaltung der Wohnsitze an der Strada Nuova, war ein Konsensus mit der auftraggebenden Schicht geschaffen, der, einmal akzeptiert, vor allem für die insgesamt reaktionär-konservativen Auftraggeber als Modell die Produktionsbedingungen für Genua praktisch ein Jahrhundert lang festschreiben sollte. Deshalb konnte Gavazza zu Recht feststellen: »Das Monument, das in Genua den Rang eines Klassenideals erreichen sollte, war zusammen mit dem Palazzo (+ Villa, Anm. d. Verf.) dessen Dekoration, benutzt auch als ideologische Botschaft.« Architektur als Herrschaftssymbol.

Nirgends aber sind Form und Gestalt in der Architektur mehr vom Auftraggeber abhängig als in der Privatarchitektur, nirgends redet der Bauherr mehr dem Architekten ständig drein als im Hausbau. Dieses standespolitische und psychologische Moment sollte die Voraussetzung bilden für die Verhinderung von revolutionären Neuerungen einerseits, aber auch für die Kontinuität und Tradition einer an ganz spezifische Interessen gebundenen Aufgabe.

Dieser existente Rahmen eines vorgegebenen Modells nach welchem sich die künftigen Bauherrn einzurichten gedachten, war die Bedingung, unter der auch die nachfolgende Generation, nämlich Bernardo Castello, Giovanni Andrea Ansaldo, Giovanni Carlone, Domenico Fiasella, genannt Il Sarzano, und Bernardo Strozzi zu arbeiten hatten. Die Auftraggeber hatten eine bestimmte, durch die lokale Tradition gefestigte Vorstellung, nach der sich die beauftragten Künstler in ihrer Arbeit als Dekorateure, mehr waren sie nicht, zu richten hatten. Typische Handwerker dieser verlangten Art waren z. B. Bernardo Castello, Lazzaro Tavarone und Giovanni Carlone. Gerade letzterer, weil er als gediegener Handwerker es sehr geschickt verstand, die Wünsche der Auftraggeber zu erfüllen, wurde schließlich auch für die Oberleitung der zwei größten Malereiaufträge Genuas, die Dekoration von Il Gesù (Sant' Ambrogio) und SS. Annunziata, herangezogen. Sein unbestritten narratives Talent, figurenreiche Szenen so zu arrangieren, daß der angesprochene Inhalt auch für den Laien sofort erkennbar war, seine vielseitige Ausbildung nach den ›Moden‹ der Zeit und seine Flexibilität gegenüber dem Auftraggeber machten ihn zum Favoriten gegenüber besseren Malern wie Ansaldo, Fiasella oder Strozzi. Die fast getreuliche Kopie von Lanfrancos Kuppel in Sant' Andrea della Valle (Rom) bei seinem Kuppelfresko für Sant' Ambrogio läßt vermuten, daß Giovanni Carlone, um dem ausdrücklichen Willen seines jesuitischen Auftraggebers, der offensichtlich genau eine solche und keine andere haben wollte, zu genügen, wahrscheinlich eigens nach Rom gereist war, um vor Ort seine Studien zu machen. Domenico Fiasella, offensichtlich an der florentinischen Malerei zunächst orientiert, betrachtete, nach seinen für ihn und den heutigen Betrachter unbefriedigenden Arbeiten im Palazzo Lomellini-Padrone zu Recht, seine Karriere als Freskant als gescheitert und widmete sich nun ausschließlich dem Staffeleibild, wo er auch Besseres zuwege brachte (siehe Palazzo Rosso, Palazzo Bianco).

Bernardo Strozzi, sofort erkennbar in seinen einzig erhaltenen Fresken in der Villa Centurione (Sampierdarena), war offensichtlich kein Dekorationsmaler von Talent und Überzeugung. Das vorgegebene Raster diente ihm als Rahmen für die Fortführung seiner Experimente im Tafelbild. Aber diese Reduktion auf das Rechteck des Deckenfreskos ermöglichte ihm Schöpfungen, die zum Grandiosesten gehören, was jemals auf Putz gemalt wurde, dies betrifft vor allem die linke Frauengruppe auf dem Fresko ›Curtius Rufus, der sich in den Schlund stürzt‹ und ›Äneas und Dido in der Höhle‹. Doch Strozzi ist kein Maßstab für die Freskanten.

Nicht unbeeinflußt von Strozzi, vor allem erkennbar im Musikantenfries in der Villa Spinola di San Pietro in Sampierdarena, ist Andrea Ansaldo (Abb. 65). Dieser sicher malerisch begabteste Freskant der Generation des ersten Drittels des 17. Jh. war offensichtlich zu sehr Künstler, als daß er sich mit dem vorgegebenen traditionell wie auftraggeberisch gebundenen Rahmen hätte abfinden können. Er war der einzige, der sich ernsthaft um eine Neugestaltung der Innendekoration bemühte. Ihm genügte keinesfalls die von Giovanni Battista Castello gefundene harmonische Lösung des gleichberechtigten Dialogs zwischen architektonischem Raum und Dekoration der Raumgrenze. Sein Ringen galt einer Erweiterung des Realraums in Form einer optischen Kontinuität zwischen materieller Raumbegrenzung und ideellem, also fiktivem, durch Malerei erstellten Raum. Ein wichtiges Motiv zur Verwirklichung dieser mit malerischen Mitteln vorgetäuschten Raumkontinuität war die Balustrade. Sie konnte am oberen Teil der senkrechten Wand, wie an dem frühen Beispiel im Salon in der Villa Spinola di San Pietro in Sampierdarena, oder direkt in die Deckenzone einbezogen sein. Dabei ist es völlig unerheblich, ob dieses Motiv von Giovanni Carlone im Palazzo Spinola alla Priora di Sant'Agnese (rein dekorativ behandelt) oder von Ansaldo in der Villa Spinola di San Pietro in die Genueser Dekorationsmalerei eingebracht wurde; das Motiv war zu diesem Zeitpunkt offensichtlich schon Topos geworden. Doch ließe es sich noch weiter zurückverfolgen: bis zu Veroneses berühmtem Freskenzyklus in der Villa Maser oder gar bis zu Mantegnas Deckengemälde in der Camera degli Sposi in Mantua.

Ansaldos große koloristische Begabung, die sich, offensichtlich angeregt durch Strozzis Auseinandersetzung mit Rubens' Farbigkeit und Caravaggios Licht als Kompositionselement, noch im Balkonfries der Villa Spinola di San Pietro deutlich von dem nur kolorierenden Gebrauch der Farbe bei Castello und Carlone in derselben Villa abhebt, und auch noch im Palazzo Cataneo-Adorno vorherrscht, geht zusehends in der weiteren Beschäftigung mit dem Raumproblem verloren. Ein Meisterwerk, in dem Ansaldos verschiedenartige Begabungen zusammenfließen, ist dessen Lösung in der San Carlo-Kapelle in Albisola. Die Deckenfresken in der Villa Negrone in Prä stellten die mit Sicherheit ersten Versuche einer selbständig gefundenen Quadraturmalerei dar. Ausgestattet mit dieser Erfahrung geht

Ansaldo an die Ausführung der Kuppel der SS. Annunziata (1638), die den glorreichen Abschluß seiner Bemühungen darstellt. Hier wird ganz anders als in Giovanni Carlones Kuppel mit den Mitteln der perspektivischen Malerei die Realarchitektur um eine zweite, nur illusorisch vorhandene erweitert. Zu Recht hatte Pevsner Giovanni Andrea Ansaldo als den Begründer der barocken Illusionsmalerei in Genua bezeichnet. Bedenkt man jedoch, daß derselbe Ansaldo, völlig auf sich gestellt, bereits Anfang der zwanziger Jahre seine Bemühungen in diese Richtung begann, dann wird dieser in der Literatur wenig bekannte Künstler zu einem der Pioniere dieser Art der Malerei, noch lange bevor sich in Bologna Spezialisten für die Quadratura herausbilden.

Ab 1600 ist es nur noch unter Vorbehalten möglich, von Künstlergenerationen in Genua zu sprechen. Die Grenzen werden fließend, die Zahl der begabten einheimischen Genueser Maler wächst. Die ersten drei Jahrzehnte des 17. Jahrhunderts sind für die Superba drei bewegte Dekaden. Aber während im Bereich der Bildermalerei das Einströmen hervorragender fremder Kräfte (Caravaggio, Rubens, Reni, van Dyck, Velasquez usw.) seinen Höhepunkt erreicht, überwiegen nun im speziell genueser Bereich der Dekorationskünste die einheimischen Maler. 1600 werden Giovanni Assereto, 1601 Giulio Benso, 1603 Giovanni Battista Carlone und 1606 Orazio De Ferrari geboren. Von den zwanziger Jahren an sind die großen Bildersäle von Sant' Ambrogio (Il Gesù), SS. Annunziata, San Siro und Santa Maria delle Vigne im Entstehen begriffen, die zu den weiter anhaltenden Privataufträgen der reichen Bankiers als schier unerschöpfliche Aufgabe hinzukommen. Während Strozzi seine Auseinandersetzung mit den verschiedenen chromatischen und Chiaroscuro-Schulen zugunsten einer eigenen Ausdrucksform wieder aufnimmt und darin Höhepunkte erreicht und Giovanni Andrea Ansaldo seine Studien in Richtung verändertem Verhältnis von Raum und Fresko systematisch fortentwickelt, beginnt in der größten Malerwerkstatt Genuas, derjenigen von Giovanni Carlone, der klar sich abzeichnende Aufstieg des wesentlich jüngeren Bruders Giovanni Battista, der schon in Sant' Ambrogio wesentliche Teile selbstbewußt und in seiner Art unverkennbar mitgestaltete. In gewisser Hinsicht wird das Jahr 1630 eine Wendemarke in der Geschichte der genuesischen Freskomalerei. Es ist nicht nur das Jahr der großen Pest. Giovanni Carlone verläßt Genua in Richtung Mailand. Im Jahr darauf flieht Strozzi für immer nach Venedig, und Fiasella, Il Sarzana, beendet freiwillig seine Laufbahn als Freskant. Nur der Dekorationsmaler und Künstler in einem, Ansaldo, bleibt noch für acht Jahre als erfahrener Mann zurück, der in seinem Todesjahr, quasi als Vermächtnis, die fast vollendete Kuppel von SS. Annunziata zurückläßt. Um 1630 bleibt also eine Generation von nicht einmal Dreißigjährigen auf einem riesigen Wirkungsfeld zurück. Benso, dem der Auftrag für die Ausmalung des gesamten Chores von SS. Annunziata zufällt, betrachtet sich als Vollender des ansaldischen Erbes. Doch er besitzt nicht die große Überschau und Mäßigung wie sein Vorbild, er übertreibt jenen Teil von Ansaldos neuem Anliegen, der für diesen eben nur ein Teil des Ganzen war, die illusionistische Scheinarchitektur. Diese verselbständigt sich fast vollständig bei Benso. Er wird zum ersten echten Quadraturisten Genuas und Liguriens. Die Figuren verlieren sich fast in seinen übersteigerten Architekturstaffagen.

Anders dagegen der drei Jahre jüngere Giovanni Battista Carlone, der das Glück hatte, eine große, gutgehende Werkstatt zu übernehmen. Neben den zahlreichen Freskoaufträgen für Kirchen und Paläste vergißt er die Tafelmalerei nicht. Seine größte Mitgift war sein malerisches Talent, er war ein Vollblutkolorist. In seinem Werk in Il Gesù heben sich seine Arbeiten durch eine unbändige sensualistische Farbigkeit und locker bewegte Linienführung von den Arbeiten seines anerkannten älteren Bruders ab. Von Vitalität und Wucht, doch begleitet von einem sicheren Gefühl, das Übertreibung nicht zuläßt, wird seine Farbe durchpulst. Durch das Einwirken seines viel vorsichtigeren und erfahrenen Bruders erzogen im Disegno des florentiner Manierismus, vergißt er die Zeichnung nicht – während ja Strozzi diese total eliminiert.

Giovanni Battista Carlone entwickelt speziell für die Kunst des Freskos eine Technik aus reiner Malerei und Zeichnung, die alle seine Werke unverwechselbar macht. Diese besteht nun darin, daß er zunächst in *affresco* einen rein farbigen Prospekt aufträgt und dann diese breit und flach aufgetragenen Farbkompositionen durch nachträgliche Temperaschraffuren im Detail festlegt, als plastische Körper rundet, klare Begrenzungslinien schafft oder gar aus amorphen Farbgebilden beispielsweise Engelsköpfe herauszeichnet. Auch sein Bruder hatte bisweilen diese Art der Nachzeichnung betrieben, doch noch aus grundsätzlicher Unentschiedenheit zwischen Malerei und Disegno oder auch als regelrechte Korrektur. Doch für Giovanni Battista Carlone ist diese Technik eine klare Entscheidung für die Farbe. Auf diese Weise konnte er nämlich ungemein leuchtende Kompositionen aus gedeckten und teilweise reinen, also ungebrochenen Farben aufbauen. Die ungebrochenen Farben bewegen sich im Bereich der Grundfarben des Spektrums: Rot, Gelb, Blau, Violett, Orange, Grün. Diese weitgehend ungebrochenen Grundfarben waren relativ hell, also leuchtend aufgetragen. Um Rundungen, Körperlichkeit, Hell und Dunkel, Hinten und Vorne zu definieren, genügte ein aufgesetztes Raster feinster Striche beziehungsweise Schraffuren, d. h. um eine der leuchtenden Grundfarben heller oder dunkler, wärmer oder kälter zu machen, mußte diese nicht selbst auf der Palette zurechtgemischt, damit verunreinigt und gebrochen werden, sie bewahrte voll ihre Leuchtkraft (zumal da sie meist heller als die aufgelegten Schraffuren war) auch dort, wo das Lineament recht dicht erfolgte. Ich wiederhole: Giovanni Battista Carlones so vordergründig grafisches Verfahren diente ausschließlich der Erhaltung der Leuchtkraft der Farbe, also rein malerischen Zielen.

Trotz seines frühen Eintritts in die Werkstatt seines Bruders und die damit verbundene Spezialisierung in der Freskotechnik war Giovanni Battista offensichtlich eines der am längsten übersehenen Großtalente Italiens. Denn auch in der Ölmalerei, also im sogenannten Staffeleibild, wußte er Hervorragendes zu leisten. Es sei nur auf die großformatigen Leinwände im Chor von San Giovanni Battista in Chiávari, ›Non licet‹ und ›Tanz der Salome‹, beide 1644, hingewiesen. Allein diese beiden Bilder, hätte er sonst nichts weiter gemalt, würden dazu berechtigen, Giovanni Battista Carlone in die höchsten Höhen des Malerolymps aufzunehmen. Kurz danach scheint der nun Einundvierzig- bis Zweiundvierzigjährige nach Rom gegangen zu sein, eine für damalige Zeit fast unerläßliche Reise für einen Provinzmaler. Wenn die Information bei G. Vasi stimmt, dann hatte Giovanni Battista, zusammen mit Francesco Allegrini und G. F. Grimaldi, unter der Leitung von Pietro da Cortona in Rom die Villa del Vascello auf dem Gianicolo ausgemalt. Diese Begegnung mit Pietro da Cortona und der römischen Barockmalerei dürfte verantwortlich sein für die besondere Allüre seines Hauptwerks, der Galleria im Palazzo Negrone (Farbt. 28, 29). Weder das klassische seit G. B. Castello bekannte und tausendfach von den Nachfolgern variierte, noch das von Ansaldo begonnene und von Benso und den Bologneser Quadraturisten angestrebte System sind in die Deckenlösung dieser Galerie eingegangen, sondern neue, nur durch die Horizonterweiterung, durch die Zusammenarbeit mit Pietro da Cortona in Rom gewonnene Formen von Innenraumdekoration dürften für die besondere, für Genua einzigartige Gestaltung verantwortlich sein. In Giovanni Battista Carlones Schaffen als Freskomaler ist damit (1650) der Zenit erreicht. Die offensichtlich nach der Ausmalung der Galerie im Palazzo Negrone geschaffenen Fresken im Palazzo Giovanni Battista Balbi (Ex-Reale) haben nicht mehr die Transparenz und Leichtigkeit, die koloristische Feinheit in der Ausgewogenheit von kalten und warmen Farben, die Gleichwertigkeit von Dekor und Bildsystem, die fast kapriziöse Perfektheit der Ausführung. Dennoch erhält er 1655 den Auftrag, das neue Heiligtum der Kommune, die Kapelle im Dogenpalast, auszugestalten. Aber die Auftraggeber haben konkrete Vorstellungen darüber, was ›in‹ ist. Die von Bologna eingewanderten Quadraturisten bestimmen das Geschehen. Giovanni Battista Carlone wählt als Mitarbeiter, als den geforderten Spezialisten für die Quadratura (die Scheinarchitektur), den fast gleichaltrigen und von den gemeinsamen Arbeiten in der SS. Annunziata bekannten Giulio Benso. Doch die Figuren der Wandzone haben zwischen der dominanten Scheinarchitektur keinen Spielraum, keine Luft zum Atmen, sie wirken wie unwichtige, nachgeordnete und daher lustlose manieristisch gemalte Puppen. Nur an der Decke, wo etwas Raum zur Entfaltung seiner Figuren gegeben war, konnte Carlone nochmals etwas von seiner alten Meisterschaft aufblitzen lassen, aber insgesamt ist das vorgegebene System nicht mehr seines, er konnte sich nicht mehr umstellen, er lebte nur noch von seinem früheren Ruhm. Die neue geforderte Form hatte ihm den Atem abgeschnürt.

Doch war damit keineswegs der Schwanengesang der genueser Freskomalerei eingeleitet. Schon warteten zwei andere große Könner auf ihren historischen Auftritt. Es ist wieder ein Generationensprung von Giovanni Battista Carlone (geboren 1603) zu Domenico Piola (geboren 1628). Ob die blauäugige Formulierung »Ihr später Stil leitet sich ab aus der Hochzeit von Pietro da Cortonas großer Manier mit der bologneser Quadraturamalerei und von Castigliones Werk mit Correggios Sfumato« (Wittkower) so unbesehen auf Piola zutrifft, muß dahingestellt bleiben. Sicher war dieser wohl informiert, aber wenn man sich sein Hauptwerk, die Ausgestaltung des Salone im Palazzo Gambaro betrachtet, so hat die Lokalforschung doch wohl recht, wenn sie Piola, abgesehen und trotz der schon von Ansaldo vorbereiteten Einbeziehung der nun gerade in Mode kommenden Quadratura, doch stärker an die eigene Traditionskette bindet. Dies zu Recht umso mehr, als die ca. 100 Meter Luftlinie entfernt und etwa zur selben Zeit entstehende Ausmalung der Galleria des Palazzo Negrone durch Giovanni Battista Carlone für Genua wesentlich atypischere Wesenszüge aufweist. Doch erst der jüngere, der Schwiegersohn von Domenico Piola,

117

Gregorio De Ferrari, trennt sich radikal von seinen lokalen Mustern. Schließlich hatte er von 1669–73, also vier Jahre, in Parma verbracht und dort sowohl die neuesten Strömungen der Lombardei und Emilia studiert als auch den *genius loci* Correggio. Seltsamer Weg. Von Correggio, dem großen Maler der Hochrenaissance und des beginnenden Manierismus, zum Rokoko. Denn Gregorio De Ferrari hatte mit seiner neuen lockeren wattigweichen verspielten Malerei den Prolog zum europäischen Rokoko geschrieben. Was Strozzi für die genueser Tafelmalerei bedeutet, war Gregorio De Ferrari für die Dekorationsmalerei. Aber auch im europäischen Felde brauchten sich beide nicht bescheiden zu ducken. Genuas Beitrag zur europäischen Malerei war nicht gering. Und er hatte keineswegs mit Gregorio De Ferrari aufgehört. Die Superba hatte im Gegensatz zum Rest-Italien, das benachbarte Piemont ausgenommen, auch noch eine zeitlich korrekte, nicht nur eine vorgezogene, Rokokophase. Wenn auch forschungsmäßig noch weitgehend Terra incognita für die Standardwerkverfasser kunsthistorischer Literatur, müssen hier als Beleg dafür zum Schluß zwei Beispiele genügen: das Oratorium der Nerianer bei San Filippo Neri mit Malereien von Giacomo Boni (vor allem in der Villa Balbi tätig) und Giuseppe Davolio und die Galleria Dorata im Palazzo Carrega-Cataldi mit Malereien von Lorenzo De Ferrari. Ganz abgesehen davon, daß ganz Ligurien förmlich überquillt an Kirchen und Oratorien des 18. Jahrhunderts, zum Teil im reinsten Rokoko, wie z. B. die Cappella Sistina am Dom von Savona. Was soll also das Fragezeichen hinter Genua als Kunststadt, Genua ist eine Kunststadt, und zwar so voll mit Kostbarkeiten, daß man mindestens sechs Tage braucht, um auch nur einen Überblick gewonnen zu haben.

3 Die Stadt und ihre Sehenswürdigkeiten. Rundgänge

Nach dieser ausholenden Darstellung zur Geschichte der Superba und zum Verlauf der Entwicklung ihrer Kunst, beides für das Kennenlernen der Schätze Genuas unerläßlich, bleibt bei der Fülle des Angebotes nurmehr Platz für eine mehr lexikalische Darstellung der wichtigsten Sehenswürdigkeiten.

a Der Hafen und seine Umgebung

>Torre della Lanterna – Palazzo Doria-Pamphily – San Giovanni in Pré – Porta dei Vacca – Via del Campo, Piazza del Campo – Piazza Fossatello – Loggia dei Centurione – San Siro – Via San Luca – Palazzo Spinola – Piazza in Banchi – San Pietro - Palazzo di San Giorgio – San Marco

Das Raison d'être von Genua liegt, wie bei dessen Gegenstück am anderen Ende der ligurischen Küste, Marseille, in seinem natürlichen Hafen (Farbt. 24; Abb. 2). Der in frühester historischer Zeit genutzte Teil, der Hafen von Mandraccio, war zwischen Palazzo San

Giorgio und Porta del Molo Vecchio zu Füßen des Castello-Hügels gelegen. Die Geschichte des genuesischen Großhafens, der die gesamte Bucht vom Capo di Faro bis zur alten Mole von Mandraccio einschließt (Baccino Portovecchio), beginnt Anfang des 12. Jahrhunderts, als man eben durch die im Rahmen des Ersten Kreuzzugs eroberten Handelsniederlassungen zur Handelsmacht aufgestiegen war. Der Bau des großen Leuchtturms, Lanterna (1128), und die Verordnung des *porticato sottoripa* (1133) sind Kennzeichen dieser Systematisierung des Hafenbeckens. Ausbau von Hafeneinrichtungen in Pré, Verlängerung der Hafenfront ab 1245, sog. *opera pia*, und die Einrichtung des Palazzo del mare e della dogana im Jahre 1260 (heute älterer Teil des Palazzo di San Giorgio) bilden die nächsten Etappen. Ab 1536, mit dem Beginn des Neubaus und der Erweiterung der Stadtmauern des 14. Jahrhunderts, bekam auch die stolze Hafenfront der Superba eine Mauer verpaßt, die erst 1835 wieder eingerissen wurde. Das 17. Jahrhundert griff mit dem Bau der neuen Mole (*molo nuovo*) erstmals über den privaten Landesteg des Andrea Doria in Fassolo hinaus nach Westen aus. Die Errichtung des Freihafens (1608) auf der Halbinsel des Molo Vecchio führte dort zur Bildung eines richtiggehenden ins Meer geschobenen Stadtquartiers. Zur besseren Ent- und Versorgung der Schiffe durch Landfahrzeuge ließen die sardischen Könige ab 1835 strukturelle Veränderungen im Hafenbereich vor der Altstadt vornehmen (heutige Via Gramsci und Piazza Caricamento), bei welcher Gelegenheit die Hafenmauern wieder eingerissen wurden. Durch eine enorme Stiftung von Raffaele De Ferrari Duca di Galiera konnte das gesamte Hafenbecken des Porto Vecchio neu ausgestattet und für damalige Bedürfnisse modernisiert werden (1875–82). Die gesetzliche Einrichtung des Consorzio Autonomo del Porto (1903) ging dann an die systematische Ausweitung des Übersee- und Industriehafens nach Westen, dessen erster Schritt im Bau des neuen Molo Duca di Galiera bestand. Der heutige Großhafen (Stand 1981) umfaßt 225 Hektar Land- und 453 Hektar Wasseranteile. 380000 qm Lagerfläche zuzüglich 88000 qm gedeckte Lagerhallen, sieben Docks zur Schiffsreparatur, fünf Schiffahrtsstationen, 2800 m Rohrleitungen im Petroleumhafen, 123 km Schienenlänge der hafeninternen Eisenbahn, das sind nur einige Zahlen des nach Marseille zweitgrößten Mittelmeerhafens. Besonders früh hatte man sich in Genua auf die Spezialverfrachtung von Containern eingerichtet. Und doch, wenn man eine Hafenrundfahrt (Abfahrt alle ½ Stunden vom Ponte dei Mille, gegenüber Palazzo Doria-Pamphily) mitmacht, ist man erstaunt, fast entsetzt, feststellen zu müssen, daß ein überwiegender Teil der Docks und Einrichtungen ungenutzt, ja leer liegt. Der Hafen von Genua, einst das wirtschaftliche Rückgrat der Stadt, ist zum ernsthaften Sorgenkind geworden.

Torre della Lanterna

1543 von den offiziellen Architekten der Kammer an der Stelle des 1128 errichteten romanischen Leuchtturms erbaut. Wahrzeichen der Stadt. Hier befand sich das von Ludwig XII. errichtete Fort la Briglia, das nach der Vertreibung der Franzosen 1528 zerstört wurde. Dieser Teil des Hafens ist Staatsgrenze und daher Zollgebiet. Immer Ausweise bei sich führen! Die Scheinwerfer des Leuchtturms haben mit einer Anbringungshöhe von 117 m über dem Meer eine Reichweite von 33 Meilen. Die Besteigung des Turms ist nur mit einer Sondergenehmi-

GENUA – LA SUPERBA: HAFEN UND UMGEBUNG

Genua, La Lanterna; nach Strafforello

schon ein Großteil des Atriums und das *piano nobile* einschließlich der ›Galleria degli Eroi‹ fertig. Um 1537 erfolgte der Ausbau weiterer Zimmer und der hangwärts gelegenen Pergola. Von letzterer ausgehend Ausbau des gesamten Hanges mit *giardini pensili* unter Montorsoli. Nach dem Tode Andrea Dorias wurde auf Wunsch des Giovanni Andrea Doria der ursprünglich zur umgebenden Natur hin offen konzipierte Baukomplex von Antonio Roderio um den Westtrakt, die Dienstbotengebäude und die Landeanlagen nach außen hin abgeschlossen. Die hafenwärts gelegenen Gärten wurden 1577 von Giovanni Ponsello (siehe Palazzo Tursi) fertiggestellt. Die Bauarbeiten wurden mit der Anfügung der östlichen (1580) und der westlichen (1594) Eckloggien und des Ostportals von Pier Antonio del Curto und Benedetto und Matteo da Novi (1581) abgeschlossen. Nach Giovanni Andrea III., der mit einer Pamphily verheiratet war, wurde die Reggia von Fassolo immer mehr aufgegeben und seiner kostbaren Innenausstattung sowie des Archives beraubt. Erst Anfang des 19. Jahrhunderts wurde für die Aufenthalte von Napoleon (1805) und Vittore Emanuele I. der Palast überholt und oberflächlich restauriert. Für den Bau der Eisenbahn und des Hotels Miramare von Coppedé (1913) wurden die große Pergola und die hängenden Gärten zerstört.

gung möglich, und diese erhält man vom Commando del Dipartimento Maritimo del Alto Tireno in La Spezia!

Palazzo Doria-Pamphily (Villa del Principe Doria)

Vor dem ehemaligen Thomas-Tor der Stadt und direkt am Hafen gelegen für Andrea Doria ab 1528 erbaut (Abb. 4, 5). Der langgestreckte Palastbau umschließt einen älteren Kernbau der Familie Lomellini, von denen Andrea Doria Villa und Grundstück 1521 erworben hatte. Dieser ältere Bau wird etwa durch die beiden auf der Gartenseite senkrecht geführten Loggien markiert. Ab 1529–37 ist Perin del Vaga als verantwortlicher Baumeister und Innenausstatter tätig. 1533, beim ersten Besuch Karls V., waren

Zur Besichtigung der unteren Gärten, z. Zt. in miserablem Zustand und nur zum Teil zugänglich, und des Eingangs-Atriums wende man sich an den Hausmeister (am Osteingang, Piazza del Principe, Nr. 4). Im unteren Garten stehen noch die Brunnen Fontana di Tritone von Giovanni Angelo Montorsoli (um 1543) und die Fontana del Nettuno von den Carlone-Brüdern (1599;

Genua, Porta Vecchia della Lanterna; nach Stieler

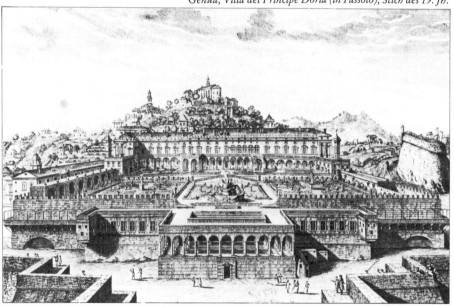
Genua, Villa del Principe Doria (in Fassolo), Stich des 19. Jh.

Abb. 5). Von den Fresken der Südfront von Gerolamo da Treviso, Bordenone und Beccafumi ist zwar nichts mehr erhalten, aber eine Zeichnung von Perin del Vaga im Museé Condé in Chantilly erlaubt uns eine genaue Vorstellung vom ursprünglichen Aussehen. Einmal pro Woche (z. Zt. nicht, wegen Restaurierungsarbeiten) ist eine Besichtigung möglich. Rückfrage beim Hausmeister. Noch erhalten sind von der Innenausstattung ein Teil der Räume im *piano nobile*, z. B. die ›Loggia degli Eroi‹ mit den Vorfahren des Andrea Doria (Perin del Vaga 1529–32) und den römischen Tugenden in den Gewölbefeldern, umgeben von kostbaren Stukkaturen (ebenfalls Perin del Vaga unter Mitarbeit von Lucio Romano; Farbt. 53). Außerdem ist noch erhalten die ›Camera della Carità Romana‹ (benannt nach einem Deckenfresko von Perin del Vaga) und ebendort sechs Tempera von Lazzaro Calvi. Ebenfalls von Interesse ist der ›Saal der Titanen‹ mit Perin del Vagas Deckenfresko ›Zeus vertreibt die Rebellen‹ und die Darstellung der Flüsse in den Lünetten (Porträts der Doria-Familie) sowie der prachtvolle Kamin mit Reliefs von Silvio Cossini und Guglielmo della Porta.

San Giovanni di Pré

Di Pré (von *prato* = Wiese) besagt, daß Kirche und Annexbauten im Grünen vor der Stadt gelegen haben. 1180 von den Templern an der Stelle der Grabrotunde San Sepolcro (636 bereits gestiftet) mit Doppelfunktion errichtet: einmal als Niederlassung und Stützpunkt des Ordens selbst und zum anderen als Herberge und Spital für Pilger ins Heilige Land. Aus dieser Doppelfunktion entspringt die besondere Bauform als zweigeschossige Saalkirche (Abb. 8), offensichtlich von südfranzösischen Baumeistern ausgeführt. Einzige steingewölbte romanische Kirche Genuas; selbe Wölbart wie in Frejus und Grasse an der Côte d'Azur: jochweise Einwölbung über kräftigen schmucklosen rechteckigen Kreuzrippen. Quadratischer Turm mit drei Reihen von Triforien und abschließend spitzkonischem Helm, typisch für Genua (vgl. Santa Maria delle Vigne, Santo Stefano vor der Zerstörung, Sant' Agostino), offensichtlich von nördlich der Alpen eingeführte Form.

Das Innere der Oberkirche (die eigentliche Kirche der Templer) ist durch die 1731 erfolgte Umorientierung (heute Eingang in der ursprünglichen Chorapsis) erheblich gestört. Zur Ausstattung: An der heutigen Eingangsseite über dem Portal links ›Thronende Madonna mit Heiligen‹ von Bernardo Castello (1599) und rechts ›Madonna mit Johannes dem Täufer und der Hl. Brigitte‹ von Giulio Benso; im rechten Seitenschiff, erste Kapelle, ›Krippenbild‹ von Carlo Giuseppe Ratti; in der zweiten Kapelle ›Hl. Hugo‹ von Lorenzo De Ferrari (um 1730); im Chor

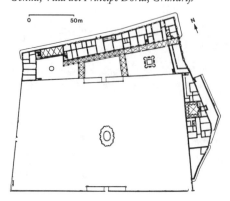

Genua, Villa del Principe Doria, Grundriß

›Johannes der Täufer lehrt seine Schüler‹ von Lazzaro Tavarone.
Westliches Commendehaus über romanischem Vorgängerbau 1508 von Gerolamo Brasco Salvago mit Quattrocento-Arkaden modernisiert.

Östlich von San Giovanni di Pré Beginn der Via Pré, die zusammen mit der Via del Campo und der Via San Luca den Carrugio Maggiore, die Haupteinkaufsstraße der Altstadt, bildet. Empfehlenswert: Ab der Porta dei Vacca zunächst dem Carrugio bis zur Piazza Banchi folgen und später auf dem Rückweg den Porticato di Sottoripa und Palazzo San Giorgio passieren.

Genua, Palazzo Babilano Pallavicino, Piazza Fossatello 2; nach P. P. Rubens

Porta dei Vacca
Eines der beiden erhaltenen romanischen Stadttore der sog. Barbarossa-Mauer (siehe Geschichte). Insgesamt nicht so gut erhalten wie die Porta Soprana (siehe dort). Linke Hälfte im 18. Jahrhundert in den Palazzo Serra miteinbezogen. Erst 1960–61 wieder freigelegt.

Via del Campo
Alter Häuserbestand, z. B. Nr. 12, Palazzo Negrone-Durazzo, oder Nr. 10, Palazzo Chellario.

Piazza del Campo
Nr. 9, Palazzo di Antonio Doria Invrea, 1540. Renaissance-Palast der voralessischen Zeit.

Piazza Fossatello
Noch heute wichtiger städtischer Verkehrsknotenpunkt zwischen dem Carrugio Maggiore, dem Ponte Calvi und der Achse Piazza Annunziata – Largo di Zecca. Mit der Stirnseite zum Platz der **Palazzo di Babilano Pallavicino** von 1540, der erste manieristische Adelspalast in Genua (s. Architektur). Daneben an der Seite Via del Campo Nr. 1 der **Palazzo Centurione,** 1612. Im Inneren wichtige Fresken von Strozzi, Giovanni Battista Carlone, Domenico Piola, Gregorio De Ferrari und Bernardo Guidobono, mit Quadraturmalerei von Anton Maria Haffner.

Loggia del Centurione
Ecke Via Fossatello und Via San Siro, mit vier Reihen von Biforienfenstern und einer schönen Sopraporte (Nr. 6), die, wie viele anderer ihrer Art, den Stadtheiligen St. Georg abbildet.

San Siro
Um San Siro erstreckte sich das Zentrum der Familien Pallavicino, Pinelli und Centurione. Von ihnen stammen auch die Stiftungen für die meisten Kapellen und die Innenaus-

GENUA – LA SUPERBA: HAFEN UND UMGEBUNG

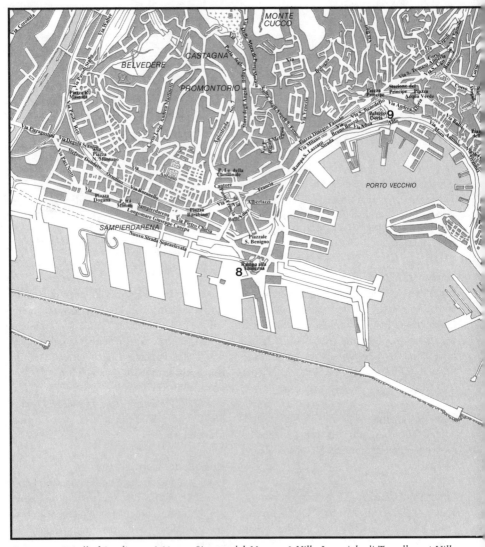

Genua. 1 Friedhof Staglieno 2 Nostra Signora del Monte 3 Villa Imperiale di Terralba 4 Villa Cambiaso 5 Villa Saluzzo-Bombrini (Il Paradiso) 6 Villa delle Peschiere 7 Albergo dei Poveri 8 La Lanterna 9 Palazzo Doria-Pamphily (del Principe) 10 Villa Gruber

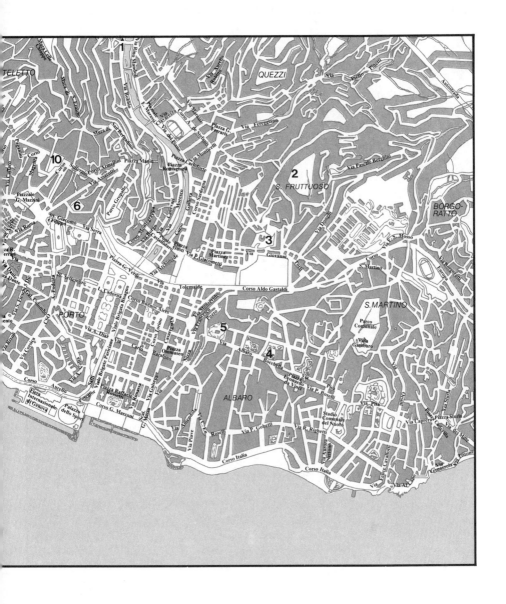

GENUA – LA SUPERBA: HAFEN UND UMGEBUNG

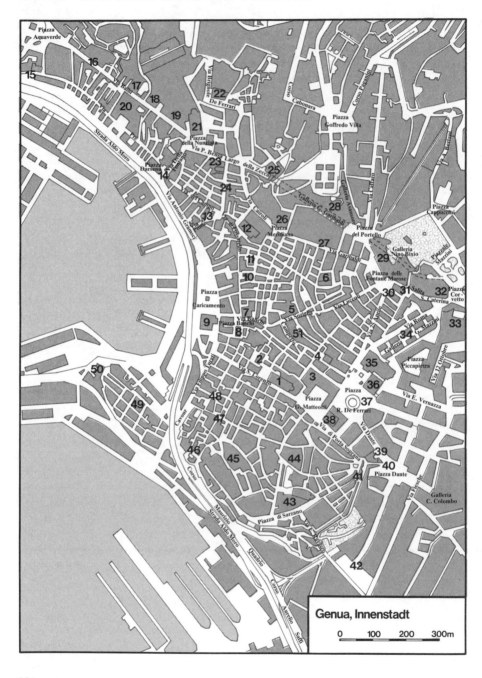

stattung von San Siro, 1585 nach einem Brand der romanischen Kirche des 11. Jahrhunderts total erneuert. San Siro ist eine der ältesten und wichtigsten Kirchen Genuas. Sie war die Pfarrkirche des mittelalterlichen Borgo und gleichzeitig unter dem Patrozinium der zwölf Apostel bis ins 9. Jahrhundert die Kathedrale der Stadt. Ab 1008 gehörte San Siro den Benediktinern, die reichen Anteil am Aufleben des Borgo hatten. Der Wiederaufbau der 1580 abgebrannten Kirche zog sich über Jahrzehnte hin. 1619 Fertigstellung der Kuppel. Im Inneren bot San Siro den bedeutendsten Künstlern Genuas reichlich Arbeitsfeld. Erst 1904 wurde der einsturzgefährdete romanische Turm abgerissen. Aus dem 19. Jahrhundert, von Carlo Barabino, stammt die Fassade.

◁ *Genua, Innenstadt 1 Dom S. Lorenzo 2 Pal. Squarciafico-Invrea 3 Pal. Ducale 4 Kirche u. Piazza S. Matteo 5 S. Maria delle Vigne 6 S. Maddalena 7 Börse 8 S. Pietro in Banchi 9 Pal. di S. Giorgio 10 S. Luca 11 Galleria Nazionale di Pal. Spinola 12 S. Siro 13 Pal. Pallavicino in Piazza Fossatella 14 Porta dei Vacca 15 S. Giovanni di Prè 16 Via Balbi 17 SS. Vittore e Carlo 18 Pal. dell'Università 19 Pal. Durazzo-Pallavicini 20 Pal. Reale 21 SS. Annunziata 22 Nostra Signora del Carmine 23 Kirche u. Oratorium S. Filippo Neri 24 Geburtshaus von G. Mazzini 25 Talstation der Zahnradbahn 26 Pal della Meridiana 27 Via Garibaldi 28 Aufzug zum Belvedere von Castello 29 Pal. A. Negrone 30 Pal. Spinola dei Marmi 31 Pal. Spinola-Passagno 32 Pal. Doria-Spinola 33 S. Marta 34 Galleria Mazzini 35 Teatro Carlo Felice 36 Museo dell'Accademia Ligustica 37 Piazza De Ferrari 38 S. Ambrogio (Il Gesù) 39 Chiostro di S. Andrea 40 Sog. Geburtshaus von Kolumbus 41 Porta Soprana 42 S. Maria Assunta di Carignano 43 S. Agostino 44 S. Donato 45 S. Maria di Castello 46 S. Maria delle Grazie 47 S. Cosimo 48 Piazza S. Giorgio 49 S. Marco 50 Porta Sibaria 51 Pal. Imperiale (Campetto)*

Inneres: Dreischiffige Staffelhalle über weiten Arkadenstellungen auf schlanken Doppelsäulen, durchgehende Tonne mit eingeschnittener Fensterzone, Vierung mit einfacher Kuppel über Trompen und hohem Tambour, fluchtende Querarme und tiefer Chor. Typisch für Genueser Barock.

Ausstattung: Alle Gewölbefresken zwischen 1652 und 1670 von Giovanni Battista Carlone zusammen mit dem Quadraturisten Paolo Brozzi ausgeführt. Daher bestechende Einheitlichkeit. *Rechtes Seitenschiff:* Erste Kapelle, ›Verkündigung‹ von Orazio Gentileschi und Taufbecken von 1545; zweite Kapelle, ›St. Cajetan und Madonna mit Kind‹, polychrome Holzgruppe von einem Maragliano-Schüler, Fresken im Gewölbe (Kapelle und Seitenschiff) von Domenico Piola; dritte Kapelle, ›Tod des Hl. Andrea Avellino‹ von Fiasella, an den Seiten zwei Bilder von Orazio De Ferrari, Fresko im Seitenschiff von Gregorio De Ferrari;

vierte Kapelle, Fresko im Seitenschiff von Giovanni Battista Carlone.

Chor: Hauptaltar (1670) aus schwarzem Marmor und Bronze, ein Hauptwerk von Puget, zugleich seine letzte Arbeit in Genua; Deckengemälde von Giovanni Battista Carlone und Paolo Brozzi; auch das große Kruzifix dem Puget zugeschrieben. In der Sakristei (1639) und Nebenräumen Bilder von Gregorio und Orazio De Ferrari, Bernardo Castello, Domenico Piola und Il Sarzano. *Linkes Seitenschiff:* Gewölbe der dritten und vierten Kapelle mit Fresken von Giovanni Battista Carlone.

Via San Luca

Ab Piazza San Siro Carrugio dritto genannt, im Mittelalter einzige Verkehrsader, die den Borgo mit der Piazza in Banchi (vor dem Stadttor der frühmittelalterlichen Mauer, also dem Stadtteil Civitas) verband. Eine der ersten Adelsstraßen der Stadt, seit dem 12. Jahrhundert. Noch zahlreiche mittelalterliche Hauskerne, z. B. Nr. 84–88, Casa di Rabella Grimaldi, Mitte 14. Jahrhundert; Nr. 14, Palazzo Faruggia, besitzt noch Außenfresken von Orazio Semino. In diesem Viertel erhoben sich die Familientürme der Spinola (Ghibellinen) und Grimaldi (Guelfen). Die Hauskirche der Spinola, San Luca, war Gegenstand heftiger Streitigkeiten. Ab 1332, nach offizieller Aussöhnung der beiden Familien, gemeinsame Nutzung von San Luca.

San Luca

Die mittelalterliche Kirche 1626–50 von Carlo Mutone von Grund auf als Zentralraum neu errichtet. Interessanter Bau aus malerischer und architektonischer Sicht.

1695 zusammen von Domenico Piola und Anton Maria Haffner (Quadraturist) ausgemalt. Rechts vom Eingang in einer Nische Grablege, Holzskulptur von Filippo Parodi, farbig gefaßt von Piola (ungefähr 1680). Auf dem Hauptaltar eine der für Genua und diese Zeit typische ›Himmelfahrt Mariens‹ von Filippo Parodi (Marmor). Auf dem linken Altar das ›Krippenbild‹, eines der Hauptwerke von Il Grechetto.

Links von der Kirche führt der Vico San Luca zur Piazza di Pellicceria, an deren Breitseite sich die spätbarocke Fassade des Palazzo Spinola aufrichtet.

Palazzo Spinola

Ursprünglich, z. Zt. der Erbauung 1593, in Besitz der Grimaldi, ging der Palast, der zugleich einer der prächtigsten innerhalb der Altstadt ist, in den Besitz der Spinola über, die noch im 18. Jahrhundert am Innen- und Außenbau die zeitgemäßen Veränderungen vornehmen ließen. Aus der ersten Bauphase stammen Dekorationen von Lazzaro Tavarone, dem Cambiaso-Schüler. Die zweite Phase (1730–37) wurde bestimmt von Sebastiano Galliotti, Giovanni Battista Natali und Lorenzo De Ferrari. Die reiche, zum Teil noch originale Innenausstattung macht diesen Palazzo zu einem Musterbeispiel innerstädtischer Wohnkultur des 18. Jahrhunderts. Schon als solches besichtigungswert, vor allem die Galerie (der kleine Spiegelsaal), ist der seit 1958 dem Staat vererbte Adelspalast Sitz der **Galleria Nazionale di Palazzo Spinola,** einer der vier größten Gemäldegalerien der Stadt, mit Werken von Tavarone, Giovanni Battista Carlone, Il Baciccio, Vouet, Gregorio De Ferrari, Giordano, Reni, Strozzi, Il Grechetto, Domenico Piola, Magnasco, Scorza, Van Dyck, Valerio Castello, Luca Cambiaso, Mignard, Bernardo Castello, Procaccini, Tintoretto, Van Scorel, Van Cleve, Lorenzo De Ferrari, Maestro di Santa Maria di Castello, Giovanni Pisano, Giambologna (Schule) und Filippo Parodi. Daneben noch Keramik aus Albisola und reichlich anderes Kunsthandwerk von höchster Qualität.

Piazza in Banchi

Dort, wo die Porta di San Pietro in die hochmittelalterliche Stadt führte und wo später bis zum 18. Jahrhundert das handelspolitische und urbane Zentrum lag, entstand in der zweiten Hälfte des 16. Jahrhunderts (seit 1589) unter dem offiziellen Stadtbauarchitekten Vannone neben der Strada Nuova eine zweite städtische Großbaustelle.

San Pietro

Die 1398 durch Brand zerstörte Kirche San Pietro war offensichtlich nur provisorisch wieder aufgebaut worden. Als die Verbindung von Hafen mit der Piazza Fontane Marose, genauer die Einmündung der Via Luccoli am Hafen beim Getreidemarkt, geplant war, fand man für die Finanzierung der neuen Kirche eine typisch genuesische Lösung. Im Erdgeschoß von San Pietro wurden Geschäfte vorgesehen, durch deren Vermietung sich der Bau selber finanzieren sollte (vgl. dagegen die Florentiner in dem zitierten Fall von Or San Michele!). Der von Bernardino Cantone entworfene Zentralbau mit achteckiger Kuppel und vier Ecktürmen wurde um 1585 von Ponzello und Vannone vollendet. Neben einer ›Immacolata‹ von Andrea Semino ist von der Innenausstattung noch Ansaldos Deckengemälde (1630) zu erwähnen. Die *Loggia dei Mercanti* sollte einer der repräsentativsten Bauten der Stadt werden. 1589–95 nach Plänen von Vannone entstanden, 1839 total restauriert, war sie seit 1855 die erste italienische Warenbörse. 1942 Zerstörung der Einwölbung. Original sind noch der Trophäenschmuck der Fassade von Taddeo Carlone und im Innern das Fresko ›Madonna mit Kind, flankiert von Johannes dem Täufer und dem Hl. Petrus‹ von Pietro Sorri.

Nur wenige Schritte sind es bis zu der noch heute vom bunten Völkergemisch des Mittelmeeres erfüllten Via di Sottoripa. Die 1133 von den Konsuln der Stadt verordnete Ladenstraße unter Arkaden dürfte die älteste erhaltene Geschäftsstraße Italiens sein.

Palazzo di San Giorgio

Eines der wichtigsten Gebäude der Stadt (Abb. 10). 1260 auf Veranlassung des ersten Capitano del Popolo der Stadt, Guglielmo Boccanegra, von Fra Oliviero errichtet. Nach dem Baubeginn einer neuen Dogenresidenz bei San Francesco 1291 Sitz der Zollbehörde. Seit 1407 Sitz der Staatsbank Banco di San Giorgio, damit das unantastbare Herz der Stadt, sozusagen die erste der Genueser Kathedralen des Geldes. Fast ein Witz, daß ausgerechnet ein Zisterzienser der Architekt dieses Monetenhimmels war. Seit Ende des Quattrocento reich mit Skulpturen ausgestattet. 1570 um den großen Südtrakt erweitert. Dessen Hafenfront von Tavarone 1608 freskiert. 1890 konnte der oberste Denkmalpfleger von Savoyen und Ligurien, Alfredo d'Andrade, den Palast vor dem Abbruch bewahren. Danach bis 1904 vollständige Restaurierung, zum Teil mit viel Phantasie ergänzt. Fassade zum Hafen falsch rekonstruiert: die zwei ursprünglichen Portale durch ein einziges in der Mittelachse angelegtes ersetzt. Dennoch der

Genua, Palazzo di S. Giorgio, Fassade

besterhaltene Gebäudekomplex des 13.–15. Jahrhunderts. Besonders wertvoll die Innenausstattung. Die bei Antonio della Porta, Pace Gaggini und Michele d'Aria in Auftrag gegebenen Skulpturen der Stifter und Wohltäter der Bank sind im ersten Geschoß, besonders in der Sala del Capitano und im Salone del Compere, in ihren ursprünglich vorgesehenen Nischen erhalten. Auch das große St. Georgs-Relief von D'Aria hat die Zerstörung der Zeit und der Kriege überlebt. Von der Bildausstattung hervorhebenswert das Fresko ›St. Georg im Kampf mit dem Drachen‹ von Lucino da Milano (1444) und Paggis ›Madonna mit dem Hl. Georg‹, mit einer zeitgenössischen Ansicht der Hafenfront. Im Renaissance-Neubau vermittelt einen guten Eindruck der originalen Ausstattung die Sala dei Prottetori.

San Marco

Auf dem Weg zur *Porta Sibaria* oder *Porta del Molo* liegt rechter Hand die Kirche San Marco. An ihrer Außenfront ist ein Steinrelief mit dem Markuslöwen angebracht. Er stammt aus Pula (Istrien) und erinnert an die anfänglichen Erfolge der Genueser im sog. Chioggia-Krieg. Die meistens geschlossene Kirche besitzt einige Skulpturen und Gemälde von prominenter Hand (Maragliano, Schiaffino, Fiasella und Orazio De Ferrari). Die 1550 bereits konzipierte und 1553 ausgeführte Porta ist ein wertvolles Stück künstlerisch hochwertiger Festungsbaukunst und gleichzeitig ein Zeugnis von Galeazzo Alessis vielseitigem Genie.

b   Civitas, Castello und Carignano

> Porta Soprana – Chiostro di Sant' Andrea – Santa Maria Assunta di Carignano – Museo di Sant'Agostino – San Donato – Santa Maria di Castello – Torre degli Embriaci – San Cosimo – Piazza San Giorgio

Porta Soprana

oder Porta di Sant' Andrea (Farbt. 30). Davor die sog. **Casa di Cristoforo Colombo**. Die Genueser behaupten, Christoph Kolumbus sei hier geboren worden. Das Haus, wie es jetzt dasteht, ist auf jeden Fall eine Rekonstruktion des 18. Jahrhunderts.

Chiostro di Sant' Andrea

Das Benediktinerinnen-Kloster *foris portas* Sant' Andrea, nach dem auch die Porta Soprana benannt war, wurde 1904 wegen der geplanten Trassenführung der Via Dante eingeebnet. Der *Kreuzgang* des 12. Jahrhunderts mit schönen Kapitellen französisch-provençalischen Einflusses wurde 1921 an der heutigen Stelle wieder aufgerichtet. Vorbei am Grattacielo-Viertel. Mit ›Il Grattacielo‹ meint jeder Genuese das Martini-Hochhaus.

Santa Maria Assunta di Carignano

Obwohl in die Mauer des 14. Jahrhunderts bereits einbezogen, war der Hügel im Gegensatz zum Portoria-Viertel weitgehend unbewohnt, ländliche Grundfläche geblieben, und dies bis zum 18. Jahrhundert. Erst 1718–24 wurde der Ponte di Carignano als Privatweg, als Verbindung von Castello- und Carignano-Hügel, errichtet. Auf letzterem hatten sich auf halbem Weg der heutigen Via dei Fieschi schon 1390 die Familie der Fieschi, auf ›ihrer‹ Seite der Stadt, einen pompösen herrscherlichen Feudalsitz errichten lassen, den Sinibaldo Fiesco Anfang des 16. Jahrhunderts umbauen und mit Fresken ausmalen ließ. Es war praktisch ein luxuriöser Feudalsitz der Fieschi innerhalb der Stadtmauern, den Andrea Doria mit seiner Reggia in Fassolo, auf ›seiner‹ Seite der Stadt, übertreffen wollte. Nach der gescheiterten Verschwörung des Gian Luigi Fiesco 1547 ließ Andrea Doria in seinem Zorn alle Wohnsitze der Fieschi in Genua dem Erdboden gleichmachen, darunter auch den Palast auf dem Carignano-Hügel. Neben dem Familiensitz lag die Hausabtei der Fieschi in Genua, deren Kirche Santa Maria in via Lata (1340) sich z. Zt. *in restauro* befindet. Auf dem von Klöstern und Villen durchzogenen Grünareal ließen ab 1549 die Nachfolger und Erben von Bandinello Saulli dessen bereits 1481 verfertigtes Testament, ein Marien-Heiligtum auf seinem Grund und Boden zu errichten, in die Tat umsetzen. Mit dem ihnen von ihren Geschäften in Perugia

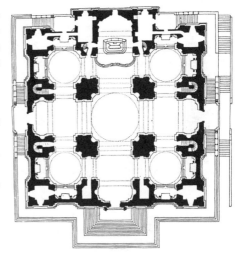

Genua, S. Maria Assunta di Carignano, Grundriß

her bekannten Architekten Galeazzo Alessi fanden sie den dazu fähigen Mann. Alessi kannte durch seinen Aufenthalt in der Ewigen Stadt die dortige Architekturszene der Hochrenaissance sehr gut, besonders die verschiedenen Vorstellungsstationen für Sankt Peter von Bramante, Raffael, Sangallo und Michelangelo. Alessi entschied sich bei seinen Plänen zu Santa Maria Assunta di Carignano für eine Lösung, die Sangallos Vorstellungen am ehesten entsprach. Vor allem war die Kirche von Carignano wegen ihres herausgehobenen Standpunkts (51 m über dem Meer) auf weitgehend unbebautem Feld, auf Fernwirkung angelegt (Farbt. 24). Mit einem in ein Quadrat eingeschriebenen griechischen Kreuz mit Vierungskuppel, vier kleinen Kuppeln, ebenfalls vier Ecktürmen und vier gleichen Fassaden, sollte Santa Maria di Carignano die vollkommene Verkörperung vom idealen Renaissancebau werden (Abb. 13, 15). Die Pläne waren bereits 1549 fertig, doch erst 1556 konnte endgültig mit den Bauarbeiten begonnen werden. Da aber just in demselben Jahr Alessi seinen festen Wohnsitz nach Mailand verlegt hatte, mußten mit der Ausführung tüchtige in Genua ansässige Architekten betraut werden. Zwischen ihnen und Alessi entstand eine reiche Korrespondenz, die noch im Archiv der Kirche erhalten ist. Noch zu Lebzeiten Alessis erfolgte die Errichtung des Kuppeltambours (1664–67), 1569 die Vollendung des Unterbaus. Erst lange nach Alessis Tod (1572) kam es zur Wölbung der Kuppelschale und dem Bau der Laterne (1586–1603). Von den Türmen wurden gar nur zwei ausgeführt, was heute Frontalität statt angestrebte allseitige Symmetrie erweckt. Die auf die Westseite beschränkte Freitreppe wurde erst im 19. Jahrhundert fertiggestellt. Die skulpturale Ausstattung zog sich vom 17. bis zum 18. Jahrhundert hin. Besonders an der statisch ausgewogen konzipierten Fassade wirkt die bewegt berninske Skulptur störend. Obwohl hier also bei weitem nicht alles nach Alessis Vorstellungen zu Ende geführt wurde, ist Santa Maria di Carignano die einzige und damit bedeutendste Renaissance-Kirche Genuas, die römische Vorstellungen der Hochrenaissance in die Superba transplantierte, geblieben.

Ein weiteres Verdienst der Carignano-Kirche war ein pädagogisches. Die noch zu Lebzeiten Alessis mit der Ausführung betrauten Architekten Bernardino Cantone, Domenico bzw. Giacomo Ponsello und Bernardo Spazio, waren dank ihres Kontaktes mit Alessi genauestens informiert über dessen Vorstellungen und durch diese in ihrem oberitalienischen Hang zum Dekorativen doch gezügelt und durch die römischen Vorstellungen diszipliniert. Aus dieser Mischung entstand jene typisch genuesische Architektur der Strada Nuova. Über Alessis Einfluß auf diese für Genua entscheidende Architektengeneration gelangte das bis ins 18. Jahrhundert in Ligurien und der Provence vorherrschende und beliebte Motiv der Pilastergliederung von Fassaden in die hiesige Bautradition.

Innenbau und Ausstattung: Von den vier für die Nischen der Führungspfeiler geplanten Großfiguren lieferte Pierre Puget nur zwei ab, die der Südseite: den seligen Alessandro Saulli und des Hl. Sebastian (Abb. 14; beide 1668). Die Pendants auf der nördlichen Seite stammen von Claude David (Hl. Bartholomäus, 1695) und von Filippo Parodi (Johannes der Täufer, 1667). Die Apostel und Kirchenväter der Seitenwände hat F. Schiaffino erst um 1740 geschaffen. Hervorhebenswert ist noch die Orgel von Wilhelm Herrmanns (1656) mit bemalten Flügeln von Paolo Brozzi und Domenico Piola.

Die *Ausstattung* durch Bilder von rechts nach links: 1. Altar, ›Petrus heilt einen Lahmen‹, von Domenico Piola (um 1695); 2. Altar, ›Martyrium des Hl. Biagio‹, von Carlo Maratta (1680); über dem Seitenportal ›Auferstehung Christi‹, von Aurelio Lomi und eine Ottavio Semino zugeschriebene ›Verkündigung‹; Altar links vom Presbyterium, ›Der selige Saulli beendigt eine Seuche‹, von Domenico Fiasella (um 1630); 6. Altar, eines der Hauptwerke von Luca Cambiaso, ›Pietà‹ von 1571; über dem nördlichen Seitenportal ›Jüngstes Gericht‹, von Lomi, und ›Erscheinung des Hl. Domenicus‹, von Fiasella; 7. Altar, ›Madonna zwischen den Heiligen Carlo und Franz von Assisi‹, von Procaccini (um 1620); 8. Altar, ›Der Hl. Franziskus empfängt seine Stigmatisation‹, von Guercino. Die Sakristei beherbergt noch eine ›Heilige Familie‹ von Luca Cambiaso.

Sant' Agostino (Museo di Sant' Agostino)

Innerhalb des ältesten Stadtkernbereichs, auf dem Castello-Hügel (Castrum) gelegen. Der Castello-Bereich kannte im hohen Mittelalter die höchste Verdichtung von Sakralbauten. Sant' Agostino, in zwei Bauphasen vor und nach 1260 für die Augustinermönche errichtet, wurde bereits 1780 als Konvent aufgelöst und 1942 schwer zerstört. Die Kirche selbst und die um den älteren dreieckigen Kreuzgang errichteten Konventsgebäude sind noch *in restauro*. Im Bereich der neueren Konventsgebäude um den quadratischen Kreuzgang (17. Jahrhundert) heute die Einrichtung des *Skulpturenmuseums* von Genua. Dieses beherbergt Architekturfragmente, Skulpturen, abgenommene Fresken (Farbt. 50) und die städtische Sammlung topographischer Zeichnungen. Römische Sarkophage, frühromanische Kapitelle von San Tommaso, gotische Skulpturen und Kruzifixe, besonders die Fragmente von Giovanni Pisanos ›Grabmal der Margarete von Brabant‹ (Abb. 17), zahlreiche Grabmäler, Sammlungen schöner und typischer Türrahmungen im schwarzem Schiefer, hervorragende Beispiele der Skulptur

Genua, S. Agostino mit dreieckigem Kreuzgang

des 17. Jahrhunderts, darunter vor allem ›Raub der Proserpina‹ und ›Madonna mit Kind‹ (Abb. 16) von Pierre Puget, bilden den Grundstock dieser sehenswerten Sammlung.

San Donato

Besterhaltene romanische Kirche Genuas (Farbt. 31). In der ersten Hälfte des 12. Jahrhunderts erbaut, nach 1160 in verschiedenen Teilen erneuert. Die Fassade ist zum Teil falsch (Ergebnis der Restaurierungen D'Andrades). Original nur das Portal mit römischem Architektarchitrav. Der Außenbau wird bestimmt von dem überaus feingliedrigen oktogonalen Führungsturm. Im Inneren dreischiffige holzgedeckte Hallenkirche. Typisches Genueser Motiv sind die Blendtriforien über den großen Arkadenbögen. Die Säulen sind zum Teil antike Spolien. Zur Innenausstattung gehörte bis vor kurzem das berühmte Triptychon ›Anbetung der Könige‹ von Joost van Cleve (z. Zt., 1984, entfernt). Im Chor gotisches Tafelbild einer ›Madonna mit Kind‹ von Nicolò da Voltri (um 1400).

Santa Maria di Castello

In historischer und künstlerischer Hinsicht eine der fünf wichtigsten Kirchen Genuas (Abb. 20). 658 an der Stelle einer nach lokaler, aber nicht bewiesenen Tradition älteren Kirche als Marienkirche neu errichtet. Während der Zeit der ersten hochmittelalterlichen Neubefestigung von Genua (925) hatte Santa Maria di Castello für den Bischof, der seine Fliehburg in der benachbarten Abtei San Silvestro hatte, die Funktion einer Co-Kathedrale. Mit der Erweiterung des mittelalterlichen Genua und Umwandlung des Castello-Hügels in Wohnviertel wurde Santa Maria di Castello von Magistri Antelami als dreischiffige Basilika mit holzgedecktem

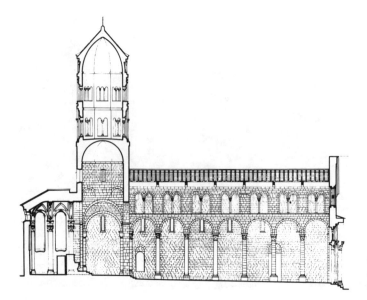

Genua, S. Donato, Längsschnitt nach Ceschi

Dachstuhl völlig neu errichtet. Aus dieser Phase stammen noch die Fassade, die unteren Teile des Langhauses und der Campanile. Mit der Übernahme des Klosters durch die Dominikaner 1442 folgte eine neue Phase bedeutender Eingriffe und Umbauten. Jeweils zwei Joche des Mittelschiffs wurden zusammengefaßt und mit spätgotischen Wulstrippengewölben überdeckt. Der Wölbart nach könnte die Höhung und Einwölbung der Seitenschiffe schon früher (Anfang 13. Jahrhundert) erfolgt sein. Säulen und Kapitelle des Langhauses sind zum großen Teil römische Spolien (1. bis 4. Jahrhundert n. Chr.). Auch den Türsturz des Hauptportals ziert ein wiederverwendetes römisches Friesstück. Der untere Teil der Fassade, seine drei Portale und die beiden Blendarkaden links und rechts vom Hauptportal entsprechen dem Zustand im frühen 12. Jahrhundert. Der obere Abschluß einer gestuften Halle zeigt dagegen die Phase nach der Höhung der Seitenschiffe.

Unter den Dominikanern, vor allem durch reiche Schenkungen angesehener Patrizier (z. B. der Familie Grimaldi), wurden auch die Kapellen der Nordseite angefügt und der Mönchschor erweitert. Nach 1589 erfolgte eine zweite Erweiterung des Mönchschores (heutige Form), der Einbau der Vierungskuppel und die Nivellierung des Kirchenbodens.

Ausstattung der Kirche. *Rechtes Seitenschiff:* 4. Kapelle, Altarbild ›Täufer, Antonius und Thomas von Aquin‹, von Pier Francesco Sacchi (1526); an der Wand Fresken zur Geschichte König Davids und Fayencen aus derselben Zeit; 5. Kapelle, Altarbild ›Martyrium des Hl. Petrus von Verona‹, von Bernardo Castello (1597); 6. Kapelle, ›Assunta‹, von Aurelio Lomi; rechte Apside, Deckengewölbe von Bernardo Castello, Altarbild ›Der Hl. Hyazinth‹, von Lomi. *Chor:* Hauptaltar mit ›Assunta‹, von Domenico Parodi (Ende 17. Jahrhundert; Abb. 23); linke Apside, ›Hl. Rosa von Lima‹, von Domenico Piola. *Linkes Querhaus:* Altarbild ›Madonna mit Hl. Katharina, Maria Magdalena und dem Hl. Domenicus‹, von Il Grechetto. *Große Kapelle des Kreuzes:* Über dem Eingangsbogen Fresko ›Schmerzensmadonna‹, von Gregorio De Ferrari; Kopie des wundertätigen Holzkreuzes, Original in der Bibliothek. *Linkes Seitenschiff:* 5. Kapelle, ›Rosenkranzmadonna‹, Holzgruppe von Maragliano; 2. Kapelle mit Bildern von Paggi, Ansaldo und Bordenone; 1. Kapelle (Taufkapelle), Deckenfresken 15. Jahrhundert, Polyptychon (lombardisch, 15. Jh.; Abb. 19), römischer Sarkophag (4. Jahrhundert). *Westwand Innenseite:* Mitte, ›Hl. Domenicus‹, Statue von Francesco Schiaffino; ›Madonna mit Kind und die Heiligen Domenicus und Petrus Martyr‹, Fresko von Lorenzo Fasolo (Ende 15. Jahrhundert) aus der ehemaligen Dominikanerkirche.

Konvent: Die Gebäudegruppe von Santa Maria di Castello bildete einen Teil von fünf praktisch zusammengeschlossenen Kirchen bzw. Klosterkomplexen: San Silvestro, Nostra Signora delle Grazie Nuova, Santa Maria e San Bernardo und Santa Maria in Passione. Der Komplex von Santa Maria di Castello besteht aus der Kirche und Annexgebäuden, die sich im Süden und im Osten um vier Kreuzgänge gruppierten. Die Bauten um Kreuzgang eins und zwei sind zur Unkenntlichkeit vermauert und nicht zugänglich. Um den vierten Kreuzgang sind die Restaurierungsarbeiten noch im Gange. Bleibt

GENUA – LA SUPERBA: CIVITAS, CASTELLO, CARIGNANO

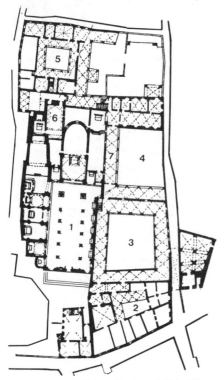

Genua, S. Maria di Castello, Grundriß der Klosteranlage: 1 Kirche 2 Kreuzgang della Collegiata 3 Erster Kreuzgang 4 Zweiter Kreuzgang 5 Dritter Kreuzgang 6 Cappella dei Ragusei (Museum) 7 Galleria dell'Annunziazione

noch der wiederhergestellte und sorgfältig restaurierte, zum Hafen hin offene Komplex um den dreistöckigen dritten Kreuzgang. Über die *Sakristei*, mit Holzausstattung des 18. Jahrhunderts und dem schönen Portal von Leonardo Riccomani und Giovanni Gaggini aus dem Jahr 1452 (Abb. 18; Zugang am Ende des rechten Seitenschiffes), gelangt man in das *Atrium der Loggia dell' Annunziazione* (erste Etage; Abb. 22). Im Atrium Deckenfresken mit Abbildungen dominikanischer Heiliger von Giacomo Serfolio. An der linken Wand Fresko ›Predigt des Hl. Vincenzo Ferrer‹, ebenfalls 15. Jahrhundert. In der Loggia dell' Annunziazione die berühmte ›Verkündigung‹ von Justus von Ravensburg (1441; Farbt. 51). Im *Refektorium* farbig gefaßtes Holzkreuz aus dem 14. Jahrhundert. In der lichten oberen Galerie unter anderem das Marmorretabel aus der Gaggini-Werkstatt. Die Kapitelle dieser Galerie sind zum Teil Spolien aus Vorgängerbauten (4. bis 5. Jahrhundert und 11. Jahrhundert).

Ist man zurückgelangt in die Sakristei, führt am Retrochor vorbei der Weg ins **Museo di Santa Maria di Castello** (nur in Begleitung und nur auf Anfrage zu besichtigen). Wichtigste Stücke: ›Das Paradies‹ (oder Marienkrönung) von Lodovico Brea von 1513, eine Immacolata-Statue von Anton Maria Maragliano, ›Domenicus und Franziscus‹ von Magnasco (zugeschrieben), ›Madonna mit Kind‹ von Barnaba di Modena, darüber hinaus noch weitere Tafelbilder des 15. Jahrhunderts.

In der *neuen Bibliothek*, ebenfalls nur auf Anfrage zu besichtigen, Fresko ›Dominikus trifft seine Brüder im Paradies wieder‹, von Carlo Braccesco (15. Jahrhundert).

Torre degli Embriaci

12. Jahrhundert, vielleicht noch von Guglielmo Embriaco begonnen. Mit 55 m Höhe ist dieser Geschlechterturm nicht nur der höchste seiner Art in Genua, sondern auch der einzige, der der von der Stadtregierung 1143 verordneten Abstockung auf maximal 27 m entgangen war. Der ›mittelalterliche‹ obere Abschluß mit Zinnenkranz wurde 1923 rekonstruiert.

San Cosimo

(Ehemals SS. Cosma e Damiani) wie Santa Maria die Castello eine der ältesten Pfarrkirchen Genuas (Abb. 21). Romanischer Bau, um die Mitte des 12. Jahrhunderts errichtet. Einzige genuesische Kirche, die noch die flachen Ostapsiden des 11. Jahrhunderts bewahrt hat. Ansonsten im Inneren vergleiche man San Donato. An der Fassade romanisches Stufenportal mit römischem Architrav. Neben dem Portal gotische Arkosolgräber, besonders das sog. ›Grab des Barisone‹.

Piazza San Giorgio
Ältester Marktplatz der Civitas (11. Jahrhundert) direkt am Hafen gelegen. Die beiden im 17./18. Jahrhundert erneuerten Kirchen San Giorgio und San Torpete umstellen heute den kleinen Platz. **San Giorgio** (seit 964 bezeugt), die Kirche des ersten Stadtheiligen (deshalb überall in der Stadt Georgs Kampf mit dem Drachen auf den Sopraportiken), wurde Ende des 17. Jahrhunderts für die Theatiner umgestaltet. Der überkuppelte Zentralbau beherbergt einige wichtige Gemälde. Im Chor drei Bilder von Luca Cambiaso, erster Altar rechts ›Leidender Christus und Catarina Fiesco‹ von Domenico Guidobono; am dritten Altar links eine ›Pietà‹ von Coëllo (16. Jahrhundert).

Die ursprünglich aus dem 11./12. Jahrhundert stammende **Kirche des Hl. Torpes** war die Kirche der Pisaner in Genua. Sie hatten auch den Kult dieses Heiligen in die Superba gebracht. Die beiden aufeinander abgestimmten Fassaden von San Giorgio und San Torpete wurden zur selben Zeit fertiggestellt.

c Politisch-religiöses Zentrum (Borgo)

> Sant' Ambrogio – Palazzo Ducale – Dom San Lorenzo – Doria-Viertel und San Matteo – Piazza Campetto – Piazza Soziglia – Santa Maria delle Vigne

Die karolingische Stadtmauer verlief von der Porta Soprana entlang der Nordostflanke von Sant' Ambrogio über die Salita del Fondaco und den Vico Indoratori zu San Pietro in Banchi am Hafen. D. h. die Niederlassung der Exil-Mailänder um Sant' Ambrogio und die Kathedrale nebst Bischofspalast lagen am äußersten nordöstlichen Rande der Stadt, gerade noch innerhalb der Mauer. Bei der Stadterweiterung unter Einbeziehung des Borgo di San Siro in die neue Barbarossa-Mauer lag nun das politisch religiöse Zentrum der mittelalterlichen Stadt auch tatsächlich topographisch in der Mitte. Die erst im 19. Jahrhundert gebrochene Achse Via San Lorenzo, Piazza Giovanni Matteotti und Via Porta Soprana vermittelt ein falsches Bild von der ursprünglichen Gestalt. Die wichtigsten Achsen, die den Hafen mit der Porta Soprana verbanden, waren vor dem 19. Jahrhundert die Via Canetto il Lungo und die Via San Bernardo.

Sant' Ambrogio (Il Gesù)
569 als Exilkathedrale des vor den Langobarden geflohenen Bischofs Onorato von Mailand gegründet. Dessen frühchristlicher Bau stand bis zur Zerstörung um die Mitte des 16. Jahrhunderts. 1569 Übergabe des Gebäudes an die Gesellschaft Jesu. Der in Genua vorstehende Pater Marcello aus dem begüterten Hause der Pallavicini sorgte für die private Finanzierung des Baues. 1592 er-

ste Messe im fertiggestellten Vierungsbereich. 1603 Eindachung und Weihe des Hauptaltares. Im dritten Jahrzehnt des 17. Jahrhunderts Fertigstellung der Innendekorationen durch die Werkstatt Giovanni Carlones. Erste erkennbare Mitarbeit des jüngeren Bruders Giovanni Battista Carlone. Bis 1637 wird an der Fassade weitergebaut. Erst 1891–92 wird der obere Teil (über dem Gebälk der Pilasterordnung) nach den originalen Plänen fertiggestellt. Der Campanile ist gar erst ein Werk unseres Jahrhunderts (1928).

Der jesuitische Architekt Giuseppe Valeriani entwarf in Anlehnung an die Genueser Tradition, aber im Einklang mit den Forderungen des Ordens, einen sehr lichten und geschlossenen Baukörper. Um eine zentrale Kuppel gruppiert sich in beide Richtungen symmetrisch ein harmonischer Langbau über basilikalem Schema (Abb. 12). Doch die Raumwirkung ist eher die eines longitudinal gestreckten Zentralbaues als die einer Basilika. Die hochgestellten und weiten Arkaden des Hauptschiffes lassen den Seitenschiffen wenig Möglichkeit zur Entfaltung eigener Räumlichkeit. Der Forderung des Ordens nach einem großen Einheitsraum ist trotz Dreischiffigkeit Rechnung getragen. Wenn für die reine Baugestalt um die Vierung Alessis Vorbild von Santa Maria di Carignano nicht ganz auszuschließen ist, so lenkt davon doch erheblich die aufwendige wie kostbare Innendekoration ab (siehe das System der Deckengemälde).

Innenausstattung. *Rechtes Seitenschiff:* 2. Kapelle, ›Kreuzigung‹, von Simone Vouet

Genua, S. Ambrogio (Il Gesù), System der Deckengemälde, nach Garazza: 1 Verkündigung (G. B. Carlone) 2 Anbetung der Könige (G. Carlone) 3 Einzug Christi in Jerusalem (G. Carlone) 4 Kreuzabnahme (G. und G. B. Carlone) 5 Himmelfahrt (G. Carlone) 6 Christus als Weltenrichter zwischen der Jungfrau und Johannes dem Täufer, Heiligen und Engeln (G. Carlone) 7 Jungfrauenkrönung mit Vater, Sohn und Hl. Geist (G. Carlone) 8 Die Jungfrau 9 Seelen im Fegefeuer 10 Heilige und Selige 11 Verdammte 12 Ordensväter (8–12 G. Carlone)

(1621/22), am Altarsockel ›Krippe‹, von Tommaso Orsolini; 3. Kapelle, auf dem Altar ›Himmelfahrt‹, von Guido Reni (1616–17); 4. Kapelle, ›Unbefleckte Empfängnis‹, von Andrea Pozzo (Ende 17. Jahrhundert). *Chor:* Hinter dem Hauptaltar ›Beschneidung Christi‹, von Peter Paul Rubens (1605) für Nicolò Pallavicino; an der linken Chorwand ›Ruhe auf der Flucht‹, von Domenico Piola; linke Chorkapelle, an den Wänden ›Szenen aus dem Leben des Hl. Xaver‹, von Domenico Fiasella, und im Gewölbe drei Szenen aus dem Leben desselben Heiligen, von Valerio Castello. *Linkes Seitenschiff:* Erste Kapelle mit Ölbild ›Hl. Franziskus Borgia‹, von Andrea Pozzo (Ende 17. Jahrhundert); 3. Kapelle, Altarbild ›St. Ignatius heilt einen Besessenen‹, ein Hauptwerk von Peter Paul Rubens (1620); 4. Kapelle, ›Steinigung des Hl. Stephanus‹, von Giovanni Battista Paggi.

Palazzo Ducale

Die Baugeschichte des Palazzo Ducale zeigt das Dilemma der Stadt als Gemeinwesen. Bis 1291 verfügte Genua über keinen kommunalen Verwaltungsbau. Dessen Funktionen mußten abwechselnd der Palazzo di San Giorgio, die verschiedenen Palazzi der Doria oder der Erzbischöfliche Palast erfüllen. Unter der Diarchie der Spinola-Doria wurde neben Turm und Palast des vertriebenen Guelfen Alberto Fiesco mit dem Bau eines eigenen Rathauses begonnen, der bereits 1294 die Gebäude der im Exil befindlichen Fieschi einbezog. Der Amtssitz der Capitani del Popolo diente gleichfalls den sog. Volksäbten als Amtssitz. Daher der Name Palazzo degli Abbati. Derselbe Baukomplex diente zusammen mit inzwischen beträchtlich angewachsenen zusätzlichen Annexgebäuden nach Osten und Norden als Residenz des Signore Heinrich VII. (nach 1311) und dem ersten Dogen Simone Boccanegra. Erst 1591, entsprechend der neuen Situation in der Superba, beschloß die verfassungsmäßig abgesicherte Oligarchie der Stadt ihrem Ansehen und Einfluß auch äußerlich den gebührenden Ausdruck zu verleihen. Der Stadtarchitekt Andrea Cerisola, gen. Il Vannone, erstellte die Pläne für einen repräsentativen Kommunalpalast, in dem die Nobilität der Stadt in feierlichen Zeremonien und prächtigen Festen sich selber feiern und gegenüber anderen zur Schau stellen konnte. Vannones Bau bestand aus einem langgestreckten Hauptbau und zwei dazu senkrecht stehenden Flügelbauten nach Süden. Der Haupttrakt zerfiel wieder in drei Teile, den Mitteltrakt mit großem Atrium im Erdgeschoß, symmetrisch monumentaler Treppe und dem Festsaal des großen und des kleinen Rates. Flankierend dazu angebaut zwei Komplexe um jeweils einen Portikushof, im Westen der Cortile Maggiore und entsprechend im Osten der Cortile Minore. Zusammen mit den Säulenreihen des Atriums ergibt sich eine schier unendliche Flucht von Säulen und Höfen in der Ost-West-Achse. In den westlichen Zungentrakt und den Cortile Grande sind die ältesten Gebäudeteile eingebunden. Im Obergeschoß des südlichen Traktes am Cortile Maggiore, praktisch im Palazzo degli Abbati, ist die Palastkapelle, das Kleinod der Ausstattung, gelegen. Die Südseite des Gesamtkomplexes war zwischen den beiden Zungenbauten halboffen, abgeschlossen durch eine dreifache Loggia, die sog. ›Cortina‹, so daß sich vor der Hauptfassade ein noch größerer dritter Hof ergab. 1602, nach einer abermaligen Verschwörung, wurden

Genua, Palazzo Ducale: Cortile Maggiore und Vestibül; nach Gauthier

die nach außen weisenden Arkaden zugemauert, so daß auch architektonisch zum Ausdruck kam, was dieser Bau realiter darstellte: Szenarium für eine geschlossene Gesellschaft. Ein schrecklicher Brand zerstörte fast vollständig den Mittelteil des Hauptgebäudes. Der mit dem Wiederaufbau betraute Simone Cantone erstellte für Genua eine der ersten und sogleich kolossalsten neoklassizistischen Fassaden Italiens. Der Trassierung der neuen Vekehrsachse, der Via San Lorenzo (1850) fiel die ›Cortina‹ vollständig zum Opfer. Danach erhielten die Stirnseiten der Flügelbauten ihr heutiges ebenfalls klassizistisches Gesicht. Durch den Abriß der ›Cortina‹ war auch erstmals der Blick frei auf die bis dato unvollendete Fassade von Sant' Ambrogio, die ja anschließend nach den originalen Plänen ergänzt wurde. Ein letzter Eingriff in den Baukörper des Palazzo Ducale erfolgte Anfang unseres Jahrhunderts, als man die Ostseite zur Piazza Ferrari hin öffnete. Die zahlreichen Kriegsschäden (Bombardement Ludwigs XIV., Revolution und letzter Weltkrieg) und Brandschäden sowie sukzessiv erfolgte Restaurierungen haben vom Innenbau fast nichts original übriggelassen. Zu erwähnen sind die Fragmente der Doria-Statuen (Andrea Doria von Montorsoli, im Vestibül aufgestellt) und Fresken im linken Treppenhaus (Lazzaro Tavarone und Domenico Fiasella). Das Kleinod aber ist die Palastkapelle. Anläßlich der Unterstellung der Stadt Genua unter die Himmelskönigin Maria (1637) – der Palazzo Ducale war seither Palazzo Reale! – konzipiert und Mitte der fünfziger Jahre von Giovanni Battista Carlone unter Mithilfe von Giulio Benso ausgemalt (z. Zt., 1984, wegen umfangreicher Restaurierungsarbeiten noch nicht zu besichtigen).

Dom San Lorenzo

Nicht nur wegen seiner Ausmaße (mit knapp 100 m Innenlänge größter Kirchenbau Genuas), sondern auch wegen seiner verschiedenen Bauphasen, seiner skulpturalen Ausstattung, seiner Bildwerke und seines Domschatzes wichtigster Bau Genuas (Abb. 24–29). Durch die Übertragung der Gebeine des Hl. Romulus von San Remo nach San Lorenzo 878, während der Sarazenengefahr, erstmals erwähnt. Da innerhalb der karolingischen Mauer gelegen, Transferierung des Bischofssitzes von San Siro nach San Lorenzo. Festigung des Stadtstaates und Übertragung der Gebeine des Hl. Johannes des Täufers aus dem Heiligen Land 1098 boten Anlaß zu einem romanischen Neubau. Bereits 1118 weiht Papst Gelasius II. im wahrscheinlich vollendeten Chor den Hochaltar. Durch die Erhebung Genuas zum Erzbistum (1133) beschleunigte Fortführung der Bauarbeiten. Bis ca. 1160 war offensichtlich der romanische Bau weitgehend fertiggestellt. Bereits gegen Ende des 12., eher aber gegen Anfang des 13. Jahrhunderts Umbauten im französischen Stil der Frühgotik, beginnend mit der unteren Zone der heutigen Fassade, dem Turmpaar und dem dahinterliegenden Atrium. Östlich vom Atrium Ansätze zu einer offensichtlich geplanten, aber nie ausgeführten Einwölbung der Seitenschiffe mit Kreuzrippengewölben. Ein Kirchenbrand im Jahre 1296 begünstigte die fast vollständige Erneuerung des Innenraums bis ca. 1312. Verlangsamung des Bauvorganges durch die innerpolitischen Querelen. 1522 Vollendung des rechten Turmes, drei Jahre später Choreinwölbung und 1550 Abschluß der Einwölbung des Hauptschiffes. Anstelle der romanischen Trompenkuppel erstellt Galeazzo Alessi 1557 die Pläne für eine neue Renais-

Genua, Dom S. Lorenzo, Teil der Südseite; nach Ceschi

sancekuppel. 1835–50, während der städtischen Systematisierung der neuen Straße, erfolgte die Ausführung der großen Freitreppe mit Wangenlöwen (Abb. 25).
Außenbau. *Fassade:* In ihrer Konzeption als Zweiturmfassade mit Portaldreiergruppe eindeutig französisch beeinflußt. Die Aufschluchtung der Wand durch vielfach zurückgestuftes Gewände, die Kompaktheit und Geschlossenheit der Portaldreiergruppe sind ohne französische Vorbilder der Ile de France hier in Genua nicht vorstellbar. Reichste skulpturale Ausstattung am Hauptportal (Abb, 26, 27). Registertympanon mit Christus in der Mandorla, umgeben vom Tetramorph in der oberen Zone und Martyrium des Kirchenpatrons im unteren Register (Abb. 29). Türsturz glatt, im 16. Jahrhundert bemalt. An den Konsolen ›Madonna Lactans‹ und ›Abraham und die Auserwählten‹. An der Stirnseite der Türpfosten hervorragende Reliefs mit Szenen aus dem Marienleben links und Wurzel Jesse rechts (Abb. 26). Seitenportale ohne Skulpturenschmuck, lediglich das Zickzack-Band der äußeren Archivolte verrät wiederum normannische Vorbilder. An der Ecke zwei hervorragende Trägerlöwen. Am Südwesteck sog. ›Arrotino‹ im Stil französischer Gewändefiguren (Abb. 25), stilistisch dem Christusmeister des Mitteltympanons verwandt. Als Vorbilder dieser Genueser Portalskulptur sind vor allem die Zentren der nordfranzösischen Frühgotik Chartres-West, Senlis, Mantes, Noyon genannt worden. Doch das aufragende Vertikalsystem von Gewändestufen und eingestellten Säulchen wird typisch genuesisch hinterlegt mit einem System von horizontalen farbig inkrustierten Mauerstreifen, so daß eine höchst malerische wie originelle Genueser Lesart des gotischen Musters entsteht. Überhaupt, die Portalzone von San Lorenzo dürfte nicht nur eines der ältesten Beispiele gotischer Architektur an einem italienischen Kathedralbau darstellen, sondern ist die reinste Übernahme gotisch nordischer Formvorstellung ohne knechtische Nachahmung aller Details oder Verzicht auf lokale Traditionen.

Über der Portalzone klar erkennbare Preisgabe des gotischen Systems. Die inkrustierten hellen und dunklen Mauerstreifen werden wieder das bestimmende Dekorationsmuster. Öffnung der Wand und geschlossener Mauerverband halten sich in der Biforienzone noch die Waage. Jeweils an den Mittelsäulen der Biforiendreiergruppen jedes Turmes Monumentalstatuen von ›Madonna mit Kind‹ (links) und ›Johannes der Täufer‹ (rechts). Diese Bauphase verläuft zeitgleich mit der Neugestaltung des Kircheninneren im 13. Jahrhundert.

Rosengeschoß und Loggia des linken Turmes stammen aus dem 15. Jahrhundert. Das Mauerwerk der Türme, besonders an der Flankenseite der Kirche, zeigt zahlreiche vermauerte Spolien, teilweise vom Vorgängerbau des 11. Jahrhunderts, zum Teil aber auch aus römischer Zeit.
Rechte Seite: Die Fassade des südlichen Querhauses und die ersten vier östlichen Langhausjoche zeigen noch die Außengestalt des romanischen Baues mit abwechselnd kleinen Fensterarkaden und Kreis-·okuli. Gleich nach dem Turm das Südportal (San Corrado) von ca. 1140 (1895 restauriert). Flacher Portalvorbau in romanischer Protiro-Tradition. Schlanke Säulen auf hohen Einzelsockeln tragen einen nur eine Archivolte tiefen rundbogig geöffneten Baldachin, der von einer gotischen Ädikula über-

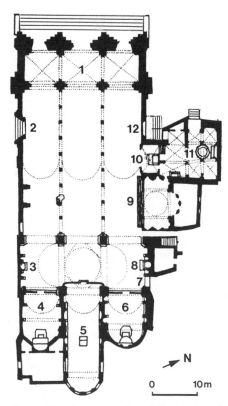

Genua, Dom S. Lorenzo, Grundriß: 1 Atrio gotico 2 Portale di S. Gottardo 3 Altare della Trinità 4 Cappella Senarega 5 Presbyterium 6 Cappella Lercari 7 Zum Tesoro 8 Altar der Hl. Apostel 9 Cappella di S. Giovanni Battista 10 Cappella dei Marini 11 Baptisterium 12 Portale di S. Giovanni

höht wird. Die eingestellten Gewändesäulen und Türpfosten sind reich mit Rankenwerk und eingeflochtenen Tieren nach lombardischen Vorbildern skulptiert. Gegenüberliegend auf der Nordseite das etwas ältere Johannes-Portal (ungefähr 1130). Türsturz aus römischem Friesfragment. Antikisierende Freisäulen. In der Leibung des linken Portalpfostens neben primitiven Tierreliefs lombardischer Schule eine schöne sitzende Madonna von 1342, der Pisano-Gotik eng verwandt.

Inneres: Schlanke spitzbogige Arkaden, das falsche Triforium, die mehrfache Aufstokkung des Langhauses und die schließlich Mitte des 16. Jahrhunderts erfolgte Einwölbung mit durchgehender Halbkreistonne unterstreichen sowohl den Höhenzug als auch die Achsialität des dreischiffigen Langhauses (Abb. 28), doch lediglich die doppelten Bogenstellungen zwischen der helldunklen Bänderung und die Kapitellstruktur können lebhaftes Interesse beanspruchen. Wichtigster Beitrag im Kircheninneren ist die überaus reiche Ausstattung. In der Lünette über dem Mittelportal Fresken des ›Jüngsten Gerichtes‹ und der ›Verherrlichung Mariens‹ (13. Jahrhundert).

Rechtes Seitenschiff: Im ersten Joch an der Wand Marmorrelief einer ›Kreuzigung‹ (1443). Im inneren Tympanon der Porta San Corrado ›Madonna und zwei Heilige‹, Fresko erste Hälfte 14. Jahrhundert. Danach ›Grabmal des Kardinals Boetto‹; darüber vom Hospital von Pammarone stammendes Fresko des ›Abendmahls‹, von Lazzaro Tavarone (1626). Auf dem folgenden Altar Reliefs mit ›Ewiger Vater und Engel‹, von Taddeo Carlone (Anfang 17. Jahrhundert). Darunter eine ›Madonna mit Kind und Engel‹, Quattrocento-Skulpturen von hoher Qualität. Schließlich ein großes Triptychon der ›Himmelfahrt Mariens‹, von Gaetano Previati. An der dritten Arkadensäule Renaissance-Kanzel mit schönen Reliefs von Pier Angelo della Scala (1526). An der Stirnseite des südlichen Querarmes der sog. ›Dreifaltigkeitsaltar‹ vom Anfang des 16. Jahrhunderts. Original noch die Statuen von San Lorenzo und San Nicola nebst Reliefs.

Rechte Chorapsis: Cappella del Soccorso (nach dem Stifter auch Senarega-Kapelle genannt). An der Decke Fresken von Andrea Giovanni Carlone zum Leben des Hl. Sebastian (1690). Rechtes Bild von Lorenzo De Ferrari. An der gegenüberliegenden Wand die berühmte ›Kreuzigung‹ von Federico Barocci (1597). Der Altar stammt erst aus der neoklassizistischen Epoche.

Chor: Reiches Chorgestühl (vgl. die Kathedrale in Savona), 1514 von Anselmo De Fornari unter Mithilfe von Elia de Rocchi begonnen, 1527 von Gian Michele Pantaleoni weitergeführt und nach 1540 von Giovanni Francesco Zambelli fertiggestellt. In die Barockdekoration der Wände von 1624 finden sich noch im originalen Zustand eingeschlossen die vier Renaissance-Ädikulen mit den Evangelisten-Statuen (1541–43): ›Johannes‹ von Giovanni Angelo Montorsoli, ›Matthäus‹ von Giovanni Maria Pasallo sowie ›Lukas‹ und ›Markus‹ von Giacomo Della Porta. Die ›Maria Vergine Regina‹ wurde nach Entwurf Domenico Fiasellas (1632) von Giovanni Battista Bianco gefertigt. Apsis- und Gewölbefresken zum Leben des Kirchenpatrons von Lazzaro Tavarone (1622).

Linke Chorapsis: Als Familienkapelle der Lercari 1556 erneuert. Für die Ausmalung mit Fresken mit mariologischem Programm sorgten die zwei bedeutendsten Maler Genuas im Cinquecento, Giovanni Battista Castello, gen. Il Bergamasco, und Luca Cambiaso. Ersterer schuf 1565–67 die Gewölbefresken mit der ›Himmelfahrt‹ und der ›Krönung Mariens‹, während die Wandfresken erst 1569 von Cambiaso weitergeführt worden sind.

Linkes Seitenschiff: An der Stirnseite des nördlichen Querarmes folgt der sog. Cybo-Altar, Teil der ursprünglich dahinterliegenden Cybo-Kapelle. Die Altararchitektur, drei große und zwei kleine Nischen, von Domenico da Carona (1530) mit Figuren von Niccolò da Corte (Abraham, Hieronymus und St. Petrus) und Guglielmo Della Porta (Christus, Paulus, Johannes der Evangelist und Moses).

Anschließend die kunsthistorisch *bedeutsamste Kapelle, jene des Täufers.* Große Fronte mit Reliefs, Tondis und Figuren nach Entwurf und Mitarbeit (1551–56) von Domenico Gaggini begonnen (Abb. 31). Die wohlhabende Bruderschaft Johannes des Täufers hatte eigens zur standesgemäßen Aufbewahrung der Reliquien diese Kapelle bei dem lombardischen Wanderkünstler und vermuteten Brunelleschi-Schüler in Auftrag gegeben. Wunderbare Verschmelzung toscanischer Frührenaissance mit lombardischem Empfinden. Von der Hand Domenico Gagginis stammen mit einiger Sicherheit der Hl. Georg, Johannes der Täufer, die Heiligen Sirus und Sebastian, die Tondi unter Georg und Johannes dem Täufer, die Tondi der ›Verkündigung‹ und die quadratischen Reliefs zur Geschichte des Täufers: Geburt, Predigt, Taufe Christi, Martyrium und Tanz der Salome. Zur ursprünglichen Ausstattung gehörten noch die Deckenfresken von Foppa und eine Pala von Giovanni Masone. Nach Domenicos Weggang nach Sizilien führten Giovanni und Elia Gaggini die Arbeit fort.

1492 entschloß sich die Bruderschaft zu einem erneuten Umbau, vor allem der Innengestaltung. Matteo Civitale schuf die Wandnischen und die zugehörigen Großfiguren. Nach dessen Tod wurde mit der Fertigstellung des Figurenprogramms (Madonna und Johannes der Täufer) der Floren-

3 BORDIGHERA, Altstadt
◁ 2 CERIANA
5 SAN REMO Casino

4 Maurischer Kiosk in den GIARDINI HANBURY
6 GIARDINI HANBURY bei Mortola Inferiore ▷

8 Baiardo
◁ 7 Bussana Vecchia
9 Pigna

10 Dolceacqua im Nervia-Tal ▷

11 S. Stefano di Massaro

12 Friedhofskirche von Camporosso

13 S. Stefano bei Villanova

14 SS. Giacomo e Filippo bei Castello di Andora

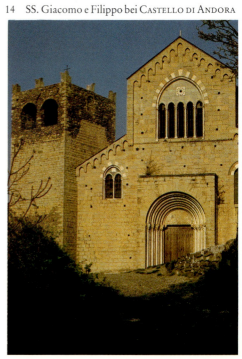

15 S. Domenico in Taggia

16 Chiusavécchia
17 Bei Lucinasco
18 Mandelblüte bei Civezza
19 Perti ▷

21 Am Strand von Noli
◁ 20 Villa, Ortsteil von Pornassio
22 Blick auf Porto Maurizio

23 Alter Hafen von Savona

24 GENUA   Blick auf die Hafeneinfahrt und auf S. Maria di Carignano

25 GENUA   Piazza della Vittoria

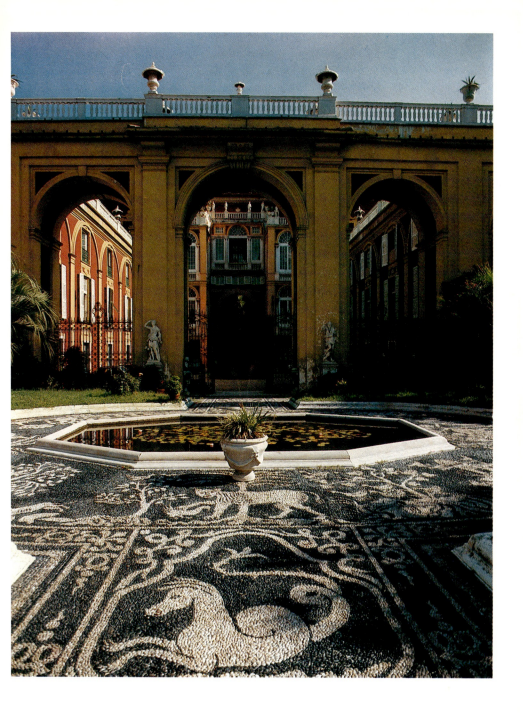

26 Genua Im Hof des Palazzo Reale

27 GENUA   Villa Cambiaso in Albaro
28 GENUA   Palazzo Negrone-De Cavi, Loggia mit Fresken von G. B. Carlone (Detail)

29 GENUA Palazzo Negrone-De Cavi, Loggia mit Fresken von G. B. Carlone

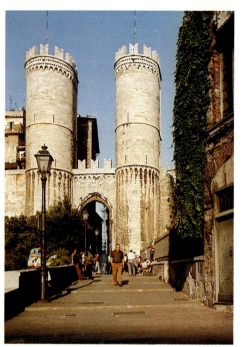

30 GENUA Porta Soprana
31 GENUA S. Donato
33 GENUA Palazzo Carrega-Cataldi, Galleria Dorata ▷
32 GENUA Abend in der Via Garibaldi, Blick auf den Palazzo Rosso

◁ 34 Portovenere

38 In Camogli ▷

35–37 Santa Margherita Ligure   Im Park der Villa Durazzo

40 Vernazza in den Cinqueterre

42   San Fruttuoso
43   Abtei Borzone

44   Portofino

45 SESTRI LEVANTE   Baia di Silenzio

46 LÉRICI und der Golf der Dichter

47 Tellaro

48 Lévanto S. Andrea, Portal

49 Lavagna Basilica dei Fieschi, Portal

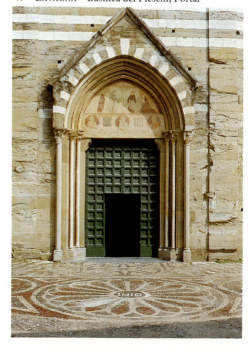

50 GENUA Museo di S. Agostino: Fresko aus S. Catarina in Finalborgo
52 SAVONA Pinacoteca Civica: ›Madonna mit Kind und Engeln‹, von Taddeo di Bartolo ▷
51 GENUA S. Maria di Castello: Verkündigung von Justus von Ravensburg

53 GENUA Palazzo Doria-Pamphily: Fresko von Perin del Vaga in der Loggia degli Eroi

54 GENUA Villa Pallavicino delle Peschiere: ›Sturz des Phaëton‹, von Il Bergamasco

55 GENUA Palazzo Rosso: ›Die Köchin‹, von B. Strozzi (Detail)

56 GENUA Palazzo Rosso: ›Die Lautenspielerin‹, von L. Miradori

tiner Andrea Sansovino beauftragt. 1530–32 entstand in Zusammenarbeit von Niccolò da Corte und Guglielmo Della Porta der zentrale Baldachin. Links davon steht der ursprüngliche kleine Marmorschrein der Gebeine des Täufers, eine vorzügliche südfranzösische Arbeit um 1200, die bei der heutigen Aufstellung nur schwer erkennbar und daher kaum zu würdigen ist.

Nach der Täufer-Kapelle folgt die *Kapelle De Maini* (zugleich Eingang zum Baptisterium). Die Eingangsfront stammt ursprünglich von der ehemaligen Fieschi-Kapelle. An der rechten Wand die hervorragend gearbeitete Liegefigur vom Grab des Giuliano Cybo (erst 1955 aufgefunden), von Guglielmo Della Porta (?). Darüber das Wandgrab des Kardinals Giorgio Fiesco (gestorben 1461), ein Werk von Giovanni da Bissone.

In der Lünette der nachfolgenden *Porta di San Giovanni* Freskenreste des 13. Jahrhunderts. An der Wand über der Porta di San Giovanni und der De Maini-Kapelle freigelegtes Fresko ›Der Hl. Georg tötet den Drachen, zu seinen Seiten St. Barnabas und Johannes der Täufer‹ (um 1300).

Schließlich folgen noch an der Wand aufgestellte Reste des Grabmals des Kardinals Luca Fieschi (gestorben 1336 in Avignon). Die Meisterschaft des unbekannten, an französischen Vorbildern geschulten Bildhauers tritt besonders augenscheinlich hervor in dem Relief ›Vorzeigen der Stigmata‹.

Domschatz
(Museo del Tesoro di San Lorenzo). 1956 errichtet. Ein Eingangs-Tholos und drei weitere um ein regelmäßiges Sechseck verteilte ungleichgroße Tholoi (Rundsäle) beherbergen einen wahren Schatz an mittelalterlicher und neuzeitlicher Sakralkunst.

Darunter der berühmte ›Sacro Catino‹, der, von Guglielmo Embriaco während des Ersten Kreuzzugs im Heiligen Land, genauer in Caesarea, erbeutet und nach Genua gebracht, lange Zeit als der Heilige Gral galt. Bei der hexagonalen Schale dürfte es sich nach neuester Ansicht um eine islamische Glasflußarbeit des 9. Jahrhunderts handeln. Von den Franzosen 1806 entwendet und nach Paris gebracht, dort zerbrochen, wurde die Schale 1860 der Superba zurückerstattet. Lediglich eine zentrale Scherbe blieb im Louvre. Weitere Kostbarkeiten ersten Ranges: Sog. ›Arm der Hl. Anna‹, byzantinisches Armreliquiar des 11./12. Jahrhunderts; sog. ›Schrein des Barbarossa‹, Reliquienschrein des späten 12. Jahrhunderts, nordfranzösische Arbeit; ›Kreuz des Zacharias‹, byzantinisches Vortragekreuz, 13. Jahrhundert; ›Teller von Calzedon‹, 1. Jahrhundert nach Chr. (Goldrahmen, Edelsteinschmuck und Kopf des Johannes aus Emaille im 15. Jahrhundert in Limoges entstanden; Abb. 30); ›Schrein der Asche des Täufers‹, im Auftrag des Dogen und des Ältestenrates 1438–55 von Teramo Danieli und Simone Caldera in Anlehnung an traditionelle Behältnisse dieser Art des Rhein- und Mosellandes gearbeitet.

Piazza San Matteo
Anstelle der 1125 genehmigten und von Martino Doria gestifteten romanischen Hauskirche der Doria-Familie beschloß eben diese 1278 einen vollständigen Neubau in größeren Dimensionen. 1308, laut Inschrift, wurde der leichtfüßige gotische Kreuzgang (ursprünglich holzgedeckt) von einem Magister Venetus fertiggestellt. Parallel zu Kirche und Konvent von San Matteo erfolgte auch die durchgreifende städtebau-

liche Neustrukturierung des Doria-Viertels um einen zentralen, fast quadratischen Platz. Aus der Bauzeit der Kirche stammt noch der sich direkt an die Kirche anlehnende **Palazzo Branca Doria**. Auch die anderen **Doria-Palazzi** um den Platz stammen aus dem späten 13. Jahrhundert bis Mitte des 15. Jahrhunderts. Die Piazza di San Matteo ist die älteste und gleichzeitig harmonischste Platzanlage Genuas. Die Häuser alle vom selben Bautypus: Unten umlaufende offene Loggien, darüber Bi- und Triforienfenstergruppen, die Wände in schwarzweißer Streifeninkrustation (die nur den obersten Familien, speziell den Doria, Grimaldi, Fieschi, Spinola etc. gestattet war) ergeben zusammen mit der Fassade der Kirche einen wunderbar geschlossenen städtischen Binnenhof, dessen Privatheit durch die anwohnenden Mitglieder ein und derselben Familie gesichert war. Damit besitzt Genua in der Piazza di San Matteo neben der Straße des Manierismus (Via Garibaldi), der Straße des Barock (Via Balbi) und der Straße des Historismus (Via XX. Settembre) auch ein vorzüglich erhaltenes Ambiente des späten Mittelalters. Leider sind die Restaurierungsarbeiten noch in vollem Gange. Doch sind diese Arbeiten einmal zu Ende geführt, wird Genua um ein städtebauliches Kleinod reicher sein.

San Matteo

Von der gotischen Kirche von 1278 ist praktisch nur noch die zum Platz ausgerichtete Fassade unverändert erhalten (Abb. 32, 34). Durch Lisenen dreigeteilte Fassade mit Streifeninkrustation. Bemerkenswert die Inschriften (in den weißen Streifen) der Taten der Doria, das originale Mosaik des Kirchenpatrons im Tympanon (Ende 13. Jahrhundert) und die zahlreichen antiken Spolien (Abb. 33), darunter der zur Erinnerung an den Seesieg von Curzola erbeutete Sarkophag mit der allegorischen Darstellung des Herbstes (3. Jahrhundert; unter rechtem Fenster). Ohne daß die bauliche Substanz der gotischen Kirche im großen Umfang verändert wurde, erfuhr San Matteo auf persönliche Veranlassung Andrea Dorias zwei wesentliche Gesichtskorrekturen in seinem Inneren. Die erste von 1543–47 noch von Giovanni Angelo Montorsoli, der für die neue Ausstattung von Chor und Querhaus mit Stuck und Skulpturen verantwortlich war und auch die kleine Krypta angelegt und ausgestattet hatte. In ihr ist auf eigenen Wunsch der große Andrea Doria bestattet. Die zweite interne Veränderung erfolgte nach einem Intervall von zehn Jahren, (1557–59) unter Leitung des Bergamasken in Zusammenarbeit mit Luca Cambiaso. Von Il Bergamasco dürften Gesamtentwurf und Ausführung der Stukkaturen im Langhaus sein, während die dortigen Malereien weitgehend dem Cambiaso zugeschrieben werden.

Im Kreuzgang (Abb. 36) kleines Lapidarium. Dort besonders erwähnenswert der byzantinische Sarkophag, der die von Pagano Doria in Parenzo erbeuteten Reliquien der Heiligen Maurus und Eleutherius barg (Abb. 37).

Palazzo Imperiale
(Piazza del Campetto)

Dieser pompöseste Palast des 16. Jahrhunderts in der Altstadt wurde 1560 nach Fassadenentwürfen von Giovanni Battista Castello, Il Bergamasco, vollendet. Interessant, daß sich die Fassade in leicht konvexer Krümmung dem gegebenen Verlauf des

Campetto-Platzes anpaßt. In den Räumen des ebenerdig eingerichteten Versteigerungshauses sind noch die Reste der großenteils 1942 zerstörten Innendekoration von Il Bergamasco und Luca Cambiaso zu sehen. Überaus reich ist die Dekoration der Fassade. Hier ist unzweifelhaft Giovanni Battista Castellos lombardisches Naturell durchgebrochen. Neben der ursprünglich von Luca Cambiaso stammenden, von Ansaldo im 17. Jahrhundert erneuerten Außenbemalung ist die Fassade überzogen mit einem System von Volutenhermen, übergiebelten Fenstern, Beschlag und Rollwerk, Masken, Putti und Girlanden, noch stärker als dies schon am Palazzo Spinola-Pessagno der Fall war.

Die Piazza Campetto mündet direkt in die **Piazza Soziglia**, Geschäftszentrum der Altstadt und platzartige Erweiterung der Hauptverkehrsachse zwischen Piazza in Banchi und der Loggia dei Mercanti, der Via Orefici und der Via Luccoli bis zur Piazza Fontane Marose. An der Piazza Soziglia Turmhaus *Spina di Luccoli*: Fünfgeschossiges gotisches Eckhaus auf trapezoidalem Grundriß mit schwarz-weißer Streifeninkrustation. Hinter der Piazza Soziglia folgt

Santa Maria delle Vigne

Zwischen der alten Kathedrale und dem Bach Soziglia, an der Stelle von Weingärten (daher der Name) gelegene Mönchsniederlassung. Erster Kirchenbau mit Sicherheit erst ab 1083 nachweisbar. Im Rahmen der Stadterweiterung im 12. Jahrhundert Sitz einer eigenen Pfarrei. Die romanische Kirche konnte von Ceschi weitgehend rekonstruiert werden. Von dieser stammt heute noch der Campanile (um 1200). 1588 anstelle der romanischen Apsiden der heutige Staffelchor errichtet und von Lazzaro Tavarone ausgemalt (1612). Unter der Turmpassage das Wandgrab des Mediziners Anselmo von Incisa (gestorben 1304), unter Wiederverwendung eines römischen Sarkophags mit der Darstellung des Tods der Phädra. Schräg gegenüber Eingang zum erhaltenen Konvent mit doppelgeschossigem Kreuzgang. Untere Galerie noch aus spätromanischer Zeit.

Langhaus 1640 von Domenico Casella vollständig erneuert. Fassade von 1842 (unfertig).

Innenausstattung. *Rechtes Seitenschiff:* Dritter Altar großes Marmorretabel von D. Solaro, das in der Mitte eine ›Madonna mit Kind‹ von Giovanni Mazone (1465) umschließt. Am vierten Altar ›Hl. Michael‹ von Gregorio De Ferrari (ca. 1680).

In der rechten Chorkapelle eine Madonna in der Art des Taddeo di Bartolo (ungefähr 1397/98). An den beiden östlichen Pfeilern des Hauptschiffes Einzeltafeln von verlorenen Triptychen: ›Hl. Katharina‹ von Francesco da Pavia (zwischen 1476 und 1494) und ›Trinität‹, Anfang 15. Jahrhundert. *In der linken Chorkapelle* ›Kreuzigungsgruppe‹ von Anton Maria Maragliano. *Über dem Seitenportal* gemaltes Kruzifix auf Holz (um 1400). *Linkes Seitenschiff:* Vierter Altar, ›Offenbarung des Johannes‹ von Domenico Piola (1685–90) und auf dem zweiten Altar ›Die 10 000 Kreuze‹, Altarbild von Bernardo Castello (1580).

d Straße der Paläste

Villa Pallavicino delle Peschiere – Palazzo Doria-Spinola – Palazzo Pessagno-Pallavicini – Piazza Fontane Marose – Via Garibaldi (= Strada Nuova) – Via Cairoli – Largo della Zecca – Piazza Annunziata – Via Balbi

Villa Pallavicino delle Peschiere

für Besichtigung Erlaubnis bei Signora Dondini erfragen!

Um 1556 von Galeazzo Alessi selbst oder zumindest unter direktem Einfluß der Villa Gambiaso entworfen und bis ca. 1562 unter der Oberleitung Giovanni Battista Castellos, Il Bergamasco, für Tobia Pallavicino errichtet (Abb. 41–43). Die isolierte Südhanglage und der herrliche Blick auf Genua und Hafen von Anfang an in die Konzeption miteinbezogen. Innenausstattung der Villa, Terrassen, Gärten, Brunnen und Teiche von Il Bergamasco konzipiert. Ausmalung unter Mithilfe von Luca Cambiaso und Andrea Semino. Zur kunsthistorischen Bedeutung der Villa für Genua siehe S. 112 (Farbt. 54).

Genua, Fassade der Villa Pallavicino delle Peschiere; nach P. P. Rubens

Genua, Villa Pallavicino delle Peschiere, nach Gauthier

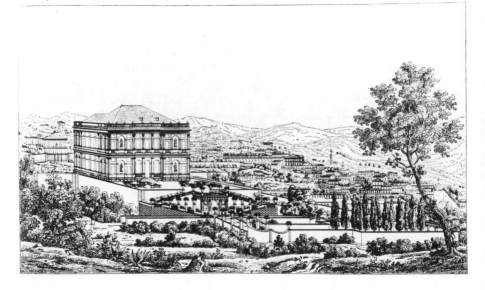

Privatbesitz; zur Besichtigung der Innenräume in der Conciergerie Erlaubnis erbitten. Keine offiziellen Öffnungszeiten (Bürozeiten).

Genua, Palazzo Doria-Spinola, Fassade; nach P. P. Rubens

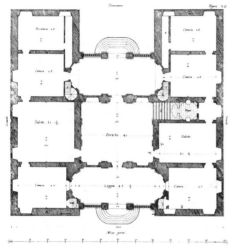

Genua, Villa Pallavicino delle Peschiere, Grundriß des Erdgeschosses; nach P. P. Rubens

Palazzo Doria-Spinola (Präfektur)

In der Vorstadt Acquasola, in strategisch wichtiger Nähe zum Osttor, ab 1541 unter Leitung von Il Bergamasco und unter Mitarbeit von Bernardino Cantone (Zuschreibung nicht gesichert) für Antonio Doria errichtet. *Modellbau* des typisch Genueser Stadtpalastes mit Hanglage. Schmale Fassade, Längsachse senkrecht zum Hang mit der ansteigenden Abfolge von Atrium, Treppe, Hofloggia mit Treppen zum Obergeschoß, Nymphäum und Gärten. Der sechsachsigen Südfront wurde 1580 das Säulenportal Taddeos Carlones vorgestellt. Deckenspiegel der Vorhalle mit Fresko zur Geschichte des Feldherrn Antonio Doria von M. A. Calvi (1584). Über die Freitreppe gelangt man zum Hof (Abb. 39). Dort das Nordportal von Silvio Cosini. In der oberen Loggia Stadtveduten von Felice Calvi. Die Ausmalung der angrenzenden Räume besorgten Giovanni und Luca Cambiaso (noch 20jäh-

Genua, Palazzo Doria-Spinola, Grundriß des Erdgeschosses; nach P. P. Rubens

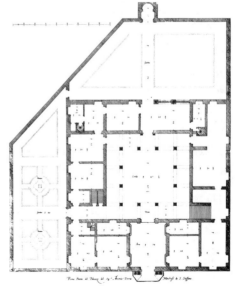

rig), Lazzaro Calvi und dessen Söhne M. A. und Felice. Der größte Teil der Fresken im Salone (Festsaal) von Luca Cambiaso zum Thema ›Apollos Rache an den Griechen‹. Später malte im Auftrag der Spinola Andrea Ansaldo (1638) ›Orpheus, der die Tiere besänftigt‹, 1650 von Valerio Castello vollendet.

Palazzo Pessagno-Pallavicini (Salita Santa Catarina 3)
Spätwerk von Giovanni Battista Castello, Il Bergamasco, für Tommaso Spinola (Abb. 40). Reiche Stukkierung und Bemalung von Andrea Semino an der oberen Fassade. Ausmalung der Innenräume von Luca Cambiaso und Andrea Semino (privat!).

Palazzo Spinola della Casa (auch Palazzo dei Marmi)
Wichtigster spätmittelalterlicher Palast an der Wende zur neuen Bauweise (1445–59; Abb. 38), mit Vestibül und Innenhof (höher gelegen). Bedeutsame Schaufassade zur Piazza Fontane Marose mit Monumentalstatuen der Spinola in Nischen vor traditioneller Streifeninkrustation.

Palazzo Negrone – De Cavi (Nr. 4)
Der ursprünglich aus dem späten Cinquecento stammende traditionelle Palast wurde Mitte des 17. Jahrhunderts nach Westen erweitert und im Süden mit einer neuen 14achsigen dreigeschossigen Fassade vollendet. Im *piano nobile* die Galerie mit den berühmten Fresken von Giovanni Battista Carlone (Farbt. 28, 29). Die mythologische Ausmalung des Salone wurde von dem begabten, aber früh verstorbenen Savoneser Gio Maria Botalla in Anlehnung an Pietro da Cortona ausgemalt. Vollendet von Gioacchino Assereto. Privat.

Via Garibaldi: Die Kathedralen des Geldes

›Strada Maggiore‹ war der zunächst vorgeschlagene, ›Strada Nuova‹ der 1558 offiziell angenommene Name der Straße (Farbt. 32; Abb. 49). Diese in Europa sicher einzigartige Straße nannte schon der Chronist Giovanni Ciboretto ›Via Aurea dei Genovesi‹, und Madame de Staël erkannte ihr sogar den Titel ›Rue des Rois‹ zu. Und Peter Paul Rubens, der Rom, Florenz und Madrid von persönlichem Augenschein her kannte, wählte die Paläste entlang der Strada Nuova, um seinen Zeitgenossen nördlich der Alpen vorbildliches und modernstes Bauen didaktisch vorzuführen. Seit 1882 heißt sie Via Garibaldi, und den Kunsthistorikern erscheint sie als das einzig realisierte Fragment jener idealen Stadt, die den Architektur-Theoretikern von der Frührenaissance bis zum Manierismus vor Augen schwebte. Die gute Stube Genuas, seit Juli 1984 endgültig Fußgängerzone, das goldene Aushängeschild der ligurischen Metropole als Kunststadt, das ist die Via Garibaldi.

Das älteste schriftliche und zugleich offizielle Dokument, das auf sie Bezug nimmt, ist jener gemeinsame Erlaß des Dogen und der Stadtprokuristen vom 14. Mai 1550, in dem die Padri del Comune bevollmächtigt werden, geeignete Bauplätze zu bestimmen, wo Straßen und Gebäude »*risultà a decoro della città*« errichtet werden könnten. Den solchermaßen beauftragten Stadtvätern wurden sieben gewählte Berater und der offizielle Architekt der Kommune zur Ausführung zur Seite gestellt. Die sieben ›Berater‹ gehörten den nobelsten

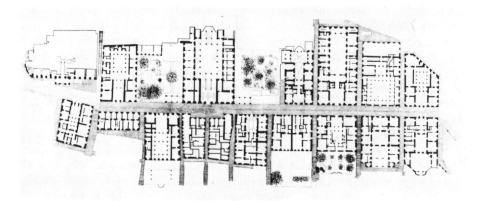

Genua, Via Garibaldi (Strada Nuova), Lageplan nach Vagnetti

Genua, die Palazzi der Via Garibaldi, Aufriß von der Berg- und der Talseite

Familien der Stadt an. Die Platzwahl fiel auf jene weniger dicht und hoch bebaute nördliche Stadtgrenze am Castelletto-Hügel zwischen den Gärten des Luca Grimaldi und der Piazza Fontane Marose. Da zur Neubebauung unter anderem die Zwangsenteignung bisheriger Besitzer notwendig war, mußte dem Vorhaben der Anspruch der Gemeinnützigkeit gegeben werden. Die Verschönerung der Stadt konnte unter städtebaulichen, aber auch unter moralischen Aspekten verkauft werden, befand sich doch just in dieser Randzone das Bordellviertel der Stadt. Hartnäckige Gegner des Projekts wurden mundtot gemacht mit dem Versprechen, daß ein Teil aus dem Erlös der Grundstücksverkäufe zur Renovierung und Beendigung der Bauarbeiten am Dom San Lorenzo Verwendung finden würde.

Aber als die höchsten Autoritäten der Stadt diese ›Sanierung‹ planten, hatten sie keineswegs vornehmlich das allgemeine und öffentliche Wohl vor Augen, sondern folgten durchaus ganz beschränkten standesspezifischen Bedürfnissen. Sehr wohl war dieser überreichen Oberschicht der Grimaldi, Spinola usw. das neue herrschaftliche und luxuriöse Bauen in Florenz und vor allem in Rom bekannt. Für die Verwirklichung ähnlich pompöser Wohnsitze innerhalb der Stadtmauern war der Bereich der Altstadt, wo ihre alten Adelshäuser mit Geschlechtertürmen standen, wenig geeignet. Außerdem hatte es die Andrea Doria'sche Verfassungsänderung tatsächlich bewirkt, daß die großen Adelshäuser, nach dem endgültigen Ausschluß der Fieschi, enger zusammenwuchsen und den gemeinsamen Gegner in den untersten Schichten entdeckten. Das Schichtenspezifische dieser Architektur der Via Garibaldi ist offenkundig und eklatant. Was hier entstand, war eine geschlossene einheitlich konzipierte Siedlung der Reichsten der Reichen. Die Grundstückspreise an dieser Nobelstraße waren so enorm hoch, daß wirklich nur die solventesten Käufer sich eine der neuen ausgewiesenen Parzellen leisten konnten. So gehörten zunächst in der ersten Bauphase vier Palazzi den Spinola, zwei den Pallavicini, ebenfalls zwei den Lomellini, einer den Grimaldi und ein anderer den Lercari. Die Anordnung erfolgte so, daß zusammengehörige Familien- oder Clanmitglieder nebeneinander- oder gegenüberstanden, also Gruppen bildeten. Lediglich der isolierteste Clan der Lercari (Nr. 3) ist ohne Nachbarn oder zugehöriges Gegenüber. Die Isolation drückt sich auch in der Architektur aus: Der Palast Lercari-Parodi weicht mit dem zur Straße hin offenen Loggienhof am stärksten vom allgemein eingehaltenen Genueser Typus ab. Die Via Garibaldi war eine *cité à part*, eine Stadt der Reichen in der Stadt, ein Viertel, in dem die einst sich bis aufs Blut bekriegenden Familien der Doria oder Grimaldi bei feierlichen Prozessionen, festlichen Veranstaltungen oder nur beim abendlichen Plausch auf der Straße als Gleichgesinnte, abgetrennt von der Plebs der Altstadt, sich friedlich begegneten. Der schichtenspezifische Charakter dieser städtebaulichen Situation ist immer gesehen worden und braucht nicht dezidiert begründet zu werden.

Bleibt dagegen aber kurz zu beleuchten der – oder die – Erbauer der Straße. Obwohl kein Palast dem anderen gleicht, ja sogar recht beträchtliche stilistische und strukturelle Unterschiede festzumachen sind, ist doch der Gesamteindruck der Via Garibaldi ein ganz homogener, wie aus einem Guß. Es war offensichtlich keine Frage, daß diese eindringliche Einheitlichkeit Ergebnis des Wirkens einer einzigen, planenden und entwerfenden Persönlichkeit sei, und diese war auch schnell entdeckt. Von Vasaris zweiter Ausgabe seiner Viten bis 1967 galt unbestritten als geistiger Urheber, sowohl als planender Geist als auch als verantwortlicher Überwacher, das größte architektonische Genie, das in den fünfziger Jahren des 16. Jahrhunderts in Genua weilte: Galeazzo Alessi. Doch dann wollte Poleggi in einer akribischen Studie mit profunder Kenntnis der lokalen Quellen und Bautraditionen den Nachweis führen, daß Alessi überhaupt keinen künstlerischen Einfluß auf die Gestaltung der Via Garibaldi gehabt habe. Als einzig und allein verantwortlicher Architekt für Planung und Ausführung der Via Garibaldi galt nun der von 1546–76 amtierende offizielle Stadtarchitekt *(architetto della camera)* Bernardino Cantone, und nach ihm dessen Nachfolger Giovanni Ponzello und Andrea Vannone. Hinzu kommt noch die undefinierbare Rolle von Giovanni Battista Castello, Il Bergamasco, der ja als Architekt keine offizielle Zulassung in Genua hatte, sondern nur als Maler und Dekorateur.

Auf dem Alessi-Kongreß 1974 in Genua wollten zwar die meisten Beiträge den Peruginer quasi übers Hintertürchen, entgegen der Beweisführung von Poleggi, als verantwortlichen Autor einführen, doch scheint dies nur in sehr beschränktem Maße möglich. Es ist richtig, daß zwischen Alessi und Cantone direkte und ausgesprochen enge berufliche Beziehungen bestanden. Im Falle des Baues von Santa Maria di Carignano war Alessi sogar Vorgesetzter von Cantone, dem ausführenden Architekten. Im Falle der Porta Siberia war umgekehrt

Cantone der Vorgesetzte. Möglicherweise hatte Cantone, der wohl die Überlegenheit des römisch-manieristisch geschulten Alessi in Stilfragen akzeptierte und anerkannte, den Peruginer gebeten, für den ersten Palazzo der Strada Nuova eine Art Muster- oder Modell-Palazzo zu zeichnen. Tatsächlich zeigen Struktur und Fassade des ersten Palazzo, mit dem die Serie der anderen eröffnet wurde, des Palazzo Cambiaso (Via Garibaldi 1), unzweideutig die Handschrift Alessis. Vergleicht man aber damit nur auf derselben Straßenseite die drei nächstfolgenden, also unmittelbar danach entstandenen Palazzi Lercari-Parodi, Spinola und Podestà, so wird selbst dem ungeschulten Laien offenkundig, wie wenig die anderen Architekten gewillt waren, das ›Schulbeispiel‹ zu befolgen. Gleiches gilt für die Palazzi der anderen Straßenseite. Bedenkt man überdies, daß der Typus des sog. Genueser Palazzo mit Hanglage und aufsteigender Raumfolge bereits 1541 von Il Bergamasco oder Cantone, also lange vor dem Eintreffen Alessis in Genua, als Bau erstellt worden war, so wirkt der letzte Versuch, den Peruginer als Schöpfer und geistigen Vater der Via Garibaldi wieder einführen zu wollen, doch gewagt. So groß die Verdienste Alessis als Architekt allgemein und für Genua im Speziellen waren, für das städtebauliche Kleinod der Superba, für die Via Aurea dei Genovesi, waren andere verantwortlich, nämlich jene lombardischen und einheimischen Architekten, die mehr bereit waren, auf den lokalbestimmten Geschmack der ligurischen Auftraggeberschicht einzugehen und weniger ›römisch‹ bauten. Die Via Garibaldi kann man den Genuesern nicht wegnehmen, sie ist ganz ihre Schöpfung. Genua war um die Mitte des 16. Jahrhunderts bereits eine Kunststadt.

Palazzo Cambiaso (Via Garibaldi 1, Banco di Napoli)

Dieser für Agostino Pallavicino 1558–60 errichtete Palast war der erste Bau, der auf dem seit 1551 trassierten Areal der Strada Nuova entstanden war. Der Entwurf wird aufgrund stilistischer Erwägungen, besonders wegen auffallender Ähnlichkeiten mit dem nur wenig später entstandenen Palazzo Marino in Mailand, einem Hauptwerk des Meisters, Galeazzo Alessi zugeschrieben. Gesichert ist nur der Name des ausführenden Architekten, und dies war kein anderer als der amtierende Stadtbaumeister Bernardino Cantone. Eine geradezu klassische Vierflügelanlage um einen fast quadratischen Hof mit zwei Voll- und zwei Mezzaningeschossen. Die in voller Höhe bis zur Traufe durchgehende Rustizierung gibt dem Außenbau eine Homogenität von kolossaler Wucht. Die Achsen sind streng aufeinander bezogen. Nur im Erdgeschoß tritt durch die größere Portal-Ädikula die Mittelachse als betont hervor. Im Erdgeschoß gebrochene Segmentgiebel, im *piano nobile* flachwinkli-

Genua, Palazzo Cambiaso, Via Garibaldi 1; nach P. P. Rubens

ge Dreiecksgiebel. Dem streng klassisch-römischen Zuschnitt des Palazzo Cambiaso folgen aber die anderen Paläste der Strada Nuova nicht. Weit vorkragendes Konsolgebälk und Attika verblenden das dahinterliegende Walmdach. Bauplastik von Giovanni Lurago und anderen. Die Innenausstattung mit Fresken (um 1580) zur antiken Mythologie besorgten die Brüder Andrea und Ottavio Semino. 1864, beim Durchbruch der Via Interiano, wurde der Garten zerstört, die zur Piazza gerichtete Fassade um zwei Achsen abgeschrägt und die von Lurago stammende Fontana Marosa niedergelegt. Erst 1976 erfolgte eine letzte Renovierung und Restaurierung von Fassade und Innendekoration. Zu besichtigen sind nur die unteren Räume der Bank.

Palazzo Gambaro (Nr. 2, Banco di Chiávari)

Im gleichen Jahr wie sein Gegenüber von Andrea Spinola (Großreeder) bei Bernardo Spazio in Auftrag gegeben. Dieser leitete von 1558 bis zu seinem Tode 1564 die Bauarbeiten. Ab 1565 übernimmt Giovanni Pietro Orsolino die Bauleitung. Von ihm stammt der einzige dekorative Akzent der sonst absolut schmucklosen und platten Fassade, das Portal. Die gegen Norden gerichtete Fassade konnte der stark plastisch gegliederten und ca. die Hälfte des Tages ins Sonnenlicht getauchten Schauseite des Palazzo Cambiaso nichts Gleichwertiges entgegenstellen, also entschloß sich Spazio konsequent, dem Relief eine gemalte Fassade mit stark farbigem Eigenakzent gegenüberzusetzen. Ab 1650 nach Süden um achtseitigen Portikushof und hängende Gärten erweitert. Das zentrale Vestibül war einst auf den Gartensaal hin konzipiert.

In den östlichen kleinen Salons im Erdgeschoß noch Reste der Ausmalung von Giovanni Carlone (›Absaloms Tod‹, ›Susanna im Bad‹ und ›Salomons Urteil‹, um 1630). Im Salone des *piano nobile* (Abb. 46) das große Fresko von Domenico Piola (mit Hilfe des bologneser Quadraturisten Paolo Brozzi) nach 1670 (s. Farbt. Umschlagrückseite). In den kleinen Räumen des Obergeschosses ebenfalls Fresken von den Calvi-Brüdern und von Giovanni Battista Carlone (Spätwerk in Genua!). Zur Innenausstattung des Palazzo Gambaro gehörte auch die heute im Museo Sant' Agostino ausgestellte Skulpturengruppe ›Raub der Helena‹ von Pierre Puget. Obere Säle nicht öffentlich zugänglich.

Palazzo Lercari-Parodi (Nr. 3)

Von allen Palästen der Via Garibaldi ist dieser gewiß der eigenwilligste und originellste (Abb. 45, 50), zumindest war er es in seiner ursprünglichen Form. Obwohl am Anfang der Neuen Straße gelegen, erst 1571–78 erbaut. Dem eigentlichen Bau ist straßenwärts ein großer lichter Arkadenhof vorgelagert, so daß die übliche Folge Vestibül, Treppe, Loggienhof sich umkehrt. Lediglich im Erdgeschoß ist dieser vorgelagerte Hof von der Straße abgetrennt. Die äußeren Achsen setzen sich nach oben turmartig fort und sind durch fünf offene Arkadenstellungen miteinander motivisch verbunden. Das Arkadenmotiv setzt sich im zweiten Obergeschoß als Bekrönung der äußeren Trakte fort, so daß zumindest im Aufriß der Eindruck einer lichten breitgelagerten Zweiturmfassade entstehen mußte. Von den Kleinelementen des Architekturdekors (Türrahmung usw.) erweist sich dieser relativ späte Bau als am weitesten nach rück-

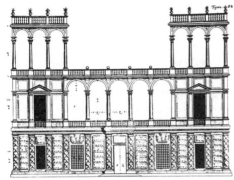

Genua, Palazzo Lercari-Parodi, Via Garibaldi 3; nach P. P. Rubens

wärts (klassische Hochrenaissance) orientiert. Heute sind längst die luftigen Arkaden zwecks Raumgewinnung zugemauert. Interessant die Innenfreskierung. Zugänglich ist vor allem das Treppenhaus mit Groteskmalereien aus der Werkstatt der Calvi. Im Vorsaal des zweiten Obergeschosses Deckenfresko von Ottavio Semino als Paraphrase zu Perin del Vagas Gigantensturz in Fassolo. Im großen Salon Deckengemälde von Luca Cambiaso zu den Taten Lercaris, hier die Errichtung eines Fondaco in Trapezunt (Abb. 44).

Palazzo Carrega-Cataldi (Nr. 4, Camera di Commercio)

Zur Zeit der Entstehung der Strada Nuova war der vermutlich reichste Genueser Tobia Pallavicino. Seinen Reichtum verdankte er dem Monopol für die Ausbeutung der Alaunvorkommen von Tolfa. Vor allem die tuchherstellenden Länder England und die Niederlande waren Haupthandelspartner dieses europäischen Monopolisten. Tobia Pallavicino war der persönliche Mäzen von Giovanni Battista Castello, dem er angeblich seinen Rom-Aufenthalt finanziert hatte. Nach der weitgehenden Fertigstellung der Villa delle Peschiere (siehe dort) ließ er sich von Il Bergamasco in der entstehenden Nobelstraße ebenfalls eine Residenz errichten. Im Gegensatz zu seinen anderen Palazzi hat Il Bergamasco in der Stadtresidenz seines Gönners sich stärker an seine römischen Erfahrungen gehalten und sehr wohl ein Gegenstück zur alessischen Interpretation der Vorbilder der Ewigen Stadt geliefert. Schon den Zeitgenossen galt, mehr als der dem Alessi zugeschriebene Palazzo Cambiaso, der Palast des Tobia Pallavicino von Giovanni Battista Castello als Paradestück genuesischer Postrenaissance. Entsprechend beginnt Rubens seine Folge exemplarischer Palastfronten Genuas mit diesem Bau.

Leider wurde zwischen 1710 und 1714 vom neuen Besitzer Giaccomo Filippo Carrega eine Aufstockung um ein weiteres Stockwerk veranlaßt. Ein direkter Vergleich zwischen der alessischen Fassade vom Palazzo Cambiaso und derjenigen von Il Bergamasco ist heute nur noch möglich durch Gegenüberstellung der Aufrisse bei Rubens. Die so gepriesene Homogenität der

Genua, Palazzo Carrega-Cataldi, Via Garibaldi 4 (Camera di Commercio); nach P. P. Rubens

alessischen Lösung erscheint gegen die dramatische Lösung Il Bergamascos geradezu langweilig. Lombardisch-ligurisches Dekorationstalent und antikisches Gespür für tektonische Abfolgen verschiedener Systeme verschmelzen in der Fassade des Palazzo di Tobia Pallavicino. Einer mehr körperlich, aber insgesamt malerisch empfundenen tragfähigen, mit dorischer Ordnung am Portal ausgestatteten unteren Zone antwortet bruchlos eine sehr zeichnerische von jonischen Blendpilastern bestimmte leichtere Geschoßzone ohne besondere Markierung der Mittelachse. Der rückwärtige Garten des Palastes wurde gegen 1727–46 von einem Barocktrakt überbaut.

Die Innendekoration des Cinquecento und Settecento zum Teil hervorragend erhalten. So z. B. das Vestibül (Abb. 47) und symmetrisch angeordnete Treppenhaus mit seinen Groteskdekorationen. Im Vorzimmer des *primo piano* eine Glanzleistung von Giovanni Battista Castello in seiner Funktion als Maler und Stukkateur. Im Erdgeschoß ist von der Mitarbeit Luca Cambiasos noch das Deckenfresko ›Apoll und Daphne‹ erhalten. Ein Höhepunkt, nicht nur des Palazzo Carrega-Cataldi, sondern sicher der ganzen Via Garibaldi, ist die Rokoko-Ausmalung der Galleria Dorata im ersten Obergeschoß (Farbt. 33). Wenn nicht gerade für Sitzungen oder Konferenzen benutzt, auf Anfrage zugänglich. Das Deckengemälde, wie die ebenfalls sehenswerte illusionistisch ausgemalte Hauskapelle, ist ein Meisterwerk Lorenzo De Ferraris (1743–44).

Palazzo Spinola
(Nr. 5, Banco d'America e d'Italia)

Bereits 1558, also damit einer der ältesten Paläste der Straße, im Auftrag Angelo Giovanni Spinolas begonnen und bis 1564 trotz des Todes des Bauherrn (1560) fortgeführt, ist dieser Bau in seiner Bestimmung in mehrerer Hinsicht problematisch. Il Bergamasco wird bisweilen als Architekt genannt. Poleggi hat aber eindeutig als ausführenden Architekten Bernardino Cantone nachgewiesen. Peter Paul Rubens' Aufrißzeichnung zeigt eine kräftige mit bauplastischen Gliedern durchstrukturierte Fassade, in direkter Abhängigkeit der Geschoßbildung von Giovanni Battista Castellos Palazzo Carrega-Cataldi. Doch der heutige Bau zeigt eine völlig ebene Wand ohne plastische Struktur. Die Fassadenarchitektur war nur aufgemalt. Die noch bestehenden Reste der Außenfront deuten mehr auf die Werkstatt der jüngeren Semino oder Calvi, also um 1580. Das entspricht zeitlich auch den 1572

Genua, Palazzo Spinola, Via Garibaldi 5, Hofloggia nach Guidotti, 18. Jh.

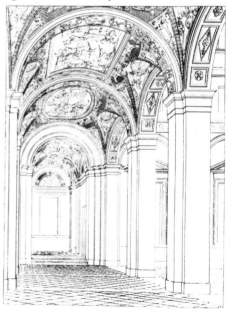

wiederaufgenommenen Bauarbeiten am Palazzo. Die aufgemalte Scheinarchitektur verbirgt heute die Frontmauer einer ebenfalls recht eigenwilligen, vom bekannten Schema abweichenden Grundrißaufteilung. Zwei annähernd gleichgroße, hintereinanderliegende, durch quergestelltes Treppenhaus und Loggientrakt im Erdgeschoß voneinander getrennte Innenhöfe scheiden zwei senkrecht zur Straße und Fassade geführte Wohntrakte. Der vordere ›Hof‹ erweist sich als Vestibül, das im *piano nobile* den um die Tiefe des Treppenhauses verlängerten Raum des Salone ergibt. Der rückwärtige echte Hof geht, bedingt durch die ansteigende Hanglage, in die Terrassengärten über, wie eine gemalte Vedute der rückwärtigen Ansicht des Palastes zeigt. Der Palazzo Spinola besitzt die reichhaltigste erhaltene Innendekoration des Cinquecento der Via Garibaldi. Doch die manieristische Ausmalung von Lazzaro Tavarone, Bernardo Castello und den Calvi-Brüdern ist leider nicht einzusehen.

Palazzo Doria (Nr. 6, Associazione industriale)

Auch der gegenüberliegende, für A. Spinola ausgeführte Palazzo wurde von Bernardino Cantone mit flacher, also keineswegs mit bauplastischem Dekor strukturierter Fassade konzipiert. Peter Paul Rubens' Stichwerk weist dies eindeutig aus. Erst 1684 ließ der neue Besitzer Antonio Doria den Palast aufstocken und die nunmehr drei Geschosse mit einer dorischen, jonischen und korinthischen Ordnung verblenden. Manieristische Cinquecento-Ausmalung im Inneren von Andrea Semino (›Oberto Spinolas Huldigung von Barbarossa‹). In einem Nebenraum des Salone Luca Cambiasos ›Sturz des Phaëton‹ (um 1565). Die Bilder der Pinakothek, u. a. Paolo Veronese, Valerio Castello, Il Grechetto, Saulli usw. sind nicht zu besichtigen.

Palazzo Podestà (Nr. 7)

1563–65 nach Plänen von Giovanni Battista Castello unter Mitarbeit von Bernardino Cantone für Nicolo Lomellino als dreigeschossiger Palazzo errichtet. Dieser Palast, der an bauplastischem Dekor reichste der Via Garibaldi (Abb. 51), zeigt Castello von seiner höchsten Erfindungskraft lombardischer Art. Interessant: Im Untergeschoß taucht zum ersten Mal in Genua das für die kommende Architektur für die gesamte ligurische Küste bis einschließlich der Provence so wichtige Motiv der Hermen-Atlanten auf. Im Inneren wurde der Bau bis ins 18. Jahrhundert ständig verändert. Der im Barock verlängerte perspektivische Blick durch den Hof kulminiert in dem 1720 von Domenico Parodi entworfenen und von seinem Schüler F. Biggi ausgeführten Nymphäum. Dahinter die noch erhaltene Gartenarchitektur! Trotz der Zerstörungen des Zweiten Weltkrieges ist auch ein Teil der barocken Ausmalung und Ausstattung durch Domenico Parodi, Jacopo Antonio Boni und Lorenzo De Ferrari erhalten. Nicht zu besichtigen.

Palazzo Cattaneo-Adorno (Nr. 8–10, Banca Passadore)

Auch hier zeigt der Fassadenriß von Rubens im zweiten Teil der ›Palazzi Genuas‹ eine höchst malerisch mit reichem Dekor aufgelöste Wand. Der heutige Besucher findet an der sonst glatten Fassade lediglich die rustizierte Sockelzone und die beiden Portale als praktisch einzig plastisch hervortretenden

Genua, Palazzo Cattaneo-Adorno, Via Garibaldi 8–10; nach P. P. Rubens

Genua, Palazzo Campanella, Via Garibaldi 12; nach P. P. Rubens

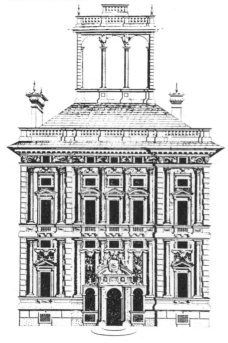

Schmuck. Gleichwohl wie im Falle des Palazzo Spinola war der Zeichner der Rubensschen Stiche offensichtlich von den gezeichneten Planvorlagen ausgegangen, die aber nicht dreidimensional, sondern nur als Trompe-l'œil-Malerei ausgeführt worden sind. Die beiden Portale sind die einzigen Indikatoren für das, was die vereinheitlichende Fassade verbirgt, nämlich ein Doppelhaus für zwei Familien. 1585–88 hatten Lazzaro und Giaccomo Spinola sich zusammen auf einer der vorgegebenen Parzellen einen Doppelpalast errichten lassen. Auch hier eine originelle Lösung der Raumaufteilung, völlig abweichend von dem angeblichen Schema. In der Fassadengestalt hatte man sich offenbar mehr an die reicher mit Stuck und Malerei besetzten Palazzi des Bergamasken angelehnt. Der Name des Architekten gilt bislang nicht als gesichert. Im westlichen Palast, 1609 an M. Filippo Adorno verkauft, hat sich noch die originale Freskierung von Ansaldo (1624) und Tavarone zur Glorifizierung der Familie Adorno erhalten. Darüber hinaus jüngere sensationelle Entdeckungen von sieben großen Ölbildern von Gregorio De Ferrari zu den Taten des Herkules.

Palazzo Campanella (Nr. 12)

Auf der westlichsten der Mitte des 16. Jahrhunderts erschlossenen neuen Parzellen an der Strada Nuova 1662–65 für Baldassare Lomellini erbaut. Ausführender Architekt war Giovanni Orsolino. Die Pläne stammten von Giovanni Ponsello, dem Nachfolger im Amt von Bernardino Cantone († 1576). Die ursprüngliche Fassade wurde 1770 von Tagliafichi im neoklassizistischen Stil um zwei Achsen erweitert und im Dekor gestrafft. Lediglich das Eingangsportal von

Taddeo Carlone (1587) entspricht noch seinem originalen Zustand. Den Umbauten des 18. Jahrhunderts fielen auch die meisten der Cinquecento-Fresken von A. und O. Semino, Luca Cambiaso und Il Bergamasco zum Opfer. Während die Bombardierung von 1942 den pompösen neoklassizistischen ›Salone del Sole‹ zerstörte, blieben glücklicherweise in den kleineren Nebenräumen zwei Freskenzyklen von Giovanni Battista Castello (zur Geschichte des Aeneas) und von A. Semino (Szenen zur römischen Geschichte) erhalten.

Palazzo Doria-Tursi (Nr. 9, Municipio)

Allein schon seiner 35 m langen neunachsigen Straßenfront wegen nimmt dieser Prunkbau in der Via Garibaldi eine Sonderstellung ein (Abb. 52, 53, 55). Er entstand bereits 1565–75 für Niccolò Grimaldi ›Il Monarca‹, dem Privatbankier Philipps II., also vor dem Palazzo Cattaneo-Adorno, aber auf einem Areal, das bei der ersten Baulandausweisung und Parzellierung von 1550 noch nicht erschlossen war. Das Grundstück für diesen größten aller Cinquecento-Paläste betrug ein Dreifaches des sonst üblichen bebauten Terrains. Giovanni Ponsello aus Oneglia, also ein einheimischer Architekt, der allerdings schon in Santa Maria di Carignano unter dem stilbildenden Einfluß von Alessi gearbeitet hatte, ist verantwortlich für den Entwurf. Über einer 112 m hohen Sockelmauer wächst die neunachsige Monumentalfassade unvermittelt empor. Auch der Palazzo Tursi steht mit seiner Schmalseite zur Straße, doch das achsiale Säulenportal mit Skulpturen und Trophäen von Taddeo Carlone (1596, das Wappen des Hauses Savoyen stammt aus dem Jahre 1820) öffnet eine weit in die Tiefe gesteigerte Folge des seit 1541 bekannten Schemas von Vestibül, Freitreppe, seitlichen Wangentreppen, doppelgeschossigem Portikushof und Gärten. Die im Vergleich zu Il Bergamascos Palazzo Doria-Spinola (Präfektur) ungleich gewaltigeren Dimensionen bilden sozusagen einen ersten Höhepunkt dieses Palastsystems in Genua und lassen schon et-

Genua, Palazzo Doria-Tursi (Municipio), Via Garibaldi 9, Stich des 18. Jh.

GENUA – LA SUPERBA: STRASSE DER PALÄSTE

Genua, Palazzo Doria-Tursi, Fassade nach Vagnetti

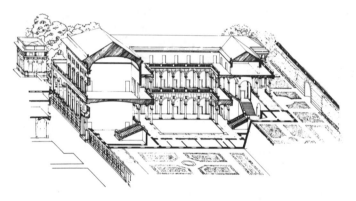

Genua, Palazzo Doria-Tursi, isometrischer Schnitt nach Vagnetti

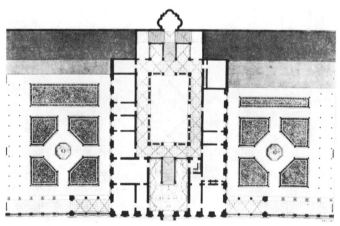

Genua, Palazzo Doria-Tursi, Grundriß nach Gauthier

was ahnen von späteren barocken Perspektivanlagen, die im Palazzo dell' Università (Abb. 56) eine zweite, nun nicht mehr überbietbare Steigerung erfahren. Als Privatfinanzier von Philipp II. in den Staatsbankrott hineingezogen, mußte Niccolò Grimaldi in dem eben baulich abgeschlossenen Palast auf eine standesgemäße Innenausstattung verzichten. 1593 übernimmt Andrea Dorias Großneffe Giovanni Andrea Doria den Palast, auf dessen Initiative hin unter Leitung von Taddeo Carlone die beiden seitlichen dreibögigen Loggien mit Dachterrassen angefertigt wurden. Dadurch gewann die Front eine gewichtige Breitenlagerung, aber die leichten Loggien nehmen durch ihre vermittelnde Position der Fassade etwas von ihrer ursprünglichen Monumentalität. Die rückwärtige Hofwand wurde sehr einfühlsam erst 1820 aufgeführt, und zwar an der Stelle, wo G. A. Dorias Fürstenloge als eine Art Privatkapelle im Chor von San Francesco stand. Seit 1850 von der Stadtverwaltung in Besitz genommen.

Palazzo delle Torrette (Nr. 14–16)

Das zusammen mit dem Palazzo Tursi 1593 von den Doria auf der gegenüberliegenden Straßenseite erworbene Grundstück wurde mit einer Schaufassade von der Altstadt abgetrennt (1616).

Palazzo Bianco (Nr. 11, Gemäldegalerie)

Just an der Stelle des heutigen Palazzo Bianco hatte sich bereits 1548 Luca Grimaldi seine mehrfach erwähnte Gartenresidenz errichten lassen. Erst 1711 wurde dieser alte Adelspalast im Auftrag der neuen Besitzerin, der Marchesa Marie Durazzo-Brignole, von Giacomo Viano im Stil seiner Zeit erneuert. Durch Stiftung wurde 1889 der Palast in städtisches Eigentum überführt; zunächst fanden wechselnde Ausstellungen statt, später erhielten im Besitz der Stadt befindliche Kunstwerke eine ständige Unterbringung. Im großen und ganzen hat sich der Barockarchitekt Viano nach dem Vorbild der anderen Palazzi der Via Garibaldi ausgerichtet, so daß kein scharfer Epochenbruch, sondern ein durchaus verträglicher Abschluß der alles in allem einheitlichen Straße gelang.

Die Gemäldegalerie im Palazzo Bianco ist neben derjenigen des gegenüberliegenden Palazzo Rosso die bedeutendste Genuas. Nur die wichtigsten Exponate und Meister können hier Erwähnung finden.

Saal 1 vereint vor allem die spätmittelalterliche Malerei: ›Madonna mit Kind‹, Mitte 13. Jahrhundert; byzantinisches Pallium, 13. Jahrhundert; ›Madonna mit dem Stieglitz‹ von Barnaba da Modena (bekannt 1361–83); ›Sant' Antonio Abbate‹ von Antonio Brea; zusätzliche weitere Breas.
Saal 2: Lombardische Meister (Mazone, Sacchi) und Luca Cambiaso.
Saal 3: ›Madonna‹ der Raffael-Schule, Filippino Lippi und Pontormo.
Saal 4: Ebenfalls ausgehendes Mittelalter, Werke vom Meister des Johannes, Hugo van der Goes, Joos van Cleve, Gerard David, Jean Clouet, Jan Provost, Corneille de Lyon.
Saal 5: Jan Matsys (Porträt von Andrea Doria; Abb. 7), Beukelaer, Pieter Aertsen, Jan van Scorel.
Saal 6: Il Moretto, Paolo Veronese, Palma il Giovane, Palma il Vecchio.
Saal 7: Peter Paul Rubens und vor allem sechs Antonis van Dyck.

Saal 8: David Teniers der Jüngere, Cornelis de Wael, J. Wildens, Aert van der Neer, Jan Steen, Jakob Ruysdael, Jan van Goyen.
Saal 9: Späte Holländer und Franzosen: Vernet, Vouet, Lancret.
Saal 10: Rosa, Procaccini, Il Guercino.
Saal 11: Frühwerke von Murillo und Zurbaran.
Saal 12: Ausschließlich dem *genius loci* Bernardo Strozzi geweiht. Neun Strozzis von sehr unterschiedlicher Auffassung und Qualität, besonders hervorhebenswert die beiden Bilder im Eck ›Johannes der Täufer‹ und ›Isaak und Jakob‹.
Saal 13 (Galerie): Genueser Kleinmeister (Genremaler): Vasallo und Scorza.
Saal 14: Orazio und Andrea De Ferrari, Domenico Fiasella ›Il Sarzano‹.
Saal 15: Gioacchino Assereto.
Saal 16: Tavella, Langhetti, Giovanni Bernardo Carbone, Domenico Piola und Gregorio Ferrari.
Saal 18: Il Mulinaretto, Gaulli, gen. Il Baciccio, Guidobono, Gregorio De Ferrari, Domenico Piola.
Saal 19: Valerio Castello, Giovanni Benedetto Castiglione, gen. Il Grechetto.
Saal 20: Ausschließlich dem anderen großen malerischen Genie Genuas, Alessandro Magnasco, gen. Il Lissandrino, gewidmet (Farbt. 57).

Palazzo Rosso (Nr. 18, ebenfalls Gemäldegalerie, Bildarchiv und Sitz der Sopraintendenza)
1672–77 für Rudolfo Maria und Giovanni Francesco Brignole-Sale errichtet (Farbt. 32; Abb. 48, 54). Seit 1683 im alleinigen Besitz von Giovanni Francesco. In dessen Auftrag Innenausstattung durch Domenico Piola und Gregorio De Ferrari unter Mithilfe der Quadraturisten Niccolò Viviano und Antonio Haffner (zwischen 1687 und 1692).

Im Lichthof (Atrium) und im Garten kleines Lapidarium mit Skulpturen (Fragmenten) sowohl der Antike als auch des 17. Jahrhunderts.

Im Treppenhaus Familienporträts der Brignole von Giaccomo Antonio Boni (Mitte 18. Jahrhundert).

Erstes Obergeschoß. Saal 2 (Salone): Antonio Pisanello, Paris Bordone, Bonifacio Veronese, Tintoretto, ›Il Moretto‹ da Brescia, Paolo Veronese.
Saal 3: Paolo Veronese, Michele Parnasio (zugeschrieben), Tizian (Schule?), Francesco Maffei.
Saal 4: Luigi Miradori, gen. Il Genovesino (Farbt. 56), Mattia Preti, Salvator Rosa, Caravaggio.
Saal 5: Il Guercino, Andrea Sacchi, Giulio Cesare Procaccini, Guido Reni, Giovanni Battista Crespi.
Saal 6: Andrea Semino, Luca Cambiaso, Domenico Fiasella, Sinibaldo Scorza.
Saal 7: Gioacchino Assereto, Orazio De Ferrari, Bernardo Strozzi (Farbt. 55).
Saal 8 (Loggia)
Saal 9: Il Grechetto, Langhetti, Valerio Castello, Giovanni Bernardo Carbone.
Saal 10: Guidobono, Domenico Piola, Il Mulinaretto, Tavella.

Zweites Obergeschoß. Saal 11 (Loggia): Marmor- und Holzskulpturen des späten 17./18. Jahrhunderts. Brüder Schiaffino und Domenico Parodi.
Saal 12 (Salone): Perspektivmalereien der Wände von Antonio Haffner, an der Decke bis 1942 Gregorio De Ferraris berühmtes Fresko ›Der Mythos des Phaëton‹. Drei Öl-

bilder von Gregorio De Ferrari, großer Spiegelrahmen von Filippo Parodi.
Saal 13: Deckengemälde ›Der Frühling‹ von Gregorio De Ferrari. Vier Porträts von Van Dyck, außerdem Werke von Hendrik Havercamp und Filippo Parodi.
Saal 14: Deckengemälde ›Der Sommer‹ von Gregorio De Ferrari. Werke von Albrecht Dürer (Jünglingsporträt), Frans Pourbus, Antonis van Dyck, Peter Paul Rubens, Filippo Parodi.
Saal 15: Deckengemälde ›Der Herbst‹ von Domenico Piola; Gemälde von Hemessen, Hyazinth Rigaud, Schnitzereien von Schiaffino und Filippo Parodi.
Saal 17 (Loggia): Fresken von Paolo Gerolamo Piola.
Saal 18: Deckenfresko ›Das menschliche Leben‹ von Giovanni Andrea Carlone. Ausstattungsstücke von Parodi und anderen.
Saal 19: Deckenfresko ›Die sieben freien Künste‹ von Giovanni Andrea Carlone.
Saal 22: Deckenfresko ›Die Jugend in der Prüfung‹ von Domenico Parodi, Wandfresken von Bartolomeo Guidobono. Skulpturen und Schnitzereien von Filippo Parodi und Anton Maria Maragliano.
Im Annexgebäude Sammlungen der Numismatik, ligurischen Keramik und Folklore.

Direkt an ihrem Westende öffnet sich die Via Garibaldi zur Piazza della Meridiana, von wo aus die **Via Cairoli** (Strada Nuovissima) die Strada Nuova mit dem Largo della Zecca, der Piazza del Annunziata und schließlich mit der Via Balbi verbindet. Die Via Cairoli wurde bereits 1677 geplant, aber erst mit der Terrassierung der Gärten des Grimaldi-Palastes 1778 fertiggestellt. An der Piazza della Meridiana, Nr. 1, der

Palazzo della Meridiana
Bereits 1530 für Gerolamo Grimaldi am Fuße des Castelletto-Hügels errichtet, 1560 von Giovanni Battista Castello zeitgemäß renoviert und bei der Verwirklichung der Via Cairoli 1782 barockisiert, bei gleichzeitiger Verlegung der Hauptachse von der Salita di San Francesco zur neuen Piazza della Meridiana. Innendekoration zum Teil noch von Luca Cambiaso und Lazzaro Calvi (1570).

Palazzo Brignole-Durazzo (Piazza della Meridiana 2)
Gleichzeitig mit dem Palazzo Rosso 1671 von Pietro Antonio Corradi im Stil der Cinquecento-Tradition erbaut. Portal von Filippo Parodi (1675). Innenausstattung der Haupträume von Domenico Piola.

Palazzo Lomellini-Padrone (Largo della Zecca 2–4)
1565–68 erbaut. Im Inneren Hauptwerk Domenico Fiasellas als Freskant. Freskenzyklus mit Themen zum Alten Testament, z. B. ›Esther und Ahasver‹. Militärbesitz. Nur Blick ins Vestibül möglich.

San Filippo Neri (Via Lomellini 12)
1673–76 nach Plänen von P. A. Corradi zusammen mit den Konventsgebäuden der Oratorianer-Kongregation als barocke Saalkirche erbaut. Chorgewölbe mit ›Filippo Neri vor der Madonna‹ von dem Mailänder Legnani ausgemalt. Deckenfresko mit der ›Apotheose des Hl. Philipp‹ von Marc Antonio Franceschini, Trompe-l'œil-Malereien von Antonio Maria Haffner, Rokoko-Ausstattung der Kapellen von 1753–55. Die meisten Bilder von Jacopo Antonio Boni aus Bologna. Beweinungsgruppe von Anton

Maria Maragliano. Besonders sehenswert das zugehörige Oratorium. Ein Kleinod Genueser Rokoko-Architektur und -Malerei. Den längsovalen Einheitsraum erstellte Giovanni Battista Montaldo 1749. Die Quadraturmalereien im hohen Muldengewölbe 1753 von Giuseppe Davolio. Hauptwerk der Ausstattung ist Pierre Pugets Meisterwerk der ›Immacolata‹.

SS. Annunziata

An der Stelle einer 1509 abgebrochenen Kirche der Humiliaten und der 1520–27 für die neuen Platzherren der Franziskaner in nachgotischer Form errichteten Kirche in mehreren Bauphasen verändert. Ab 1591 Verlängerung des Chores nach Norden und 1616–46 Ergänzung des Langhauses nach Plänen von Giacomo della Porta. Klassizi-

Genua, SS. Annunziata, System der Deckenfresken (nach Garazza): 1 Anbetung der Könige (G. Carlone) 2 Einzug Christi in Jerusalem (G. Carlone) 3 Gebet auf dem Ölberg (G. Carlone) 4 Auferstehung (G. B. Carlone) 5 Christus erscheint seiner Mutter (G. B. Carlone) 6 Marienkrönung (G. B. Carlone) 7 Opfer des Melchisedek (G. Assereto) 8 Eleasar bittet Rebekka um Wasser (G. und G. B. Carlone) 9 Isaak segnet Jakob (G. B. Carlone; zum größten Teil zerstört) 10 Josef gibt sich den Brüdern zu erkennen (G. B. Carlone; zerstört) 11 Moses' Quellwunder (G. B. Carlone; zerstört) 12 Josua führt die Hebräer durch den Jordan (G. B. Carlone; zum größten Teil zerstört) 13 Petrus und Johannes heilen einen Krüppel (G. Assereto) 14 Paulus predigt das Evangelium (G. Carlone) 15 Martyrium des Hl. Andreas (G. Carlone) 16 Jakobus tauft einen Bekehrten (G. B. Carlone) 17 Matthäus predigt das Evangelium (G. B. Carlone) 18 Simon und Judas verteidigen das Evangelium (G. B. Carlone) 19 Das Emmaus-Mahl (G. Carlone) 20 Der ungläubige Thomas (G. Carlone) 22 Pfingsten (G. Carlone) 23, 24 Jungfrauen und Märtyrer (G. Carlone) 25 Verkündigung (G. Benso) 26 Mariä Himmelfahrt (G. Benso) 27 Begegnung zwischen Anna und Joachim (G. Benso; zerstört) 28 Darstellung im Tempel (G. Benso oder G. B. Carlone) 29 Auffindung Jesu im Tempel (G. B. Carlone) 30 Die Jungfrau (G. A. Ansaldo und G. De Ferrari) 31 Adam und Eva (G. A. Ansaldo) 32 Propheten und Sibyllen (G. A. Ansaldo) 33 Moses und andere Propheten (G. A. Ansaldo) 34 Gottvater (G. A. Ansaldo) 35 Evangelisten (G. A. Ansaldo) 36 Sibyllen (G. A. Ansaldo) 37 Engelschöre und Heilige (G. De Ferrari)

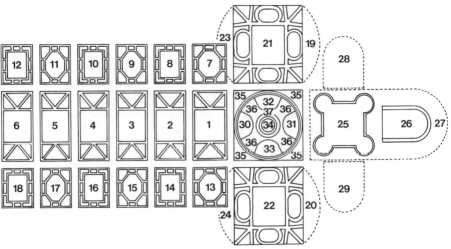

stische Vorhalle erst von 1843. Nach schweren Bombenschäden von 1942 noch nicht wieder ganz hergestellt. Hauptschiff von Auffangnetzen überspannt. Bereits restauriert und gut zu besichtigen sind wenigstens die Seitenschiffe, Querhaus mit Vierungskuppel, Presbyterium und Nebenchöre. Von der Innendekoration her neben dem Dom San Lorenzo und Il Gesù wichtigster Kirchenbau Genuas. Schema der Deckenfresken siehe Figur. An der Stirnseite der Querhäuser Altäre mit reichem barockem Szenarium von Anton Maria Maragliano (links) und Pierre Puget (Entwurf, rechts). Im linken Nebenchor zwei Meisterwerke von Bernardo Strozzi: ›Petrus verleugnet Christus‹ und ›Joseph erklärt die Träume des Pharao‹. In der 3. und 5. Kapelle im rechten Seitenschiff, jeweils linke Wand, oben, weitere Strozzi.

Nostra Signora del Carmine

1262 zusammen mit den (verschwundenen) Konventsgebäuden im konventionellen genuesisch-ligurischen Stil als dreischiffige Basilika errichtet. Leider sehr schlecht ausgeleuchtet. Für den Spezialisten der Genueser Malerei des späten 16. bis späten 17. Jahrhunderts reich ausgestattet mit Altarbildern fast aller wichtigen Meister: Giovanni Battista Carlone, P. T. Paggi, Gioacchino Assereto, Cambiaso-Schule, Giovanni Andrea De Ferrari, Bernardo Castello, Domenico Piola.

Albergo dei Poveri

Von Nostra Signora del Carmine ist es ein Fußweg von etwa 10 bis 15 Minuten hinauf zum majestätisch gelegenen Albergo dei Poveri. Durch private Stiftung 1655 nach Plänen von Pietro Antonio Corradi begonnen, nach Ende der Bauzeit im 18. Jahrhundert im Westtrakt unvollendet geblieben. Annähernd quadratische Anlage um vier Innenhöfe mit zentrierter Kuppelkirche. Zu der Ausstattung gehörte u. a. Pierre Pugets Marienstatue.

Via Balbi

Im Anschluß an die neoklassizistische Fassade von SS. Annunziata del Vastato nimmt die zweite Prachtstraße Genuas, der Barocksaal der Superba, ihren Anfang. Sie stellt gewissermaßen das vorläufige Ende einer Mitte des 16. Jahrhunderts begonnenen städtebaulichen Expansion dar. Verbunden damit war die systematische bauliche Erschließung der westlichen Zone zwischen der Barbarossa-Mauer des 12. Jahrhunderts und der ab 1536 im Bau befindlichen neuen Mauer. Ein Abkommen zwischen den Padri del Comune und der Familie Balbi (Dekret aus dem Jahre 1602) gab den Ausschlag für die Erschließung von 120 Bauplätzen. Die Pläne für die gesamte Anlage und Bebauung gehen im wesentlichen auf die zu ihrer Zeit begabtesten Genueser Architekten Giovanni Ponsello und vor allem Bartolomeo Bianco zurück. Das Grundgerüst stellen neben Palazzi der Familie Balbi das Jesuitenkolleg, mit der zugehörigen Kirche der Heiligen Gerolamo und Francesco Saverio, die benachbarte Kirche der Heiligen Vittore e Carlo und weitere acht Ordenskonvente. Die

GENUA – LA SUPERBA: STRASSE DER PALÄSTE

Genua, Via Balbi, Stich von Guidotti, 18. Jh.

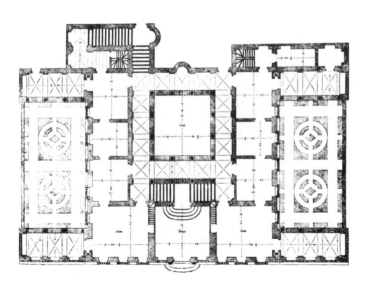

Genua, Palazzo Giovanni Agostino Balbi, Via Balbi; Grundriß nach P. P. Rubens

Bauträger, klerikale Ordensgemeinden und hohe Patrizier der Stadt, und die homogene Gesamtkonzeption schufen somit die neuorganisierte Hauptachse zwischen Vastato und Thomas-Tor, ein neues residenziales Viertel des Barock.

Palazzo Durazzo-Pallavicini (Palazzo Giovanni Agostino Balbi)

1618 für Giovanni Agostino Balbi nach Plänen von Bartolomeo Bianco erbaut. Auch in der neuen Nobelstraße folgten die Barock-Architekten in Aufbau und Struktur der neuen Palazzi von überwältigenden Dimensionen dem herkömmlichen Genueser Palastbauschema. Die verputzte Fassade, seitlich von ausgreifenden Sockelmauern flankiert (vgl. Palazzo Tursi), artikuliert sich horizontal in jeweils zwei Voll- und zwei Mezzaningeschossen und vertikal in neun gleichen Achsen. Dahinter folgt die übliche Raumfolge mit Vestibül, Treppe, Loggienhof und hängenden Gärten. Vestibül und Treppenhaus wurden 1780 von Tagliafichi

Genua, Palazzo Giovanni Agostino Balbi, Via Balbi; Aufriß nach P. P. Rubens

klassizistisch modernisiert. Der Palazzo Durazzo-Pallavicini beherbergt eine stattliche Bibliothek mit wertvollen Inkunabeln und Handschriften, Archive und eine beachtenswerte Gemäldegalerie (Guercino, Caracci-Brüder, Paolo Veronese, Reni, Ribera, Domenichino, Strozzi, Perin del Vaga u. a.). Die Prunkräume sind freskiert von Paolo Gerolamo Piola und Giacomo Boni. Nicht zu besichtigen.

Palazzo Balbi – Senarega (Nr. 4)

1618 von Bartolomeo Bianco für Giacomo und Pantaleo Balbi erbaut. Fresken im Obergeschoß von Valerio Castello und Gregorio De Ferrari. Ebenfalls dort auf Leinwand gemalter Fries von Domenico Fiasella.

Palazzo dell'Università (Nr. 5)

Einstiges Jesuitenkolleg. 1634–36 von Bartolomeo Bianco für den Jesuiten Paolo Balbi auf einem Grundstück der Familie errichtet (Abb. 56). In diesem Bau ist Bianco ohne Zweifel das *finale glorioso* der Genueser Palastbautradition gelungen, zu dem sich die Palazzi Doria-Spinola und Tursi wie Einführung des Themas und Variation verhalten. Aufwendig im Volumen und großartig im Szenarium der nun seit knapp 100 Jahre bewährten Abfolge von Vorhalle, Freitreppe, mehrgeschossigem Arkadenhof, rückwärtigem Bühnenraum mit symmetrischer Seitentreppe, organisiertem Durchblick zu den hängenden Gärten. Eine Steigerung des Themas ohne manieriert schwülstig zu werden war nicht mehr möglich. Heute als Hauptgebäude der Universität Genuas genutzt.

Genua, Palazzo dell'Università (Ex-Jesuitenkolleg), Stich des 18. Jh.

Die Wangenlöwen der Vorhallentreppen wurden 1704 von Francesco Biggi nach Entwürfen von Filippo Parodi gefertigt. Die hohen Arkaden auf jonischen Doppelsäulen verleihen dem Hof sakrale Würde. Die rückwärtige zweigeschossige offene Loggia schließt einerseits den Hof zu einem kompakten Binnenraum zusammen, gibt aber gleichzeitig den Blick frei zu den somit dramatisch einbezogenen Gärten. In der großen Aula der Universität, im Vordergebäude, fand ein Teil des gewaltigen Figurenprojekts von Giambologna aus der Grimaldi-Kapelle der zerstörten Franziskanerkirche seine Aufstellung. Aber nur die wenigsten dürften aus der Hand des Meisters selber stammen.

Um einen kleinen Platz zurückversetzt von der Straße liegt östlich vom ehemaligen Konvent die Kollegiatskapelle der Heiligen Gerolamo und Francesco Saverio, heute **Universitätsbibliothek**.

Westlich von der Universität die Kirche **SS. Vittore e Carlo**, ebenfalls von Bartolomeo Bianco begonnen (1629–31), aber erst unter verzögerten Bauarbeiten 1673 notdürftig abgeschlossen. Die typische Straßenfassade fügt sich unauffällig in ihr Ambiente. Flüssig inszeniert ist der erhöhte Zugang zur Kirche über symmetrischen Rampentreppen. Im Inneren rechts vom Eingang in einer Nische expressive Christusfigur von Maragliano (Abb. 57). *Das Innere* erschließt sich auf einen Blick als einschiffige querarmlose Saalkirche mit Kuppel. Abgesehen von den Pendentifs mit Ausmalung von Domenico Piola stammt die restliche Innendekoration erst vom letzten Jahrzehnt des 19. Jahrhunderts. Von der *Ausstattung* verdienen Beachtung ›San Giovanni della Croce‹, Altarpala von Domenico Piola in der 2. Kapelle rechts, eine ›Madonna del Carmine‹ von Filippo Parodi in der 3. Kapelle links und in derselben Kapelle an der linken Wand ›Krippe‹ und ›Anbetung der Könige‹, zwei Tafeln von Orazio De Ferrari.

Palazzo Reale (Nr. 10)

So sehr die Fassade dieses größten Palastbaus Genuas Einheitlichkeit vortäuscht, ist der riesige Komplex ein in vier Hauptphasen sukzessive entstandenes Konglomerat. 1643–55 als westlichster Palast der ersten Bebauungsphase der Via Balbi für Stefano Balbi errichtet (Abb. 58). Die Architekten dieses ersten Bauabschnitts waren Pier Francesco Cantone und Michele Moncino. Im Gegensatz zum Palazzo dell'Università (Jesuitenkolleg) von Bianco ist der Palazzo des Stefano Balbi nicht hangwärts orientiert, sondern zum Tal, d. h. genauer zur fallenden Hanglinie. Ebenfalls mit senkrechter Bauachse zur Straße hin ist der im Süden offene Dreiflügelbau mit Sicht auf Hafen und Meer angelegt. Bereits 1657, bei der Übernahme durch die Durazzo, erfolgte zur Straße hin eine systematische Erweiterung des Baues um jeweils weitere sieben Achsen, so daß eine schier endlose Front von 100 m Länge entstand (1682–85). Der zentrale Wohnblock wurde 1694 weiter aufgestockt. Durch den zu diesem Zwecke von Rom nach Genua geholten Carlo Fontana erfuhr der Mitteltrakt 1705 eine weitgehende Umgestaltung im Inneren, der Atrium, die Treppen, Hof und Giardino Pensile ihr heutiges Aussehen verdanken (Farbt. 26; Abb. 59). Erst die umfassende Neustrukturie-

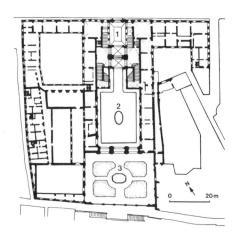

Genua, Palazzo Reale, Via Balbi: 1 Atrium 2 Hof 3 Hängender Garten

rung, vor allem der Gartenseite, verlieh dem kolossalen Ganzen eine heitere, festlich inszenierte Geschlossenheit. Weil für zwei Jahre die neuen Herren Genuas, das Haus Savoyen, den privaten Palast als Wohnsitz gewählt hatten, nennt sich der einstige Balbi-Besitz Palazzo Reale. Schon 1824 gelangte der Palazzo in den Besitz der Stadt. Seitdem Sitz des Landesamtes für Denkmalpflege und anderer kultureller Einrichtungen. Nur ein Teil der weitgehend wiederhergestellten Räume ist als **Galleria Palazzo Reale** (mit Führung) zu besichtigen. Hier nur die wichtigsten Säle:

Saal 3: Sala del Tempo, so benannt nach dem Deckenfresko ›Die Zeit‹ von Giacomo Boni; an den Wänden unter anderem Bilder von Domenico Piola, Il Grechetto, Jacopo Bassano.

Saal 4: Sala del Pace, benannt nach dem Deckengemälde ›Der Friede‹ von Domenico Parodi.

Saal 5: Großes ›Abendmahl im Hause des Pharisäers‹ von Veronese (nur Kopie, Original in Turin).
Saal 6: Spiegelgalerie, prächtige Rokoko-Dekoration mit Skulpturen von Filippo Parodi und Francesco Schiaffino.
Saal 7: Deckengemälde ›Der Ruhm‹ von Valerio Castello.
Saal 8: Sala delle Stagioni, mit Fresken zu den ›Vier Jahreszeiten‹ von Agostino Mitelli und Angelo Michele Colonna.
Saal 9: Galleria della Cappella, mit Deckenfresko ›Justitia vor Jupiter‹ von Giovanni Battista Carlone (kurz nach den Fresken in der Galerie des Palazzo Negrone).
Saal 10: Kapelle mit Christus-Statue von Filippo Parodi.
Saal 11: Hier beginnt die Suite, die zur Benutzung durch die Piemonteser Könige (eigentlich Könige von Sardinien) ausgestaltet wurde. Zwei Gemälde von Luca Cambiaso.
Saal 12: Audienzzimmer, ›Porträt einer Dame‹ von Antonis van Dyck und ›Zinsgroschen‹ von P. B. Raggi.
Saal 13: Zwei Allegorien von Bartolomeo Guidobono, ›Narziss‹ von Jan Roos.
Saal 14: Porträtgalerie mit Bildern von Bernardo Carbone, Velasquez-Schule, Van Dyck.
Saal 17: Vorzimmer der Königin, beschwingte Rokoko-Dekoration. Bilder von Giacomo Boni und Domenico Parodi.
Saal 18: Zimmer der Königin, zwei Heiligenbilder (›Santa Catarina‹ und ›San Lorenzo‹ von Strozzi).
Saal 20: Salotto di Diana, ›Kruzifix‹ von Van Dyck.
Saal 21: Saal der Gobelins, mit Wandteppichen aus Brüssel.
Saal 22: Saal der Aurora, mit Gemälden ausschließlich von Strozzi.

e Die Neustadt: Von der Piazza De Ferrari zur Piazza della Vittoria

Santa Marta – Galleria Mazzini – Palazzo della Giustizia – SS. Annunziata di Portoria – Santo Stefano – Nostra Signora della Consolazione – Mercato Orientale

Santa Marta
1535 baulich veränderte gotische Kirche der Benediktinerinnen. Im Inneren bedeutende Freskenzyklen des 17. Jahrhunderts. Deckengemälde im Hauptschiff von Domenico Piola und Valerio Castello. Im Chorgewölbe ›Geschichte des Hl. Benedikt‹ von Giovanni Battista Carlone. In der Apsis ›Hl. Marta in Glorie‹ von Filippo Parodi. Auf dem 1. Altar links und ebenso auf dem 2. Altar rechts Palen von Domenico Fiasella.

Galleria Mazzini
1872 parallel zur gleichzeitig entstehenden Via Roma nach dem Vorbild der mailändischen Galleria Vittore Emmanuele II. (1865–77) als glasgedeckte Geschäftsstraße errichtet. Wichtigstes Bauwerk Genuas im 19. Jahrhundert (Abb. 61).

Palazzo della Giustizia
1965–70 um den weiten Arkadenhof des ehemaligen Ospedale di Pammatone (1720 von A. Orsolino) herumgebaut.

SS. Annunziata di Portoria (auch Santa Catarina di Genova)

Einziges echtes Renaissance-Kirchenportal der Stadt (1521). Als Doppelportal angelegt. Marmorpilaster mit Medaillons rahmen den flachen Doppeleingang. Wegen ihrer reichen malerischen Ausstattung auch ›Galerie der Genueser Maler des 16. Jahrhunderts‹ genannt.

Im rechten Seitenschiff: *2. Kapelle*, Altarbild und Fresken von Ottavio Semino; *3. Kapelle*, Fresken von Pantaleo Calvi und Mausoleum der Hl. Catarina von Francesco Schiaffino (1737–38); *4. Kapelle*, Altarbild und Fresken von Andrea Semino. **Rechte Chorkapelle:** Eine ›Pietà‹ von Lazzaro Calvi (rechts) und ›Jesus im Garten von Gethsemane‹ von Luca Cambiaso. **Chor:** Gewölbe und Zwickel mit ›Christus als Weltenrichter und Apostel‹ von Giovanni Battista Castello, Il Bergamasco (1563); *an den Chorwänden* drei Bilder von Luca Cambiaso. **Linke Chorkapelle:** ›Hl. Camillo‹ von Domenico Parodi und ›Heimsuchung mit Hl. Augustinus und Nikolaus von Tolentino‹ von Aurelio Lomi (17. Jahrhundert). **Linkes Seitenschiff:** *1. Kapelle*, Altarbild ›Heilige Familie mit Franz von Assisi‹ von Domenico Piola; *2. Kapelle*, ›Epiphanias und zwei Propheten‹ von Luca Cambiaso; *4. Kapelle*, Holzkruzifix des 15. Jahrhunderts und ›Jesus in Gethsemane‹ von Giovanni Carlone.

Santo Stefano

Rest einer uralten Benediktinerabtei. 960 von Bischof Theodulf II. mit der Aufgabe der Urbarmachung und Bewirtschaftung des Geländes östlich vor der Stadt gegründet. Innerhalb der romanischen Architektur Genuas ein Unikum (Abb. 63). Gegen Ende des 12. Jahrhunderts begonnen und 1217 eingeweiht. Die landesüblich weiß-schwarz gestreifte Fassade ist nach den schweren Schäden von 1942 stark restauriert. In der Lünette des linken Portals romanisches Relief. Sehr eindrucksvoll und gut erhalten die Ostseite mit Campanile.

Im Inneren besonders beachtenswert an der Westseite die sehr qualitätvollen Reliefs mit

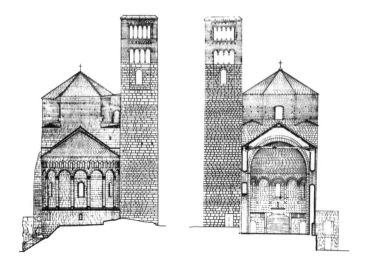

Genua, S. Stefano, Ostansicht und Querschnitt durch den Chor; nach Ceschi

Allegorien der Musik. Es handelt sich dabei um die Reste einer Sängerkanzel, 1499 von Donato Benci und Benedetto da Rovezzano skulptiert. In der Sakristei Pala von Bernardo Castello. Das berühmte Bild ›Martyrium des Hl. Stephanus‹ von Giulio Romano (1524) ist z. Z. (1984) wegen Restaurierungsarbeiten aus der Kirche entfernt. Wichtig die fünfschiffige romanische **Krypta** mit antiken Spolien. Dort u. a. das Relief ›Michael, der Drachentöter‹, 1453, wichtiges Werk der Frührenaissance in Genua.

Unterhalb der Kirche an der Via XX. Settembre neogotische Arkadenfolge. Gegenüber von Santo Stefano auf der anderen Seite der Via XX. Settembre ein schönes Jugendstilhaus. *Point de vue* und Brücke zugleich ist der Ponte Monumentale von 1895. Gerade der Teil der Via XX. Settembre, der östlich vom Ponte Monumentale liegt, ist ein hervorragendes Beispiel für den Eklektizismus des späten 19. Jahrhunderts. Venezianische Gotik, florentinische Frührenaissance, römischer Manierismus und Piemonteser Barock stehen brüderlich Haus an Haus. Leider gibt es noch keine umfassende stilgeschichtliche Dokumentation zu dieser interessanten Straße.

Nostra Signora della Consolazione
Von 1684–1706 für die Augustiner von Artoria errichtet. Die Kuppel wurde erst 1769 von Simone Cantoni vollendet, und die neobarocke Fassade stammt gar erst von 1869. Das dreischiffige Innere stellt das letzte Beispiel weiträumiger Genueser Einheitsräume dar. Bedeutendstes Ausstattungsstück ist die Grablegung in Chiaroscuro von Perin del Vaga an der rechten Chorwand. Bedeutende Gemälde der Genueser Schule können auf Bitte im Refektorium besichtigt werden.

Mercato Orientale
Der Name weckt falsche Vorstellungen. ›Orientale‹ bedeutet lediglich den östlich gelegenen Viktualienmarkt der Stadt. An der Stelle des Augustinerkonvents 1889 errichtet, stellt der Mercato Orientale einen gewichtigen und originellen Beitrag zum Bautypus der überdeckten Markthallen.

An der einstigen Ostgrenze der Stadt entstand durch Zudeckung des Bissagnoflusses eine neue großflächig organisierte städtebauliche Anlage, die in der **Piazza della Vittoria** (1929–36) ihre monumentale Gestaltung erhält (Farbt. 22). Das Denkmal der Gefallenen des Ersten Weltkrieges, der Arco dei Caduti, und die flankierende Häuserzeile zeigen Merkmale des heutzutage wenig geschätzten großsprecherischen Stiles der Faschismus-Ära.

f Vorstädte Genuas
    Albaro – Staglieno – Struppa – Nervi – Sampierdarena – Cornigliano Ligure – Pra – Pegli

Östliche Vorstadt Albaro
Villa Cambiaso: (Via Montallegro 1). Erster Großauftrag für Galeazzi Alessi in Genua. Ab 1548 für Luca Giustiniani in Hanglage und mit Meerblick erbaut. Über fast quadratischem Grundriß klare Dreiteilung der Hauptmassen. Seitentrakte im Erdgeschoß für kleine Zimmer reserviert. Im Mitteltrakt zum Garten hin offener Portikus, Vorhalle und Treppenhaus; darüber im Obergeschoß großer Festsaal. Klare Geschoß- und Achsentrennung am Außenbau. Zweieinhalbge-

schossige und fünfachsige Fassade. Die drei Achsen des Mitteltrakts werden von den leicht vortretenden Seitentrakten risalitartig gerahmt. Glatte dorische Säulen im Untergeschoß tragen die korinthischen Pilasterordnungen des um ein Mezzaningeschoß erhöhten Obergeschosses. Die einzelnen Fensteröffnungen der Seitentrakte werden jeweils von Doppelsäulchen bzw. Doppelpilastern besonders betont, so daß sie in Dialog treten mit der einfachen Rahmung der Dreiergruppe des Mittelteiles. Die drei offenen Arkaden des Untergeschosses mildern erheblich die Schwere des Fassadenblocks, sorgen für beschwingte Festlichkeit. Die leichte Balustrade des horizontalen Dachabschlusses wiederholt das gleiche Motiv des *primo piano*. Alles in allem eine in ihren Einzelteilen wohlabgestimmte und ausgewogene Architektur von würdiger Feierlichkeit mit fast anmaßender Monumentalität. Modell für viele andere Villen des Cinquecento in Genua und Umgebung. Die Innenausstattung, vor allem das große Deckenfresko von Luca Cambiaso, im letzten Krieg zerbombt. Heute Sitz der Technischen Fakultät der Universität.

San Francesco d'Albaro: (Via Albaro 33, schräg gegenüber der Villa Cambiaso). Typisch genuesisch-gotische Pfeilerbasilika, das Tonnengewölbe erst Anfang des 17. Jahrhunderts eingezogen. In der Tonne Fresken von Giovanni Battista Carlone zu Leben und Glorifizierung des Poverello (Mitte 17. Jahrhundert).

Santa Maria del Prato: Bereits 1172 von den Augustinern gegründet. Von der romanischen Stufenhalle mit offenem Dachstuhl (zum Teil zwischen 1941 und 1950 rekonstruiert) interessieren nur die Ostteile: Zweigeschossige Chorgruppe, Unterkirche als zweischiffige kreuzgewölbte Halle mit drei Apsiden konzipiert. Zur Linken der Kirche quadratischer **Kreuzgang** des 15. Jahrhunderts (Klausurbereich!).

Villa Soluzzo-Bombrini, ›Il Paradiso‹: (Via Francesco Pozzo 28). Um 1580–90 wahrscheinlich von Andrea Vannone für die Markgrafen von Saluzzo errichtet. In beherrschender Lage über dem Bisagno-Tal. Magnascos berühmtes Bild ›Zerstreuungen in einem Garten in Albaro‹ (Palazzo Bianco; Farbt. 57) hier gemalt. Privatbesitz!

Villa Imperiale (di Terralba): (Via San Fruttuoso; heute Bibliothek). Noch vor 1500 für Lorenzo Cattaneo erbaut. Damit eine der ersten Genueser Landvillen von schloßartigen Ausmaßen. Als König Ludwig XII. hier empfangen wurde, war die Villa Imperiale offensichtlich schon fertig. Um 1560 unter Leitung von Giovanni Battista Castello (?) weitgehend erneuert. Lediglich im Erdgeschoß, z. B. am westlichen Eingang, noch erkennbare Reste des spätgotischen ersten Baus. Ursprünglich vorhandene Außenfreskierung verschwunden. Im Inneren u. a. Luca Cambiasos großes Deckengemälde ›Raub der Sabinerinnen‹ (nach 1560; Abb 66).

Santuario S. Maria del Monte: (Straße geht von der Villa Imperiale ab). Beliebte Wallfahrtskirche der Genueser, 138 m hoch gelegen. Herrlicher Blick auf Genua. 1444 für die Franziskaner an der Stelle einer älteren Kirche (seit 1183 bekannt) errichtet. Konvent mit Quattrocento-Kreuzgang. Das **Innere** der 1654–58 barock veränderten und vergrößerten Kirche erweist sich als eine wahre Fundgrube der genuesischen Malerei.

GENUA – LA SUPERBA: VORSTÄDTE

Friedhof Staglieno

Friedhof Staglieno, Skulptur einer Trauernden

Neben Fresken von Andrea Ansaldo Bilder von L. Calvi, G. B. Carlone, Domenico Fiasella, Bernardino Fasolo (1518). Auf dem Hauptaltar ›Madonna del Monte‹, quattrocenteske Statue der Sieneser Schule. Marmortabernakel der Orsolino. In der Sakristei Bilder von Andrea Semino, Andrea Ansaldo, Sebastiano del Piombo (?) und drei Strozzi!

Friedhof von Genua: Staglieno

Eine Sehenswürdigkeit ganz besonderer Art in Genua ist der nördliche Friedhof. 1797 hatten die Stadtväter aus sanitären Gründen jegliche Bestattung innerhalb der Stadtmauern strengstens untersagt. Folge dieses Begräbnisverbotes war die Konzeption eines neuen Friedhofs bei dem Dorfe Staglieno. Genuas bekanntester spätklassizistischer Architekt Carlo Barabino entwarf noch in seinem Todesjahr 1835 den neuen Campo Santo. Der ursprüngliche Plan war streng symmetrisch ausgerichtet um ein an drei Seiten von Gräbergalerien geschlossenes Rechteck, dessen hangwärts erhöht gelegene Breitseiten über Rampen und Freitreppen von einem klassizistischen Rundtempel, dem Pantheon, gekrönt werden. Der ausführende Architekt (1844-51) wurde Barabinos Mitarbeiter und Schüler G. B. Resasco. Das Pantheon wird rückwärts und seitlich von peribolosartigen Galerien gerahmt. In der Achse Haupteingang – Pantheon die 9 m hohe Statue des Glaubens. Sukzessive, dem Geländelauf folgend, entstanden die Galleria Semicircolare mit dem Krematorium, die Einbeziehung des Osthügels am Campo dei Mille, das Gräberfeld Valetta Pontasso und der Boschetto dei Mille, die Galleria Montino, die ebenfalls halbkreisförmige westliche Galleria Sant' Antonio usw. Ein Kleinbus erspart den gräberpflegenden Mütterchen die weiten Wege. Staglieno ist eine echte Gräber-Stadt.

Struppa
Oberhalb des Ortsteils Prato gelegen die Kirche **San Siro** (Abb. 64), an der Stelle des Geburtsortes des ersten Genueser Bischofs St. Sirus († 330). Obwohl eine Weihe für das Jahr 1025 schriftlich dokumentiert ist, dürfte der jetzige Bau, 1921-27 und 1957-64 restauriert, ziemlich sicher erst vom Anfang des 12. Jahrhunderts stammen. In mathematischer Formelhaftigkeit ist San Siro unverschnörkelt der Prototyp einer romanischen dreischiffigen Basilika mit offenem Holzdachstuhl. *Im linken Seitenschiff* ein Retabel mit dem Leben des Hl. Sirus von 1516, dem Teramo Piaggio zugeschrieben. *Am Hauptaltar* Marmor-Antependium von der Mitte des 16. Jahrhunderts. *Die Sakristei* behütet noch ein Marien-Triptychon (spätes 15. Jh.).

Nervi
Villa Serra (Civica Galleria d'Arte Moderna, durch Stiftung von Odone di Savoya seit 1928 untergebracht in der Villa Serra, Via Aldo Casotti). Bilder, vor allem aus dem 19. Jahrhundert, mit interessanten Veduten von Genua. Im Garten der Villen Serra und Gropallo das **internationale Ballettfestival** im Sommer.
Museo Civico ›Giannettino Luxoro‹, in der Villa Luxoro, Via Aurelia 29. Spezialisiert auf Möbel, Ausstattungsstücke usw. Daneben auch Bilder der Genueser Schule des 17.-18. Jahrhunderts (Vallerio Castello, Tavella, Magnasco usw.).

Sampierdarena
Ähnlich wie Albaro im Osten mächtige Villenvorstadt im Westen. Von den Villen viele zerstört oder verwahrlost. Die wichtigsten heute als kommunale Einrichtungen genutzt (meistens als Schulen oder Kindergärten). Herausgegriffen werden u. a. drei vom Typ alessischer Villen.
Villa Centurione (del Monastero): An der Stelle des 1522 aufgehobenen benediktinischen Klosters 1587 für Barnabò Centurione errichtet. Zum Teil modernisiert nach der französischen Bombardierung von 1684. Noch ganz im sog. alessischen Villenstil konzipiert. Ausmalung durch Bernardo Castello mit Szenen des Alten Testaments und zu Tassos Befreitem Jerusalem. Im Keller (Turnsaal) noch die Reste des benediktinischen Kreuzgangs von ca. 1250. (Heute als Schule genutzt. Nur werktags vormittag zu besichtigen.)
Villa Grimaldi (La Fortezza): Oberhalb der Bahnlinie in der Via Palazzo della Fortezza. Ab 1561 von Bernardo Spazio begonnen. Pläne angeblich von Alessi selbst.

Strand bei Nervi mit Blick auf Monte Portofino

Sampierdarena, Villa Imperiale-Scassi (La Bellezza); nach Strafforello

1565–68 von Giovanni Battista Castello und Domenico Ponsello vollendet. Also außer Bernardino Cantone alle wichtigsten Architekten Genuas im Cinquecento beteiligt! Weiter an der Ausstattung beteiligt waren auch Andrea de Carrona (Stuck 1567) und Luca Cambiaso (Lünettenfresken).

Villa Imperiale-Scassi: Schon ab 1560–64 von Giovanni Ponsello in Hanglage für Vincenzo Imperiale errichtet. Klassizistische Ergänzungen von Canzio und Barabino sind problematisch. 1938 rekonstruiert. An der Achsen- und Geschoßaufteilung sowie der Behandlung der Seitentrakte als Fassadenrisalite ist der Einfluß von Alessis' Villa Cambiaso unverkennbar. Die ursprüngliche Ausmalung besorgten Bernardo Castello und G. A. Carlone.

Villa Centurione-Carpaneto: (Piazza Montano 4). Mehrmals umgebaute Villa des 16. Jahrhunderts. Bedeutend die drei Räume mit Fresken von Bernardo Strozzi, die einzigen gut erhaltenen und zugänglichen! (Heute Kindergarten, vormittags Besichtigungserlaubnis erfragen).

Villa Spinola di San Pietro: Um 1550 schon erbaut, noch nicht von Alessi beeinflußt! Für die Herzöge Spinola di San Pietro. Doch ihre Bedeutung erlangte die Villa erst durch die 1621–25 erfolgten Umbauten für Battista Spinola. Zur Künstlerequipe, die für die Innendekoration sorgte, gehörten Bernardo Castello, Giovanni Carlone und Andrea Ansaldo (Abb. 65). Im Erdgeschoß mythologische Themen (›Raub der Helena‹, ›Urteil des Paris‹, freskiert von Bernardo Castello). Von Giovanni Carlone stammen im Obergeschoß die Grotesken im Treppenhaus, das große Deckengemälde im Salone mit den Taten des Meg. Lercari, und die ›Schmiede Vulkans‹ im Vorzimmer. Andrea Ansaldo fügte dem großen Deckenfresko des Salone den Musikantenfries hinzu und besorgte die Ausmalung der kleinen Stanzen im Obergeschoß mit Szenen aus der Perseus-Sage. (Heute Schulgebäude, individuelle Besichtigung vormittags möglich.)

Pegli, Villa Pallavicini, Garten (s. S. 218)

GENUA – LA SUPERBA: VORSTÄDTE

Cornigliano Ligure
Villa Durazzo-Bombrini: (Via Muratori), Villa von schloßähnlichen Dimensionen. Die 1730–40 als zum Meer hin offene Dreiflügelanlage wurde 1780 nochmals durch Andrea Pallavicini klassizistisch geschönt; z. T. erhaltene Innenausstattung. Interessantes Quadraturafresko im Gartensaal. Heute Sitz der Verwaltung von Italsider.

Pra
Villa Negrone: Die sich wehrhaft gebende Adelsresidenz vom Ende des 16. Jahrhunderts vor allem berühmt durch die hervorragenden Fresken von Andrea Ansaldo, die zum wichtigsten des Spätwerkes Ansaldos zu zählen sind. Sein System der Quadratura ist hier zur Vollendung ausgereift. Vorstufe für die Kuppel von SS. Annunziata.

Pegli, Museo Civico di Archeologia Ligure: Kelto-ligurische Figur, Detail

Pegli
Villa Pallavicini (Museo Civico di Archeologia Ligure): An der Stelle eines bereits um 1800 von dem Botaniker Clelia Grimaldi-Durazzo angelegten Gartens. Ausbau der Terrassengärten unter Ignazio Pallavicini (1837–46). Die Pläne dafür stammen von Michele Canzio. Nach der Mode der Zeit war der neue Garten ausgestattet mit Grotten, künstlichen Teichen und Wasserspielen, Grottenromantik und exotischen Pavillons. Parallel dazu Errichtung des Herrenhauses. Dieses beherbergt seit 1954 das Archäologische Museum der Stadt Genua, die größte Sammlung ihrer Art in Ligurien. Doch leider ist auch dieses Museum der Frühgeschichte derzeit in Umgestaltung begriffen und daher in einem recht desolaten Zustand.

Pegli, Museo Civico di Archeologia Ligure: Eisenzeitliches Urnengrab

Villa Doria-Centurione (Civico Museo Navale): Noch in der ersten Hälfte des 16.

Pegli, Museeo Civico Navale: Gallionsfigur

Jahrhunderts für Agamo Centurione errichtet. Damit bedeutendster Villenbau der voralessischen Periode. Gegen Ende des Jahrhunderts (1592) von Vannone für Giovanni Andrea Doria erweitert. Aus beiden Bauphasen bedeutende Freskenzyklen. Die erste Bauphase vertreten von Nicolosio Granello unter dem deutlichen Einfluß vom römischen Manierismus des Perin del Vaga, während für die zweite Bauphase die Fresken von Lazzaro Tavarone (Cambiaso-Schüler) stehen. Seit 1930 Sitz des Schiffahrts- und Nautik-Museums der Stadt Genua. Vor allem Seekarten, Schiffsmodelle, z. B. Rekonstruktionen der Karavellen des Kolumbus, nautisches Gerät und Marinewaffen, Seestücke und wundersame Meerweiber als Gallionsfiguren. Die Sammlung ist für jeden nur irgendwie an der Seefahrt Interessierten praktisch ein Muß, aber ein sehr abwechslungsreiches und lehrreiches Muß.

Bevor man Genua verläßt, sollte man nicht vergessen, die Stadt sowohl von der See als auch von den Bergen, von oben her zu sehen, also aus der Sicht der Elemente, die Bild und Geschichte der Stadt bestimmen. Die **Hafenrundfahrt** alle 1/2 Stunde geht ab Ponte dei Mille, gegenüber dem Palazzo Doria-Pamphily. Für einen Blick auf die Stadt bieten sich eine Fahrt mit der **Seilbahn** auf den Righi (dort Restaurant und Fortezza) oder mit dem **Lift** auf das Castelletto an. Beide Stationen sind im Stadtplan eingetragen.

g Riviera di Levante: Hinterland von Genua

Uscio – Borzonasco – Varese Ligure – Brugnato – Castelnuovo

Uscio

Nur knapp 10 km im Hinterland von Rezzo liegt das Bergstädtchen Uscio. Lange galt es als langobardische Gründung. Doch jüngere Ausgrabungen (1974) haben in Uscio eines der ältesten sog. Castellara der ligurischen Urbevölkerung zutage gefördert: 12.–11. Jahrhundert v. Chr. (späte Bronzezeit). Lange Zeit vergessen, wurde Uscio zur Zeit der Langobarden-Herrschaft deren vorgeschobener Posten, von dem aus die Region, speziell das Vorgebirge von Portofino, beherrscht wurde. Über die langobardische Vorherrschaft kam die Zugehörigkeit zur ambrosianischen Kirche. An der Stelle einer bereits dem Hl. Ambrosius geweihten Kirche des 7.–8. Jahrhunderts ein romanischer Neubau für den gleichen Patron. Von der hochmittelalterlichen Pieve di Sant'Ambrogio (um 1100) zeigt besonders die Fassade den lombardischen Einfluß. Im Inneren polychrome Holzstatuen des Hl. Ambrosius vom 13. Jahrhundert. Außerdem auf dem 3. Altar links eine dem Maragliano zugeschriebene ›Madonna der sieben Schmerzen‹.

Borzonasco

Abtei von Borzone: Etwa 4 km östlich von Borzonasco inmitten einer wunderbaren grünen Bergwelt die Reste der Abtei (Farbt. 43). Ursprünglich Filiale der berühmten Abtei von Bobbio, gegründet von Columban dem Jüngeren (7. Jahrhundert). Durch Hugo von Volta, Erzbischof von Genua, 1184 in den Rang einer Abtei aufgehoben und an die Benediktiner von St-Victor von Marseille übergeben, die bis zur Umwandlung in eine Commende (1535) die Herren von Borzone blieben. Die heutige Kirche 1244 auf Wunsch Gherardos von Cogorno errichtet. Auch hier an der Mauergestaltung durch flache, eng aneinanderliegende Lisenengliederung in Backstein der Einfluß der Lombardei erkennbar. Im Inneren der mehrfach umgebauten Kirche an der rechten Chorwand Triptychon ›Andreas und andere Heilige‹, 1480 von unbekannten ligurischen Meistern mit lombardischen Einflüssen gemalt. Gegenüberliegend in der Wand eingelassen Tabernakel im Stile der Florentiner Frührenaissance. Rechts an der Kirche Reste der Konventsgebäude.

Varese Ligure

Landwirtschaftliches Zentrum am Zusammenfluß von Crovana und Vara. Strategisch günstig den Passo di Cento Groce (zwischen Riviera und Parma) kontrollierend. Der Ort besteht aus topographisch und historisch distinkten Teilen. Der ältere Teil, der Borgo Rotondo, typisches und guterhaltenes Beispiel spätmittelalterlicher Ortsgründungen zu verteidigungs- und handelspolitischen Zwecken (zweite Hälfte 14. Jahrhundert). Der Borgo Rotondo gruppiert sich kreisrund um die zentrale Piazza Marconi mit dem Castello, das aus einem alten befestigten Wohnsitz der Fieschi entstanden war. Höchst atypisches Aussehen des Castello mit seinen beiden grundverschiedenen Türmen, der Torre del Picinino (1436) und dem erst 1470–80 entstandenen Wohnturm Torreone dei Landi. Ebenfalls typisch für diese Villa nova des späten Mittelalters (vgl. die zeitgleichen Bastides in Südfrankreich! Siehe Legler) die radial geführte gerade Hauptstraße mit Portiken und Piazza Fieschi. Links von der Kirche SS. Filippo Neri e Teresa d'Avila (17. Jahrhundert) die Via Umberto I., deren Verlängerung, die Via Garibaldi, die Hauptachse des zweiten, jüngeren Stadtkerns (Borgo Nuovo) bildet. Dort einige herrschaftliche Stadthäuser des 16. und 17. Jahrhunderts. Nach der Piazza Mazzini gelangt man zum Ponte Grecino, eine besonders schön gemauerte mittelalterliche Brücke.

Brugnato

Ebenfalls als Runddorf auf kreisförmigem Grundriß angelegt ist Brugnato. Bereits in römischer Zeit als Militärstation Prunetum an der Via Aemilia Scauri von strategischer Bedeutung, erfuhr der Ort durch die Niederlassung kolumbanischer Mönche von Bobbio (7. Jahrhundert) eine erneute Aufwertung. Im 8. Jahrhundert hatten die Bobbianer Mönche an der Stelle einer noch älteren Friedhofskapelle eine erste Klosterkirche erbaut. Auf deren Fundamentmauern steht die heutige aus dem 11. bis 12. Jahrhundert stammende Pfarrkirche von Brugnato. Trotz mehrfacher Umbauten gelang den Restauratoren der fünfziger Jahre weitgehend, am Außenbau (Ostteile) den ursprünglichen streng kargen Charakter des romanischen Baus wieder freizulegen. Fassade vom 18. Jahrhundert. Die von kreuzförmigen Pilastern getragene zweischiffige Kirche folgt in diesen Formen bereits dem Vorgängerbau des 8. Jahrhunderts. In der Kalotte der Hauptapsis Kopfrelief vermauert, offensichtlich vom Bau des 8. Jahrhunderts stammend. Vor der jetzigen Apsis die Fundamente dieser älteren Kirche. Ein Fresko (13.–14. Jahrhundert) am dritten Pfeiler zeigt den Hl. Kolumban.

Castelnuovo

Wichtige Hügelstadt im Hinterland. Seit dem 11. Jahrhundert schriftlich erwähnt. Entstehung im Zusammenhang mit der Aufgabe von Luni. Während der Kämpfe von Ghibellinen und Guelfen in Sarzana diente Castelnuovo als Fliehburg des Bischofs. Das sogenannte **Castello** ist der auf den Resten einer älteren Burg errichtete befestigte Bischofspalast (1273–74). Im 15. Jahrhundert erneuert. Auf Vermittlung von Dante Alighieri wurde hier 1306 der letzte Frieden zwischen dem Bischof von Sarzana/Luni und Franceschino Malespina' geschlossen, der praktisch das Ende der politischen Macht des Bischofs von Luni bedeutete. In der Pfarrkirche **Santa Maria Maddalena** sechs Säulen aus Carrara-Marmor, die aus Santa Maria Assunta in Luni stammen. *Am 3. Altar rechts* Hochrelief ›Kreuzigung mit Maria und den frommen Frauen‹ vom Anfang des 16. Jahrhunderts. *Rechte Chorkapelle* ›Kreuzigung‹, möglicherweise eine Kopie nach Pieter Breughel dem Älteren, ausgeführt von Pieter Breughel dem Jüngeren. *An der linken Wand des Presbyteriums* ›Kreuzigung‹ aus dem Umkreis von Van Dyck. *Auf dem 3. Altar links* ›Schmerzensmadonna‹ von Domenico Fiasella.

Direkt in der Nachbarschaft **Ortonovo**, ebenfalls bemerkenswertes malerisches Runddorf (vgl. Varese Ligure und Brugnato). Vor dem Ort das **Santuario della Madonna del Mirteto,** um die Mitte des 16. Jahrhunderts von Marcello Ippolito errichtet. In der Marmorfassade schönes Mittelportal mit Hochrelief ›Madonna mit Kind und den Heiligen Joachim und Anna‹ in michelangelesker Tradition. Im Inneren gemalte Grablege des 16. Jahrhunderts und am Ende des rechten Seitenschiffes Altar des Rosenkranzes.

III Riviera di Levante

Abtei S. Fruttuoso vor der Restaurierung; nach Strafforello

1 Ambientale Kunst

Hat man Groß-Genua bei Nervi gen Südosten, immer dem Küstenverlauf folgend, verlassen, kann man bei nicht allzu diesiger Sicht schon von weitem ein Vorgebirge sich auftürmen sehen, das weit ins Meer hinausragt und dann abrupt und unvermittelt ca. 600 m tief ins blaue Wasser förmlich hineinspringt. In Camogli, am nördlichen Fuße des Promontorio di Portofino beginnt eine der schönsten Küsten Italiens, deren verwirrender Abwechslungsreichtum erst kurz vor Chiávari in seiner Erregung abzuschwellen beginnt, einer kleinen Vorebene zwischen Apennin und Meer Platz einräumt, als wollte sie sich nur kurz erholen, um nach dieser Atempause bei Sestri Levante für einen neuen frenetischen Akkord anzusetzen, der sein traumhaftes Finale in den Cinqueterre und um den Golf von La Spezia findet.

Carl Gustav Carus war die entgegengesetzte Richtung gefahren, in der Postkutsche von La Spezia nach Genua. Am Morgen des Tages nach seiner Ankunft schreibt er (am 13. Juli 1828): »Nach und nach wird die Gegend wie man sich dem höchsten Punkte der Straße nähert schroffer und rauher, zugleich aber öffnen sich nun neue Aussichten auf die blauen Spiegel früher noch nicht gesehener Buchten des mittelländischen Meeres, und wie sich nun der Weg wieder senkte und die anmutigsten Täler mit Wein- und Ölbäumen bedeckt und von hellen zierlichen Ortschaften belebt, mit der stetig wiederkehrenden Fernsicht der See und dem Atem der reinen Seeluft wechselten, da schwebte mir immer jene Stelle aus Goethes Faust vor, wo es heißt: ›Nicht hemmte dann den göttergleichen Lauf / der wilde Berg mit allen seinen Schluchten; schon tut das Meer sich mit erwärmten Buchten / vor den erstaunten Augen auf!‹«

Da das direkte Herantreten der Berge ans Meer nur an wenigen Stellen, am Unterlauf von Sturla, Vara und Magra, Ackerbau oder Hortikulturen erlaubte, der Küstenverlauf selbst nur wenig Naturhäfen wie z. B. Portofino oder Sestri Levante bereithält und das direkte Hinterland weder aus wirtschaftlicher noch politischer Sicht von Bedeutung war, konnte es zu keiner großen Konzentration kommen. Aus den benannten Gründen, aber auch, weil für Genua diese Küste in der Blickrichtung auf den größten Rivalen im Tyrrhenischen Meer, Pisa, eine notwendige Pufferzone bildete, gelangte die Riviera di Levante sehr schnell in totale Abhängigkeit der mächtigen Superba. Dies zeigt sich auch kulturell, z. B. im Kirchenbau. Alle aus dem Mittelalter erhaltenen Kirchen der Levante gleichen der von San Donato in Genua in ihrem Schema: Kleine holzgedeckte dreischiffige Basiliken oder Hallen, mit schwarz-weißer Streifeninkrustation am Außenbau. Ein besonders prächtiges Beispiel ist Sant' Andrea in Lévanto (Abb. 84). Insgesamt, gerade im Vergleich mit Genua selbst, hat die Region wenig Großes und Eigenständiges anzubieten.

Aber das Fehlen großer Einzelmonumente weiß die Riviera di Levante auszugleichen durch großartige ambientale Kunst. Es ist doch erstaunlich, mit welcher Sicherheit, aber gleichzeitig mit welchem Gespür und Vermögen zur Schöpfung von Schönheit die Erbauer dieser ›malerischen‹ Fischerdörfer zu Werke gegangen sind, wie sie es verstanden hatten, aus denkbar ungünstigster orographischer Situation nicht nur einen praktisch benutzbaren Gegenstand zu erstellen, sondern auch die Lösung fanden, die die endgültige Verschmelzung von Natur und Menschenwerk bewirkte, sozusagen die Vervollkommnung der Natur, die immer das Signum des Schönen trägt. Ich denke dabei an Camogli, an San Fruttuoso, an Portofino, an Sestri Levante (Baia di Silenzio). Die vornehmlich rot-, gelb-, ockerfarbigen Häuserfronten dieser Fischerdörfer verstehen sich als i-Tüpfelchen, als Kontrast und Ergänzung zur umgebenden Natur, zum Azur des Himmels, dem Tintenblau des Wassers und dem Grün der aufragenden Uferhänge – eine dem Licht und dem Wasser zugekehrte Außenkunst. Die Ligurer der Levanteküste sind Meister ambientaler Kunst. Diese ihre Stärke war allen Reisenden gewichtig genug, so daß trotz aller Anstrengungen der savoyardischen Könige, aus San Remo oder Ospedaletti die italienische Konkurrenz gegen die mondänen Winterexklaven an der Côte d'Azur aufzubauen, die ursprünglich gebliebenen Orte der Levante ihre Anziehungskraft behielten.

2 Das Vorgebirge von Portofino und der Golf von Tigullio

Camogli – San Fruttuoso – Portofino – Santa Margherita Ligure – Rapallo

Camogli

In einer weiten grünen Bucht gelegen, dem Golfo Paradiso (Farbt. 39), kann Camogli auf eine lange, inzwischen archäologisch belegte Geschichte zurückblicken. Ausgrabungen zwischen 1969 und 1977 haben die Besiedlung längs des Gentile-Flusses und Reste eines Castellaros zutage gefördert. Das vorrömische ligurische Castellaro befand sich auf der Spitze des Hügels, auf dem sich in einer reichen Patriziervilla das Nobelhotel ›Cenobio dei Dogi‹ eingerichtet hat. Der Blick der Camoglier war aufs Meer gerichtet. Aber nicht nur von der Fischerei lebte die Bevölkerung. Aus Camogli und dem benachbarten Recco (im letzten Krieg völlig zerstört) stammen große Seefahrer, so z. B. Nicolosio da Recco, der Entdecker der Azoren, Biagio Assereto, der Bezwinger von Alfons von Aragon, und Simone Schiaffino, der Fahnenträger der Mille (Garibaldis 1000). Seinen wirtschaftlichen Höhepunkt erlebte Camogli vom Ende des 18. Jahrhunderts bis Ende des 19. Jahrhunderts. Nach Napoleons verlorener Seeschlacht bei Abukir und dem damit verbundenen Verlust der gesamten ligurischen Kriegsflotte konzentrierten sich die heimischen Werften, allen voran diejenigen von Camogli, auf die Herstellung leistungsfähiger hochseetüchtiger Segelschiffe. Bis zum Sieg des Dampfschiffes und dem damit verbundenen Rückgang der Segelschiffahrt stellten die Camoglier mindestens 2900 Segelschiffe her.

Direkt am Hafen gelegen die **Piazza Colombo** und von ihr nach Nordosten ausgehend die beiden Hauptverkehrsachsen Carrugino und Carrugio dritto. Die bis zu sieben Stock hohen Häuser der Seefront weisen eine camoglier Besonderheit auf, sie haben zwei Eingänge: einen zum Meer hin, im Parterre, und einen anderen, je nach Gefälle, im dritten bis fünften Stock zur Stadt hin. An der Piazza Colombo findet die berühmte

Sagra di Pesce (siehe ›Feste‹) statt, und von ihr führt die Salita Priaro in den Kern des alten Borgo (Farbt. 38). Hier, Nr. 8, ein mittelalterlicher **Hausturm** mit Bogendekoration. Die Pfarrkirche **Santa Maria Assunta,** seit dem 13. Jahrhundert mehrfach umgebaut, mit neoklassizistischer Fassade, besitzt neben der Kirchenpatronin auf dem Hauptaltar von Bernardino Schiaffino in der linken Chorkapelle eine Pala von Bernardo Castello und in der Sakristei eine ›Kreuzabnahme‹ von Luca Cambiaso. Im sog. **Castello Dragone** das ›Aquario Tirenico‹ mit den wichtigsten Fischsorten des Golfo Paradiso. Ebenfalls dem Meer, genauer der Schiffahrt, gewidmet ist das **Civico Museo Navale,** für jeden Yachter und Enthusiasten der Segelschiffahrt eine sehenswerte Sammlung.

Von Camogli aus führt in vielen Windungen die Hauptstraße hinauf zum Ruta-Paß. Von **Ruta** aus führen alle wichtigen Wege entweder:
a nach der Kirche von **San Rocco;** von dort aus Fußweg zur romanischen Kirche von **San Nicolo di Capodimonte** und **Punta di Chiappa** (herrliche Aussicht auf Genua und die Riviera di Ponente);
b nach **Portofino Vetta** (Mautgebühr); ab dem Hotel nur noch zu Fuß weiter zum **Monte di Portofino** (610 m) mit herrlichem Ausblick auf beide ligurischen Küsten. Möglichkeit zur Weiterwanderung nach San Fruttuoso;
c nach **Rapallo** über das Valle Cristi. Dort die Reste der Zisterzienserabtei von **Valle Cristi** (Abb. 70). Von den Bauten des 13. Jahrhunderts nur noch erhalten der quadratische Campanile, Privatbesitz. Vom Zaun aus guter Blick auf die offengelegten Grundmauern der Klosteranlage;
d über die Hauptstraße nach **Rapallo** und **Santa Margherita Ligure.**

Abtei San Fruttuoso

Eine der Hauptsehenswürdigkeiten Liguriens (Farbt. 41, 42; Abb. 72; Fig. S. 222). Zu erreichen per Schiff von Camogli oder Rapallo, Santa Margherita Ligure oder Portofino aus. In der Hauptsaison jede halbe Stunde. Achtung: Immer bequemes, festes Schuhwerk und Wetterschutzkleidung bei unsicherem Wetter einplanen, da bei Wetterwechsel oft Rückkehr mit dem Schiff nicht möglich ist. Zu Fuß nach Ruta oder Santa Margherita reichlich zwei Stunden! Übernachtung rechtzeitig vorher im Verkehrsbüro vorbestellen.

Wenn das Wort Idylle auf irgendeinen Platz der Riviera di Levante mit Fug und Recht angewandt werden kann, dann auf San Fruttuoso. Der eingangs erwähnten Verschmelzung von unberührter Natur und von durch menschliche Hand geschaffener Behausung ist in San Fruttuoso ein Musterbeispiel von einzigartigem Rang gelungen. Wie so oft, war es eine religiöse Gemeinde, die dieses Wunderwerk geschaffen hat.

Um 713 war Bischof Prosperus von Tarragona mit seinem Domkapitel vor der einsetzenden arabischen Invasion in Spanien geflohen. Mit sich genommen hat er eine kleine Mönchsgemeinde und die Reliquien des frühchristlichen Märtyrers Fructuosus († 260). An der ligurischen Küste glaubte man den gesuchten sicheren Ort gefunden zu haben. In der kleinen Bucht am Promontorio di Portofino, wo eine Besiedelung im 2. bis 3. Jahrhundert nachgewiesen werden konnte, errichteten sie ihr Coenobium. Doch den sarazenischen Verwüstungen des 10. Jahrhunderts war auch diese fromme Niederlassung zum Opfer gefallen. Fast gegen Ende des 10. Jahrhunderts, nach Übereignung des Ortes an die Benediktiner und mit kräftiger Unterstützung durch Adelaide, die Witwe Otto des Großen (995–99), fand ein Neubau des Klosters statt. Durch weitere Stiftungen gelangte San Fruttuoso zu großer Bedeutung in Ligurien. Nachdem die Abtei den Höhepunkt ihres Wirkens und Einflusses überschritten hatte, gelangte sie 1273 durch Kauf an das Haus Doria. Zwischen 1275 und 1305, also während der parallellaufenden Neubauten von San Matteo in Genua, diente San Fruttuoso als Grablege der Doria (Abb. 69). Auf Veranlassung und Kosten Andrea Dorias entstanden die Befestigungsbauten und der etwas oberhalb östlich des Konvents gelegene Wohnturm (nach 1550). Eine Naturkatastrophe verursachte Anfang unseres Jahrhunderts verheerende Zerstörungen, nach denen eine gründliche Restaurierung des Gesamtkomplexes einsetzte.

Die Kirche: Im letzten Jahrzehnt des 10. Jahrhunderts begonnen, damit einer der ältesten erhaltenen Kirchenbauten von Bedeutung in Ligurien. Im Grundriß eine dreischiffige mit Halbtonne eingewölbte dunkle Basilika mit frühromanischer Kuppel über dem östlichen der drei Joche. Erst im 13. Jahrhundert durch den heutigen Turm überhöht. Das erste Joch mit Westfassade wurde bei der Restaurierung nicht wieder aufge-

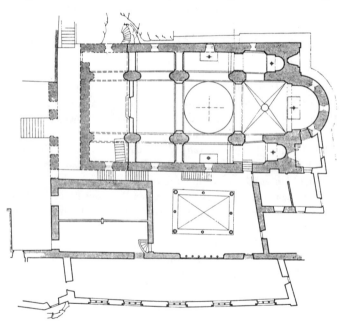

S. Fruttuoso, Grundriß

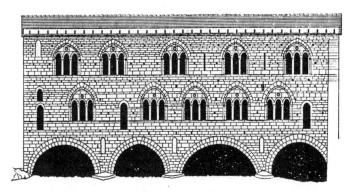

S. Fruttuoso, Abtspalast nach der Restaurierung

führt. Einem quadratischen Joch des Hauptschiffes entsprechendes Chorjoch mit halbkreisförmiger Apsis und tiefen, aber schmalen Nebenchören.
Kreuzgang: Südlich der Kirche der in seiner Grundsubstanz ursprünglich wohl ebenerdige Kreuzgang aus dem frühen 11. Jahrhundert. Ein Areal von nur 9 auf 12 Metern ist von zwei bzw. drei großen rundbogigen Arkaden auf zierlichen Säulen mit schön gearbeiteten Krückenkapitellen aus weißem Marmor umstanden. Die bei der Aufstockung im 13. Jahrhundert ummantelten originalen Säulen wurden bei der Restaurierung zum Teil freigelegt und offengelassen. Der obere Umgang, unter Verwendung älterer Säulen und Kapitelle, war auf seiner Südseite, also zum Meer hin, durch acht Kleinarkaden geöffnet.
Grablege der Doria: Vom Westtrakt des Kreuzganges aus betritt man die Gräberkammer, die von den Doria während der Neubauten von S. Matteo 1275–1305 als Privatnekropole benutzt wurde (Abb. 69). Sechs Familienmitglieder, Guglielmo, Giacopo, Nicolò, Babilano und Egidio Doria, fanden hier ihre letzte Ruhestätte. Diese fünf gotischen Arkosolgräber mit schlanken Doppelsäulchen und schwarz-weißer Inkrustation sind weitgehend original erhalten. Die Grablege der Doria war ein besonderes Privileg, denn die Mönche von San Fruttuosa hatten keinen eigenen Friedhof, sie hatten ihre Verstorbenen dem Meer übergeben. Noch heute gibt es keinen Friedhof. Die Toten werden auf einer Bootsprozession nach Camogli übergeführt.
Abtspalast: Die eindrucksvolle Seefront des spätgotischen Abtspalastes mit Arkadengeschoß und zwei Reihen von nicht in Achse gesetzten großen Triforienfenstern wurde erst 1934, weitgehend dem ursprünglichen Aussehen entsprechend, aufgebaut.

Portofino

An das alte Portus Delphini bei Plinius erinnert nichts mehr. An der Stelle des römischen Kastells und der um 1600 errichteten genuesischen Bastion zum Schutz des Tigullischen Golfes steht das heute in Privatbesitz befindliche, von Alfredo d'Andrade restaurierte **Castello di San Giorgio.** Von der Piazza di San Giorgio herrlicher Blick auf Portofino (Farbt. 44) und Golfo Tigullio. In der Pfarrkirche das Triptychon eines ligurischen Meisters des 16. Jahrhunderts und eine ›Unbefleckte Empfängnis‹, die Luca Cambiaso zugeschrieben wird.

Santa Margherita Ligure

Ebenfalls als malerisches Fischerdorf Anzugspunkt für jährlich Tausende von erholung- und sonnesuchenden Touristen. Am Hauptplatz, hinter der Hafenfassade, der Piazza Caprera, die Pfarrkirche **Santa Margherita di Antiochia**. Der erst 1770 entstandene Bau wurde 1876 mit barockisierender Zweiturmfassade erneuert. Rechts an der Kirche die Via Vittoria nehmen zum sehenswerten Park der **Villa Durazzo-Centurione**, spätes 16. Jahrhundert, von der Familie Durazzo als Herrensitz erbaut (Farbt. 35–37). Heute Sitz eines Musikkonservatoriums und in den Annexbauten Stätte der im August/September stattfindenden Ferienkurse für Italienisch. Zu Füßen des Villahügels, über dem ehemaligen Fischmarkt, die kleine **Kapuzinerkirche** mit bemerkenswerter Skulptur einer Sitzmadonna von der Hand eines provençalischen Wandermeisters (12. Jahrhundert; Abb. 68).

San Michele di Pagana

Einschiffige spätbarocke Kirche mit berühmter ›Kreuzigung‹ von Antonis van Dyck.

Rapallo

Berühmtes Seebad an der tiefsten Stelle des Tigullischen Golfes, wo 1922, anläßlich der Weltwirtschaftskonferenz von Genua, zwischen Rathenau und Krassin der berühmte Separatfrieden zwischen Rußland und Deutschland geschlossen wurde. Historische Sehenswürdigkeiten außer dem sog. **Ponte di Annibale** (einbogige römische Brücke), dem **Castello** (Castrum Venagi, im 16. Jahrhundert zum Schutz des Hafens erbaut; Abb. 71) und der Kirche **San Francesco** (1575, mit bemalter Fassade) besitzt Rapallo nicht.

3 Von Chiávari bis Lévanto

Madonna delle Grazie – Chiávari – Basilica dei Fieschi – Sestri Levante – Monéglia – Lévanto

Wallfahrtskirche Madonna delle Grazie

Kommt man von Rapallo, liegt, ca. 3 km vor Chiávari, direkt rechts vor dem letzten Straßentunnel, steil über dem Meer die kleine Wallfahrtskirche der Madonna delle Grazie (Abb. 67). Schöner Blick nach Norden und Süden. Das gegen 1430 errichtete Sanktuarium birgt im Inneren einen besonderen Schatz. Seitenwände und Presbyterium vollständig ausgemalt von dem aus Zoagli stammenden Teramo Piaggio. Die 1539 entstandenen Fresken zur Lebensgeschichte Jesu zeigen den Status der ligurischen Malerei vor dem Eintreffen von Perin del Vaga.

Interessanter an der Westwand das um die Mitte des 16. Jahrhunderts entstandene Fresko von Luca Cambiaso, wo dieser offensichtlich versucht hat, seine römischen Eindrücke, besonders die von Giulio Romano und anderen Manieristen, Gestalt werden zu lassen. Als Kuriosum ebenfalls sehenswert das Prozessionsbild des geschundenen Christus, recto zeigt es das übliche

Bild vom Schmerzensmann mit Schilfrohr, Dornenkrone und Geißelungsspuren, verso bietet es in brutalem Realismus die von der Geißelung zerfetzte Rückenpartie des Heilands.

Chiávari

Wenige Kilometer landeinwärts finden die Apennin-Flüsse Sturla, Lavagna und Graveglia ein gemeinsames Bett und bilden die Entella, die sich bei Chiávari ins Meer ergießt. Der Zugang zu den verschiedenen Tälern des Hinterlandes und die fruchtbare Ebene bis Cavi gaben dem Mündungstrichter der Entella eine geschätzte Schlüsselstellung. Von Clavaricum (Schlüssel der Täler) soll sich denn auch nach der verbreitetsten Lesart der Name Chiávari herleiten. Offensichtlich schon sehr früh hatten die Ureinwohner diesen bevorzugten Fleck an der Riviera di Levante besiedelt. Ausgrabungen von 1959 förderten eine vorrömische Nekropole aus dem 7. Jahrhundert v. Chr. zutage. Seit dem 10. Jahrhundert gibt es wieder schriftliche Zeugnisse von Chiávari. Die Stadt, aus deren Nachbarort das Geschlecht der Grafen von Lavagna, die Fieschi, stammten, war immer eine loyale Verbündete der Superba, was diese durch die Zuerkennung weitgehender juristischer Befugnisse dankte. Kaum hatten die Genueser ihre Barbarossa-Mauer vollendet, statteten sie Chiávari 1167 mit einem landeinwärtsgelegenen Kastell und einer Mauer mit 14 Türmen aus. Die hochmittelalterliche Mauer umschloß vier parallel zum Meer verlaufende Hauptstraßen mit senkrecht dazugeführten Nebenstraßen. Das orthogonale Straßennetz soll das rechtwinklige System eines römischen Castrums wiederholen, ohne daß dafür, ähnlich wie im Falle Genuas selbst, konkrete Fundamente noch sichtbar wären. Südlich und nördlich dieses relativ kleinen ummauerten Stadtkerns schlossen sich ebenfalls rechtwinklig angelegte Vorstadtviertel *fuori le mura* um dort angesiedelte Klöster an. Diese bescheidenen Ausmaße behielt die Stadt weitgehend intakt bis zur Mitte des 19. Jahrhunderts. Eine Luftaufnahme von 1925 zeigt Chiávari auch noch um diese Zeit nur unwesentlich vergrößert. Die engen Kontakte von Chiávari mit Südamerika, speziell mit Venezuela, brachten der Stadt durch das rückfließende Geld der dorthin ausgewanderten Bürger von Chiávari ansehnlichen Wohlstand, der sich in neuen Straßenzügen, öffentlichen Projekten und Privatvillen noch heute ablesen läßt. Obwohl Chiávari zwischen Genua und Sarzana sicher die meisten historischen Denkmäler und Kunstschätze besitzt, investiert die Stadt wenig in ihr Erbe aus der Vergangenheit und ist mehr auf Badetourismus ausgerichtet. Dennoch lohnt eine eintägige Besichtigung.

Als Ausgangspunkt empfiehlt sich die **Piazza Mazzini,** an deren meerzugewandter Seite sich die 1886 erbaute, an toscanischen Vorbildern des Trecento orientierte Fassade des **Palazzo di Giustizia** erhebt. An der Stelle des Palazzo di Giustizia stand im 15. Jahrhundert die von den Genuesern errichtete Cittadella, von der noch ein Turm (1537) und verschiedene Fundamentmauern erhalten sind. Auf der rechten Platzseite (Nr. 1) steht der barocke **Palazzo Torriglia,** in dem die Azienda Autonoma di Soggiorno e Turismo (Fremdenverkehrsamt) ihren Sitz hat. Hier, in deren Amtsräumen, befindet sich eine sehenswerte *Pinakothek* mit Bildern von Quentin Matsys (Pietà), Michele

Parrasio (Porträt einer Dame), Hans Rottenhammer (Puttentanz), Frans Francken (Bilderkabinett), Giovanni Bernardo Carbone (Männerporträt), Giovanni Benedetto Castiglione, Il Grechetto (Moses' Opfer) nächst weiteren Vertretern der genuesischen Malerei des 17. Jahrhunderts: Orazio De Ferrari, ›Ecce homo‹, Domenico Piola, ›Madonna mit Kind‹, Alessandro Magnasco, ›Versuchung des Hl. Antonius‹ und ›Landschaft mit zwei Anachoreten‹.

Am Nordende der Piazza Mazzini führt der Carrugio dritto von Chiávari, die Via Martiri della Libertà, vorüber. Diese und die beiden nächsten Parallelstraßen, vor allem die Via Ravaschieri, bilden das Gerippe der eigentlichen Altstadt. Sie zeigen das typische Gesicht Chiávaris mit seinen schattigen **Portici** (zum Teil noch 13. Jahrhundert) mit überquellenden Läden (Abb. 73). An der Piazza Fenice der besterhaltene der zahlreichen mittelalterlichen Paläste, der sog. **Palazzo dei Portici Neri** (Abb. 75).

In diesem Bereich findet der nicht am teuren Strand Interessierte eine Reihe preisgünstiger Lokale mit typisch ligurischen Gerichten. Etwa in der Achse Piazza Mazzini, an der Piazza **San Giovanni Battista** die gleichnamige Pfarrkirche. Unter dem Mäzenat von Archidiakon Bardo Fieschi bereits 1182, also kurz nach der mittelalterlichen Mauer, erstmals erbaut, 1462 neu errichtet und schließlich 1624–31 nach Plänen von Andrea Vannone in der heutigen Form umgebaut. Die jetzige Marmorfassade stammt erst von 1935. An der zur Piazza Mazzini weisenden Südflanke in der Lünette eines mittelalterlichen Portals ›Madonna mit Heiligen‹, Fresko vom Anfang des 16. Jahrhunderts. Das dreischiffige Innere mit der erst 1850 ausgemalten Vierungskuppel birgt eine Reihe wichtiger Ausstattungsstücke. *Im rechten Seitenschiff:* 1. Kapelle, Altarbild ›Assunta‹ von Domenico Piola; darüber im Rahmenwerk des Altares eingelassen ›Madonna mit Kind‹ von Bernardino Fasolo (1521); 2. Kapelle, ›Übergabe der Schlüssel an Petrus‹ von Orazio De Ferrari; 3. Kapelle, Pala von Domenico Fiasella; 4. Kapelle, über einem Altar von Francesco Schiaffino schwarzes Kruzifix unbekannter Datierung. *Im Chor* Fresken von Giovanni Battista Carlone, an den Seitenwänden zwei große Ölbilder von dem selben Meister, der ›Täufer tadelt Herodes (Non licet)‹ und ›Tanz der Salome‹ (beide 1644). Während wir bislang Giovanni Battista Carlone vorwiegend als großen Freskanten begegnet sind, hier nun zwei unbestreitbare Meisterwerke der Malerei des 17. Jahrhunderts auf Leinwand. Unbedingt vom Messner die Beleuchtung einstellen lassen! *An der Stirnseite des linken Seitenschiffes* großes Bild ›Seesieg von Lepanto‹, obere Hälfte von Domenico Piola, untere Hälfte von Domenico Fiasella, Il Sarzano.

Ostwärts führt die Via Ravaschiere, die bis 1369 der Carrugio dritto von Chiávari war, danach diese Funktion an die Geschäftsstraße der Bürger, die Via dei Martiri della Libertà, abtretend, das bevorzugte Residenzviertel der Stadtnobilität, direkt zur **Piazza Matteotti.** Dort, Ecke Via Castaguta, der **Palazzo Rocca** (am Fuße des mittelalterlichen Kastells), 1629 vom Architekten der Genueser Via Balbi, Bartolomeo Bianco, für die Marchese Costaguta errichtet. Auf Veranlassung der neuen Besitzer, der Familie Grimaldi, im 18. Jahrhundert vergrößert. Der rückwärts gelegene Park ist heute öffentlich. Im Inneren beherbergt der Palazzo Rocca seit 1982 das **Civico Museo**

Archeologico, wo die Fundstücke der in der Viale Millo 1959 entdeckten vorrömischen Nekropole ausgestellt sind. Die *Pinakothek* in den Obergeschossen ist Privatbesitz der Familie Rocca und nicht zu besichtigen.

Schräg gegenüber der Villa Rocca, auf derselben Platzseite, die Bettelordenskirche **San Francesco** (Abb. 74) in einem erbärmlichen Erhaltungszustand. Dabei birgt die gewöhnlich verschlossene, 1630 ebenfalls nach Plänen von Bartolomeo Bianco im Auftrag der Familie Costaguta errichtete Kirche eine Reihe hervorragender Ausstattungsstücke, wie das offensichtlich recht hastig gemalte Fresko der Kreuzaufrichtung und das Marmormausoleum der Maria delle Torre (1627).

An der Südflanke von San Francesco nur wenige Schritte weiter in der Via Entella eine schöne ›Grablege Christi‹ von Lorenzo Fasolo (1508) in der **Konventskirche der Clarissen**. Von der Südseite der Clarissenkirche San Bernardino sind es wieder nur wenige Schritte zur **Piazza Roma,** Zentrum der östlichen Stadterweiterung im späten 19. Jahrhundert. Dort, wo sich der Corso Dante und die Via Dante kreuzen, Häuser in der Tradition des Historismus und des ›Stile Liberty‹ (italienische Bezeichnung für Jugendstil). Die Via Dante führt zurück zur Piazza Matteotti. Dort noch an deren Südhälfte das **Stadttheater** mit seiner neoklassizistischen Fassade von 1931 und gegenüber **Palazzo delle Scuole Pie** (1770). An der Platzecke unter den Arkaden das umgebaute, einst berühmte **Café Defilla** (1883). Hier an diesem Platz regelmäßig großer Wochenmarkt.

Von der Piazza Matteotti, der rechten Flanke des Palazzo delle Scuole Pie folgend, die Via Rivarola mit ebenfalls alten Portici. Hier, Nr. 45, der sog. **Palazzo Franzone** mit Schieferportalen und Quattrocento-Reliefs, und Nr. 55, **Palazzo Rivarolo** mit schönem Atrium. Die Straße führt geradewegs zur Piazza Nostra Signora dell'Orto, deren Ostseite bestimmt wird von der neoklassizistischen Fassade des **Domes Nostra Signora dell'Orto.** Die 1613–33 an der Stelle einer Marienerscheinung errichtete Wallfahrtskirche erhielt erst zwischen 1841 und 1907 ihre heute etwas unterkühlt wirkende Fassade in Gestalt eines römischen Hexastylos mit korinthischen Kapitellen auf unkannelierten glatten Säulen. Das weite, von Pilasterstellungen bestimmte dreischiffige Innere zeigt an bemerkenswerten Ausstattungsstücken in der 2. Kapelle des rechten Seitenschiffes das Altarbild ›Der Hl. Josef‹ von Orazio De Ferrari, im rechten Querhaus in der Kapelle des Kreuzes drei holzgeschnitzte Gruppen von Anton Maria Maragliano, in den Nischen des Hauptaltares die 1634 hierher transferierte ›Madonna mit Kind‹ (Nostra Signora dell' Orto), ein Fresko von Benedetto Borzone (Ende 15. Jahrhundert).

Verläßt man Chiávari über die Via Entella in Richtung Passo di Bocco, gelangt man ganz im Osten der Stadt an den alten, erstmals 1210 auf Veranlassung von Ugone Fieschi errichteten **Ponte della Maddalena.** Noch heute sind Reste dieser ersten Steinbrücke über die Entella im Mauerwerk der modernen Brücke erkennbar. Am anderen Ende der Brücke die kleine Kirche **Nostra Signora del Ponte** von 1492, welche über dem Mittelportal noch ein Fresko ›Madonna della Misericordia‹, vielleicht von Lorenzo Fasolo, besitzt. Im Tympanon über dem linken Portal ›Franziskus, der seine Wundmale empfängt‹, Relief vom Anfang des 16. Jahrhunderts. Im Inneren an der Westwand Cinquecento-Fresken von Lorenzo Fasolo, u. a. ›Mord der unschuldigen Kinder‹.

Basilica dei Fieschi

Flußaufwärts erreicht man nach 3 km die Ansiedlung **San Salvadore dei Fieschi**, Sitz der Verwaltung von Cogorno. Man folge dem Schild ›*Basilica dei Fieschi*‹. Diese, auf einer leichten Anhöhe über der Entella errichtet, ist überdies schon von weitem durch den quadratischen romanisch-gotischen Vierungsturm mit zwei Quattriforienreihen leicht zu erkennen (Abb. 76, 77). Auf die ländlich gelegene Piazza Innocenzo IV. blicken die Fassaden der **Basilika**, des **Oratoriums von San Salvatore** und des **Palazzo Comitale** (Grafenpalast). Die gesamte Anlage Palast – Oratorium – Basilika geht auf Sinibaldo Fiesco, den nachmaligen Innozenz IV., zurück, der hier, etwas oberhalb der Grafenburg seiner Familie in **Lavagna**, eine würdige Grablege errichten lassen wollte. Ottobono Fiesco, der spätere Hadrian V., hat die um 1245 begonnene Familienkirche fertigstellen lassen. Die Fieschi-Basilica ist gewiß neben Sant' Andrea in Lévanto (Abb. 84) der bedeutendste mittelalterliche Kirchenbau an der gesamten Riviera di Levante.

Die offensichtlich unfertig gebliebene *Fassade* zeigt mit ihrer durch flache Lisenen dreigeteilten Felderung die dahinterliegenden ungleich hohen drei Schiffe des Langhauses. Die ursprünglich für die gesamte Fassade vorgesehene grün-weiße Streifeninkrustation wird unter dem Dach durch deutsches Band und getreppte Arkaden über skulptierten Konsolen abgeschlossen. Die Seitenfelder durchbricht lediglich ein oktogonaler Okolus. Die hohe, über die Seitenschiffe aufragende Mittelbahn wird unten von dem einzigen Portal in Form eines spitzbogigen gotischen Pseudoprotiros und darüber im Giebel und Obergadenbereich von einer schöngearbeiteten 18speichigen, mit feingliedrigen Crochetkapitellen gearbeiteten Rose durchbrochen. Im *Tympanon* Kreuzigungsfresko über Heiligentondi (Anfang 16. Jahrhundert). Der quadratische *Vierungsturm* nimmt die ganze Breite des relativ schmalen aber hohen Mittelschiffes ein und zeigt äußerlich die von Genua (Santa Maria delle Vigne, San Giovanni di Pré) vertraute Form, nämlich oktogonale spitze Steinpyramide von vier kleinen Eckpyramiden flankiert.

Das Innere präsentiert sich in größter Schlichtheit: Offener Dachstuhl, rundbogige unprofilierte Arkaden über schlichten Rundpfeilern, weit herabgezogener Triumphbogen mit Streifeninkrustation, rechteckige Apsiden, nicht über die Außenmauer vorspringendes Querhaus.

Auf der anderen Seite des in typisch ligurischer Manier ›a rissoeu‹, also mit verschiedenfarbigen Kieseln zu Mustern ausgelegten Platzes, die barocke Fassung des ursprünglich mittelalterlichen **Oratoriums** und etwas seitlich versetzt und überhöht die trotz der sarazenischen Zerstörung von 1567 noch recht gut in ihrem ursprünglichen Zustand (1252) erkennbare Fassade des sog. **Palazzo Comitale.**

Sestri Levante

Zwei Buchten, eine nördliche dem Golf von Tigullio zugekehrte weite, sog. Baia delle Favole und eine kleine, malerische südlich den Cinqueterre zugekehrte Baia di Silenzio (Farbt. 45), schmiegen sich an das weit ins Meer vorstoßende Vorgebirge, das im

76, 77   Basilica dei Fieschi

78, 79   Sestri Levante   Portal Via Asilo M. Teresa; S. Nicolo

80   Monterosso

81   Manarola in den Cinqueterre

82, 83 Cinqueterre, Küstenformation

84 Lévanto S. Andrea

85 Monterosso S. Giovanni Battista

86 Portovenere S. Pietro

87 Portovenere S. Pietro ▷

88 Portovenere S. Lorenzo, Tympanon

89, 90 Portovenere Blick von S. Pietro; S. Lorenzo

91 La Spezia   Museo Civico Archeologico: Statuenstelen der Lunigiana

92, 93 La Spezia   Museo Civico Archeologico: Augustus-Büste und Faunskopf

94 Lérici Castello 95 Sarzana Ehemaliges Haus der Buonaparte
96, 97 Sarzana Dom: Kruzifix des Maestro Guglielmo und Altare della Purificazione (Detail)

98 SARZANA Festung Il Sarzanello

99 LUNI Amphitheater

100, 101   SAVONA   Torre di Pancaldo; Palazzo Grassi-Ferrero
102, 103   SAVONA   Tempietto Boselli; Villa Zanelli (1908)

104

105

106

104–106 SAVONA Kathedrale: Fresko Madonna mit Kind (Mitte 15. Jh.) im Domschatz; Cappella Sistina; Detail vom Chorgestühl

107

107, 108 SAVONA Pinacoteca Civica: Albisola-Keramik; Oratorio di Cristo Risorto: Cassa processionale von A. Brilla

108

109, 110 Savona Garibaldi-Denkmal von Bistolfi mit Priamar; Piazza Martiri della Libertà

111 Savona Ehemaliges Fabrikgebäude der Stadtwerke   112 Noli S. Paragorio

113, 114 Noli Torre Papone; Casa Pagliano

115 Noli S. Paragorio: langobardische Kanzel

116, 117 FINALE MARINA   Triumphbogen; S. Giovanni Battista
118, 119 FINALPIA   Badia di S. Maria: Terracotta Robbiana (16. Jh.); La Madonna Pia von Niccolò da Voltri (15. Jh.)

120 FINALBORGO   Stadtmauer und Turm von S. Biagio

121 FINALBORGO   S. Catarina, vorderer Kreuzgang

Volksmund hier nur *l'isola*, die Insel, genannt wird. Wo einst die seit 1134 zu Lavagna, und damit zu Genua, gehörige Seefestung stand, die noch 1432 einen Angriff von 35 Florentiner und venezianischen Kriegsgaleeren abweisen konnte, aalt sich heute in herrlicher Lage ein Grandhotel. Noch auf der Isola die romanische Kirche **San Nicolo** (Abb. 79). Die kleine romanische Basilika mit offenem Dachstuhl über Rundpfeilerarkaden ist leider nur selten offen. Lohnenswerter ist schon die Besichtigung der privaten Sammlung des **Museo Rizzi** (Öffnungszeiten siehe ›Museen‹). Am alten Carrugio dritto, der Via XXV Settembre, einige typische **Portale** *in ardesia* (Schiefer). Zur Piazza Matteotti weist die kalte Fassade der Pfarrkirche **Santa Maria di Nazareth** (1604–16), die wenigstens im Inneren einige Altarbilder von Rang ihr eigen nennen kann: 2. Altar links, ›Madonna del Carmine‹ von Lazzaro Tavarone; 3. Altar links ›Hinscheiden des Hl. Joseph‹ von Orazio De Ferrari und 4. Altar links, ›Pfingstwunder‹ von Fiasella. Der ehemalige Herrensitz am Meer, die Via Balbi (zweite Hälfte 18. Jahrhundert) ist heute Grandhotel. In der Via Asilo M. Teresa sehr schönes barockes Portal mit Vanitas-Skulptur (Abb. 78).

Monéglia

Zufahrt über Küstenstraße durch die alten Tunnel der Eisenbahn möglich. Die kleine Bucht wird von den zwei Castelli **Monleone** und **Villafranca** gerahmt. In Monéglia erblickte 1527 der bedeutendste einheimische ligurische Maler des 16. Jahrhunderts das Licht der Welt: Luca Cambiaso. Die 1726 auf dem Boden einer romanischen Pieve errichtete einschiffige Pfarrkirche **Santa Croce** besitzt an dem 3. Altar rechts eine ›Immacolata‹ von Maragliano, auf dem 4. Altar links ein byzantinisches ›Kruzifix‹ (daher der Name der Kirche) und in der Sakristei ein ›Letztes Abendmahl‹ von der Hand des berühmtesten Sohnes der Stadt, von Luca Cambiaso.

Die schlecht und recht nach dem Krieg restaurierte Kirche der Franziskaner **S. Giorgio** kann ebenfalls mit einigen Kostbarkeiten aufwarten. *Linkes Seitenschiff:* 1. Altar, ›Der Hl. Georg tötet den Drachen‹, Holzgruppe von Pietro Galleano; auf dem 2. Altar Pala ›Franz Xaver‹ von Giovanni Battista Carlone und auf dem 3. Altar ›Beschneidung‹ von Bartolomeo Guidobono. Die Zuschreibung des Georgsbildes im Chor an Peter Paul Rubens dürfte wenig Bestand haben, dafür ebenfalls *im Chor* an der Seitenwand zwei schöne Triptychen. An der linken Wand zusätzlich ›Anbetung der Hl. Drei Könige‹, beachtliches Jugendwerk des Luca Cambiaso.

Lévanto

Eingebettet in ein Amphitheater mäßig abfallender Hügel liegt das vermutlich schon in vorchristlicher Zeit besiedelte Städtchen mit gleichfalls stolzer mittelalterlicher Vergangenheit. Von der ursprünglich mit sieben Türmen bewehrten spätmittelalterlichen Stadtmauer ist nur die **Torre dell'Orologio** übriggeblieben. Das einstige Zentrum der Stadt, die Piazza Gioacchino da Passano, wurde bei dem Bau der Eisenbahn durchschnitten und damit zerstört. Immerhin sind an der Nordseite noch einige Säulenstellungen der **Loggia del Comune** (13. Jahrhundert) erhalten. Von der Piazza del Popolo lohnt ein kleiner Spaziergang über den kleinen Altstadthügel, vorbei an den beiden Kirchen **Oratorio della Confraternità di San Giaccomo** (17. Jahrhundert) und **Santa Maria della Costa** (älteste Kirche der Stadt), beide mit schönen Renaissance-Portalen und Schieferreliefs. Ebenfalls an der Piazza del Popolo führt über die ehemalige Eisenbahnlinie hinweg, vorbei an der **Casa Restani** und der **Casa del Capitano del Popolo** (Via Emanuele Toso 7–9) unser Weg hinauf zur **Piazza di Sant' Andrea**. Abgesehen vom Dom in Genua, stellt heute die Fassade der **Pfarrkirche von Lévanto** die schönste typisch ligurische Kirchenfassade des Mittelalters dar (Abb. 84). Die Streifeninkrustation ist hier mit aller Konsequenz bis zum Boden hinuntergezogen und setzt sich thematisch noch in den Stufen der niedrigen Freitreppe fort. Da keine Lisenen die verschiedenen Schiffe vertikal abheben und das Hauptschiff sich nur wenig über die Seitenschiffe erhebt, wird die Fassade stärker als ganze Fläche empfunden, in der sich die Öffnungen konsequenter aufeinander beziehen als z. B. an der Basilica dei Fieschi. Über Freitreppen erhöhtes gotisches Stufenportal, aufwendige (im 19. Jahrhundert erneuerte) Rose aus weißem Marmor und die beiden Lanzettbiforien links und rechts von der Mittelachse bilden zusammen eine harmonische Gruppe. Farbtupfen auf der dunkelgrün-weißgestreiften Fassade ist das Lünettenfresko mit Marienkrönung (um 1400) im Tympanon des Portals (Farbt. 48).

Das Innere der nach 1226 ursprünglich als gotische Säulenbasilika geplanten Kirche wurde durch Anbauten von zusätzlichen Seitenschiffen und neuem Chor (1463) und Einwölbung des Hauptschiffes (nebst Errichtung des Campanile, 17. Jahrhundert) erheblich beeinträchtigt. *Ausstattung:* Im rechten Seitenschiff ›Hl. Sebastian‹, Pala des 16. Jahrhunderts, und eine Renaissance-Grabplatte; in der rechten Chorkapelle schwarzes Kruzifix (14. Jahrhundert) und Chorgestühl von 1589. In einem Raum neben der Sakristei eine Anbetung der Könige von Andrea Semino und zwei Tafeln von einem Polyptychon von Carlo Braccesco (1495).

Stadtauswärts in Richtung Friedhof die Franziskanerkirche **SS. Annunziata,** 1449 gegründet und 1615 völlig erneuert. Aus der ersten Bauphase noch ›Verkündigung‹, Marmorrelief vom Anfang des 16. Jahrhunderts über dem Portal. Größte Kostbarkeit *im Inneren:* ›Wunder des Hl. Diego‹ von Bernardo Strozzi in der 1. Kapelle links. Konvent und zwei Kreuzgänge (spätes 15. Jahrhundert und nach 1641) noch *in restauro.*

4 Die Cinqueterre

Ähnlich wie bei Camogli macht die Küste bei Lévanto einen Knick, hohe Berge versperren den geradlinigen Südostverlauf. Schon am Promontorio di Portofino (610 m) war die steile Südabtreppung des nordwestlichen Apennin direkt ins Meer hineingestoßen. Noch einmal, noch heftiger und unvermittelter drängt hier der Apennin ins Tyrrhenische Meer. Hinter Sestri-Levante wird die Küste wieder steiler, die Staatsstraße Nr. 1, die Via Aurelia, entfernt sich immer weiter vom Meer, zieht sich ins Land zurück, und dazwischen schieben sich steil abfallende Bergrücken breitseitig ans Meer. Fast parallel zur Küste wogen die Ausläufer des Apennin dem Meer entgegen. Bei Monterosso und Vernazza gewinnt die Via Aurelia ihre größte Küstenferne. 810 und 756 m erreichen hier unmittelbar vor dem Eintauchen und Verschwinden im Meer die höchsten Erhebungen. Es bleibt ihnen keine Zeit zum Ausgleich mit dem ewigen Widersacher. Das Eintauchen geschieht wortkarg, ohne große Gestik, fast selbstverständlich. Nur an wenigen Stellen scheint sich die Erde vor dem Wasser zu sträuben, wird kapriziös und geziert. Bizarre Küstenformationen ergeben sich aber erst auf der Halbinsel von Portovenere.

Den Abschnitt von Punta del Mesco bis zum Promontorio di Montenero bilden die berühmten Cinqueterre. Fünf Dörfer oder bescheidene Gemeinden sind es, nach denen dieser landschaftlich großartige Landstrich benannt ist: **Monterosso** (Abb. 80, 85), **Vernazza** (s. Farbt. 40 u. Umschlagvorderseite), **Corniglia, Manarola** (Abb. 81) und **Riomaggiore**. Fährt man an der Küste entlang, natürlich zu Schiff, zeigt diese an ihren fast vegetationslosen Steilhängen großartige mineralische Verschiebungen, Einschlüsse und Verwerfungen (Abb. 82, 83). Man sieht, wie sich hier Hephaistos einst geschunden hat. Moderner ausgedrückt, liefert gerade dieser Küstenabschnitt ein Lehrstück für die komplizierte Zusammensetzung der ligurischen Abdachung aus Schuppentonen und foraminiferen Mergelkalken, hier schiefrig entwickelt. Wer nicht nur Augen für Poseidons nasses Element, sondern auch ein Gespür für Sprödes und Festes besitzt, kann hier Hephaistos' großartige Visitenkarte nicht übergehen.

Dort wo sich die Elemente unvermittelt gegenüberstehen, mit großem Szenarium ihr Spiel von Sieg und Niederlage, von Tod und Leben vorführen, dort wo zwischen Fels und Brandung die Natur ursprünglich keinen Platz vorgesehen hatte, außer vielleicht für Möven, dort wohnen Menschen. Um Handel oder Feldwirtschaft betreiben zu können, wurde ihnen von Mutter Erde kein fürs Überleben günstiges Hinterland gelassen, um extensive Schiffahrt betreiben zu können, dafür bot ihnen der Küstenverlauf zu wenig natürliche Häfen; und dennoch wohnt hier eine ligurische Rasse, die seit spätestens dem 11. Jahrhundert dem Teufel und allen Gewalten trotzt. Vor wenigen Jahren waren die Cinqueterre noch eine *zona chiusa*, eine für sich abgeschlossene Region, eine Art Finisterrae. Eine ökonomisch, geographisch und kulturell geschlossene Gesellschaft, die auch, wen sollte es wundern, ihre eigenen Lebensnormen und einen eigenen Dialekt entwickelt hatte.

Was wiegt dagegen die sogenannte Geschichte. Gewiß, seit dem 10. Jahrhundert gehörte die Region feudalrechtlich den Obertenghi, dann in deren Auftrag den Grafen von Lavagna, und wiederum mit deren Einbürgerung gelangten schließlich auch die Cinqueterre 1276 an die Superba. Im genuesisch-gotischen Stil sind die Pfarrkirchen errichtet. Alle in der ersten Hälfte des 14. Jahrhunderts begonnen, schon daher die Einheitlichkeit der Ausdrucksweise. Besonders gut erhalten die Fassade der Pfarrkirche **San Giovanni Battista** in **Monterosso** mit den herrlichen Rose aus glänzend weißem Marmor (Abb. 85). Bisweilen blieben der einen oder anderen Kirche hervorragende Ausstattungsstücke, wie z. B. in der **Franziskanerkirche** (1686) in Monterosso eine ›Kreuzigung‹, dem Van Dyck zugeschrieben, eine ›Verspottung Christi‹ von Bernardo Castello, ›Pietà‹ und ›Büßender Hieronymus‹ von Cambiaso und eine ›Veronica‹, vielleicht von Bernardo Strozzi.

Doch der Kunst wegen fährt niemand in die Cinqueterre. Das wäre, als führe jemand, um ein Bier zu trinken, nach San Gimignano. Auch hier, wie schon in den erwähnten Fischerorten Camogli oder Portofino, ist es das Zusammenwirken von Naturschauspiel und Menschenwerk, das jeden Besucher fasziniert. Das Grundthema der Elemente, den ewigen Kampf ums Überleben, inszenieren die Bewohner der Cinqueterre schon seit Jahrhunderten auf ihre Weise. Unter ungünstigsten Bedingungen holen sie ihre Nahrung aus dem Meer – und aus dem Felsen. Auf den südlich ausgerichteten Felshängen gedeiht ein hervorragender trockener Weißwein. Doch um ihn zu gewinnen, dienen in lebensgefährlichen Höhen oft nur trittbreite Terrassen, und wo dies nicht reicht, muß die Erde eben auf dem Kopf, Eimer für Eimer, auf den Hang hinauftransportiert werden. Wo mit solchem Aufwand, solcher Energie und solcher Liebe Wein produziert wird, nimmt es nicht wunder, daß dabei einer der edelsten italienischen Weißweine entsteht. Schon Boccaccio angeblich wußte den Vernaccia der Cinqueterre zu rühmen.

Bis vor wenigen Jahren waren die Cinqueterre nur zur See oder per Bahn erreichbar, abgesehen von Monterosso. Doch inzwischen, ob von Sestri Levante, Lévanto, La Spezia oder Portovenere aus, gibt es, vermehrt durch den neuen Straßenbau, beliebig viele Möglichkeiten, um nach Vernazza, Corniglia usw. zu kommen. Je nach Wetter und Saison und persönlicher Zeit kann jeder sich individuell einrichten. Die Fremdenverkehrsämter verteilen kostenlos Wanderkarten der Cinqueterre. Achtung: Übernachtungsmöglichkeiten sind sehr begrenzt.

5 Der Golf der Dichter und die Lunigiana

Portovenere – La Spezia – Lérici – Luni – Sarzana

Portovenere

Bei aller Zerrissenheit und bei allem Formenreichtum anderer ligurischer Küstenformationen, z. B. bei Portofino oder Vernazza, ist dort doch alles liebenswert, gemildert und malerisch, während Portovenere brutal, grell und kompromißlos auftritt (Farbt. 34). Zum einen fehlt das wärmende Kleid einer üppigen Vegetation, zum anderen fehlt die Farbigkeit des Gesteins, gleißend liegen in metallener Kälte die schroffen, blanken Kalkformationen im Sonnenlicht. Vor seiner Funktion als Fischerort war Portovenere zunächst eine wichtige Vorfestung der Genueser gegen den Einfluß der Pisaner, die ja zeitweise das in Sichtweite gegenüberliegende Lérici besetzt hielten. Jedenfalls atmet Portovenere nichts von dem Hauch, den man mit seiner Namengeberin allgemein assoziiert. Ein *portus Veneris*, der an etwa dieser Stelle der Küste im Itinerar von Antoninus vermerkt ist, wird allgemein mit dem heutigen Portovenere in Verbindung gebracht, dies um so mehr, als bei der Restaurierung der Kirche **San Pietro** (Abb. 86, 87) nach dem Zweiten Weltkrieg Fundamente eines heidnischen Tempels (?) bestätigt wurden.

Portovenere von der Insel Palmaria aus

Spricht man von Portovenere und seiner Geschichte, müssen unbedingt die kleineren vorgelagerten Inseln **Palmaria, Tino** und **Tinello** einbezogen werden. In der Grotta dei Colombi auf der Westseite der größten der drei Inseln, Palmaria, konnte eine Nutzung der Grotte durch Menschen des Mesolithikums nachgewiesen werden (Funde im Museo Civico della Spezia). Im frühen christlichen Mittelalter waren Portovenere und seine Inseln ein bevorzugter Platz für monastische Niederlassungen. Neben der Kapelle des 6. Jahrhunderts, heute Nordjoch von San Pietro, sind hier zu erwähnen die auf den Resten der Grabkapelle des Hl. Venerius (7. Jahrhundert) errichtete frühromanische Abtei auf Tino und die Fundamente eines Oratoriums (ebenfalls 6. Jahrhundert) und einer Laura (6.–12. Jahrhundert) auf Tinetto. Im 11. Jahrhundert war Portovenere mitsamt seinen strategisch so wichtigen Inseln Lehen der Familie Vezzano, die Anno Domini 1113 ihr obertenghisches Lehen an Genua verkaufte. Bis 1161 hatten die Genueser ihren neuen Besitz um den Borgo, praktisch den heute stehenden Teil der Altstadt, erweitert und befestigt.

Die Stadtbesichtigung beginnt am besten auf der **Piazza Bastreri,** wo sich, gegenüber vom Exkonvent der Franziskaner, heute Rathaus, das **Stadttor** des 12. Jahrhunderts befindet. An der Außenseite erkennbar die Inschrift ›Colonia Januensis 1113‹. Den Eingang flankiert ein Turm von 1161. In der Lünette der Portal-Innenseite ein quattrocenteskes Fresko mit ›Weißer Madonna mit dem Hl. Petrus und dem Hl. Lorenz‹, den Stadtpatronen. Danach findet die Via Capellini, die Hauptgeschäftsstraße, immer geradeaus vorbei an mittelalterlichen Häusern mit schönen Portalen, Türbeschlägen, Triforienfenstern usw. auf die **Piazza Spallanzani**, wo der älteste Ortsteil (vor der genuesischen Besitznahme) stand. Von hier schöner Blick auf **San Pietro** (Abb. 86, 87, 89). Rechts vom Eingang die im Grundriß rechteckige ursprüngliche Peterskirche des 6. Jahrhunderts über antikem Postament. Im 13. Jahrhundert beim Neubau durch die Genuesen in die jetzige Kirche als Vorhalle inkorporiert. Rest des alten Pflasters sichtbar gelassen. Der genuesisch-gotische Bau als dreischiffige holzgedeckte Hallenkirche konzipiert, aber nur ein Joch ausgeführt. Die reichen Ostteile, drei rechtwinklig abgeschlossene Chorkapellen in Streifeninkrustation, sind mit Kreuzrippengewölben geschlossen.

Von der Piazza Spallanzani Aufstieg zur Pfarrkirche **San Lorenzo** (Abb. 90). Ursprünglich ab 1116 begonnen (1130 Kirchenweihe durch Innozenz II.). Die begonnene romanische Säulenbasilika wurde innen und außen nach einem Brand von 1370 und Bombardierung durch die Aragonesen von 1494 mehrfach verändert. Die gotische Fassade wird bestimmt von dem zentralen Säulenportal mit dem Relief des Kirchenpatrons, des Hl. Lorenz, im Tympanon (Abb. 88). **Inneres:** Säulen aus schwarzem Marmor ersetzten erst 1582 die ursprünglich romanischen Pilaster. Das leicht erhöhte Presbyterium wird gerahmt von kreuzförmigen Pfeilern, die die achteckige Kuppel tragen. In der rechten Chorkapelle marmorner Altar im Stile der Florentiner Frührenaissance. Kleiner Kirchenschatz in der Sakristei. Neben dem Westeingang ein aus romanischen Skulpturfragmenten zusammengesetztes Weihwasserbecken.

Oberhalb von San Lorenzo Zugang zum **Castello**. Hervorragendes Beispiel Genueser Militärarchitektur. 1163 als Ersatz des kleinen *castrum vetus* von den Genuesern angelegt, dann 1453 zugunsten einer militärtechnisch dem neuesten Stand angepaßten Architektur ersetzt. Der heutige Zustand zeigt verschiedene Epochen. Nur der innere Kernbau entstand unter Antonio Spinola in der zweiten Hälfte des 16. Jahrhunderts im Rahmen der allgemeinen Erneuerung der genuesischen Festungen. Die gegen Artillerieangriffe gesicherten Außenmauern stammen erst aus dem 17. Jahrhundert. Herrlicher Blick auf Küste, Inseln, Portovenere und Bucht von La Spezia.

La Spezia

Vergleicht man La Spezia mit den anderen größeren Städten Liguriens, speziell der Ponente, z. B. Savona oder San Remo, so genießt in wirtschaftlicher, militärischer und bevölkerungsmäßiger Hinsicht La Spezia gewiß nach Genua den Rang als zweitbedeutendste Stadt der Region. Verlagert man den Schwerpunkt der Betrachtung, wie wir dies in unserem Falle tun, auf den kulturellen Aspekt, so hat La Spezia dem Besucher recht wenig zu bieten, es sei denn, man machte einen Exkurs über Stadtbaukunst des 19. und 20. Jahrhunderts, was hier nicht angestrebt werden kann.

Gewiß, die Bucht von La Spezia war den Römern nicht unbekannt und auch seither besiedelt, wie u. a. die Ausgrabungen um San Venerio im Osten der Stadt zeigen. Doch die für einen Großhafen wie geschaffene, von drei Seiten geschützte Bucht, die heute sowohl dem Stammhafen der italienischen Kriegsmarine als auch einem der größten Handelshäfen Italiens zugleich Platz gewährt, spielte im Mittelalter und auch bis zum 19. Jahrhundert keine vergleichsweise Rolle. Um die Mitte des 13. Jahrhunderts ließ Nicolò Fieschi in etwas erhöhter Position das **Castello di San Giorgio** errichten, doch bereits 1273 wurde dieses von Oberto Doria im Auftrag der Republik Genua teilweise zerstört und anschließend, nun fest in genuesischer Hand, wieder repariert und verstärkt. 1365 von den Visconti zerstört und 1371 von den Genuesen wieder aufgebaut, wurde das die gesamte Bucht von ihrer tiefsten Stelle aus überwachende Kastell 1605 erneuert und in weiter ausgedehnte Verteidigungsanlagen mit einbezogen. Erst gegen Ende des 18. Jahrhunderts, im Rahmen der napoleonischen Kriege, wurde erstmals die neue strategische Lage La Spezias wirksam erkannt. 1840 nahmen die neuen Herren, das sardische Königshaus Savoyen, den Hafen in Besitz und dann, nach der Entstehung des Königreichs Italien im Risorgimento, wurde La Spezia im großen Stil als das errichtet, was es heute ist.

Der großartig geplante Stadtausbau des 19. und frühen 20. Jahrhunderts und die schweren Schäden im Verlaufe der beiden letzten Weltkriege haben fast jegliche Spuren von einem historischen La Spezia vernichtet. Lediglich am Fuße des Burghügels, **Via und Piazza San Agostino**, sind Reste einer Altstadt mit Palästen des 18. Jahrhunderts und der restaurierten Kirche von **Sant' Agostino** zu sehen. Die moderne *Fassade* von 1954 nimmt mit ihrer Streifenquaderung Rücksicht auf die Landestradition. Von der spätmittelalterlichen Kirche stammen noch Teile des Chores und des Campanile. Im fünf-

*La Spezia, Arsenale
(mit Museo Navale)*

schiffigen *Inneren* fanden nach der letzten Restaurierung die geretteten Barockaltäre wieder ihre Aufstellung. Am Anfang des *äußeren rechten Seitenschiffes* zwei Bilder, ›Martyrium des Filippo Bartolomeo‹ von Luca Cambiaso und ›Der Hl. Diego heilt einen Blinden‹ von Aurelio Lomi. An der *Stirnwand des Chores* eine ›Verkündigung‹ von Domenico Fiasella. *Im linken Seitenschiff* zwischen zwei Statuen von Tommaso Giovanni Baratta eine ›Marienkrönung‹, polychrome Terrakotta von Andrea della Robbia.

Sieht man einmal von der frühromanischen **Pieve di San Venerio** auf dem Friedhof von Migliarina ab, ist damit schon der Bestand an historischen Denkmälern erschöpft. Glanzpunkt von La Spezia aber sind zwei Museen. Das eine interessiert vor allem die Liebhaber der Schiffahrt, das **Museo Tecnico Navale** in einem Seitenflügel des wiederhergestellten Arsenale. Das andere, nicht minder bedeutende, betrifft die Frühgeschichte und Archäologie des ligurischen Grenzlandes, der Lunigiana, das **Museo Civico Ubaldo Formentini** (Abb. 91–93). Zwei Schwerpunkte lenken vor allem das Interesse auf sich: ein Teil der bronzezeitlichen Statuenstelen und die wichtigsten Funde von Luni, der ehemaligen Hauptstadt und Namengeberin der Lunigiana, darunter eine Porträtbüste des jugendlichen Augustus.

Lérici

Das am anderen Ende des Golfs der Dichter gelegene Fischerdörfchen und Fremdenverkehrsstädtchen wird weitgehend von der

Lérici mit dem Wohnhaus von Lord Byron

imposanten Kulisse seiner Burg bestimmt (Farbt. 46; Abb. 94). Mons Ilicis, offensichtlich antiken Ursprungs, gelangte erstmals 1152 an Genua. Doch blieb dieser strategisch wichtige Vorposten der Superba nicht unumstritten. Zwischen 1241 und 1254 gelang den Pisanern vorübergehend die Besetzung des Postens. Die Pisaner begannen auch mit dem Ausbau der Festung. Doch als sie wenige Jahre später wieder in Händen der Genueser war, setzten diese den systematischen Ausbau von Donjon und Ummantelung fort. 1555 erfolgte der Ausbau der Bastionen. An der Südseite des Innenhofes Zugang zur gotischen **Burgkapelle Santa Anastasia** mit schönen Deckengewölben des 13. Jahrhunderts.

Südlich vom Kastell, auf dem Weg nach **Tellaro** (Farbt. 47), stand die stille **Casa Magni**, in der sich Percy B. Shelley eingemietet hatte. Auch Byron weilte öfter hier bei seinem Freund Shelley, daher der Name ›Golf der Dichter‹.

Sarzana und Luni

In Sarzana hat man gewissermaßen das ligurische Kerngebiet verlassen. Zwischen Ligurien und Etrurien (Toscana) gelegen, zwischen den beiden Regionen auch verwaltungsmäßig aufgeteilt, liegt die kulturell und historisch eigenständige Landschaft der Lunigiana. Geographisch bestimmt wird sie vom Lauf des Magra. Die Verbindung zwischen Po-Ebene über den Cisa-Paß und das Meer (ursprüngliche Hafenstadt Luni, heute La Spezia) kreuzt sich mit der Staatsstraße Nr. 1, der Via Aurelia, die Rom mit Gallien verband. Noch heute bildet die Lunigiana mit den Autostraden A 12 (Livorno–Genua), A 15 (La Spezia–Parma), der SS 1, der SS 62 (Sarzana–Verona) und den Eisenbahnlinien Fidenza–Parma-La Spezia und Mailand–Genua–Livorno ein wichtiges Straßenkreuz. Der eigenartige geheimnisvolle Kult der Statuenstelen von Pontremoli und La Spezia, der im eigentlichen Ligurien nicht seinesgleichen kennt, weist auf die Eigenständigkeit der Lunigiana.

Luni

Heute ca. 2 bis 3 km vom Meer entfernt, war Luni in römischer Zeit der Marmorhafen schlechthin: weißer Marmor von Carrara, schwarzer Marmor von La Spezia – von hier in alle Welt liefen die schwerbeladenen Frachtschiffe aus. Schon 177 v. Chr. hatten die Römer in der Nähe des Magra, an der Stelle eines präexistenten Portus Lunae ihre Colonia Lunae gegründet, mit dem klargesteckten Ziel einer militärischen Basis für die endgültige Eroberung Liguriens. Die Stadt gehörte dem Stamm der Galerier, erhielt unter Augustus neue Kolonien zugewiesen und gehörte zur Region VII (Etruria) des römischen Reiches. Lunis Reichtum erschöpfte sich keineswegs im apuanischen Marmor; Holz, Wein und Käse waren auch berühmte Artikel der Lunigiana. Die Grabungen in Luni haben auch eine frühchristliche Basilika zutage gefördert. Luni war der wichtigste Bischofssitz an der ligurischen Levante. Selbst als längst der Bischof sich nach Sarzana zurückgezogen hatte, nannte sich dieser, stolz auf die römische Tradition, Bischof von Luni. Noch für die Byzantiner war Luni die gegebene Hauptstadt der Italia Maritima. Als wichtigstem Ort zwischen Genua und Lucca lag hier natürlich das bevorzugte Angriffsziel der Langobarden, Normannen und

RIVIERA DI LEVANTE: PORTOVENERE BIS SARZANA

Sarazenen. Erst als Innozenz III. 1204, zu einem Zeitpunkt, als der Hafen von Luni bereits weitgehend durch die Anschwemmung des Magra verschüttet war, den Bischofssitz offiziell nach Sarzana verlegte, wurde die reiche und stolze Provinzhauptstadt zur Phantomstadt. Exponierte Küstenlage, Malaria usw. trugen dazu bei, daß Luni schließlich vollständig aufgegeben wurde und für immer verfiel.

Die in mehreren Etappen seit 1837 durchgeführten Grabungen haben eine römische rechtwinklige Anlage ergeben, die lediglich im Süden, dem damaligen Küstenverlauf

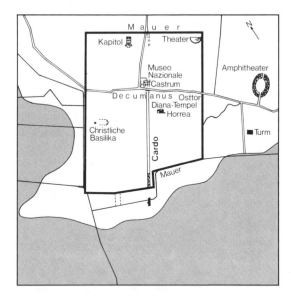

Luni, Plan der römischen Stadt

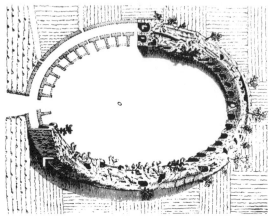

Luni, Amphitheater; nach M. Vinzoni, 1752

folgend, von der idealen Form abweicht. Eine offensichtlich blühende Stadt mit vier Toren, *cardo* und *decumanus maximus*, die sich nördlich vom Forum im rechten Winkel schnitten, mit Platzanlagen, mosaizierten und freskierten **Stadthäusern**, **Theater** usw. Eine **Nekropole** an der nördlichen Ausfallstraße und ein **Amphitheater** (Abb. 99) ergänzen das klassische Bild einer römischen Kolonie. Neben den Fundamenten eines römischen Hauses das kleine **Museo Nazionale,** das alle jene Funde, die nicht nach Genua oder La Spezia gegangen sind, systematisch vor Augen führt.

Sarzana

Vor allem die Sarazenengefahr war es, welche die Küstenbewohner immer wieder veranlaßte, ihre angestammten Wohnsitze aufzugeben um sich zeitweise ins Landesinnere, meist auf Bergrücken, zurückzuziehen. Diesem Umstand dürfte auch Sarzana seine Entstehung verdanken. Bereits 963 bestätigt Otto der Große in einem Diplom dem Bischof Adalbert von Luni den Besitz eines Castrum Sarzanae an der Stelle des heutigen Sarzanello. Ca. um 100 Jahre später datiert die erste Kenntnis eines zugehörigen Burgus. 1204 wurde auf Veranlassung von Innozenz III. der Bischofssitz von Luni nach Sarzana verlegt. Zwischen zwei Großregionen gelegen, mit Kontrolle des Zugangs zum Cisa-Paß und damit der Po-Ebene und direkt an der Via Aurelia postiert, war Sarzana seit seinem Bestehen dem begehrlichen Zugriff der großen Nachbarn ausgesetzt. Vorübergehend unter pisanischer Oberhoheit wurde die Stadt 1249 unter der Signoria von Oberto Pallavicino mit dem Mauergürtel versehen, der heute noch das Stadtbild bestimmt. Nach der dauerhaften Regierung des Lucchesen Signore Castruccio Castracani (1314–28) folgte eine lange Spanne der Kämpfe, wobei abwechselnd die Mailänder, Genuesen und Florentiner die Stadt für sich beanspruchten. Erst 1562 gelangte Sarzana endgültig an Genua.

An der Hauptverkehrsachse in südöstlicher-nordwestlicher Richtung, der heutigen **Via Mazzini,** liegen auch die wichtigsten Gebäude: Palazzo Comunale, Sant' Andrea und Dom Santa Maria Assunta, nebst wichtigen Adelspalästen. Ganz im Osteck der Stadt die von den Pisanern erbaute ›Firmafede‹, die Burg des Signore. Das Südtor wurde 1783 im Barockstil erneuert, daher der Name Porta Nuova.

Palazzo Municipale (an der westlich gelegenen Piazza Matteotti): Auf einem älteren Bauwerk 1547–54 nach Plänen von Antonio Roderio errichtet. Trotz mehrfacher späterer Veränderung ist das ursprüngliche System einer Vierflügelanlage um zweigeschossigen Arkadenhof noch (nach der Restaurierung von 1933) erkennbar. Im Hof kleines Lapidarium.

Am Palazzo Municipale beginnt ostwärts die Hauptachse der Stadt, die Via Mazzini. An ihr liegen die folgenden sehenswerten Bauwerke: Nr. 28, mittelalterliches **Turmhaus** (14. Jahrhundert, neuzeitlich umgebaut); es gehörte der Familie Buonaparte (Abb. 95), die 1529 nach Korsika emigrierte! Vermutlich stammen also die Vorfahren des großen Korsen aus Sarzana.

Sant' Andrea: Seit dem 12. Jahrhundert belegter romanischer Kernbau. Ab 1204 Baptisterium der Stadt und Sitz der kommunalen Gerichtsbarkeit. Im 13. und 16. Jahrhundert verändert (Vergrößerung des Chores, Einwölbung usw.). An der Fassade Renaissance-Portal mit Karyatiden-Figuren, darüber bei der Restaurierung von 1928 wieder zutagegetretene romanische Bifore. *Das barockisierte Innere:* An der Westwand größerer Orgelprospekt von 1598; rechts vom Eingang ein Grabstein des 14. Jahrhunderts; in der Hauptapsis bemerkenswertes Taufbecken des Carraresen Giovanni Morello mit Holzeindeckung des späten 16. Jahrhunderts; danach zwei Statuen des 15. Jahrhunderts; in der Sakristei die ›Berufung der Heiligen Jakobus und Johannes‹ von Domenico Fiasella, gen. Il Sarzano.

Dom Santa Maria Assunta (Piazza Nicolò): Nach der Transferierung des Bischofssitzes von Luni nach Sarzana (1204) auf dem Gelände der Pieve von San Basilio installiert. Baubeginn aber erst um 1300. Die Vollendung zog sich bis 1474 hin. Erweiterung des Chores und Anfügung der Seitenkapellen in der zweiten Hälfte des 17. Jahrhunderts.

An der *Fassade* noch das gotische Stufenportal von Michelino da Vivaldo (auf dem Architrav Inschrift und Datum 1355). Der Rest der Fassade, vor allem das großartige Rosenfenster, stammt von Lorenzo da Pietrasanta (1474). Akrotere auf dem Giebel erst von 1735. Das Mosaik im Tympanon aus der Zeit der Kirchenrestaurierung (1874). Rechts der Fassade der originale *Campanile* (spätes 13. Jahrhundert) mit seinen gestaffelten Bi-, Tri- und Quattriforienfenstern.

Das geräumige **Innere**, Grundriß über lateinischem Kreuz mit dreischiffigem Langhaus und weiten rundbogigen Arkadenstellungen über oktogonalen gotischen Pfeilern, verrät deutlich seine Herkunft: nicht mehr Genua, sondern die Toscana (z. B. der Dom von Florenz) stand hier Pate. Der Nähe zu Carrara und Pietrasanta verdankt die Kathedrale von Sarzana eine Reihe von für Ligurien einzigartigen Skulpturen. Allen voran an den Querhausfassaden (innen) jeweils sich entsprechend zwei Marmoraltäre. Die großen Nischenfiguren unter Baldachinen möchte man noch dem gotischen Formenrepertoire entnehmen. In den Seitentafeln und dem Mittelrelief jedoch werden die neuen Bezüge zur toscanischen Quattrocento-Skulptur erkennbar. Der Altar im rechten Querhaus (Altare della Purificazione) wurde 1463 in Auftrag gegeben (Abb. 97). Von der Hand desselben Meisters, Lorenzo Riccomano aus Pietrasanta, und seines Neffen Francesco stammen auch die Marmorskulpturen im Chor hinter dem Hochaltar. In der rechts vom Chor befindlichen Kapelle des Hl. Blutes (die Ampulle mit dem heiligen Blut Christi soll 742 nach hier gekommen sein) drei Gemälde von Domenico Fiasella, Il Sarzano. In der Kapelle links vom Chor das berühmte ›Kreuz von Sarzana‹, die ›Kreuzigung‹ des Meisters Guglielmo (Abb. 96). Das vom Meister signierte und 1138 datierte bemalte Holzkreuz ist das bislang mit Sicherheit älteste Exemplar dieser in der Toscana und Umbrien so verbreiteten Gattung. Die Seitentafeln sind im 13. Jahrhundert offensichtlich übermalt worden.

Im linken Querhaus der bereits 1432 von Leonardo Riccomano gearbeitete Marmoraltar der Marienkrönung, noch ganz der internationalen Gotik zugehörig. In der dritten Kapelle des linken Seitenschiffes Altarbild ›Verkündigung‹ von Giuseppe Maria Crespi (1722) und an der rechten Wand eine ›Heimsuchung‹ von Domenico Fiasella.

La Cittadella (ganz im Osteck der Stadt): An der Stelle der 1249 von Castracani errichteten Signorenburg ›Firmafede‹ nach 1476 von den Florentinern, genauer im Auftrag Lorenzo de' Medicis, errichtete Vierflügelanlage mit zylindrischen Ecktürmen, einem zentralen stadtzugewandten Exerzierhof und in dessen Mitte einem ebenfalls runden Donjon. Die Pläne, unter Mitwirkung von Giuliano da Sangallo, erstellten Francesco da Giovanni und Luca del Caprina. Nach Abzug der Florentiner ergänzten die neuen Herren, die Genueser, das zur Ostmauer offengelassene Geviert um einen zweiten, im Grundriß gleichgroßen Hof wie die Florentiner Festung. Vorhof und neue Mauer ergänzten die Ostmauer um zwei formgleiche zylindrische Türme.

Ein Musterbeispiel spätmittelalterlich-frühneuzeitlicher Festungsbaukunst ist die ca. 2 km östlich über der Stadt gelegene **Festung Il Sarzanello** (Abb. 98). An dieser Stelle stand das seit Otto dem Großen urkundlich erwähnte Castrum Sarzanae. 1421 hatten die Genueser hier eine zeitgemäßere Burg errichtet. Zusammen mit der Cittadella erstellten die Florentiner Architekten die Pläne für diese 1487-88 modernisierte Höhenburg. Im Grundriß ein fast gleichschenkliges Dreieck mit weit vorspringenden zylindrischen Ecktürmen auf geböschten Futtermauern, umgeben von Trockengraben und Schutzwall. Die Eingangsflanke an der Ostseite wird zusätzlich um einen spitzdreieckigen Ravelin verstellt und somit doppelt gesichert. Über dem Eingangsportal Türsturz mit Georgs-Relief als Hinweis auf die späteren genuesischen Herren.

Neben den Vorfahren von Napoleon Bonaparte I. gehören zu den prominentesten Kindern der Stadt der Maler Domenico Fiasella, gen. Il Sarzano, und Tommaso Parentucelli (1397–1455), bekannter als Papst Nikolaus V.

IV Riviera di Ponente

Bordighera, Palmengarten im 19. Jahrhundert

1 Von Varazze bis Savona

Arenzano – Varazze – Celle Ligure – Albisola – Savona

Schier endlos im wahrsten Sinne des Wortes erweist sich Genua, verläßt man die Superba nicht auf dem schnellstmöglichen Weg via Autostrada dei Fiori, sondern über die alte Staatsstraße. Sampierdarena, Cornigliano, Sestri Ponente, Pegli, Pra, das ist die Abfolge von Vororten Genuas. Erst als man schon aufgegeben hat, daran zu glauben, daß die das Meer begleitende Häuserflucht enden könne, nach Voltri, erreicht man eine kurzkilometrige Zone, wo man zwischen den Häusern einige Streifen unverbautes Land entdeckt. Man atmet auf, endlich, man ist außer Reichweite der Tentakel des Molochs Großstadt. Man hat Zeit, sich ein wenig die Landschaft anzusehen. Wer allerdings selbst am Steuer sitzt, sollte niemals vergessen, daß auch außerhalb der Großstädte noch andere Verkehrsteilnehmer die Vorteile der Straße nutzen. Immerhin wird man sofort gewahr, daß sich die Riviera di Levante und di Ponente keineswegs gleichen wie ein Ei dem anderen. Ganz im Gegenteil. Wer noch die malerischen, teilweise bizarren und dramatischen Küstenformationen bei San Fruttuoso, Portofino, Zoagli, Sestri Levante, in den Cinqueterre, um die Bucht von La Spezia und Lérici vor Augen hat, wird fast etwas enttäuscht sein. Die Ponente ist introvertierter auf ihre Weise. Die Buchten werden weitgeschwungener, nirgends stürzen die Felsen geradewegs kopfüber ins Meer, fast überall kann die Straße zum Wasser. Obwohl die Berge des Hinterlandes dem größeren der beiden italienischen Gebirge, den Alpen, zugehören, und auch hier die Südabdachung gewiß steiler als der Anstieg im Norden von der Po-Ebene aus ist, haben es die Ausläufer der Alpen nicht so eilig, sich ins Meer zu stürzen. Sie verweilen kurz bei Albenga und Loano bis zu einigen Kilometern respektvoll vor dem Meer und lassen so dem Menschen einen verschieden breiten Saum, genügend Platz, sich zwischen den Elementen einzuquartieren.

So wie der Formenvorrat ein anderer ist, so ist auch der geologische Aufbau nicht exakt der gleiche wie an der Levante, weniger mit Sedimentgesteinen durchsetzt und weniger verschiefert. Doch sieht man das nicht. Kaum jemals tritt an der Ponente der nackte Fels zutage, sie gibt sich züchtig verhüllt in wechselnde Grüntöne, saftiges Grün bei Voltri und Arenzano, silbrig-ätherisches im Finalese und im Imperese. Die Levante ist stärker als Gemisch genuesischer und toscanischer Einflüsse identifizierbar, die Ponente ist eigenständiger, ist ligurischer, hat zwischen Provence, Padana, Genua und dem Meer zu sich selbst gefunden. Hier saßen die mächtigsten ligurischen Stämme, die Sabater, die Ingauni, die Ibintimilier, die es lange verstanden, sich dem Würgegriff Genuas zu entziehen, schon in römischer Zeit autonome Städte ausbildend. Über die Via Aurelia mit der Provence direkt verbunden, wirkte sich diese Nabelschnur besonders prägnant im Mittelalter aus. Erst im späten Mittelalter, ab dem 13. Jahrhundert, einmal in die Botmäßigkeit von Genua gelangt, war vorübergehend dessen Einfluß bestimmend. Ab der Mitte des 18. Jahrhunderts war es als Folge der habsburgischen Erbfolgekriege hingegen das benachbarte Turin, das starken Einfluß auf Architektur, Kunst und Lebensweise nahm.

Zahlreich sind die direkten Verbindungen über die Pässe Giovo, Turchino, Cadibona, San Bernardo, Nava und Tenda ins Piemonteser Hinterland. Die besondere geographische Situation der Ponente: die Früchte des Meeres vor dem Haus, Oliven, Wein und reiche Hortikulturen ums Haus und Hochgebirge hinter dem Haus sind Ursachen genug für die vielseitigste Küche der Apenninhalbinsel (siehe ›Küche‹). Die steile Südabdachung verschont die Küste vor unangenehmen kalten Nordwestwinden (vgl. benachbarte Provence: Mistral) und reflektiert die intensive Sonnenbestrahlung von Süden her. Alle Voraussetzungen für ein Paradies wären gegeben. Bis auf eines: Die steile Südabdachung ist der Grund, daß fast alle Wasser, die über den Alpen niedergehen, sich nordwärts im Po vereinen. Die wenigen kurzen, aber steilen Flußläufe, meist sind es nur saisonarbeitende Wildbäche, gießen das wenige südwärts abfließende Wasser zu schnell ins Meer, ohne Reservoirs im Boden zu schaffen. Das Paradies kann in trockenen Sommern sehr schnell zur unangenehmen Wüste werden. Tankzüge und Spezialabkommen mit Frankreich (den Roya betreffend) sind Notlösungen. Da die Täler aber ebenso wie die Wegstrecken nach Piemont nur kurz waren, bildeten die Flußläufe ein reich frequentiertes Verkehrsnetz einerseits und die Berge ihrerseits die gesamte Grundlage für eine vielseitige Bewirtschaftung: Ausnutzung der Wasserenergie (Mühlen), Fischfang (Aale, Forellen), Viehwirtschaft (Milchprodukte), Jagd, Holzindustrie (Schiffsbau, Glasbläser, Holzkohlegewinnung, Möbel usw.), Bergbau usw. Die neuen Verkehrsmittel (Schiene, Autobahn, Flugzeug) haben dieses empfindliche, aber florierende System einer reichen Infrastruktur des Hinterlandes zerstört. Ganze Dörfer sind verlassen. Die Entleerung des Hinterlandes ist ein großes Problem, nicht nur der Ponente. Aber durch die einstige historische und wirtschaftliche Bedeutung des Binnenlandes besitzt die Ponente im Gegensatz zur Levante ein ausgesprochen reiches, auch kulturell reiches Hinterland (siehe ›Gelber Teil‹).

Arenzano

Der erste nicht mehr zu Groß-Genua gehörende Ort an der Ponente ist Arenzano. Die Bevölkerungszunahme dieses großstadtnahen Badeortes von 5549 Einwohnern im Jahre 1951 auf 11212 im Jahre 1981, also Verdoppelung in einer Generation, spricht für einen florierenden Tourismus, dem sich die propere Stadt ergeben hat. Ein schöner Lungomare, ein possierlicher Park (einst zur Cinquecento-Villa Pallavicini-Negrotto-Cambiaso gehörend) und eine Wallfahrt zum Santuario del Bambino Gesù di Praga sind die Renommierstücke in Arenzanos Schaufenster.

Noch weniger, außer dem nicht auszurottenden Gerücht, daß Kolumbus hier geboren sein soll, hat **Cogoletto** anzubieten.

Varazze

Etwas reichhaltiger sind Geschichte und Sehenswürdigkeiten von Varazze. Wahrscheinlich identisch mit ›Ad Navalia‹ auf der Peuthingerschen Tafel, besitzt Varazze Geschichte. Seit dem 11. Jahrhundert bedeutender, mit Mauern bewehrter Küstenort, um den sich Savona und Genua stritten. Zentrum der Stadt ist heute die Pfarrkirche (ehemalige Kollegiatskirche) **Sant' Ambrogio** von 1535. Die barockisierende Fassade entstand erst 1916. Ebenfalls aus unserem Jahrhundert (zumindest erneuert) stammt das typisch ligurische Pflaster ›*a rissoeu*‹. Noch von einem Vorgängerbau des 13. Jahrhunderts datiert der stolze Campanile. Im dreischiffigen *Inneren* reiche Ausstattung. *Rechtes Seitenschiff*: 3. Kapelle, byzantinisierendes Holzkreuz; 4. Kapelle, ›Hl. Ambrosius mit Heiligen und musizierenden Engeln‹, goldgrundiges Polyptychon auf Holz von Giovanni Barbagelata (um 1500). *Im rechten Querarm* Bild von Orazio De Ferrari (›Christus erscheint dem Hl. Georg‹); *rechte Chorkapelle*, ›Madonna mit Täufer und Franzikus‹ von Luca Cambiaso; *auf dem Hauptaltar*, Marmor-Assunta von Francesco Schiaffino (1740); *im Chorrund* Fresken von Antonio Quinzio und Francesco Semino. *Linkes Seitenschiff*: 3. Kapelle, ›Hl. Katharina von Siena‹ (Holzstatue von Maragliano); 1. Kapelle, Madonna von Bernardo Castello.

Verläßt man den Kirchplatz in Richtung Norden und überschreitet die Eisenbahn, gelangt man nach wenigen Schritten zur ursprünglich romanischen Kirche **Sant' Ambrogio** (11.–12. Jahrhundert, Via Passeri). Die Fassade stammt noch aus dem 12. Jahrhundert, das Portal gibt sich bequem als jünger zu erkennen. In den Mauern islamische Schüsseln eingelassen.

An der Nordflanke zeigt die im 12. Jahrhundert in die Stadtmauer eingearbeitete Kirche die primitive Struktur des ersten Zustandes vom 11. Jahrhundert. Am besten geht man zum Platz der Pfarrkirche zurück und von dort aus über die Hauptstraße des alten Varazze, die Via Sant' Ambrogio, zur **Piazza Beato Jacopo da Varagine**. Hier sei an den seliggesprochenen Jakobus von Voragine (1230–98) erinnert, der als Erzbischof von Genua die berühmte Legenda Aurea, das meist verbreitete und meist gelesene Erbauungsbuch des späten Mittelalters geschrieben hat. Im selben Jahrhundert besaß Varazze noch einen zweiten nicht minder erwähnenswerten Sohn, Lanzarotto Malocello, der in der ersten Hälfte des 14. Jahrhunderts die Kanarischen Inseln entdeckte.

Verläßt man Varazze in Richtung Savona, wird man am Ausgang der Stadt gewahr, daß der Tourismus nicht allein Wohl und Weh der Kommune bestimmt. Einige kleine Werften leben noch heute, sicher in bescheidenerem Umfang als zur Zeit der Hochkonjunktur der Segelschiffahrt, von einer der einst so großen Fähigkeiten der Ligurer, dem Schiffsbau. In

Celle Ligure

lohnt ein kurzes Verweilen, weniger wegen der 1630–45 an der Stelle einer älteren, zweimal im 19. Jahrhundert restaurierten Pfarrkirche **St. Michael** selbst (nur der Campanile stammt noch vom Vorgängerbau des 13.–14. Jahrhunderts), als um deren *Innenausstattung* willen. Neben Palen von Fiasella, Orazio und L. De Ferrari und Domenico Piola ist hier das sechsteilige Polyptychon hinter dem Hauptaltar zu erwähnen. Es handelt sich dabei um eines der wenigen in Ligurien erhaltenen Hauptwerke von Perin del Vaga. An der Predella ist auch der Grund für die Entstehung des Polyptychons zu sehen. Anläßlich eines fürchterlichen Sturms auf See hatte Perin del Vaga feierlich gelobt, an der Stelle, an der er wieder gesund und lebend das feste Land betreten sollte, wolle er ein Altarbild zu Ehren des Hl. Michael malen. So nach glücklicher Landung in Varazze geschehen Anno Domini 1535.

Albisola

In **Albisola Superiore** betreten wir wieder ältesten historischen Boden. Auf dem Bahnhofsplatz steht eine kleine Kirche, die uralt aussieht. So wie sie heute dasteht, stammt sie allerdings erst aus dem späten 19. Jahrhundert. 1893–94 hatte der Piemonteser Denkmalpfleger D'Andrade die seit 1055 verlassene und erst 1887 bei einem Erdbeben eingestürzte frühmittelalterliche Kirche (vermutlich 7.–8. Jahrhundert) mit den vorhandenen Originalteilen auf dem ursprünglichen Fundament wieder rekonstruiert. Westlich von **San Pietro** aber liegen die offengelassenen **Grabungen** (1957, 69, 75) von Alba Docilia, der Poststation (Mansio) an der Römerstraße. Gleich neben der Einfahrt in die Autostrada (von dieser hat man den besten Blick auf die Gärten) die **Villa Gavotti**. An der Stelle eines Landgutes des 15. Jahrhunderts ließ sich der Doge F. N. della Rovere zwischen 1739 und 1753 dieses Barockschlößchen erbauen. Die mit feinsten lombardischen Stuckarbeiten und heimischen Keramiken ausgestattete Villa, besonders sehenswert die ›Salons der vier Jahreszeiten‹ und die ›Hauskapelle‹, besitzt außerdem noch sehenswerte Gartenanlagen mit Brunnen, Treppen und Marmorskulpturen.

Schon fast zu Savona gehörig dann *das* Keramikdorf schlechthin. Alles in **Albisola Marina**, vom Gehsteig bis zu den Ladenschildern, ist hier aus Keramik (vgl. Abb. 107). Einst stellte Albisola nicht nur selber begehrtes bemaltes Porzellan her, es lieferte auch noch die Familien, die in Nevers und in Vallauris die dortigen Keramikzentren zu weltweitem Ruf aufbauten. Den Höhepunkt als Hauptstadt glasierter und bemalter Keramiken erlebte Albisola im 17. und 18. Jahrhundert. Einige der Produkte der wichtigsten Meister kann man in der **Villa Faraggiana** (18. Jahrhundert) im **Museum** des ›Centro Ligure per la Storia della Ceramica‹ sehen.

Anlage der römischen Villa von Albisola Superiose

Wenn die z. Z. (1984) laufenden Restaurierungen der Pfarrkirche **Nostra Signora della Concordia** einmal abgeschlossen sein werden, lohnt ein Besuch, denn in der Kapelle des Hl. Carlo sind neben zwei Ölbildern vor allem die Deckenfresken von Ansaldo zu studieren. Gerade das Fresko der San Carlo-Kapelle in Albisola ist eines jener frühen Beispiele, in denen Ansaldo, stets auf der Suche nach neuen Lösungen für das Verhältnis Raum und Fresko, schon um 1625–30 die Anfänge der Genueser Quadraturmalerei markiert.

Savona

Mit 78000 Einwohnern drittgrößte Stadt in Ligurien, kann Savona aber gegenüber La Spezia auf eine längere und bewegtere Geschichte zurückblicken. Wer die Stadt liebt, der muß sagen: leider. Denn die Nähe zu der unwiderstehlichen Superba war Savonas größtes Handicap. Ebenfalls nahe der Einmündung wichtiger Paßstraßen nach Piemont gelegen und durch das Plateau von Priamar gleichermaßen mit einer natürlichen Festung und einem geschützten Hafen ausgestattet, lag Savona selbst dann nicht abseits der Hauptrouten, als die Römer die Via Aemilia Scauri über Tortona und Aqui bei Vado wieder ans Meer führten, war doch das römische Vado Sabatia nur der jüngere Zwillingsbruder von Savo Oppidum Alpium, dem eigentlichen Zentrum der ligurischen Sabater. Dieses von Titus Livius namentlich erwähnte, vermutlich seit dem 5. oder 4. Jahrhundert v. Chr. bestehende Oppidum auf dem Priamar-Hügel stand 205 v. Chr. auf seiten Hannibals, nicht anders als alle ligurischen Stämme, mit Ausnahme der Genuaten. Die Kathedra der neuen Religion stand zunächst in Vado Sabatia, der römischen Verwaltungsstadt. Nach der Eroberung der Maritima Italorum durch Rothari (641–43) erlebte Vado eine kurzatmige Renaissance. Doch in der Zeit der sarazenischen Inkursionen erwies sich die ligurische Akropolis auf dem Priamar-Hügel als widerstandsfähiger. Berengar machte Savona bei der Neuorganisation Oberitaliens zum Hauptsitz der Aleramischen Mark. Aleramo, der Schwiegersohn Ottos des Großen, war von diesem mit sechs weiteren Markgrafschaften belehnt worden, so daß Savona einen beträchtlichen Einfluß gewann. Der Hügel von Monticello wurde zur Residenz der aleramischen Feudalität. Zu Füßen des Priamar hatten sich Civitas und Burgus entwickelt, die einstige Akropolis wurde weitgehend von religiösen Bauwerken bestimmt, u. a. von der Kathedrale. Zusammen im Bündnis mit Genua, gegen die Sarazenen, gelangte Savona ähnlich wie Noli, Albenga oder Ventimiglia während des Ersten Kreuzzugs zu ansehnlichem Reichtum, dessen Wurzeln im östlichen Mittelmeer zu finden waren. Erst 1191–92 konstituierte sich Savona als freie Kommune. Die deutschen Kaiser respektierten in Diplomen und Urkunden die Freiheiten der Stadt, nach dem Motto des ›Divide et impera!‹

Doch die Rivalität Savona – Genua mündete, wie so viele andere, in den überregionalen Hader der Zeit. Solange sich Genua antikaiserlich zeigte, war aus Trotz und Feindseligkeit Savona eben ghibellinisch. 300 Jahre währte dieser pseudo-ghibellinisch-guelfische Streit. Ausgerechnet ein deutscher Kaiser prägte zugunsten Genuas das Schicksal der immer ghibellinischen Stadt Savona. Um Andrea Doria vertraglich fest an sich zu binden, hatte Karl V. 1528 in die Forderung eingewilligt, die Herrschaft Genuas über seine Konkurrentin zu

RIVIERA DI PONENTE: VARAZZE BIS SAVONA

sanktionieren. Kaum geschehen, ließen die Truppen Andrea Dorias Teile der Civitas zu Füßen des Priamars und die zivilen und sakralen Bauten auf der Akropolis selbst niederreißen und an deren Stelle die Zwingburg des Priamar 1542–43 zum uneinnehmbaren Wachturm über Savona errichten.

Die an Geld und Einfluß reiche Stadt Savona, die kurz zuvor noch zwei Päpste gestellt hatte (Pius VII. und Julius II., beide aus dem Hause della Rovere), wurde nun von der Superba an der kurzen Leine gehalten. Daß unter diesen mißlichen Umständen für das 16. Jahrhundert und auch das 17. Jahrhundert keine großartigen Bauten wie in der Superba (Via Garibaldi usw.) zu erwarten sind, dürfte einsichtig sein. Erst gegen Mitte des 18. Jahrhunderts erholt sich Savona, und es überrascht nicht, daß wir bei den napoleonischen Kriegen Savona gleich auf der Seite des Revolutionsheeres finden. Savona hatte nichts zu verlieren. Savona war auch der Ort, wo Napoleon Papst Pius VII. festhalten ließ. Daß die Stadt, wie ganz Ligurien und Genua, im Wiener Kongreß-Frieden Turin zugeschlagen wurde, davon profitierte sie mehr als alle anderen. Durch den Passo di Cadibona lag für Turin der Hafen von Savona (Farbt. 23) näher und bequemer als Genua. Der Anschluß an die neue Eisenbahn (1868) brachte Savona ebenfalls nur Vorteile. Auch im Stadtbild sind deutlich die verschiedenen historischen Phasen gut erkennbar. Genueser im 16. Jahrhundert und Alliierte im letzten Weltkrieg haben den ältesten Siedlungskern zu Füßen des Priamar und direkt am Hafenbecken zerstört. Die eigentliche Altstadt findet sich somit verteilt auf ein winziges Areal von vier weitgehend parallel geführten Straßen zwischen Via Quarda Inferiore (parallel zum Hafen) und Via Caboto. Im 18. Jahrhundert entstanden die Quartiere zwischen Via Caboto und Corso d'Italia und am Fuße des Monticello, heute nördlich der Via Paleocapa. Diese letztere, die Via Pietro Giuria und vor allem der Corso Mazzini, legten für die künftige Neustadt die wichtigsten Nordwestachsen fest, zwischen denen sich im rechten Winkel die anderen Straßen einzufügen hatten. Erst in unserem Jahrhundert, meist nach dem letzten Krieg erst, entstanden die Quartiere westlich vom Lettimbro, z. B. Piazza Martiri della Libertà und neuer Bahnhof. Überhaupt, nach der städtebaulichen Verwüstung, zunächst direkt durch die Genuesen, dann indirekt durch den wirtschaftlichen Rückgang und schließlich während des letzten Krieges, darf man sich in Savona keinen allzu großen Erwartungen hingeben, was die römische, frühchristliche, mittelalterliche und Renaissance-Epoche anbelangt. Erst mit dem 18. Jahrhundert beginnt der neue Aufstieg.

Wir finden zwei hervorragende Rokoko-Ausstattungen in der **Cappella Sistina** (1762; Abb. 105) und im **Oratorio di Cristo Risorto** (Abb. 108) und das Kleinod eines fayencebesetzten Gartenpavillons, den **Tempietto Boselli** (1786; Abb. 102). Ein Musterbeispiel des strengen Neoklassizismus stellt der 1853 eingeweihte Bau des **Theaters Chiabrera** von C. Falconieri dar (s. Fig. S. 275). Die zwei übereinandergestellten Säulenordnungen (dorische, jonische) bestimmen den einst mit Bäumen und Büschen bestandenen Platz.

Der Stile Liberty, wie der Jugendstil in Italien heißt, ist würdig vertreten in der Via Paleocapa (z. B. Palazzo dei Pavoni, 1911–12), Corso Mazzini (Ecke Corso Italia, Palazzo delle Piane, 1910–11) oder an der Ausfallstraße Corso Colombo-Corso Vittorio Venento-Via Nizza (Villa Zanelli, 1908). Ein Kleinod, der Stadt selbst keineswegs bewußt, ist das ehemalige **Fabrikgebäude der Stadtwerke** im reinsten Art Deco (Abb. 111), ein lupenreines und für Fabrikbauten äußerst seltenes Beispiel dieser erst jetzt wieder beachteten Stilrichtung.

Ganz unter dem Einfluß des internationalen Expressionismus steht Leonardo Bistolfis **Reiterstandbild von Garibaldi** (1928, Piazza Eroi dei due Mondi; Abb. 109). Weniger stilgeschichtlich als für das tägliche Leben von Savona wichtig ist z. B. Luigi Venzanos **Denkmal für die Gefallenen des Ersten Weltkrieges** (1927) auf der Piazza Mameli. Noch heute steht allabendlich der Verkehr an der Piazza Mameli für wenige Minuten still, wenn die Nachbildung der großen Glocke vom ehemaligen Stadtturm zum Gedenken an die Gefallenen des Krieges schlägt. Daß die Savonesen durchaus mit der Kunst ihrer Zeit jeweils auf engem Fuß leben, zeigen Stadtplan und Architektur, die in Savona repräsentativ und mit hervorragenden Namen vertreten sind und das Stadtbild mitprägen. Das Bauhaus noch nicht ganz ausgeschieden haben die im gleichen Jahr entstandene **Post**, Piazza Diaz, mit geflügeltem Pegasus von A. Martini, und der **Palazzo della Provincia** (Via Quattro Novembre) von Paolo Luigi Nervi, beide 1964. Freier und mehr gemäß seinem individuellen Vermögen hatte Nervi schon 1960 den neuen **Bahnhof** von Savona, westlich des Lettimbro, gestaltet. Die neue Pfarrkirche **San Giuseppe** an der Piazza Martiri della Libertà (Abb. 110), 1957–59 von Gaetano Sanguinetti erbaut, hat erst 1974 mit der Aufstellung von Agenore Fabbris **Monumento alla Resistenza** ihr effektvolles, dramatisches Pendant gefunden. Dies sind alles Beispiele von Skulptur und Architektur unseres Jahrhunderts. Wer einen Überblick über das Gegenwartsschaffen der Maler in Ligurien und über die Region hinaus gewinnen will, der informiert sich am besten in der **Galleria d'Arte Moderna** im Rathaus.

Noch mehr als Genua ist Savona eine Stadt, die man für sich entdecken muß. Der Verlust an großen Baulichkeiten der Vergangenheit, die weiter als das Barock zurückliegen, macht die Stadt mit einer Reihe ambientaler Details wie Türfassungen usw., aber auch mit kostbarsten Einzelwerken der Malerei und der sog. Kleinkunst wieder wett.

Rundgang
Die Altstadt zwischen Hafen, Via Paleocapa, Via Manzoni und Via Giuria:

Am besten beginnt man am Priamar (Abb. 109), zu dessen Füßen man immer einen Parkplatz findet. Das **Priamar** (Pietra sul mar, zu deutsch: Stein auf/über dem Wasser): genuesische Festung an der Stelle der alten ligurischen Akropolis. Meisterwerk der Festungsbaukunst des 16. Jahrhunderts. Umschließt zum Teil alte Gebäude. Im Sommer Führungen und Veranstaltungen auf der Piazza d'Armi della Citadella. Etwas ungeschlacht und unbeholfen liegt es da, das beschädigte Ungetüm des Priamar. Die Savonesen wissen nicht so recht, was sie damit anfangen sollen, entweder als Musterbeispiel neuzeitlicher Festungsbaukunst restaurieren und für kulturelle Zwekke weiter nutzen oder abreißen und etwas ganz Neues hinstellen, schließlich ist das Priamar in seiner jetzigen Form täglicher Zeuge einer fast 400jährigen Unterdrückung durch Genua. Von der Piazza Priamar über den Corso Mazzini zum Hafenbecken. Dort linker Hand an der Piazza delle Brandale der gleichnamige Stadtturm nebst zwei kleinen Geschlechtertürmen, ganz links

RIVIERA DI PONENTE: VARAZZE BIS SAVONA

Savona. 1 Fortezza Priamar 2 Reste der Dominikanerkirche 3 Torre del Brandale 4 Pal. Della Rovere 5 Pal. Grassi Ferrero Doria Lamba 6 Torre Leon Pancaldo 7 Pal. Del Carretto Pavese Pozzobonello (Pinacoteca Civica) 8 S. Andrea 9 Fremdenverkehrsamt 10 Oratorio di Cristo Risorto 11 Piazza della Maddalena 12 Kathedrale S. Maria Assunta 13 Oratorio di Nostra Signora di Castello 14 S. Giovanni Battista 15 Teatro Chiabrera 16 Postamt 17 Pal. della Banca Popolare di Novara 18 Piazza Mameli mit Kriegerdenkmal von L. Venzano (1927) 19 Pal. della Provincia von L. Nervi (1964) 20 Piazza Martiri della Libertà mit S. Giuseppe (Sanguineti, 1957) u. Widerstandsdenkmal (A. Fabbri, 1974) 21 Neuer Bahnhof von L. Nervi (1960) 22 Ex-Centrale Elettrica, 1910 23 Pal. del Piane, 1910–11 24 Tempietto Boselli 25 Garibaldi-Denkmal von Leonardo Bistolfi (1928)

Torre Corsi, halblinks Torre Guarnero, und schließlich rechts davon, der höchste der drei aus dem 12. Jahrhundert stammenden Türme, die Torre Brandale. Letztere war von den Genuesern erheblich verkürzt worden. Seit 1933 hat sie wieder ihre alte Höhe von 49,60 m. In der Torre Brandale kleines Lapidarium und Reste der mittelalterlichen Ausmalung. Zugang zum Turm über den zugehörigen Palazzo degli Anziani, den Sitz des städtischen Podestà.

Die Via Quarda Superiore führt vorbei an der Hafenfront des links erhöht gelegenen Palastes der Della Rovere, ab 1495 im Auftrag Giuliano della Roveres (des späteren Papstes Julius II.) von Giuliano da Sangallo entworfen. Die dreigeschossige, in strenger Pilasterordnung gestaffelte Fassade ist offensichtlich nie fertig geworden. Hof und Rückgebäude im Barock umgebaut. Die Verwendung von hell-dunkler Felderrahmung des Untergeschosses ist typisch toscanisch. Von der Piazza della Rovere nur wenige Meter zur Hafenstraße Via Gramsci. Von dort Blick zur Torre di Leon Pancaldo (oder auch Torre della Quarda; Abb. 100). Auf der Meeresseite in einer Nische die Statue der Madonna della Misericordia von Filippo Parodi (1662).

An der Via Quarda Inferiore Nr. 16 der Palazzo Grassi-Ferrero-Doria-Lamba, der schönste Palazzo des Cinquecento in Savona (Abb. 101). Leider ist er so in seiner heutigen Form nicht ganz korrekt. Die Camera di Commercio von Savona hat zwar auf eigene Kosten ihr Bürogebäude restaurieren lassen, dabei aber auf einige Details anderer zerstörter Bauten zurückgegriffen. So stammen das Deckengemälde ›Die Schlacht des Sanherib‹ der Brüder Semino im Salon des Erdgeschosses aus der zerstörten Villa Pallavicino von Sampierdarena und das Guglielmo della Porta zugeschriebene Portal aus dem Palazzo Grimaldi, ebenfalls in Genua. Mittels solcher kleiner Hilfsmittel konnte ein repräsentativer Familienpalast des 16. Jahrhunderts wenigstens zeitgemäß rekonstruiert werden. Direkt hinter dem Palazzo Grassi-Ferrero in der Via Quarda Superiore (Nr. 7) der Palazzo del Carretto-Pavese-Pozzobonello. Dort Sitz des Stadtarchivs mit Tausenden von Pergamenten, mittelalterlichen Karten, Handschriften und Inkunabeln.

Im 3. Obergeschoß die Pinacoteca Civica, ein wahrer Schatz der ligurischen Malerei vom 14. bis zum 18. Jahrhundert.
Saal 1 von links nach rechts: ›Kreuzigungsbild‹ von Donato de Bardi († 1451); ›Kreuzigung zwischen der Hl. Brigitta und dem Hl. Honofrius‹, Marmorrelief von 1347; ›Kreuzigung‹ von Giovanni Mazone (Alessandria, bezeugt 1473–1510); bemaltes Holzkruzifix, Mitte 14. Jahrhundert, unbekannter Meister; ›Kreuzigung‹ von Ludovico Brea († 1522/25); Holzkruzifix, unbekannter Meister, 15. Jahrhundert.
Saal 2 von links nach rechts: ›Madonna mit Kind und Engeln‹ von Taddeo di Bartolo, um 1400 (Farbt. 52); ›Madonna mit Kind‹, Marmorflachrelief, leicht farbig gefaßt, toscanische Schule 15. Jahrhundert; ›Madonna mit Kind‹, Werkstatt des Nicolò da Voltri (um 1400); ›Madonna mit Kind‹, byzantinisch-venezianischer Maler, 14. bis 15. Jahrhundert; ›Verkündigung und Heilige‹ von Giovanni Mazone, 1493 (?); ›Hl. Georg‹, lombardisch, 15. Jahrhundert; ›Madonna mit dem Buch, Heiligen und dem Stifter Manfredo de Fornari‹ von Vincenzo Foppa, 1489; bemaltes Tympanon mit ›Kreuzabnahme‹ (Beweinung ?), lombar-

disch 15.–16. Jahrhundert; ›Anbetung des Kindes und Heilige‹ von Giovanni Mazone. *Saal 3* von links nach rechts: ›Madonna del latte‹, niederländisch, 16. Jahrhundert; ›Transfiguration‹, unbekannter Meister; ›Unbefleckte Empfängnis‹, provençalisch, um 1500; ›Ecce homo‹, manieristisch, Mitte 16. Jahrhundert; ›Madonna mit Kind zwischen Engeln und dem Hl. Petrus und Johannes Ev.‹, unbekannter Meister, 16. Jahrhundert; ›Jesus unter den Schriftgelehrten‹, Bernardino Luini (1490–1532); ›Madonna mit Kind‹, Polyptychon, provençalisch-ligurisch, 15. Jahrhundert; ›Anbetung des Kindes‹ von Lorenzo Fasolo (1463–1510); ›Madonna mit Kind und anbetenden Engeln‹ von Luca Baudo (1499); Triptychon von Fra Gerolamo da Brescia, 1519.

Saal 4: Giaccomo Assereto, Luciano Borzone, Luca Cambiaso, Giovanni Battista Paggi, Giovanni A. De Ferrari, Il Guercino, D. Manfredi, Giovanni Andrea Ansaldo, Bernardo Castello, Orazio De Ferrari.

Saal 5: Giovanni Battista Carlone, Domenico Fiasella, Valerio Castello, Domenico Piola, Lazzaro Tavarone.

Saal 6: Hier nur hervorzuheben Magnasco (zugeschrieben) und Giovanni Benedetto Castiglione.

Saal 7: Giovanni Stefano Robatto, Paolo Gerolamo Brusco und Battista Guidobono.

Saal 8 (rechts vom Eingangssaal): Ausschließlich der Savoneser Porzellanherstellung gewidmet (Abb. 107). Wer keine Gelegenheit hat in Albisola Marina ins dortige Keramikmuseum zu gehen, sollte unbedingt diesen Saal zum Kennenlernen hiesiger Tradition nutzen.

Im Treppenhaus kleines *Lapidarium* mit Skulpturen des 14.–16. Jahrhunderts.

Wieder auf der Via Quarda Superiore in Richtung Norden, an schönen Schieferportalen vorbei zur Hauptverkehrs- und Lebensader von Savona, der arkadenbegleiteten Via Paleocapa. Via Quarda Superiore mündet genau unter den Arkaden des sog. **Palazzo dei Pavoni** (1911). Um die Keramikpfauen über den Arkaden und zwischen den Balkonen zu sehen, muß man auf die Straße treten. Am Ostende der Via Paleocapa die **Torre Pancaldo**. In Richtung Stadtmitte (Piazza Mameli) auf der linken Seite fortschreitend, an der Piazza dei Consoli die spätbarocke Kirche **Sant' Andrea**, einstiger Sitz der Jesuiten. Hinter einer frühe römische Barockvorbilder zitierenden zweigeschossigen Fassade über kleiner Freitreppe barocker Wandpfeilersaal (um 1720). Freskendekoration (1741) von dem Florentiner Sigismondo Betti unter Mitarbeit des Quadraturisten Marco Sacconi. Weiter in der Via Paleocapa Nr. 7–9 das Büro des *Ente Provinciale del Turismo* (E. P. T.).

An dem folgenden kleinen Platz rechts in der Via Mistrangelo **San Giovanni Battista** (ehemals San Domenico), 1567 als Ersatz für die am Fuße des Priamar von Genuesern zerstörten Dominikanerkirche erbaut. Die barocke Stuckfassade konnte erst 1735 ausgeführt werden und die Innenausstattung stammt zum Großteil von 1890 bis 1912.

Zurück an der Paleocapa münden auf der linken Seite zwei kleine Straßen ein, die Via Pia und die Via Ambrogio Aonzo. In der Ecke Via Paleocapa und Via Aonzo die ehemalige Augustinerkirche **SS. Annunziata**, heute bekannter unter dem Namen ›**Oratorio del Cristo Risorto**‹. 1604 als einschiffiges Oratorium an der Stelle eines älteren Gotteshauses errichtet. Im Gewölbe Rokokofresken von Sebastiano Galleoti und Giovanni Battista Natali (1735). Im Chor zwischen Rokokostuck ältere ovale Fresken von Giovanni Robatto (Ende 17. Jahrhundert). Auf dem Szenarium des Altartisches von Filippo und Domenico Parodi das große Holzkruzifix des Cristo Risorto unbekannter Herkunft. Links und rechts des Eingangs recht schön geschnitzte Chorgestühle eines deutschen Holzschnitzers vom Ende des 15. Jahrhunderts aus der alten Kathedrale. Im Dorsale Szenen zur ›Passion‹ und ›Auferstehung Christi‹. An den Seitenwänden über dem Gestühl zwei Tafeln eines ligurischen Primitiven (zweite Hälfte 15. Jahrhundert): ›Geißelung‹ und ›Kreuzigung‹. Wichtigste mobile Ausstattungsstücke sind die drei Tragaltäre für die Karfreitagsprozession: ›Verkündigung‹ von Antonio Maria Maragliano (1725), ›Schmerzensmutter‹ von Filippo Martinengo und ›Grablegung‹ von Antonio Brilla (1866; Abb. 108).

Schräg gegenüber vom Oratorium des Cristo Risorto, gleich am Anfang der Via Pia, der einstigen Via Fossalvaria und Hauptstraße von Alt-Savona, Nr. 1, der steil proportionierte **Palazzo Sormano** (nach 1550) mit Resten der originalen Sgraffito-Dekoration. In der Via Pia weitere schöne Renaissance-Portale in Schiefer und Marmor. Das Herz der Altstadt schlägt an der Piazza della Maddalena. An der Stirn-(Hafen-)Seite, erhebt sich der **Palazzo Sacco Multedo** (17. Jahrhundert), dessen Gesamtkomplex den Zusammenschluß mehrerer Trakte verschiedener Epochen bedeutet (ehemaliger Palazzo della Rovere). In der links abzweigenden Via Spinola (Nr. 5) der **Palazzo Chiabrera,** mit Raumfolge Atrium-Treppenhaus aus dem 15. Jahrhundert. Der Palazzo wurde Anfang des 17. Jahrhunderts im Auftrag des hier geborenen Dichters Gabriello Chiabrera neu organisiert. Von der Piazza della Maddalena führt die Via Marmo zur Piazza del Duomo.

Kathedrale Santa Maria Assunta

Zwischen 1589 und 1605 nach Plänen von Battista Sormano errichtet. Der Neubau, an der Stelle der ehemaligen Franziskanerkirche, war durch den Abbruch der alten Kathedrale auf dem Priamar notwendig geworden. Die etwas akademische ›Barock‹-Fassade stammt erst von 1886. Vom Kapuzinerkonvent rührt noch der *Kreuzgang* auf der Nordseite der Kathedrale her. Trotz frühbarocker Formensprache und hochragender Vierungskuppel vermitteln kreuzförmiger Grundriß, strenge Dreischiffigkeit und recht steile Proportionierung des Innenraums noch etwas mittelalterliche Vorstellungen. Obwohl die Innendekoration weitgehend erst im historischen Geschmack des 19. Jahrhunderts erfolgte, besitzt der Dom Santa Maria Assunta eine Reihe hervorragender Ausstattungsstücke des 15. bis 17. Jahrhunderts, die zum Teil noch aus der alten Kathedrale gerettet werden konnten und zum Teil aus anderen zerstörten oder verfallenen Kirchen stammen.

Hauptschiff: Rechts vom Eingang Marmorkruzifix des späten 15. Jahrhunderts, dem Giaccomo Molinari zugeschrieben; links vom Eingang Taufbecken aus einem im 12. Jahrhundert überarbeiteten byzantinischen Kapitell, umgeben von Steintransennen des späten15. Jahrhunderts in orientalisierenden Formen. An den beiden ersten Pfeilern ein Weihwasserbecken vom späten 15. Jahrhundert und eine ›Dornenkrönung‹, ein Meisterwerk Anton Maria Maraglianos aus der Kirche Santa Lucia; am linken Ende des Hauptschiffes Marmorkanzel von Antonio Maria Aprile und Giovanni Angelo Molinari aus dem Jahre 1522. *Rechtes Seitenschiff:* 1. und 2. Kapelle, Fresken und Bilder von Giovanni Agostino Ratti; über dem Nordportal vergoldete Sängerkanzel, 17. Jahrhundert; rechte Chorkapelle, Altarbild ›Thronende Madonna mit Kind, Petrus und Paulus‹ von Albertino Piazza. *Chor:* Auf dem spätbarocken Altartisch Marmor-Ziborium in Form eines achteckigen Tempels, römische Werkstatt des frühen 17. Jahrhunderts. Hinter dem Altar das aus der alten Kathedrale stammende Chorgestühl, das Anselmo Fornari zwischen 1500 und 1515 in Zusammenarbeit mit Elia de'Rocchi und Giovanni Michele de'Pantaleone gearbeitet hat (Abb. 106). Von Fornari selbst sind auch die Intarsien des Lesepultes, während der Bischofsstuhl von Rocchi stammt. Auf der linken Seite des Chores Eingang zum Tesoro, dem

Domschatz: Die kostbarsten Stücke werden seit 1982 gesondert bewacht und gezeigt. Besucher beim Küster läuten (Trinkgeld!). *Linkes Seitenschiff:* Linke Chorkapelle, Bilder und Fresken von Paolo Gerolamo Brusco und Luciano Borzone. Auf dem Altar Pala ›Martyrium des Hl. Stephanus‹ von Pietro da Cortona (oder Werkstatt); 4. Kapelle, in Altarnische ›Madonna della Colonna‹, aus dem ehemaligen Franziskanerkloster übernommenes Fresko (Abb. 104); über dem linken Seitenportal gotisches Portal-Tympanon aus vergoldetem schwarzem Schiefer (14. Jahrhundert) von der alten Kathedrale; 3. Kapelle, Fresken von Brusco, Altarbild von Domenico Fiasella; 2. Kapelle, Fresken und Altarbild von Bernardo Castello (1610). Über das nördliche Seitenportal Zugang zum *Kreuzgang* (2. Hälfte

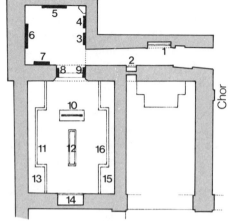

Savona, Domschatz: 1 Paliotto, ligurische Arbeit des 17. Jh. 2 Trinität: Jacobus d. Ä., Petrus, Matthias, engl., 2. H. 14. Jh. 3 Madonna mit Kind, Fresko eines unbekannten ligurischen Meisters; Mitte 15. Jh. 4 Kreuzigung, von Giovanni Mazone, Ende 15. Jh. 5 Mystische Hochzeit der Hl. Katharina von Siena, von Tucci d'Andria, 2. H. 15. Jh. 6 Himmelfahrt von Ludovico Brea, um 1500 7 Christus an der Säule, von Luca Cambiaso, um 1560–70 8, 9 Kreuzigung und Grablegung, Umkreis des G. A. Amadeo, Ende 15. Jh. 10 Anbetung der Könige, vom Meister von Hoogstraeten, 1. H. 16. Jh. 11 Flucht nach Ägypten, franz. Goldschmiedearbeit, 14. Jh. 12 Kreuzreliquiar, Mosel, 13. Jh.; Monstranz, Savona, 15. Jh.; Altarkreuz, florentinisch, 15. Jh. 13 Meßgewand, Savoneser Wirkerei, 15. Jh. 14 Pluviale, ligurisch, 16. Jh.; Bischofskrümme, 13. u. 15. Jh. 15 Meßgewand, 16. Jh. 16 Verschiedenes Meßgerät, 18.–19. Jh.

15. Jahrhundert, unter Sixtus IV. errichtet) mit Resten eines älteren Vorgängerbaus, siehe Südostflügel mit lombardischer Backsteingotik. An der Ostseite des Kreuzgangs Zugang zur Hauskapelle Papst Sixtus' IV., der *Cappella Sistina* (Abb. 105). Zwischen 1481 und 1483 von lombardischen Meistern als Kapelle für das elterliche Mausoleum er-

richtet. An der linken Wand das von Giovanni und Michele d'Aria errichtete Grabmonument (1483). Kapelle 1762–64 in blühenden Rokokostuck umgewandelt. Deckenfresko von P. G. Brusco aus derselben Zeit.

Verläßt man die Kathedrale, nimmt man am besten die Via Aonzo zurück zur Via Paleocapa. Gleich nach der Kathedrale der **Bischofspalast** mit kleiner vorgelagerter Piazza und Benediktionsloggia für den von Napoleon gefangengesetzten Pius VII. An der Piazza Cabrol führt links die Via Santa Maria Maggiore zum **Oratorio di Nostra Signora di Castello** (Eingang Via Manzoni, nur feiertags zur Gottesdienstzeit!). Darin auf dem Hauptaltar das großartige Triptychon ›Madonna und Heilige‹ von Vincenzo Foppa. Die rechte Tafel wurde 1489–90 von Ludovico Brea vollendet.

Zurück an die Piazza Cabrol. Hier der **ehemalige Palazzo Gavotti** aus dem 16. Jahrhundert, später Rathaus, dann im 19. Jahrhundert umgebaut (Fassade, Öffnung des Atriums zur Via Pia) und Sitz der *Biblioteca Civica A. G. Baroli* (gegründet 1840; Öffnungszeit 9.00–12.00 und 15.00–19.00 Uhr), die an die 600 Handschriften, 61 Inkunabeln und 96 000 Bücher besitzt. Viele davon, auch Inkunabeln, sind in Savona gedruckt! Dort hatten die Augustinermönche schon 1472–73 die Kunst des Buchdrucks eingeführt.

Via Aonzo Nr. 9 schließlich der **Palazzo del Monte di Pietà,** eines der ersten Kreditinstitute dieser Art in Europa, bereits 1479 von Sixtus IV. gegründet. In den restaurierten Räumen des 15. Jahrhunderts Fresken u. a. von Lorenzo Fasolo (1513) freigelegt. Besichtigung über Nr. 21, nur zur Zeit der Schalterstunden. Am Ende der Via Aonzo wieder an der Mündung der Via Pia in die Via Paleocapa. Von dort nur wenige Schritte zur Piazza Diaz mit **Postamt** (1932 von Roberto Narducci begonnen, Skulptur ›geflügelter Pegasus‹ anläßlich der Erweiterung von Arturo Martini 1964–65), **Teatro Chiabrera** (1850–53 nach Plänen von Carlo Falconieri, Skulpturen von S. Varni, Antonio Brilla und Giovanni Battista Frumento) und der **Palazzo della Banca Popolare di Novara** von Luigi Vietti. Über die Via Pertinace, die Piazza Mameli, die Piazza Sisto IV. und den Corso Italia wieder am Priamar. Hier in den Giardini del Priamar **Garibaldi-Denkmal** (Abb. 109) und **Tempietto Boselli** (Abb. 102). Von dort am besten mit dem Auto stadtauswärts in Richtung Vado, linker Hand an der Via Nizza, kurz vor dem Ortsteil Zinola, die prächtige **Villa Zanelli** im Stile Liberty (Abb. 103). Im **Rathaus von Vado Ligure** eine kleine Archäologische Sammlung (nur vormittags!), die an das römische Vado Sabatia erinnert.

Savona, Teatro Chiabrera

2 Die Seerepublik Noli

Westlich von Vado Ligure kommt der Bergzug, bestehend aus Monte Carmo (1389 m), Bec. Bado (1283 m), Monte Settepiani (1386 m), Pian d. Corsi (1028 m) und Monte Alto (926 m), zum Stehen. Die Ausläufer dieser Kette, z. B. Bec. Berba (560 m), treten, ausnahmsweise für die Riviera di Ponente, bis direkt ans Meer, so daß die bei Vado Sabatia eben erst an die Küste gelangte Via Aemilia Scauri diese bereits bei Spotorno für einige Kilometer wieder verlassen muß, um nach dem Plateau von Manie und dem Valleponzi endgültig bei Finale Ligure am Meer zu bleiben. Hineingeschmiegt am südlichen Bogenteil der Bucht zwischen Torre del Mare und Capi di Noli liegt die ehemalige freie Seerepublik Noli. Ja, bis zum Jahre 1797 hatte sich Noli den Rechtsstatus einer freien Republik erhalten können. Erst die Trassierung der Küstenstraße nach 1895 brachte die inzwischen zum Fischerdorf heruntergekommene Kommune, in der seit dem 16. Jahrhundert die Zeit stehengeblieben schien, wieder in wirtschaftlichen Kontakt mit Savona und Finale. Weder Ligurern noch Römern dankte das versteckte Gemeinwesen abseits der Hauptstraße seine Existenz. Die Legende des Ortsheiligen Paragorius wirft ein schwaches Licht auf die Entstehung Nolis in die Zeit der byzantinischen Herrschaft. Der Hl. Paragorius soll danach aus Neapel stammen. Sein Kult ist im Abendland so selten, daß selbst der aus Varazze stammende Jacobus de Voragine diesen Heiligen nicht in seine Legenda Aurea aufgenommen hat. In Dokumenten des 11.–12. Jahr-

Noli, nach einem Stich von Lhuiller, 18. Jh.

hunderts wird Noli noch als Naboli (Napoli, von Neapolis) geführt. Wie Finale blieb der byzantinische Wachposten Naboli bis zur Zeit der Konstituierung der Aleramischen Mark im Schatten von Varigotti, das zwischen Finale und Vado eine eigene Grafschaft bildete. Die Beteiligung Nolis am Ersten Kreuzzug zeigt die wirtschaftliche und politische Emanzipation der Kommune. 1193 mußte Enrico il Guercio Del Carretto für immer seine Ansprüche auf Noli fallenlassen. Um sich gegen weitere Eingriffe seitens der in Savona und Finale herrschenden Markgrafen Del Carretto abzusichern, schloß die frischgebackene Seerepublik einen gegenseitigen Beistandspakt mit Genua, den die Superba grundsätzlich, zumindest *de jure* bis zur Aufhebung der Republik Noli in napoleonischer Zeit respektierte. 1239 erhielt Noli sogar den Rang einer selbständigen Diözese, die erst 1820 aufgehoben wurde. Das 13. bis 15. Jahrhundert brachte den Höhepunkt der Stadtentwicklung. Der Großteil des Häuserbestandes der zweigeteilten Unterstadt am Fuße des Castello auf dem Monte Ursino stammt in der Grundsubstanz aus dieser Zeit. Im Norden der Stadt, in luftiger Höhe (120 m; bei klarem Wetter Sicht bis Genua und die Riviera di Levante), stehen noch die eindrucksvollen Reste der **Burg** der Markgrafen von Carretto. Der zentrale romanische Rundbau stammt noch aus der Mitte des 12. Jahrhunderts. Durch zwei zum Teil noch erhaltene Mauerarme war der älteste am Hang gelegene Teil von Naboli (Naulum im Mittelalter) in den Schutz der Burg miteinbezogen.

Südlich davon entstand dann offensichtlich im 12. oder 13. Jahrhundert die freie Kommune Noli mit eigenen Mauern und später landeinwärts, in Richtung der Johanniter-Niederlassung, die ebenfalls mauerbewehrte Vorstadt Borgo di San Giovanni.

Von allen kleineren Orten der Riviera di Ponente ist sicher Noli der bezauberndste (Farbt. 21). Jede Familie, die dazu fähig oder bereit war, der Republik Genua eine Kriegsgaleere zu stellen, hatte das Recht, sich einen eigenen Geschlechterturm innerhalb der Stadtmauer zu errichten. Insgesamt hat man 72 ganz oder im Fundament erhaltene Türme in Noli gezählt. Das wäre eine ganz ordentliche Flotte, selbst dann, wenn man berücksichtigt, daß diese Türme über verschiedene Jahrhunderte hin errichtet wurden.

Von den mittelalterlichen Türmen und Häusern sind besonders zu erwähnen: die **Torre Comunale** (Ende 13. Jahrhundert) mit dazugehörigem **Palazzo del Comune** (14.–15. Jahrhundert), die darunterliegenden Portici und Loggia della Repubblica (ursprünglich stand die heute nicht mehr existierende Hafenfront auf solchen Arkaden), die **Porta Piazza**, die **Porta Torre Papone** (Abb. 113), Häuser der Via Colombo (Casa Carzoglio, Nr. 15, Nr. 17 Casa Maglio, usw.), die **Torre del Canto** nahe der Porta San Giovanni und, wieder am Corso Italia an der ehemaligen Via Aurelia, die **Casa Pagliano** (Abb. 114) mit Sitz des *Fremdenverkehrsamtes.*

Die **Kathedrale San Pietro** geht zwar in ihrer Grundsubstanz ins 13. Jahrhundert zurück, wurde aber 1572, als der Bischofssitz in die Stadt verlegt wurde, frühbarock erneuert. Das mittelalterliche Bauschema des Kircheninneren (vgl. Kathedrale in Albenga und San Giacomo e Filippo in Andora) ist noch gut erkennbar. Im **Kirchenschatz** einige sehenswerte Objekte: Gotisches Reliquiar des Hl. Eugen (1430), Vor-

Noli, S. Paragorio, Fassade nach D'Andrade

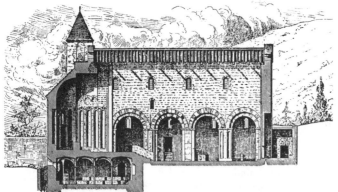

Noli, S. Paragorio, Längsschnitt nach D'Andrade

tragekreuz aus Silber (1417), Pallium des Hl. Eugen (ebenfalls 15. Jahrhundert) und Marmorurne des Heiligen aus dem 5.–7. Jahrhundert (?).

Der größte Schatz von Noli liegt außerhalb der einstigen Mauern, damals nur über die noch stehende Steinbrücke (13. Jahrhundert) über den Wildbach des Hl. Antonius zu erreichen: die Vorstadtkirche (Ex-Kathedrale) **San Paragorio** (Abb. 112, 115). Zusammen mit den Kathedralen von Albenga und Ventimiglia wichtigste romanische Kirche der gesamten Ponente.

Ende 11./ Anfang 12. Jahrhundert ganz im Stil lombardischer frühromanischer Kirchen über möglicherweise frühmittelalterlichem Vorgängerbau als querhauslose, dreischiffige Basilika mit Hallenkrypta erbaut. Von doppelten Arkadenbögen zusammengefaßte Lisenenfelder gliedern Außenmauern von Chor und Langhaus. Am Chor in den Zwickelfeldern zwischen den Blendarkadenbögen glasierte islamische Keramikschüsseln (11.–12. Jahrhundert) eingelassen. An der stadtzugekehrten Nordseite doppelte gotische Nischengräber unter auf Drillingssäulchen gestützten Paralleltonnen. Freskenreste (15. Jahrhundert) an deren Rückwand. Daneben mittelalterliche Monolith-Sarkophage und ebenfalls gotische Portalvorhalle über schwarz-weiß gebänderten Arkaden auf achteckigen Stützen. Der im Mauerverband mit der Südseite an drei Seiten freistehende *Campanile* dürfte erst aus dem späten 12. oder frühen 13. Jahrhundert stammen. Kräftige profilierte Kreuzpfeiler trennen das holzgedeckte Hauptschiff von den viel niedrigeren gewölbten Seitenschiffen. Bei den jüngsten Ausgrabungen wurde auf der Südflanke, von der heutigen Südwand durchbrochen, ein frühmittelalterliches *Baptisterium* (ca. 5. Jh.) mit einer byzantinischen Nekropole im Umkreis gefunden. Schon Ende des 19. Jahrhunderts war San Paragorio Gegenstand von umfangreichen Grabungen und rigorosen Restaurierungen unter der Leitung von Alfredo D'Andrade (1889–90).

3 Im Finalese

Finalpia – Finale Marina – Finalborgo – Perti

Westlich von Spotorno verlor sich ursprünglich der Einfluß der ligurischen Sabater, und umgekehrt scheint das Vorgebirge von Caprazoppa den östlichen Ausdehnungspunkt der mächtigen Liguri Ingauni markiert zu haben. Das Finalese war seit frühesten Zeiten Grenzland oder, besser gesagt, Niemandsland. Die römische Bezeichnung *ad fines* in Zusammenhang mit Vado Sabatia scheint nach allgemeiner Ansicht der etymologische Ursprung des Namens für das Gebiet zwischen Capo di Noli und Punta di Caprazoppa zu sein. Dieses kleine Territorium von unterschiedlicher geologischer Zusammensetzung und Formation ist sicher aus vielerlei Gründen eines der interessantesten Gebiete der Riviera di Ponente. Nicht nur geographisch fast in deren Mitte gelegen, bietet seine landschaftliche Vielgestaltigkeit einerseits – drei senkrecht zur Küste verlaufende Flüsse und vier parallel dazu gerichtete Bergketten bzw. Plateaus, voll von Einbrüchen und Höhlen – und seine Abgeschiedenheit andererseits – ganz eigenständige Flora zum Teil – alles, was notwendig ist, um sich als eigenständige Region abzugrenzen. Seine außerordentlich reichhaltig dokumentierte Früh-

Ponte delle Fate, eine der fünf römischen Brücken, im Valle Ponzi bei Finale

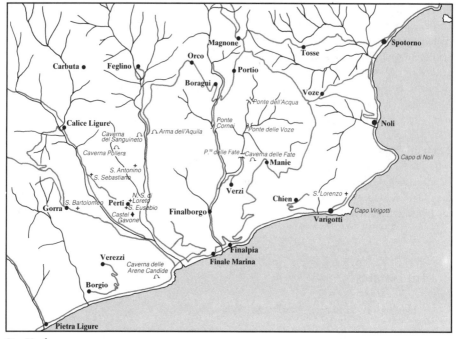

Das Finalese

geschichte von den Anfängen des *homo sapiens* (siehe Frühgeschichte), die über die Maßen gut nachvollziehbare Trassierung eines komplizierten Straßenverlaufs aus römischer Zeit im **Valle Ponzi** (fünf erhaltene römische Brücken), sein erhaltenes Stadtambiente von **Finalborgo**, und Monumente der Profan-, Militär- und Sakralarchitektur des Mittelalters und der Neuzeit machen den total vertouristeten Hauptort **Finale Marina** zum idealen Ausgangspunkt für einen mehrtägigen Aufenthalt, reich an Möglichkeiten zum Studium, Wandern und Entdecken. Das heutige **Finale Ligure** besteht praktisch aus vier Einheiten, von denen drei seit 1927 eine Großgemeinde bilden: Finalpia, Finale Marina und Finalborgo; hinzu kommt die ehemalige Berggemeinde Perti.

Finalpia

Ebenso wie Noli stand Finale im frühen Mittelalter zunächst unter dem Einfluß von Varigotti, das offensichtlich zwischen Savona und Albenga den bedeutendsten Hafen besaß. Von Varigotti aus fuhren noch die vereinten ligurischen Ritter zum Kreuzzug gegen die Sarazenen vom großen Fraxinetum im Maurenmassiv. Hier, an der Stelle einer byzantinisch-lombardischen Festung, hatten die späteren Marchese Del Carretto eine ihrer wichtigsten Küstenfestungen.

Heute stehen nur noch die malerischen Ruinen des 1341 von den Genuesern zerstörten **Kastells**. Vom alten Varigotti zeugt auch noch steil über der Via Aurelia die romanische Kirche **San Lorenzo Vecchio**. Zufahrt nur über die kleine Bergstraße direkt nach dem Tunnel rechts (siehe Ausschilderung!). An der Mündung des Torrente Sciusa entstand um die Abtei von **Santa Maria di Pia** der kleine Flecken Finalpia. Die Abtei, seit 1170 urkundlich erwähnt, wurde 1477 von Biagio Galeotto Del Carretto an die Benediktiner von Monte Oliveto vergeben. Die Olivetaner begannen mit dem Neubau sowohl einer Kirche als auch des gesamten Klosterkomplexes um zwei Kreuzgänge der Hochrenaissance. Die heutige Kirche ist das Ergebnis eines radikalen Neubaues von 1724–29. Die etwas streng ausgefallene spätbarocke Fassade kann wenig erfreuen, um so mehr der vom mittelalterlichen Bau allein stehengebliebene fünfgeschossige *Campanile* (13.–14. Jahrhundert) mit schönen Biforien.

Eingelassen im Hauptaltar (1728) ist das Andachtsbild ›Madonna mit Kind und Engeln‹ von Nicolò da Voltri (Anfang 15. Jahrhundert; Abb. 119). In der *Sakristei* außer gotischen Architekturresten sehenswert die ursprüngliche Möblierung mit Intarsien von Fra Antonio da Venezia (1551). Die toscanische Herkunft des Ordens verrät nicht nur die an Florentiner Quattrocento-Architektur orientierte *Kreuzgangs-Architektur,* sondern auch die Ausstattung des Konvents mit einer Reihe farbiger Majoliken der Della Robbia-Schule (Abb. 118). Vom 1. Kreuzgang aus Zugang zum *Kapitelsaal* mit Originalgestühl des frühen 16. Jahrhunderts. Durch ein schönes Portal von 1522 betritt man den 2. Kreuzgang. Dort ebenfalls qualitätvolle farbige Terrakotta in der Art der Della Robbia. Von hier Zugang zum *Re-*
naissance-Refektorium mit bemaltem Holzkruzifix (15. Jahrhundert).

Finale Marina

Typisch ligurisches Straßendorf an der Via Aurelia. Schon in der Römerzeit und in dem frühen Mittelalter um die Pfarrkirche San Giovanni Battista besiedelt. Durch die markgräfliche Gesetzgebung von 1258 und 1312 maßgeblich in seiner Entfaltung eingeschränkt. Höchste Blüte nach der Mitte des 16. Jahrhunderts unter spanisch-genuesischem Protektorat. Ab diesem Zeitpunkt Handels- und Wirtschaftszentrum des Finale. An die Spanier und Genuesen erinnern am Ortseingang rechts die überbauten Reste des Castell Franco (1365 von den Genuesern errichtet, im 16. Jahrhundert von den Spaniern zeitgemäß erneuert und mit Vorbastionen systematisiert, 1714 von den Genuesern zerstört). Links von der Straße am Ortseingang der sog. **Bogen des Carlo Alberto,** 1836 anläßlich des Eisenbahndurchstichs bei Caprazoppa errichtet. Die Via Aurelia setzt sich als Hauptachse der Ansiedlung (heute Fußgängerzone) als Via Colombo, Via Barrili, Via Garibaldi und Via Pertica fort. An der heute zum Lungomaro hin offenen Piazza Vittorio Emanuele II. der **Bogen der Margarethe von Österreich,** 1666 von Sebastian Bocciardo zu Ehren des Aufenthalts der spanischen Infantin, die auf dem Weg war, sich mit Leopold I. von Österreich zu vermählen, errichtet (Abb. 116). Auf der anderen Platzseite Arkaden von Palästen überbaut (Palazzo Ferri und Palazzo Mendaro). Nach der Piazza Vittorio Emanuele II., in der Via Concezione der **Cinquecento-Palast Buraggi,** 1702 Herberge von Philipp V. von Spanien. Im Inneren bemerkenswerte Barocktreppe. In den Straßen

Barrili (Nr. 11) und Roma (Nr. 3, 8, 14) gleichfalls prächtige Stadthäuser mit schönen Portalen bzw. Fassaden. An der zentralen **Piazza Giovanni Battista** die gleichnamige Pfarrkirche, 1619 begonnen und 1675 geweiht (Abb. 117). Die breitgelagerte fünfachsige Fassade mit leicht vorstehenden Pilastern des Mitteltrakts ist ganz platzbezogen und eine der wenigen anspruchsvollen Barockfassaden Liguriens (1762 von Nicolò Barella).

Finalborgo

Bereits 1188 von Enrico II. aus der Savoneser Nebenlinie der aleramischen Dynastie gegründet und militärisch ausgebaut. Friedrich Barbarossa hatte 1162 »*post destructionem Mediolani*« diese Nebenlinie in ihren Feudalrechten bestätigt – gegen Genua gerichtet. Um die direkte Rivalität mit Genua abzuschwächen, hatte Enrico II. zuvor auf seine Feudalansprüche auf Savona und Noli verzichtet und deren kommunale Autonomie bestätigt. Der dennoch drohende Konflikt mit Genua wurde zunächst verschoben, indem sich die aleramische Linie der Del Carretto im Kampf gegen Ventimiglia auf seiten Genuas schlug. Somit besaßen die Del Carretto in strategisch günstiger Lage eine schwer einzunehmende Bastion mit Zugang zum Meer. Am Zusammenfluß der beiden Wildbäche Aquila und Pora gelegen, seitlich von beiden geschützt und vom Hinterland her von der Bergfestung Castello Gavone gedeckt, schob sich wie eine gepanzerte Truppenspitze die Neugründung Burgus finariie (Finalborgo) in die Küstenebene. Durch weitschauende Verkehrs- und Handelspolitik entwickelte sich das Finale unter der nominellen Schutzherrschaft der Del Carretto zu einem blühenden Freistaat an der Ponente, der den Genuesern stets ein Dorn im Auge blieb. Schließlich 1448/49 gelang es den Genuesern tatsächlich, Finalborgo einzunehmen und die Mauern zu schleifen. Doch geschickt die Wirren der Zeit und die Gegner der Superba (Montferrat und Mailand) ausnutzend, ließ Giovanni I. Del Carretto Finalborgo 1452 mit einem neuen Mauerring schützen. Diese Mauer mit den Toren Porta Reale und Porta Testa ist noch heute weitgehend intakt erhalten. Auch die Stadt selbst zeigt noch alle wesentlichen Straßenzüge, Palazzi, Kirchen und Plätze seiner einstigen stolzen Vergangenheit.

Man betritt die Stadt, von Finale Marina über die Via Brunenghi kommend, durch die **Porta Reale.** Dort besonders gut erhaltener Teil der Quattrocento-Mauer. An der Innenseite der Mauer, neben dem Einlaß, Marmorrelief mit dem Triumph der Del Carretto, 1452. Linker Hand, mit Fassade zur kleinen Piazza San Biagio, die gleichnamige **Kollegiatskirche** (Abb. 120); 1634–59 von A. Storace nach dem Vorbild der Kathedrale von Savona erbaut. Von der originalen *Innenausstattung* sind besonders hervorzuheben die großartige Marmorkanzel von Pasquale Bocciardo (1765), die Marmorgruppe ›Taufe Jesu‹ neben dem Eingang, Chorschranke und Hauptaltar (alle von Domenico Bocciardo, 1798–99). Hinzukommen eine Reihe wertvoller Einzelstücke, die allesamt aus anderen Kirchen, das meiste aus Santa Catarina, stammen: *Über dem Mittelportal* Grabmonument Sforza Andrea Del Carrettos, Werkstatt oder Schule des Taddeo Carlone, 1604; *am ersten rechten Seitenaltar* Triptychon ›Mystische Hochzeit

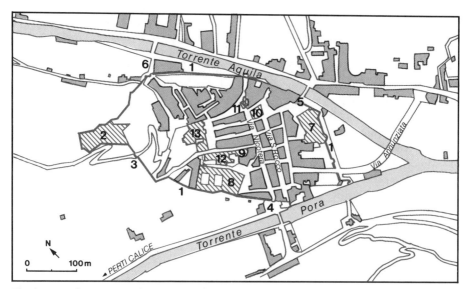

Plan von Finalborgo 1 Stadtmauer von 1452 2 Castel S. Giovanni 3 Porta Mezzaluna 4 Porta Testa 5 Porta Reale 6 Porta Romana 7 S. Biagio 8 Convento di S. Catarina 9 Palazzo del Municipio 10 Truina di S. Rocco 11 Volta di Ramondo und Palazzo Brunengo 12 Palazzo Arnaldi 13 Palazzo del Tribunale

der Hl. Katharina von Alexandria zwischen Heiligen‹ aus dem Umkreis des Fasolo, 1513; *2. rechter Seitenaltar* monumentale Altarwand mit ›Martyrium der Hl. Katharina und Heiligen‹ von Oddone Pasquale, 1533; *in der rechten Chorkapelle* Triptychon von Pancalino, ca. 1540; *in der linken Chorkapelle* Marmor-Ziborium von Giovanni Lorenzo Sormano, 1521; *auf dem 2. linken Seitenaltar* Pala der ›Rosenkranzmadonna‹, erste Hälfte 16. Jahrhundert.

Von San Biagio führt die Via Torcelli, die einstige und heutige Hauptverkehrsader, vorbei an der Piazza Garibaldi (einstiger Kräuter- und Gemüsemarkt), geradewegs auf die Piazza del Tribunale, deren breite Schauseite ganz vom **Palazzo del Tribunale,** dem einstigen juristischen und administrati-

Finalborgo, Tympanon am Palazzo del Tribunale

ven Zentrum der Markgrafschaft der Del Carretto bestimmt wird. Neben dem schwarzen Portal, das vom Kastell Gavone stammen soll, ein spätgotisches *Tympanon* mit der Darstellung der vier Kardinaltugenden, sehr ansprechend für ein Gerichts- und Verwaltungsgebäude! An der linken Stirnseite des Platzes die spätbarocke Fassade des **Palazzo Arnaldi**, links daneben in der Via del Municipio der **Palazzo Ricci** mit schönem Renaissance-Portal (1528). Hinter dem Doppelpalast Arnaldi-Ricci die Hauptattraktion von Finalborgo:
Konvent und Kirche Santa Catarina
Mit päpstlicher Bulle vom 19. Dezember 1359 erhielt die Antragstellerin Marchesa Venezia den positiven Bescheid von Innozenz VI. (in Avignon), im Borgo di Finale eine Dominikaner-Niederlassung einrichten zu dürfen. Dies war die dritte Niederlassung der Dominikaner in Ligurien, nach Genua (1250) und Savona (1287). Der Konvent war gleichzeitig als Grablege der Del Carretto bestimmt (siehe Grabmal in San Biagio). Mit fürstlichen Mitteln ausgestattet, entstand eine entsprechende weiträumige spätmittelalterliche Klosterniederlassung. Zwei Konventstrakte um großzügig arkadierte zweigeschossige Kreuzgänge und eine Kirche in Form einer spätgotischen Stufenhalle. Nach der Säkularisierung und Aufhebung des Konvents wurden die Bauten 1864–1965 als Gefängnis zweckentfremdet; so sind die Restaurierungsarbeiten noch keineswegs abgeschlossen. Die *Ausstattung* ist verteilt auf San Biagio, Museo di Sant' Agostino in Genua, Pinacoteca Civica in Savona usw. In der Marienkapelle Reste eines großartigen Freskenzyklus von der Hand eines unbekannten toskanischen Meisters. Fragmente dazu im Museo di Sant' Agostino in Genua. Zu besichtigen sind gegenwärtig die beiden **Kreuzgänge** (Abb. 121) und im Obergeschoß das übersichtlich praktisch geordnete **Museo Civico del Finale**, in seiner gegenwärtigen Form vorwiegend der reichhaltigen Frühgeschichte mit Nachbildungen von Gräbern, Höhlenbären usw. gewidmet. Von der Piazza Santa Catarina ein trefflicher Blick auf das **Kastell San Giovanni**, in seiner jetzigen Form auf die Spanier (1640–44) zurückgehend.

Perti

Wie so oft, gerade an der Ponente, ist der Urlauber, dessen Augenmerk ausschließlich den Vorzügen des Strandlebens gilt, betrogen um all jene Kostbarkeiten und Besonderheiten, die Tradition und Wesen einer Landschaft bestimmen. Ein Musterbeispiel dafür, und durchaus als Anregung gedacht, das an Schätzen überquellende Hinterland nicht zu vergessen, ist der Ortsteil Perti (Farbt. 19). In den ältesten erhaltenen Dokumenten über das Finalese ist fast ausschließlich von Perti, Pia und Orco die Rede, z. B. in ›Perticis et in Picis‹ (vor 1111 und 10. November 1111) oder ›in Pica et Pertica‹ (7. Mai 1178). Die Niederlassung der Benediktiner an der Mündung des Sciusu-Baches (in Piga, *Capellam Sanctae Marie in eadem villa constructam*) und die befestigten Burgen der aleramischen Feudalität in Orco (ganz am Talende) und Kastell Gavone, beherrschend (172 m) auf der Südspitze des Plateaus zwischen den beiden zentralen Wasserläufen des Pora und des Aquila gelegen, stehen am Anfang der mittelalterlichen Geschichte des Finalese. In der Strategie der Del Carretto bei der Errichtung des Borgo Finale spielte diese Festung die dominierende Rolle: Kastell Gavone war zeitweise sogar Wohnsitz der Markgrafen. Auf dem Plateau sind wichtige Funde der Frühgeschichte gemacht worden (Caverna Pollera). Nichts steht mehr von der Ortschaft Perti selbst.

Doch was noch existiert, ist die Summe an hervorragenden Bauwerken, um die so manche andere Stadt Perti beneiden würde. Direkt an der Auffahrt (Abzweigung rechts von der Straße nach Calice) steht die Kirche **San Sebastiano** (Ende 15. Jahrhundert) mit präzis gefügten Steinquadern und Renaissance-Portal.

Am Parkplatz auf dem Bergsattel die ehemalige Pfarrkirche **Sant' Eusebio.** Anmutig von tiefgrünen hochgewachsenen Zypressen gerahmt der Eingang zum barocken Oratorium. Typisch ligurischer Einheitsraum. Daneben die frühromanische Hallenkrypta (10.–11. Jahrhundert; Abb. 124; Schlüssel bei Teresa in der Osteria). An Sant' Eusebio vorbei der Fußweg zu **Nostra Signora di Loreto** (Abb. 123), der sog. Chiesa dei Cinque Campanili (Anfang 16. Jahrhundert), eine Kopie der berühmten Portinari-Kapelle von Sant'Eustorgio in Mailand von Bramante.

Weiter führt der Weg (Vorsicht vor Schlangen!) ca. eine halbe Stunde zu der frühgeschichtlichen **Höhle von Pollera** und zum **Castrum Pertice** mit frühromanischer Kirche **Sant' Antonio** .

Rechts vom Parkplatz in Perti Fußweg zum **Castello Gavone,** das mit seiner **Torre dei Diamanti** (Abb. 122) eines der bemerkenswertesten Beispiele spätmittelalterlicher Festungsbaukunst (zweite Hälfte 15. Jahrhundert) stellt.

Und ausnahmsweise eine lukullische Empfehlung, weil ich weiß, daß Teresa immer gut kochen wird, aus Leidenschaft – eine Jause oder ein ausgedehntes Mahl ›Da Teresa‹ in der Osteria Castello Gavone. Perti, das heißt Kunstgenuß, frühgeschichtliche Exkursion, Naturgenuß (Wandern) und leiblicher Genuß, ein erholsames Tagesprogramm.

4 Land der Ingauni – Terra di Albenga

Pietra Ligure – Loano – Toirano – Albenga – Alássio – Castello Andora

Hat man westwärts die Punta di Caprazoppa passiert, ist man bereits im Hoheitsgebiet der einstigen Liguri Ingauni. Eine wichtige Grenzfestung für die Byzantiner gegen die meerwärts vordringenden Langobarden war

Pietra Ligure
Der heutige Ortsname, von Castrum petrae, verbirgt diese historische Aufgabe. Das mittelalterliche Castello markiert noch die Stelle des alten byzantinischen Kastells. Zu Füßen dieses *castello medioevale* liegt der **Palazzo Leale Franchelli,** ein Bau des 18. Jahrhunderts und reich an üppig freskierten Sälen, der mit einer beachtlichen Porzellan- und Grafiksammlung und einer bedeutenden Bibliothek aufzuwarten weiß. Die nach Plänen von Giovanni Battista Montaldo

zwischen 1750 und 1791 errichtete Pfarrkirche **Sant Nicolò di Bari** (im Borgo Nuovo), Piazza XX Settembre, ein für die westliche Ponente typischer Einheitsraum, besitzt in der Chorapsis eine quattrocenteske Pala, ›Der Hl. Nikolaus von Bari auf seinem Bischofsthron‹ von Giovanni Barbagelata (1498). In der Kapelle links vom Chor ein gotisches Sakramentshäuschen und in der gegenüberliegenden Kapelle das Bild ›Antonius Abbas und Paulus der Eremit‹ von Domenico Piola.

Loano

Einer der größten Badeorte der Ponente, Loano, ist sogar römischen Ursprungs. Sein heutiger Name erinnert an die Schlacht von Loano, Frankreichs ersten Sieg über die österreichisch-savoyardische Koalition im Jahre 1795. Im Mittelalter zunächst Besitz der einflußreichen Abtei San Pietro di Varatella, dann Lehen der Bischöfe von Albenga, von diesen 1263 an Oberto Doria verkauft, 1505 vorübergehend an die Fieschi gefallen, bis Karl V. den Ort an Andrea Doria zurückgab. Von den Doria stammt auch eine Reihe der wichtigsten historischen Bauten von Loano. Das heutige **Rathaus** ist nichts anderes als der heruntergekommene Palazzo, den Giovanni Ponzello zwischen 1574 und 1578 nach dem dreiachsigen Schema Alessis für die Doria errichtete. Im *piano nobile*, im großen Saal, seit 1937 dort rekonstruiert ein großes Bodenmosaik einer römischen Villa (ungefähr 3. Jahrhundert). Mit dem Palazzo Doria durch einen Laufgang verbunden ist die sog. **Torre Pentagonale**, ein zur Verteidigung des einstigen Westtores errichteter fünfeckiger Donjon. Zwischen Turm und Palazzo, wo die Gärten des Palastes lagen, ist noch erhalten der 1609 von Giovanni Battista Cantone errichtete **Brunnen**.

Schräg gegenüber vom Municipio die Pfarrkirche **San Giovanni Battista**. In symbolischer Anlehnung an die dem Täufer geweihten frühchristlichen und mittelalterlichen Baptisterien als zwölfeckiger Zentralbau konzipiert (1633–38). Offensichtlich nie ganz fertiggeworden. Nach dem schrecklichen Erdbeben von 1887 mit einer bebensicheren Kuppel aus Eisen überspannt. *1. Altar rechts:* ›Hl. Sebastian‹, dem Orazio De Ferrari zugeschrieben; *hinter dem Hauptaltar* eine ›Geburt des Täufers‹ von Giovanni Andrea Ansaldo; *in der 2. Kapelle links* eine ›Madonna mit Heiligen‹, ebenfalls von Orazio De Ferrari, und eine ›Bekehrung des Paulus‹ von Domenico Fiasella.

Im meerwärts gelegenen Borgo, das im Auftrag von Giovanni Andrea Doria errichtete **Castello**. Hauptachse des mittelalterlichen **Borgo** und noch heute Haupteinkaufsstraße von Loano ist die Via Cavour. Dort die Victor Amadeus von Savoyen gewidmete **Torre del Orologio** (1774) und in Nr. 34 das Geburtshaus von Rosa Raimundi, der Mutter von Garibaldi. Ebenfalls im Borgo, also der heutigen Altstadt (in der Via Riccardi Nr. 2), der 1606 von den Doria errichtete ›**Palazzetto del Comandante**‹ mit Resten der ursprünglichen Fassadenmalerei.

Über dem Ort das **Karmeliterkloster**. Auch dies auf Wunsch und Wollen der Doria 1603–08 erbaut. Neben dem Kreuzgang der sog. *Casotto*, die zurückgezogene klösterliche Residenz der Doria. Im Chor Grablege der Familie (bis 1793). In der Kirche Werke von Maragliano (Werkstatt), Giovanni Battista Paggi, Passignano und Francesco Vanni.

Toirano

Hinter Loano, in Borghetto Santo Spirito, Abzweigung nach Toirano. Das stille und romantische Städtchen, etwas im Hinterland, am Zusammenfluß von Torrente Barescione und Torrente Varatella gelegen, wäre sicher noch lange vom Touristenstrom verschont geblieben. Der Bestand an alten Häusern, eine zweitrangige **Pfarrkirche** mit schönem spätgotischen Turm, eine **Brücke** aus dem 13. Jahrhundert und die Mauern einer verfallenen **Kartause** (1495 gegründet) hätten gewiß nicht ausgereicht, um die Badegäste vom Strand weg und Abertausende Touristen aus aller Welt herzulocken. Oberhalb des Ortes liegt am Eingang einer seit dem Mittelalter der Bevölkerung bekannten Grotte ein ländliches **Wallfahrtskirchlein**. Da das Wasser einer Quelle als wundertätig, besonders heilsam für Augenerkrankungen, gilt, ist die Kirche der Hl. Lucia geweiht. 1950 erst wurden nicht nur weitere **Grotten** systematisch erforscht, bei der Gelegenheit entdeckten die Mitglieder der ›Ente Grotte di Toirano‹, daß einige dieser Höhlen bewohnt gewesen waren, zunächst von Höhlenbären *(ursus speleologus)*, dann, seit dem ausgehenden Paläolithikum bis zur Eisenzeit, auch von Menschen. Die größte Sensation waren die unter einer Kalksinterschicht erhalten gebliebenen originalen Fußabdrücke von einem menschlichen Urahnen (Abb. 132). Die Fußabdrücke wurden vorschnell, und damit war die Sensation perfekt, dem Neandertaler zugeschrieben. Auf einer Tagung von Paläontologen im Dezember 1983, just hier in Toirano, ergab sich das bescheidene Ergebnis von einem Alter der Fußabdrücke, das sich gegen Ende der letzten Eiszeit vorsichtig einpendeln läßt, also gegen 12000–10000. Dennoch ist ein Besuch der Grotte unbedingt empfehlenswert, weil neben dem paläontologischen Wert auch die Grotten selbst höchst attraktiv sind, ganz besonders durch eine fast einmalig zu nennende Fülle von verschiedensten Gesteinsbildungen und -formationen (Abb. 133). Insgesamt handelt es sich um vier Grotten: **Grotta della Basura** (= *strega* = Hexe), **Grotta Santa Lucia Inferiore** und **Superiore** und **Grotta del Colombo**. Höhepunkte der ca. einstündigen Besichtigung: Friedhof der Bären (Cimitero degli Orsi), Raum der Abdrücke (Corridoio delle Impronte), Saal der Rätsel (Sala dei misteri), der See (il Laghetto), der Dom (la Catedrale), sog. Antro di Cibele (Höhle der Cybele), La Torre di Pisa, Sala degli Alabastri (Alabastersaal) und die Korallen und Steinblumen der Grotta di Santa Lucia Inferiore.

Albenga

In der geographischen Mitte der heutigen Riviera di Ponente, aber auch im Zentrum des historischen Ligurien gelegen, kann Albenga für sich eine besondere Rolle in Anspruch nehmen. Von seinem Panorama her das San Gimignano, von seiner geschichtlichen Bedeutung, besonders seinen einzigartig erhaltenen Denkmälern wegen das Ravenna Liguriens, verdient diese leidgeprüfte Stadt unsere besondere Beachtung und Wertschätzung. Albium Ingaunum war seit historischer Zeit der Hauptsitz der ligurischen Ingauner. Von den drei großen Stämmen an der Ponente, den Intimiliern von Ventimiglia, den Sabatern von Vado Sabatia bei Savona und den Ingauni von Albenga waren letztere der wohlhabendste, mächtigste und einflußreichste Stamm. Das von Plutarch erwähnte Oppidum der Ingauni wird

RIVIERA DI PONENTE: ALBENGA

Albenga

heute mit größter Wahrscheinlichkeit auf dem südwestlich von Albenga gelegenen Hügel, schlicht Collina del Monte genannt, vermutet und dürfte zwischen dem 6. und 4. Jahrhundert v. Chr. in sicherer Anhöhe errichtet worden sein. Ob die Ligurer allgemein schon vor der Niederlassung der Phokäer in Marseille Schiffahrt betrieben, ist nicht bekannt. Wenn sie aber von den Griechen die Seefahrerei erst übernommen haben, dann haben sie schnell gelernt. Für die Massalioten waren die Piratenschiffe der Ingauni sehr bald ein gefürchteter Risikofaktor für ihre Küstenschiffahrt. Im 3. vorchristlichen Jahrhundert standen sie in der Phalanx der anderen Ligurerstämme, schon aus Konkurrenz zu den mit Rom verbündeten Massalioten und Genuaten, auf punischer Seite. Maso, der Bruder Hannibals, der Genua zerstört hatte, hatte seinen Flottenstützpunkt am Fuße der Collina del Monte, also in Albingaunum. Um den Land- und Seeweg nach Spanien zu sichern, hatten die Römer 181 v. Chr. zu Wasser und zu Lande die ligurischen Küstenstämme mit Kriegsmacht unterworfen. Da man aber in Rom beabsichtigte, aus den Küsten-Ligurern einen loyalen Block gegen die vordringenden Kelten zu schmieden, gingen Senat und Volk von Rom glimpflich mit den Besiegten um. Lediglich große Schiffe und die Stadtmauern wurden untersagt. Albium Ingaunum wurde zum *municipium foederatum*. Römisches Recht im Jahre 89 v. Chr. und römische Staatsbürgerschaft unter Caesar (45 v. Chr.) vollendeten die Romanisierung. Durch die Verlagerung des Verkehrs von der Via Domitia über die Alpen an die Küste mit der Eröffnung der Via Julia Augusta 13 v. Chr., der späteren Via Aurelia, wurde das westliche Ligurien zum Schnittpunkt des kulturellen Austausches zwischen Italien und dem Westen (Gallia).

Das Luftbild der heutigen Stadt zeichnet noch in etwa die Grundrisse der römischen Stadt mit ihrem rechtwinkligen Straßensystem, den vier Haupttoren an der Mündung der Hauptstraßen in die Stadt. Der heutige Straßenverlauf der Via Enrico d'Aste, E. Ricci und B. E. Maineri und die Via Medaglia d'Oro zeichnet ca. 2,5 m über dem römischen Niveau den

Verlauf von *cardo* und *decumanus maximus* nach. Lediglich das Forum an den Quattrocanti verschob sich im Mittelalter in die Zone der wichtigsten kommunalen Bauten, nämlich an die heutige Piazza San Michele. Das kaiserliche und spätantike Albingaunum, wie der Stadtname latinisiert verkürzt nun lautet, war jedoch keineswegs auf den heute noch ummantelten Kernbereich beschränkt. Zwischen den westlichen Mauern und der Collina del Monte lag eine Reihe wichtiger Bauten, u. a. Amphitheater, Thermen usw. Bei ausgetrockneter Ceva sieht man im Flußbett deutlich die Grundmauern römischer Großbauten aus der Kaiserzeit. Wichtige Kirchen aus früher christlicher Zeit wie **San Vittore** beim Ponte Lungo, oder **San Callogero** (4.–5. Jahrhundert, ältester christlicher Bau Albengas) lagen *fuori le mura*, also außerhalb der Mauern. Unter der *pax romana* kannte Albingaunum über ein halbes Jahrtausend keinen Krieg. Wann das Christentum in die Römerstadt gekommen war, ist zeitlich nicht fixierbar. Der erste urkundlich bezeugte Bischof, Quentius, wird 451 genannt. Doch das **Baptisterium** scheint etwas älter zu sein. Die Vandalen, wie so oft auf ihrem langen Weg nach Afrika, brachten die erste totale Zerstörung der Stadt (Anfang 5. Jahrhundert). Da aber Albingaunum neben den Häfen Forum Julii (Fréjus) und Vado Sabatia ein wichtiges Feld auf dem politischen Schachbrett des sterbenden Weströmischen Reiches war, ließ General Constantius, der spätere Kaiser Constantius III., die Stadt praktisch *ex novo* errichten und befestigen. In die Zeit der Erneuerung dieses zweiten römischen Albenga dürfte der Bau des

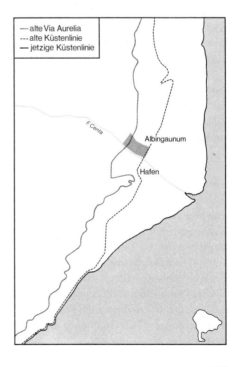

Lageplan des alten Albingaunum, das direkt am Meer lag

Baptisteriums fallen. Nach der Alpenüberquerung Albuins 568 folgte ein Jahrhundert hartnäckiger Verteidigung der nun byzantinischen Stadt gegen die Langobarden. Erst 641 gelang Rothari die Einnahme und (zweite) Zerstörung der Stadt, was gleichzeitig für Albenga das späte Ende der Antike bedeutete.

Die mittelalterliche Geschichte Albengas erweist sich als wesentlich turbulenter. Zunächst im 8. Jahrhundert erscheint die Stadt als Sitz eines fränkisch-langobardischen Grafen innerhalb des Dukates Litoria Maris, gehörte also zur großen tuskischen Mark. Die Stadt heißt nun Albinganum. Von 890–972, die Zeit des sarazenischen Terrors, gibt es weder schriftliche Zeugnisse noch archäologische Funde. War Albenga zum dritten Male zerstört und entvölkert, diesmal durch die Sarazenen? In der Neuorganisation Oberitaliens durch Berengar II. werden Albenga und das Territorium der Ingauni der Arduinischen Mark zugeschlagen. Die Abgrenzung zur Aleramischen Mark, dem Gebiet der Sabater, entspricht der uralten ligurischen Gebietsaufteilung. Hauptsitze waren Susa und Turin. Die alten kulturellen und wirtschaftlichen Verbindungen mit Piemont waren wiederhergestellt, ganz zum Segen von Albenga. Adelaide von Susa († 1091), aus der arduinischen Dynastie, hatte ihren Regierungssitz nach Albenga verlegt, so sehr war nach dem Ende der Sarazenengefahr die Küstenregion wieder erstarkt. Der größte Schritt nach vorne für Albenga war mit der erfolgreichen Teilnahme am Ersten Kreuzzug verbunden. Der Nachfolger von Adelaide, Bonifatius, war Markgraf von Clavesana. Damit begann die Dynastie der Clavesaner. Die Folgen des erfolgreichen Ersten Kreuzzugs waren für Albenga: das neue Stadtwappen (rotes Kreuz auf goldenem Grund), wirtschaftlicher Aufschwung (Handelsprivilegien an der levantinischen Küste seit 1109) und Zurückgewinnung der städtischen Freiheiten. Sowohl die Bischöfe als auch die Clavesaner unterstützten zunächst die Entwicklung, partizipierten sie doch an deren Früchten. Doch neue Feinde entstanden. Allen voran Genua. Wie sich schon die Ingauni aus Konkurrenz zu Genua den Puniern angeschlossen hatten, so entschieden sich die Bürger von Albenga für Barbarossa. Albenga blieb standhaft ghibellinisch, aus Schutzbedürfnis gegenüber Genua, das anfing, seine Krallen auch auf die westliche Küste auszustrecken. Auch die Clavesaner entwickelten eine Politik, die nicht zugunsten der freien Kommune ausgerichtet war. Bündnis mit Pisa, erneute Annäherung an Genua, Zerstörung durch Pisa (vierte Zerstörung), Kampf gegen die Clavesaner und die von ihnen aufgestachelten Städte der Diözese Diano, Porto Maurizio und Taggia. Das arg bedrängte Albenga schloß 1199 eine erste Konvention mit Genua als Protektor ab. Im Kampf Genuas gegen Friedrich II. schlug sich Albenga aber wieder auf die Seite des ebenfalls ghibellinischen Nachbarn Savona. Doch Friedrichs früher Tod zwang die verzweifelte Stadt bereits 1251 zu einem zweiten Abkommen mit dem siegreichen Genua. Und da ein Unglück selten allein kommt, versetzten sich die Bürger gleich einen zweiten schweren Schlag. Durch einen schlecht geplanten Kanal, der Teile des Ceva-Flusses an der Westseite der Stadt für die Gerber vorbeileiten sollte, entwickelte sich eine Katastrophe. Der durch seine Anschwemmung ohnehin in seinem alten Bett schon gestaute Fluß wechselte ganz seinen Lauf. Überschwemmungen, Versumpfungen und Versandung des Hafens, es war eine Katastrophe für die Stadt.

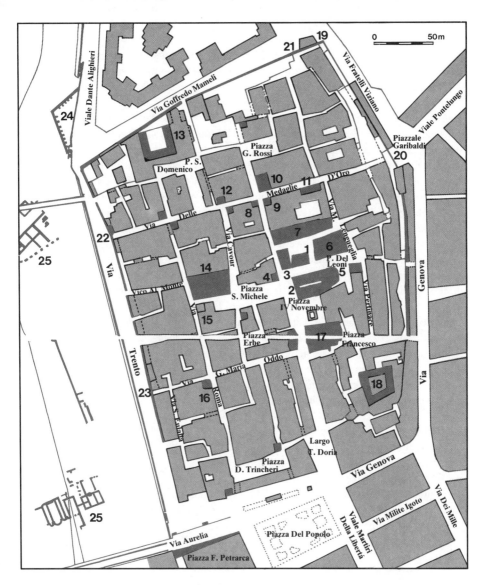

Albenga. 1 Baptisterium   2 Kathedrale   3 Altes Rathaus (Pal. Vecchio)   4 Torre del Municipio   5 Piazzetta Leoni, Casa Costa   6 Pal. Costa-Del Carretto   7 Bischofspalast   8 Casa d'Aste-Rolandi   9 Loggia an den ›Quattro Canti‹   10 Casa Lengueglia-Doria   11 Casa Cepollini   12 Casa Navone   13 Ruinen von S. Domenico   14 Pal. Peloso-Cepolla   15 Casa Lengueglia   16 Pal. Oddo   17 S. Maria in fontibus   18 Ruinen von S. Francesco   19 Reste der Mauern von 1553 und aus dem Mittelalter   20 Porta Molino   21 Porta Torlaro   22 Porta d'Aroscia oder S. Siro   23 Porta del Pertùgio oder S. Eulalia   24 Reste der Constantiusmauer   25 Aquädukt u. röm. Ruinen im Centaflußbett

RIVIERA DI PONENTE: ALBENGA

Gegen die immer feindlich gesinnten Clavesaner wurden befestigte Vororte, z. B. Villanova, angelegt, die sich wie Vorfestungen gegen Norden hin um Albenga zogen. Auch das Joch Genuas konnte weitgehend abgeschüttelt werden. Doch die Entwicklung um die Stadt herum war gegen die heroisch um ihre Eigenrechte kämpfende Kommune. Gegen die Clavesaner, die Del Carretto, gegen Genuesen und die Guelfen der Stadt, gegen den selbst ins Haus geholten Fluß, dies alles war zuviel, der Damm war gebrochen. Obwohl sich noch 1436 die Albenger heldenhaft gegen das genuesische Heer unter Tommaso Doria verteidigt hatten, war die Stadt am Ende ihrer Kräfte, sie fiel endgültig unter genuesische Vormacht. Sie hat einen Teil ihres fruchtbaren Umlandes, ihres Hafens und ihren ehemaligen Beschützer verloren. Als sich Genua mit dem expansiven Piemont auf eine Grenze längs des Höhenzugs der Berge einigte, war auch noch der letzte ursprünglich wirtschaftliche geographische Vorteil von Albenga, das ja nun zu Genua gehörte, nämlich die wichtige Handelsverbindung mit der Po-Ebene, und damit alles verloren. In seinen 1553 total erneuerten Mauern verkümmerte, wie in einem selbstgeschaffenen Gefängnis, die stolze Hauptstadt der Ingauni zum romantisch provinziellen Städtchen. Und so blieb Albenga, was Aigues Mortes und Carcassonne für Südfrankreich sind, ein mustergültig erhaltenes Freilichtmuseum für ein im hohen Mittelalter blühendes ligurisches Gemeinwesen. Da sich aber die Denkmäler und Funde keineswegs auf das späte Mittelalter beschränken, sondern durchgängig bis in die erste römische Kaiserzeit zurückreichen, bedeutet dies, daß Albenga zum besterhaltenen und lebendigsten Dokument ligurischer Geschichte bis zum Ausgang des Mittelalters geworden ist (Abb. 125). Mit den nahen Grotten von Toirano, Loano und Alássio zur Linken und zur Rechten, bietet die Terra d'Albenga auf dichtestem Raum Ligurien von seiner Frühgeschichte bis zu seiner touristischen Berufung im 20. Jahrhundert.

Die wichtigsten Sehenswürdigkeiten

Baptisterium (Zugang über Palazzo Vecchio; Führer gegenüber im Verkehrsamt in der Via Ricci): Wahrscheinlich Anfang des 5. Jahrhunderts anläßlich des Wiederaufbaus der Stadt durch Constantius errichtet (Abb. 126, 127). Einem schmuck- und profillosen unregelmäßig zehnseitigen Außenbau ist ein regelmäßiger Zentralbau in Form eines von Nischen umstandenen Oktogons einbeschrieben. Der Tambouraufsatz ist äußerlich durch Ecklisenen, die über weite Bögen miteinander verbunden sind, verstärkt. Die Lichtöffnungen sind durch Transennenfenster des 8. Jahrhunderts, zum Teil original erhalten, zum Teil von D'Andrade während der Restaurierungsarbeiten um die

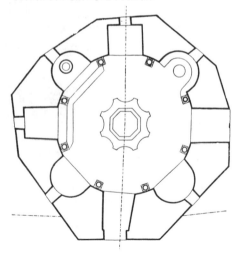

Albenga, Baptisterium, Grundriß; nach einem Modell von Cav. G. De Marchi

Jahrhundertwende nachgegossen, zum Teil ganz ersetzt, vergittert. Im **Inneren** sind die Nischen abwechselnd flach bzw. halbkreisförmig abgeschlossen. Den Pfeilern zwischen den halbkreisförmigen Bogenöffnungen der Exedren ist ein Kranz von monolithen Säulen aus korsischem Marmor vorgestellt. Zwischen Blattkapitellen und Bogenansatz vermittelt ein hoher Kämpferblock. Im Tambour mit abwechselnd Blendarkaden und echten Öffnungen wird durch Eckverdoppelung und Rundmauerung über den Arkaden der kreisrunde Kuppelansatz erreicht. D'Andrade, der die um 1900 zwar leicht beschädigte, aber in toto erhaltene Originalkalotte für eine spätere Zutat hielt, ließ kurzerhand die echte Kuppel abreißen und durch das ›richtigere‹, in Wirklichkeit falsche, wie wir heute wissen, Holzdach ersetzen.

Im Mittelpunkt des Zentralraums das ebenfalls oktogonale Taufbecken für die Immersionstaufe, das von einem Tegullium auf acht kleinen Säulchen überbaut war. Baptisterium und Taufbecken waren mit Marmor verkleidet. Die dem Eingang gegenüberliegende zentrale Nische (Abb. 128) besitzt noch ihren überaus wertvollen Mosaikschmuck aus der Zeit um 500 (außerhalb von Ravenna und Mailand eines der wenigen byzantinischen Mosaiken auf italienischem Boden). Ob das ganze Baptisterium mosaiziert war, konnte aufgrund des Baubefundes nicht mehr festgestellt werden. In derselben Nische ein weiteres, viereckiges Bodenbekken, höchstwahrscheinlich für die *lotio pedum*, die Fußwaschung der Katechumen vor der eigentlichen Taufe. In der Nische links daneben romanisches Taufbecken und Fresko zur ›Taufe Christi‹. An den Wänden und in den anderen Nischen zahllose Amphoren

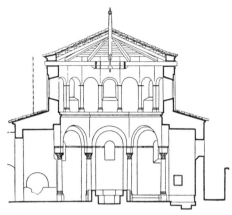

Albenga, Baptisterium, Schnitt; nach G. De Angelis D'Ossat

aus Ton. Sie stammen aus der von D'Andrade eingerissenen Kuppel. Um das Gewicht der Steinkalotte zu verringern, hatte man in gewissen Abständen die Hohlkörper eingebaut. Die Hohlziegel wurden erst für die große Kuppel der Hagia Sophia erfunden. Seitlich des Eingangskorridores links eine reliefierte und durchbrochene Tympanonplatte und rechts reich mit Blumenornament, Flechtbändern und geometrischen Dekors geschmücktes Arkosolgrab, beide 8. Jahrhundert.

Palazzo Vecchio (Civico Museo Ingauno und Torre del Comune): Die **Torre del Comune,** der höchste von Albengas Geschlechtertürmen (60 m), ist wohl um 1300, einer Phase baulicher Erneuerung der Stadt, zunächst für die Familie Cepolla entstanden. Ab 14. Jahrhundert Träger der großen Stadtglocke und der öffentlichen Uhr. Für das Jahr 1388 erstmals als Amtssitz der städtischen Konsuln belegt. Um diese Zeit wurde auch der Palazzo Vecchio angebaut, der bereits ab 1387 im Obergeschoß zur Wohnung für Podestà und Richter umgebaut wurde. 1421 Öffnung des Erdgeschosses

Albenga, Turm und Haus Lengueglia-Doria

zur Via Ricci als Gemeindesaal. In der nördlichen Lünette Fresko mit ›Kreuzigung‹, den Wappen Albengas und Genuas und einer Allegorie der Gerechtigkeit (zweite Hälfte 15. Jahrhundert). Als Lapidarium und Heimatmuseum genutzt.

Dom San Michele
Gleichzeitig mit dem noch stehenden Baptisterium, auf ebendemselben Niveau, war zu Anfang des 5. Jahrhunderts eine frühchristliche Bischofskirche entstanden, die bis zum Ende des 11. Jahrhunderts existierte. Im allgemeinen politischen und wirtschaftlichen Aufschwung, ausgelöst durch die erfolgreiche Teilnahme am Ersten Kreuzzug, wurde der Neubau einer modernen Kathedrale beschlossen. Der vorromanische Dom hielt sich exakt an die Mauergrenzen des Vorgängerbaus. Doch diesem ersten Dom Albengas war kein langes Leben beschieden. Von 1280, an der Wende zur Gotik in Italien, parallel zu der allgemeinen Bauwut in Albenga, immer noch mit den Außenabmessungen des frühchristlichen Domes, stammt die heutige dreischiffige Pfeilerbasilika (Abb. 131). Eine 1582 einsetzende Barockisierung des Innenraums wurde bei den Restaurierungen der Jahre 1964–67 rigoros wieder entfernt. Nur das sprenggiebelige Portal der Fassade (1609) erinnert noch an die Barockfassung. Neben dem Portal links und rechts noch die Formansätze der offensichtlich gewölbten Seitenschiffe des romanischen Baues erkennbar. Vom Bau II stammt auch noch die in halber Höhe der jetzigen Fassade nachträglich vermauerte Portalfassung: Auf schlanken reliefierten Säulchen Atlanten und Basislöwen für Portalgiebel.

Der untere Teil des ursprünglich freistehenden **Glockenturms** noch aus Großquadern und kleinen Sandsteinen. Erst im letzten Jahrzehnt des 14. Jahrhunderts wurde nach Entwürfen von Serafino Mignano der heutige Turm zu einem der schönsten ligurischen Campanile aufgemauert mit nach oben zunehmend reicher gestalteten Schallöffnungen.

Das **Innere** der dreischiffigen Basilika mit ursprünglich offenem Dachstuhl und zum Teil rekonstruierten Rundarkaden über Rund- bzw. Achteckpfeilern gibt nur noch zum Teil den originalen Eindruck wieder. Die Ausmalung der barocken Tonne besorgten erst 1888–90 die ligurischen Maler Bertelli und Rezio. Der durch die Krypta höhere Chor liegt über ergrabenen Resten der Vorgängerbauten. Im **Chorrund** Reste spätmittelalterlicher Ausmalung (zweite Hälfte 15. Jahrhundert). Am modernen *Hauptaltar* ein Paliotto des 16. Jahrhunderts mit den Heiligen Verano, Michael und Johannes. *In der rechten Apside* Pfingstpala vom Ende des 15. Jahrhunderts. *In der linken Apsis* Reste des langobardischen Fußbodens und des romanischen Altars. Im *rechten Seitenschiff* kleine Ädikula mit Fresko der ›Hl. Katharina‹ und ›Kreuzigung mit Antonius Abbas und Johannes dem Evangelisten‹ von Pancalino (1528).

Schöner Blick auf die reichen Ostteile (Zwerggalerie an der Choraußenseite) von dem mittelalterlichsten Platz von Albenga, der **Piazza dei Leoni,** mit den umstehenden **Palazzi Costa** (mit Turm) und **Costa-Del Carretto.** Nordwestlich vom Baptisterium der **Bischofspalast** mit dem sehenswerten **Diözesan-Museum** (nur mit Führung; Führer ebenfalls im Verkehrsamt gegenüber Palazzo Vecchio). Bündig mit der Kathedralfassade verläuft die Fassade von **Santa Maria in fontibus.** Bereits im 10. Jahrhundert gegründet. Von der nach 1610 total barockisierten Pfarrkirche, nach der einer der vier Stadtteile innerhalb der Mauern benannt ist, könnte nur die Fassade unsere Aufmerksamkeit verdienen, und auch diese ist nur im Material weitgehend original. Bei der Straßenerweiterung im Jahre 1900 wurde die Fassade an ihrer ursprünglich weiter vorgesetzten Lage abgerissen und an ihrer heutigen Stelle wieder aufgebaut. Ansprechende typische Portalgruppe mit Skulptu-

Albenga, zentrale Turmgruppe

ren, Stufenportal, kleiner Madonna im Tympanon, Streifenquaderung im Rahmen und spätgotischem Triforienfenster direkt daraufsitzend.

Neben Baptisterium, Kathedrale, Palazzo Vecchio und zugehöriger Turmgruppe ist unbedingt sehenswert das **Museo Navale Romano** im Palazzo Peloso-Cepolla an

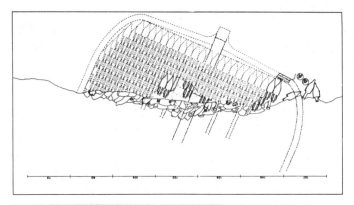

Römisches Schiff von Albenga, Querschnitt (vor der Bergung)

Albenga, Museo Navale Romano: Römisches Schiff, Rekonstruktion

der Piazza San Michele. Der spät cinquecenteske Familienpalast beherbergt eine archäologische Kostbarkeit, die 1950 bei ihrer Bergung eine Sensation auslöste. In der Nähe der alten Mündung der Centa wurden in einer Tiefe von knapp 50 m die Reste eines römischen Frachtschiffes gefunden, das mit seiner vollständigen Ladung um 80 v. Chr. aus unbekannten Gründen gesunken war. Die Ladung bestand vornehmlich aus Weinamphoren, daneben verschiedenen Keramiken und anderem Haushaltsgerät (Abb. 129). In acht übereinander verschachtelten Lagen waren die Weinbehälter gelagert. Es war ein richtiger Weintanker der republikanischen Zeit. Alle Funde – Schiffsteile nebst Zubehör und Ladung – sind nebst einer partiellen Rekonstruktion des Schiffes im Museum ausgestellt. Das Museum ist seit 1957, gegründet durch Nino Lamboglia, Zentrum der Unterwasserarchäologie Italiens (Centro Sperimentale di Archeologica Sottomarina).

122 Perti Castello Gavone, Torre dei Diamanti

123   Perti   Blick auf Nostra Signora di Loreto
124   Perti   S. Eusebio, frühromanische Krypta

125   Albenga   Im Stadtzentrum

126 ALBENGA Baptisterium

127 ALBENGA Sarkophag im Baptisterium

128, 129　Albenga　Baptisterium, Hauptnische; Museo Navale Romano: Teil des rekonstruierten römischen Schiffes
130, 131　Albenga　Via B. Ricci; Dom S. Michele

132, 133   Toirano   Grotta della Bàsura: Fußabdruck eines Menschen; La sala del fascio

134   Alassio   Il Muretto

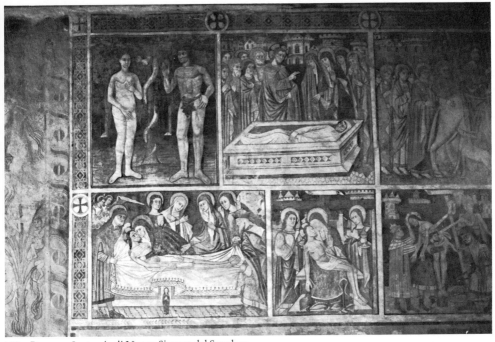

135 REZZO Santuario di Nostra Signora del Sepolcro
136 PIEVE DI TECO Spätmittelalterliches Portal aus Schiefer
137 CAMPOCHIESA S. Giorgio

138, 139   Porto Maurizio   Dom S. Maurizio

140, 141   Porto Maurizio   Barocke Hausfront in Parasio; S. Pietro

143, 144 MONTALTO LIGURE Gasse; S. Giorgio

146 TAGGIA S. Domenico

145 BADALUCCO Ponte di S. Lucia

147
148

149
150

151
152 ▷

147–152
SAN REMO
Wallfahrtskirche
Madonna della
Costa; Russische
Kirche; Brunnen
aus romanischem
Sarkophag in der
Via Calvi. Neogotisches Haus (Tudorstil) gegenüber
dem Casino; Portal am Palazzo Borea d'Olmo; Dom
S. Siro, Südportal

153 San Remo Fort S. Tecla mit Monumento della Resistenza

154, 155 VENTIMIGLIA Oratorium der Nerianer; Dom, Portal

156 VENTIMIGLIA Römisches Theater 157 VENTIMIGLIA Dom S. Maria Assunta und Baptisterium

158, 159   PIGNA   S. Michele

160   PIGNA   S. Michele: Fresken von Canavesio

Albenga, Ponte Lungo; nach Barberis

Wie schon erwähnt, ist auch Albenga *fuori le mura* für Archäologie- und Altertums-Enthusiasten reich an Zeugen, doch sind diese überhaupt nicht ausgeschildert und nur schwer zu finden. Leicht zugänglich sind lediglich der **Ponte Lungo**, über den die Via Aurelia den alten Flußlauf der Centa passierte, der sog. **Pilone** an der westlichen Ausfahrtsstraße und, wenn zu Ende restauriert, Konvent und Kirche von **San Bernardino** mit seinen hervorragenden Fresken (1483) von Tommaso und Matteo Biasacci.

Hat die alte Via Aurelia eben die an den Mauern Albengas vorbeidrängende Centa einmal überquert, muß sie sich gleich in zahllosen Kurven und Kehren die Collina del Monte, wo ja das ligurische Oppidum gestanden haben soll, hinaufschinden. Die Berge rücken wieder eng ans Wasser, die Küste wird vielgestaltiger und abwechslungsreicher, kurz auch interessanter für den landschaftliche Schönheit suchenden Touristen. Warum es den geschäftstüchtigen Verantwortlichen in Albenga und Alássio bis heute nicht gelungen ist, den klar erkennbaren Verlauf der Via Aurelia mit ihren römischen Grabmälern und herrlichen Ausblicken als Wanderweg zu präparieren, weiß Gott. Die neue Küstenstraße führt bequem und schnell nach Alássio, gelegen inmitten der weitgeschwungenen Bucht zwischen Capo Santa Croce und Capo Mele.

Alássio

Alássio ist einer der bekanntesten und ältesten Badeorte ganz Liguriens. Doch seine Exklusivität von einst hat der Ort, wie man den Klagen der Hotel- und Restaurantbesitzer entneh-

RIVIERA DI PONENTE: ALÁSSIO BIS CASTELLO ANDORA

Alássio

men kann, längst eingebüßt, auch wenn die frischgebackenen Fußballweltmeister, genauer die Spieler und Funktionäre der Squadra Azzurra (1982), ihren wohlverdienten Urlaub hier verbracht haben. Der originellste Zeuge von Alássios Berufung als nobler Urlaubsort ist der berühmte Muretto (Abb. 134), südlich vom Rathaus. Liest man die dort verewigten Namen wie z. B. Benjamino Gigli, Zarah Leander, Louis Armstrong, Helmut Zacharias, Lys Assia, Vittorio de Sica, Grock, Raf Vallone, Anita Eckberg, Ernest Hemingway, R. Bilinsky, G. Guareschi, Dario Fo, Mazzola oder Puskaš, dann läuft ein breiter Film des Sports, der Musikwelt, des Showbusiness und der Literatur vor dem staunenden Betrachter ab. Für den Kunstreisenden aber erweist sich der liebenswerte Ort weniger opulent.

Das Patronat der Pfarrkirche **Sant' Ambrogio** könnte darauf hinweisen, daß hinter der romantischen Legende von Adelasia (von Adelassia zu Alássio), der Tochter Ottos I. und Geliebten von Aleramo, dem Gründer der aleramischen Dynastie, etwas Wahres stecken könnte. Bis 1303 war der bescheidene Ort im Besitz der Benediktiner der vorgelagerten Insel Gallinara. Sant' Ambrogio hat noch ein schönes *Schieferportal* von 1511, das ebenso wie der 1507 errichtete *Campanile* noch recht mittelalterliche Vorstellung tradiert. Im total barockisierten *Inneren* finden sich im linken Seitenschiff auf dem 2. Altar eine ›Santa Lucia‹ von Giulio Benso und auf dem 4. Altar ein ›Pfingstbild‹ von Giovanni Battista Castello, Il Bergamasco.

Im benachbarten **Oratorium der Hl. Katharina** eine Antonius-Statue von Taddeo Carlone und eine ›Mystische Hochzeit der Hl. Katharina‹, eine polychrom gefaßte Gruppe von Maragliano.

Im Nachbarort **Laiguéglia**, in römischer Zeit bereits Station an der Via Aurelia, eine der wichtigsten Barockkirchen der Ponente: **San Matteo**. Über griechischem Kreuz in zwei Phasen (1715 und 1754) errichteter Zentralraum von großer Wirkung. Die dreiachsige, im Mittelteil eingezogene, insgesamt harmonisch beschwingte Fassade kann, obwohl Stuckierung und Figurenprogramm zum Teil erst im 19. Jahrhundert fertiggestellt wurden, durchaus ansprechen. *Im Inneren* sei neben Arbeiten von Giovanni Andrea De Ferrari und Anton Maria Maragliano vor allem auf das Bild der ›Himmelfahrt Mariens‹ von Bernardo Strozzi hingewiesen.

Castello Andora

Nach dem weit vorspringenden **Capo Mele** lohnt ein kleiner Abstecher bei **Marina di Andora** zum Castello Andora. Abfahrt kurz vor der Einfahrt zur Autostrada. In beherrschender Lage über dem unteren Merula-Tal gelegen, ist die Burg bereits 1170 als Festung der Markgrafen von Clavesana erwähnt. 1237 ließ Bonifacio II. von Clavesana das Kastell erneuern. Die Genueser ihrerseits ergänzten im 15. Jahrhundert noch einmal die Anlage. Obwohl von den Mauern und Hauptgebäuden nur noch mehr oder minder sprechende Ruinen übrig sind, lohnt der Besuch unbedingt, wegen der Kirche **SS. Giaccomo e Filippo** (Farbt. 14), der ein Turm der Burgmauern als Campanile dient. Nach der gründlichen Restaurierung ist das

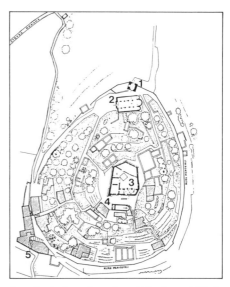

Castello Andora, Lageplan: 1 Nordtor   2 Kirche SS. Giacome e Filippo   3 Burgbau   4 Kapelle S. Nicolò   5 Mittelalterliches Tor

gegen Ende des 13. Jahrhunderts nach dem Vorbild der Kathedrale von Albenga errichtete Gotteshaus eine der am reinsten erhaltenen ligurischen Kirchen im Übergangsstil von langtradierten romanischen und erst neu eingeführten gotischen Vorstellungen. Das schlichte, aber würdige *Innere* ist nur in der Hauptsaison und an Feiertagen (unregelmäßig) offen. Schlüssel im Dorf erfragen.

5   Die Riviera dei Fiori

Imperia – Taggia – San Remo – Ospedaletti – Bordighera – Ventimiglia

Ist man ums Capo Cervo herumgefahren, öffnet sich von weitem her gesehen schon der Anblick auf das malerischste Küstenstädtchen der Ponente, **Cervo** (Abb. 142). Seit jeher Anziehungspunkt für Künstler und solche, die es gerne wären. Imponierend vorbereitet durch das hangaufwärts geschichtete Städtchen die frei zum Meer herabblickende hochbarocke Fassade von **S. Giovanni Battista**. Sehr effektvoll an der Fassade das Wechselspiel von farbiger Fassung und weißer Stuckrahmung. Die Kirche selbst wurde bereits 1686 von Giovanni Battista Marvaldi entworfen und begonnen. Der angepaßte schlanke *Campanile* ist das Werk von Francesco Carrega (1773). Auch hier, wie so typisch für den ligurischen Barock der stark vom Piemont beeinflußten Ponente, ein hochaufgeschossener großer Einheitsraum über ovalem Grundriß. An der linken Chorwand kleines Sakramentshäuschen vom frühen 16. Jahrhundert. Auf dem 4. Altar von links eindrucksvolles Kruzifix von Maragliano.

Im anschließenden **San Bartolomeo al Mare** lohnt sich ein kleiner Abstecher zum **Santuario della Madonna della Rovere**. Die seit dem späten Mittelalter frequentierte Wallfahrtskirche wurde im 16. und 17. Jahrhundert mehrfach erweitert und erneuert. An der neoklassizistischen Fassade von 1860 Renaissance-Portal von 1553 mit Verkündigungsrelief. *Im Inneren* interessieren vor allem das Holzkruzifix aus dem 15. Jahrhundert (Ende des rechten Seitenschiffes), Tafeln eines Verkündigungs-Polyptychons des Cinquecento (in barocker Rahmung, in der Chorapsis) und eine ›Madonna mit Kind‹, ebenfalls 16. Jahrhundert (an der Wand des linken Seitenschiffes).

Imperia, die offizielle Hauptstadt

Eigentlich ist Imperia eine Stadt, die es gar nicht gibt, außer auf dem Papier und per Verfügung durch Regierungsbürokraten. Die ›Stadt‹ besteht aus zwei historisch gewachsenen Kernen: **Oneglia** und **Porto Maurizio**, die beide grundverschieden sind, eine zum Teil völlig getrennte Geschichte aufweisen und einander seit Jahrhunderten nicht grün sind. Ein Gesetz vom 3. Dezember 1922 verordnete den Zusammenschluß, der erst mit Verfügung vom 21. Oktober 1923 verwirklicht werden konnte. Der Name der künstlichen Gemeinde Imperia leitet sich von dem Element ab, das von jeher die beiden Städte trennte, dem Wildbach Impero. Genau in die Mitte zwischen die beiden Ortskerne wurden die wichtigsten öffentlichen Gebäude wie Rathaus, Post usw. verlegt. Die Partner dieser zwangsverordneten Ehe mögen sich nicht und sind grundverschieden. Porto Maurizio liegt beherrschend und geschützt auf dem Hügel, Oneglia im Tal, ersteres war schon römischer Etappenort, während das andere erst seit dem hohen Mittelalter (12. Jahrhundert) bekannt ist. Während es Porto Maurizio im 12. Jahrhundert verstand, sich mit Unterstützung Genuas zur quasi freien Kommune zu erheben, blieb Oneglia im Feudalbesitz der Bischöfe von Albenga, der Grafen Clavesana, des Hauses Doria (ab 1298) und von Savoyen (1576). Als treuer Verbündeter wurde Porto Maurizio Sitz des genuesischen Vikariats für Westligurien, durch den Verkauf an Emmanuele Filibert wurde Oneglia nach Nizza ans Meer geschobener Posten Savoyens. Porto Maurizio und Oneglia waren seit 1576 also nicht nur durch den Flußlauf des Impero, sondern auch durch die Zugehörigkeit zu verschiedenen politischen Blöcken getrennt. In den napoleonischen Kriegen hielt es Porto Maurizio mehr mit den revolutionären Ideen der Franzosen und wurde zum Sitz der Giuristizione degli Olivi und eines Circondario. Die Oneglianer blieben als Vorposten Turins franzosenfeindlich. Nach der Abtrennung von Nizza (an Frankreich) erlangte Porto Maurizio wieder Oberwasser und stieg sogar in den Rang einer Provinzhauptstadt. Im Risorgimento war schon vorbereitet, was erst durch den Kraftakt Mussolinis, der ja einige Jahre in Porto Maurizio als Volksschullehrer tätig war, bürokratische Wirklichkeit wurde. Heute lebt das traditionsbewußtere Porto Maurizio mehr von Fischerei, Seefahrt, Tourismus und den Erzeugnissen des Hinterlandes, vorwiegend Oliven, während das auch im Stadtbild geschichtslose Oneglia auf moderne Industrie (Petrochemie usw.) setzt. Dem Kunstreisenden bietet Oneglia nichts. Sogar das Haus, in dem der berühmteste Sohn der Stadt geboren wurde, nämlich Andrea Doria (1464), bietet nichts Sehenswertes mehr.

Porto Maurizio

Etwas besser ausgestattet, als städtisches Ambiente sogar ausgezeichnet, mit großen Werken, aber auch nicht gerade gesegnet, ist dagegen Porto Maurizio (Farbt. 19). Noch immer wird die Silhouette von Porto Maurizio bestimmt vom Osten gesehen vom **Dom San Maurizio** und vom Westen gesehen vom **Portikus** des ehemaligen Clarissenklosters. Um einen halbwegs angemessenen Eindruck vom historischen Porto Maurizio zu bekommen, ist es opportun, den ganz auf der Spitze des Vorgebirges gelegenen Stadtteil **Parasio** aufzusuchen (gute Parkmöglichkeiten, zu Fuß vom Strand ca. 15 Minuten). Zunächst aber wird man automatisch vom weithin sichtbar größten Bauwerk der ganzen Küste, dem **Dom**, angezogen (Abb. 138, 139). Fassade und Dimensionen sind überwältigend, steht man auf der Piazza del Duomo.

Im 17. und 18. Jahrhundert hatte durch eine kontinuierliche wirtschaftliche Entwicklung Porto Maurizio viele seiner berühmten Nachbarn wie Albenga, San Remo oder Ventimiglia an Einfluß und Reichtum überflügelt. Selbstdarstellung und Anspruch auf politische Führung als mächtigste Stadt zwischen Savona und Nizza sollten in dem gewaltigen Bau zum Ausdruck kommen. So progressiv wie Porto Maurizios Aufgeschlossenheit gegenüber den Gedanken der Französischen Revolution, so modern war man auch in der formalen Konzeption des geplanten Baues. In Abkehr von der lasziv-flüchtigen Schnörkelwelt des Rokoko war als Ausfluß des Rationalismus der Neoklassizismus als die entsprechende Form befunden worden. Am Vorabend der Revolution konzipierte der Lombarde Gaetano Cantoni eine der frühesten neoklassizistischen Kirchen Italiens. Ausgerechnet die Französische Revolution mit ihren anschließenden Kriegen unterbrach die 1781 begonnenen Bauarbeiten.

Doch so rigoros klassizistisch wie das Programm ist der Bau keineswegs. In die im Erdgeschoß sehr akademisch im dorischen Stil mit Portikus als Pronaos begonnene Fassade schleichen sich in den formenreicheren oberen Etagen postbarocke Vorstellungen, wie bei der Zweiturmfassade, ein. Auch die Bekrönung der Vierung wirkt höchst unorthodox. Tatsächlich war als fulminanter Abschluß des Domes eine riesige Kuppel geplant; diese brach jedoch schon 1821 ein und mußte bis 1838 durch eine bescheidenere Kalotte ersetzt werden. Was heute so originell wie ein achteckiges Sok-

Porto Maurizio, Dom S. Maurizio, Fassade; nach Strafforello

kelplateau mit aufgesetzten Rundtempelchen wirkt, ist nichts anderes als der ursprüngliche, zu breite Tambour und die abschließende runde säulenumstellte Laterne, zwischen denen die eigentliche Kuppelschale fehlt. Im sonst sehr harmonischen und lichten, über doppeltem Kreuz errichteten *Inneren* wirkt die zu tief herabgezogene, ohne Pendentif direkt auf den zu schlanken Ecksäulen aufsetzende Kuppel belastend und unorganisch. Da bis auf die vier Nischenstatuen der Vorhalle (1686) auch die gesamte skulpturale Ausstattung aus dem 19. Jahrhundert stammt, ist der Dom San Maurizio eines der reinsten und ältesten Beispiele des Neoklassizismus und verdient als solches Monument entsprechend hervorgehoben zu werden.

Gegenüber der Südfront des Domes führt die kleine Gasse Via Domenico Aquarone hinauf zum höhergelegenen **Parasio** (= Palazium der Genueser Gouverneure) und mündet in einer kleinen Piazza, um die herum, unter ihrem Kleid des 15. und 16. Jahrhunderts, die alten Bürgerhäuser (13.–14. Jahrhundert) von Porto Maurizio stecken. Der bedeutendste, der **Palazzo Cagliari**, beherbergt seit kurzem ein kleines **Stadtmuseum**. In der rechts abzweigenden Via San Leonardo einige Paläste mit schönen Barockfassaden (Abb. 140). Die Chiesa **San Pietro**, ursprünglich aus dem 12. Jahrhundert, 1595 restauriert und 1752 erweitert und barock erneuert, steht direkt auf den Resten der alten Stadtmauer (Abb. 141). Das *Innere* mit Freskenausmalung des 18. Jahrhunderts und einer ›Hl. Veronika‹ von Lorenzo De Ferrari ist leider nur selten zugänglich.

Von der Terrasse vor San Pietro herrliche Aussicht auf den Küstenverlauf bis San Remo und Ventimiglia und Zutritt zur **Loggia di Santa Chiara**, eine bedeutende Niederlassung der Clarissen (1365) in Ligurien. Auch das **Kloster Santa Chiara** ist auf den alten Stadtmauern mit notwendigen Substruktionen, eben jene für Porto Maurizio so typische Loggia, 1741 neu errichtet. Die Via Santa Chiara mündet bald in die Via Santa Catarina, die vorbeiführt am **Oratorium** des hier geborenen und hochverehrten Hl. Leonard.

Die für eine italienische Provinzhauptstadt doch etwas kärgliche Ausbeute an Kulturdenkmälern wird aber mehr als wettgemacht durch das überaus reiche Hinterland (s. S. 358 ff.). Der an Fresken und Tafelbildern des 15. und 16. Jahrhunderts besonders interessierte Reisende wird im Umkreis von Imperia reiche Beute machen. Ein Höhepunkt gerade in dieser Hinsicht steht dem Ligurien-Reisenden aber noch unmittelbar bevor.

Verstecktes Schatzkästlein: Taggia

Nicht zu verwechseln mit dem anspruchslosen Badeort Arma di Taggia! Für das historische Taggia, den Borgo, muß man ähnlich wie im Falle von Finale knappe 4 km landeinwärts fahren, dort wo schon zu Römerzeiten eine Brücke die Julia Augusta über den Argentina-Fluß führte. Wahrscheinlich spätestens seit den Zeiten der sarazenischen Inkursion hatten die Küstenbewohner die Mansio (Pferdeumspannstation und Etappenort an einer Römerstraße) am Capo Don aufgegeben und sich am Fuße eines bewehrten Hügels, in der Nachbarschaft eines Benediktinerpriorats, niedergelassen. Bereits im 11. Jahrhundert als zu Albenga gehörige Kommune bekannt. Zur Arduinischen Mark gehörig, wechselte der Flekken an die Clavesaner und diese verkauften Taggia 1228 an Genua. Clavesaner und Genueser errichteten das schützende Kastell und umgaben es mit einem dreifachen Mauerring.

An den beiden ehemaligen Hauptstraßen, Via San Dalmazzo und Via Soleri, zwischen den Plätzchen Varini, Gaspaldi und SS. Trinità liegen die wichtigsten Bauwerke. Vor der Porta del Coletto am nördlichen Ortsrand gelegen ist **Madonna del Canneto**, die Prioratskirche der Benediktiner, das älteste Bauwerk der Stadt. Gegen Mitte des 12. Jahrhunderts über älterem Bau (heidnischer Tempel?) errichtet. Ebenfalls aus dem 12. Jahrhundert stammt der elegante *Campanile* mit drei Reihen von Mono- und Biforienfenstern. Das Quattrocento-Portal stammt aus der zerstörten Kirche Sant'Anna. *Im Inneren* Freskenzyklus von Giovanni Cambiaso, z. Z. wegen Restaurierungsarbeiten (1984) geschlossen. Wenige Schritte weiter stadtauswärts linker Hand die **Villa Ruffini**, Geburtshaus des Dichters Giovanni Ruffini, der mit seinem in Edinburgh erschienenen Buch ›Der Doktor Antonio‹ Furore gemacht und damit viel zur Karriere San Remos als Nobeldomizil spleeniger Engländer beigetragen hat. Weiteres wichtiges Bauwerk von Taggia ist der **Ponte di Taggia** (auch Ponte Medioevale). Mit 260 m Länge und 16 Bögen eine der größten erhaltenen Brücken des Mittelalters. Die beiden östlichen Bögen sind sogar noch romanisch. Alle anderen stammen von 1450.

Pfarrkirche SS. Giacomo e Filippo: 1675–81 nach berninesken Vorbildern er-

RIVIERA DI PONENTE: TAGGIA

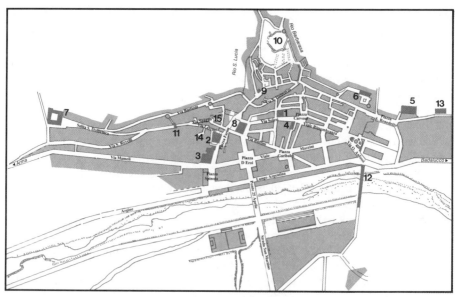

Taggia. 1 Pal. Curlo   2 Pal. Lercari   3 Pal. Curlo-Spinola   4 SS. Sebastiano e Fabiano   5 S. Maria di Canneto   6 Convento Padri Cappuccini   7 Convento Padri Domenicani   8 Parrocchiale   9 Torri Clavesana   10 Fortezza, 13.–15. Jh.   11 Porta dell' Orso-Borgoratto   12 Mittelalterliche Brücke   13 Villa Ruffini   14 ›Natività‹, Basrelief Gaggini   15 Braki Fontana

richtet. *Im Inneren* barocke Saalkirche mit Seitenkapellen: 1. Kapelle rechts, ›Kreuzigung‹, Pala von 1510; 3. Kapelle rechts, ›Auferstehung‹ von Giovanni Cambiaso; 2. Kapelle links, ›Madonna mit Kind‹, Genueser Schule 16. Jahrhundert; 1. Kapelle links, ›Hl. Johannes der Evangelist und Antonius von Padua neben Erzengel‹, ligurisch-nizzardische Schule, 1546.

Vom **Castello** aus weiter Blick auf das Argentina-Tal, das gegenüberliegende **Castelletto** und vor allem die veränderte Landschaft. Während die Täler des Finalese und Imperese quasi von einem einzigen Baum, dem Olivenbaum, bestimmt waren, beginnt ab Taggia das endlose Glashaus der Blumenriviera. Taggia ist Spezialist für Pflanzengrün und vor allem Veilchen. Stadtauswärts in Richtung Meer, direkt vom Borgo über die mit alten Häusern gesäumte Via Lercari (Nr. 10, Sopraporte mit ›Anbetung des Kindes‹, Flachrelief in Schiefer der Gaggini-Werkstatt) und die ländliche Salita di San Domenico zu erreichen, liegt der Kunsttempel Taggias, das Schatzkästlein der Riviera di Ponente:

San Domenico

Was Santa Maria di Castello als Kloster für Genua bedeutete, war in viel größerem Ausmaß San Domenico in Taggia (Farbt. 15; Abb. 146) für die gesamte westliche Küste Liguriens. Auf Anregung und Betreiben des

Dominikaners Cristoforo da Milano 1460 als Niederlassung der Predigermönche an der ligurischen Küste gegründet und bereits 1490 (8. August) von lombardischen Bauleuten vollendet. Mit reicher Unterstützung durch die Visconti und Sforza, die Bischöfe von Albenga und die Grafen von Ventimiglia entstand hier für reichlich ein Säkulum das blühendste Kulturzentrum der Ponente. Alles, was Rang und Namen hatte an Künstlern aus der Provence, der Lombardei, Ligurien und Savoyen, wurde zur Ausschmückung von Kirche und Konvent berufen. Allen voran sechs Jahre lang, mit Unterbrechungen, Ludovico Brea und seine Familie. Trotz Plünderung durch die Sarazenen im Jahre 1565, militärischer Besetzung Anfang des 17. Jahrhunderts durch korsische Soldaten, napoleonische Unterdrückung und Verluste durch die Säkularisation besitzt San Domenico von Taggia immer noch den größten Schatz an Breas, Einzeltafeln und Fresken eingerechnet: über 30 Werke. Was allein in diesem Dominikanerkonvent an Kunstschätzen erhalten geblieben ist, wiegt den Bestand eines mittleren Museums auf.

Die Kirche: Wie besticktes Tuch, vornehm zurückhaltend, wirkt die für Ligurien höchst unorthodoxe Stuckdekoration der Fassade. Im spitzbogigen Tympanon eine marmorne ›Pietà‹, hochrangiges Werk eines unbekannten lombardischen Meisters. Über der Seitenpforte am östlichen Querarm schöne ›Schutzmantelmadonna‹. Das hervorragend restaurierte lichte Innere erweist sich als einschiffige Saalkirche über kreuzförmigem Grundriß mit ungleich tiefen Querarmen, mit ebenfalls verschieden tiefen (aus statischen Gründen hangwärts breitere, durch die Kapellen kaschierte Stützmauern)

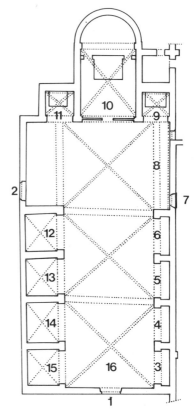

Taggia, S. Domenico: 1 Stuckiertes Hauptportal mit Pietà   2 Seitenportal mit Schutzmantelmadonna   34 Verkündigungspala, von L. Brea, um 1488   4 Rosenkranzmadonna, von L. Brea, 1513   5 Triptychon, von L. Brea, 1490   6 Polyptychon, von Giovanni Canavesio, 1478   7 Zugang zum Kreuzgang   8 Rosenkranzaltar, von F. Parodi, 2. H. 17. Jh.   9 Katalanischer Christus, um 1400   10 Altar der Schutzmantelmadonna, von L. Brea, 1483   11 Polyptychon, von L. Brea, 1495   12 Kreuzigung mit Heiligen, von Raffaele de Rubeis, 1523   13 Die Heiligen Vinzenz Ferrer, Rosa von Lima und Ludwig Bertrand, von Gregorio De Ferrari, 1720   14 Geburt Christi und Anbetung der Hirten, von Il Malosso, 1599   15 Himmelfahrt Christi, von Alessio Turchi, um 1620   16 Verkündigung, von A. Brea, Renaissancekonsolen von der ehemaligen Orgel

Kapellen, drei Apsiden und drei über quadratischem Grundriß kreuzrippengewölbte Joche im Langhaus. Die größere Mittelapsis war ursprünglich ebenfalls flach abgeschlossen. *Ausstattung* siehe Figur.

Konvent: Kirche, Konventsgebäude, Kreuzgang und Campanile sind noch ganz in mittelalterlicher Tradition errichtet. Der weite flacharkadige gewölbte *Kreuzgang* ist wie Hauptapsis und Campanile das Werk der in Taggia wohnenden Bergamasken, der Brüder Busichi. In den Lünettenfeldern der Kreuzganggewölbe Freskenfragmente zur Lebensgeschichte des Hl. Dominikus, 1611–13 von unbekannten Künstlern ausgeführt. Über den Kreuzgang Zutritt zu *Refektorium* und *Kapitelsaal*, beide mit Fresken von Ludovico Brea bzw. Giovanni Canavesio. Die *Bibliothek* mit wertvollen Manuskripten, Inkunabeln und Gesangbüchern ist leider nicht allgemein zugänglich. Dafür aber das **Museum** mit reichlichen Werken der Malerei. Die wichtigsten: ›Katharina von Alexandria‹, 1540 in London von Gerolamo da Treviso dem Jüngeren (ursprünglich auch Perin del Vaga zugeschrieben) gemalt; Ölskizze von Gioacchino Assereto; eine ganze Reihe weiterer Breas, darunter Ludovico Breas ›Pietà‹ und 15 Tafeln eines Rosenkranzaltares; eine ›Anbetung der Hll. Könige‹ in der Art des Parmigianino; ›Martyrium des Hl. Johannes des Täufers‹ von Bernardino Campi; ›Madonna‹, Holzstatue, provençalisch, 15. Jh.

Wieder auf der Via Aurelia kann der Ruinenenthusiast einen kleinen Abstecher nach dem höchst malerischen, 1887 bei dem schrecklichen Erdbeben zerstörten **Bussana Vecchia** machen (Farbt. 7). Noch lohnender ist direkt nach der Biegung des Capo Verde, nach dem alten Leuchtturm, der Weg hinauf zum **Santuario della Madonna della Guardia** mit weitem Blick auf die Buchten von Arma di Taggia, San Remo und Ospedaletti.

Die Lebedame San Remo – Ospedaletti – Bordighera

Unter den Städten, die an der Riviera vom Tourismus leben, schöpft San Remo (Farbt. 5) den Rahm ab. Die hohen Deviseneinnahmen fast über das ganze Jahr (Tourismus, Spielbank, internationale Veranstaltungen, Blumenexport) sichern San Remo die Krone der Riviera. Auch hat es die Stadt geschickt verstanden, trotz des jährlichen auch hier anrollenden Massentourismus etwas von seiner edlen Tünche, von seinem Flair von Luxus und Snobismus zu bewahren. Blumenkorsi, Schlagerfestival, Literaturpreise, klassische Sportveranstaltungen wie Mailand – San Remo tragen rund ums Jahr dazu bei, den Namen der Stadt im Gespräch zu halten. Von allen Städten der italienischen Riviera hat es allein San Remo verstanden, sich neben Cannes oder Nizza an der Côte als Tummelplatz der High Society, der Schickeria, der betuchten Müßiggänger und des gehobenen Lebensstiles zu halten. Doch nehmen wir es gleich vorweg, etwas Vergleichbares wie San Domenico in Taggia, dem unscheinbaren, fast vergessenen kleinen Städtchen im Hinterland, hat die aufgeplusterte Lebedame San Remo nicht. Braucht sie auch nicht. Ihre Reize liegen ganz woanders, nicht in der Kunst. Es sei denn, man versteifte sich auf jene Epochen, in der

San Remo zu Anfang unseres Jahrhunderts

unbestritten San Remos Glanzzeit lag, in den letzten Jahrzehnten des 19. Jahrhunderts und den ersten Jahren unseres Jahrhunderts, Gründerzeit und Belle Epoque: die prunksüchtigen Architekturen des Historismus und die anschließende Überästhetik des Jugendstils.

Dabei ist San Remo keineswegs ein historisch junges Geschöpf eben jener Woge des Edeltourismus. Zwei Fundstätten aus der mittleren Steinzeit (Neandertaler bis Moustérien) in der **Grotta Madonna dell'Arma** bei Bussana und direkt inmitten der Stadt zwischen Via San Francesco und Piazza Colombo beweisen, daß San Remo zu den ältesten Siedlungskernen der Region zählt. Auf den San Remo im Hinterland halbkreisförmig umstellenden Bergen Bignone und Colma befanden sich eisenzeitliche Niederlassungen der ligurischen Intimilier. Dabei handelt es sich um sog. Castellaras (Fliehburgen), die vom 6. oder 5. Jahrhundert an bis zur Romanisierung bewohnt blieben. Die römischen Villen von Foce und Bussana deuten auf zunächst ländliche Zone. Doch die kleine **Nekropole** aus der Kaiserzeit (hinter dem Casino, Via Cappuccini) könnte auf eine kleine Ansiedlung, vielleicht Villa Matucciana (?), hindeuten. Als erste Missionare des neuen Glaubens wurden Ormida, San Siro und der Eremit San Romolos genannt. Die Sarazenengefahr ließ es geraten erscheinen, weiter oberhalb auf dem San Siro- und Pigna-Hügel zu siedeln. Die Sarazenen machten San Remo dennoch dem Erdboden gleich. Das wiederaufgebaute, von einem Kastell geschützte und einer Mauer umringte mittelalterliche Gemeinwesen nannte sich zu Ehren des Eremiten, der hier missioniert hatte, San Romolo. Der Ort war nacheinander Lehen der Bischöfe von Albenga, der Grafen von Ventimiglia und der Bischöfe von Genua. Letztere verkauften

RIVIERA DI PONENTE: SAN REMO

San Remo zu Anfang unseres Jahrhunderts

das Lehen an die Genueser Familien Doria und De Mari. Erst 1361 erhob sich San Romolo zur freien Kommune, im Bündnis mit Genua. Aus San Remu im Dialekt wurde San Remo. Die Stadt wuchs erneut von der Kathedrale San Siro den Pigna-Hügel hinauf bis zum heutigen Santuario der **Madonna della Costa**.

Die folgende Geschichte gleicht der schon vertrauten der anderen unter die Hegemonie von Genua gelangten Küstenstädte. Seit 1815 gehörte San Remo wie Nizza zu Savoyen. Den Engländern, die ja schon seit dem 18. Jahrhundert die savoyardische Küste schätzen gelernt hatten, entdeckten San Remo für sich, als 1855 der aus Taggia stammende Dichter Giovanni Ruffini 1855 in Edinburgh seinen Roman ›Doktor Antonio‹ und zwei Jahre später Giovanni Battista Panizzi in London einen Band über die gesundheitsförderliche Wirkung des Klimas von San Remo veröffentlichten. Die Gräfin Adele Roverizio di Roccasterone logierte die immer zahlreicher werdenden englischen Gäste in einer eigens dafür errichteten Villa. Bereits 1860 konnte Pietro Bogge am heutigen Corso Matuzia das erste Hotel der Stadt, das **Hotel Londra**, errichten. Ein Stein war ins Rollen gekommen. Nach dem Aufenthalt der russischen Zarin Maria Alexandrova (1874) und der Visite des preußischen Erbprinzen Friedrich Wilhelm war San Remo entstanden, die Lawine rollte. Sie rollt noch weiter – auch der Rubel. Von 1951–80 wuchs die Stadt von 39000 auf 63000 Einwohner an. Aus der Zeit von 1870 bis zum Ersten Weltkrieg stammt auch die ganze Bebauung um den kleinen Altstadtkern herum. Das milde durchschnittliche Klima (im Januar 9,4°C) hat zwar nicht die ursprünglich angenommene heilende Wirkung auf Pulmonitis, aber sie läßt Blumen und exotische Pflanzen gedeihen, und die (zahlenden) Gäste fühlen sich offensichtlich noch immer wohl in San Remo.

Sehenswürdigkeiten

Dom San Siro. Typisch ligurische Pfeilerbasilika mit offenem Dachstuhl. Um 1300 erbaut. Nur die Ostteile sind gewölbt, in der Vierung kräftige Kreuzrippengewölbe, in den Chören Tonnengewölbe. Die in spätromanischen Formen gehaltene Fassade wurde ähnlich wie in San Maria in Fontibus (Albenga) 1901 vollständig erneuert. Größeren kunsthistorischen Wert haben die Seitenportale, die von der romanischen Pieve des 12. Jahrhunderts stammen (Abb. 152). Am linken Seitenportal Flachrelief des Osterlammes zwischen zwei Palmen. Im Chor große Pala von Pancalino und auf dem Hauptaltar Kruzifix von Maragliano.

Über die **Piazza Eroi Sanremese** (Schauplatz des großen Wochenmarktes) und die

San Remo, Altstadtgasse; nach Strafforello

RIVIERA DI PONENTE: SAN REMO

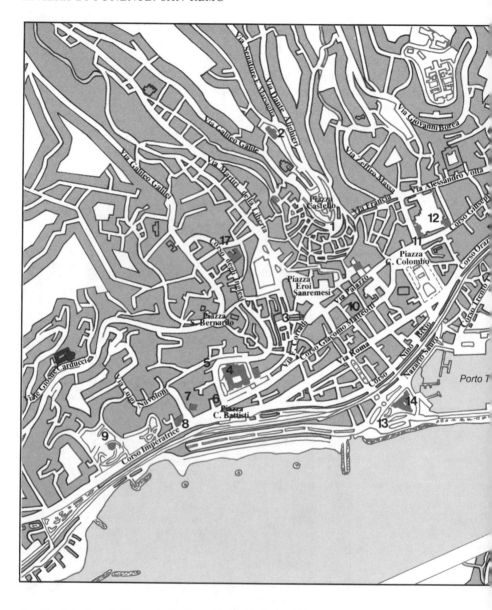

San Remo. 1 Altstadt Pigna 2 Wallfahrtskirche Madonna della Costa 3 Dom S. Siro 4 Casino
5 Jugendstilhaus 6 Neogotisches Haus 7 Russische Kirche 8 EPT (Fremdenverkehrsamt)
9 Odeon 10 Pal. Borea d'Olmo 11 Chiesa degli Angeli 12 Blumenmarkt 13 Widerstandsdenkmal
14 Festung S. Tecla 15 S. Vincenzo 16 Villa Ormond u. Parks 17 Seilbahn auf S. Romolo

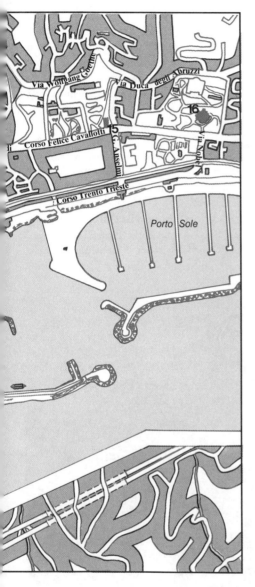

Via Palazzo (Haupteinkaufsstraße) zur **Piazza Cassini**. Von dort Aufgang zur **Altstadt (Pigna)**. Gleich hinter der Porta Santo Stefano (1321) in der Via Santo Stefano noch spätmittelalterliche Häuser. Oberhalb der malerischen Kasbah, an der Stelle des Kastells, die Giardini Regina Elena. An deren Ende nach breiter Auffahrtsallee das **Santuario della Madonna della Costa** (Abb. 147). Die oberhalb der Pigna gelegene Wallfahrtskirche lohnt schon allein wegen der schönen Aussicht auf San Remo und die Küste. Doch ist sie gleichzeitig auch nach der Kathedrale der anspruchsvollste Kirchenbau von San Remo. 1630 als hochbarocker Bau an der Stelle eines Vorgängerheiligtums aus dem 15. Jahrhundert über lateinischem Kreuz mit Vierungskuppel errichtet. Letztere freskiert von Giovanni Antonio Boni (18. Jahrhundert). Auf dem Hauptaltar ›Madonna mit Kind‹ von Nicolò da Voltri (1401) in barocker Rahmung.

Wieder hinuntergestiegen in die Stadt, gehen wir von der Piazza Cassini über die Via Palazzo zur **Piazza Colombo**. Dort, Ecke Via Palaviccini/Corso Garibaldi die breitgelagerte Rokokofassade von **Santa Maria degli Angeli** (18. Jahrhundert) mit köstlichen Details. Dahinter der große **Blumenmarkt**. Der Beginn des Blumenmarktes täglich nach Sonnenaufgang ist ein Schauspiel besonderer Art in dieser Hauptstadt der Riviera dei Fiori.

In der Hauptverkehrsader der Neustadt, Via Matteoti, Nr. 143, der bedeutendste Stadtpalast von San Remo, der **Palazzo Borea d'Olmo,** im Kern um 1500 von der venezianischen Familie der Borea errichtet, danach mehrfach umgebaut und erneuert. An der barocken Fassade zwei schöne Portale

(Abb. 151; eines an der Via Cavour). Darüber in Nischen jeweils ›Madonna mit Kind‹ bzw. ›Johannes der Täufer‹ von Giovanni Angelo Montorsoli, dem Michelangelo-Schüler. *Im Inneren* neben freskierten Sälen Sitz des **Civico Museo Archeologico,** aufgeteilt in zwei Säle: Der eine für die frühgeschichtlichen Funde (z. B. Grotta della Madonna dell'Arma) und der andere für die römischen Funde in San Remo und Umgebung.
Fort San Tecla (Abb. 153). Ähnlich wie in Savona das Priamar, so wurde 1756, nach einer gescheiterten Revolte von 1753, den Sanremesen von Genua diese im Grundriß dreieckige schwerbewaffnete Garnison vor die Nase gesetzt. Davor das bemerkenswerte Denkmal des Widerstandes, Monumento della Resistenza, von Renzo Orvieto.
Casino Municipale. Der bekannteste und in ökonomischer Hinsicht wichtigste, wenn auch künstlerisch keineswegs wertvollste Bau der Stadt. 1904–06 von Eugenio Ferret errichtet. Der flachgelagerte vierachsige, mit Mittelrisalit und zwei Türmen versehene Bau kann keineswegs ansprechen. Als Mischung aus Kathedrale und Markthalle gibt sich der pompös gemeinte Bau eben nur bieder und akademisch, ihm fehlten der Esprit und der Mut zum Exzentrischen, was ja die entsprechenden Bauten der Belle Époque von Niermans oder Biasini (vgl. Casino von Ospedaletti!) bei allem Schnickschnack doch auszeichnet. Um das Casino herum

San Remo, Casino

San Remo, Giardini Comunali A. Nobel

eine Reihe von interessanten Beispielen des Historismus und des Stile Liberty: Eckhaus nordwestlich schräg gegenüber vom Casino mit einprägsamer Portalfront und floraldekoriertem Mittelerker. Direkt westlich gegenüber vom Casino ein Musterbeispiel für den sog. Tudorstil, sicher ein Entgegenkommen dem englischen Stilgefühl (Abb. 150). Am Beginn des Corso dell' Imperatrice der **Palazzo della Riviera,** Sitz der Azienda Autonoma di Soggiorno e Turismo, und etwas zurückversetzt, in Erinnerung an den Aufenthalt der Zarin, die **Russische Kirche** im Moskowiter Stil (Abb. 148). Auch am östlichen Teil der Küstenstraße, am Corso Felice Cavalotti, einige prominente Beispiele aus dieser Zeit: das Kirchlein **San Vincenzo,** artige Reverenz an die Gothic-Revival-Bewegung des 19. Jahrhunderts, danach die wahrhaft luxuriöse Residenz der **Villa Ormond,** heute die Villa Comunale Ormond, mit schönen Gartenanlagen, und weiter stadtauswärts, rechter Hand unverkennbar an seinem muschelbesetzten Eckturm, die exzentrische **Villa Nobel,** Wohnsitz des Dynamit-Erfinders, wo dieser auch 1896 starb. Heute Sitz des Internationalen Instituts für Menschenrechte.

RIVIERA DI PONENTE: OSPEDALETTI/BORDIGHERA

Ospedaletti, ehemaliges Casino, von Biasini

Ospedaletti
Ehemaliges Fischerdorf, um ein Hospital (14. Jahrhundert) des Johanniterordens entstanden. Von daher auch der Ortsname. Das besonders günstige Klima, Durchschnittstemperaturen im Januar 10,2° C, und die Nähe zu San Remo machten aus Ospedaletti ein ideales Winterquartier der nordeuropäischen Nobilität. Nach Abtretung der Grafschaft Nizza sollte nach dem Wunsch und Willen der sardisch-italienischen Könige der Ort zu einer Konkurrenz von Cannes und Nizza aufgebaut werden. Dazu diente auch der Bau eines **Casinos,** das im Gegensatz zu dem von San Remo alle jene Eigenschaften des pittoresken und überkandidelten Geschmacks der Belle Époque in sich vereint. Kein Wunder, der Architekt war kein Geringerer als Biasini, der ja in Nizza-Cimiez für Queen Victoria den dortigen Regina-Palast erstellte. Leider, in Privatbesitz, verkommt dieses Kleinod einer Belle-Époque-Karawanserei abgeschirmt hinter unüberwindlich hohem Eisenzaun und wild wucherndem Gestrüpp aus Büschen und Bäumen, wie ein Dornröschen hinter einer Dornenhecke. Die meisten Einheimischen wissen gar nichts von der Existenz dieses einstigen Prunkbaus.

Bordighera
Der Ort (Farbt. 3; Fig. S. 262) besteht aus zwei klar geschiedenen Teilen, oben auf dem befestigten Hügel das alte Bordighera, unten weit ausgebreitet am Strand die Neustadt des 19. und 20. Jahrhunderts. Besonders Bordighera, als heruntergekommenes und verarmtes Fischernest, profitierte von Ruffinis Buch ›Doktor Antonio‹. Auch hier waren es also zunächst die Briten, die für den neuen Trend sorgten. Franzosen und Deutsche kamen schnell hinzu.

In der Altstadt nördlich des Spianeto del Capo das **Rathaus** von Charles Garnier. Davor ein **Marmorbrunnen** von 1783 mit der sagenumwobenen Statue der sog. Magiargé, deren Körper vermutlich aus einer römischen Villa stammte, nur der Kopf wurde im

18. Jahrhundert ergänzt. Zwei Stadttore, die **Porta Sottana** und **Porta del Capo** und die Pfarrkirche **Santa Maria Maddalena** sind schon das Nennenswerte der Altstadt. Die Pfarrkirche wurde 1617 errichtet, 1886 modernisiert und erhielt erst 1906 ihre Fassade im Rokokogeschmack. Auf dem Hauptaltar ein reifes Spätwerk von Filippo Parodi, die Magdalenengruppe.

Am östlichen Ortsende, steil über dem Meer gelegen, die **Villa**, die sich Charles Garnier, der Erbauer der Pariser Oper, des Casinos und Theaters von Monte Carlo, 1873 hier selbst errichtet hatte. Man sieht, im privaten Bereich konnte er auch ohne den pseudobarocken und eklektizistischen Formenvorrat auskommen. Alte Stiche zeigen die Villa noch ganz allein und isoliert über dem Ufer gelegen.

Bordighera, Altstadt

Bordighera, S. Ampelio und Villa Garnier

Wer weiter Garnier studieren will, kann dies noch in der Unterstadt tun: **Kirche des Heiligen Landes** (Chiesa di Terrasanta, 1883) in der Via Vittore Emanuele II. und **Villa Bischoffsheim** (1873) in der Via Romana Nr. 38. Ebenfalls an der Via Romana, den Verlauf der alten Römerstraße nachzeichnend, die **Casa di Riposo ›Margherita di Savoya‹**, ehemals Altersresidenz der 1926 hier verstorbenen Exkönigin. Schräg gegenüber in der Via Bicknell das **Museo Bicknell** (1888 gegründet). Clarence Bicknell war der erste, der systematisch die Ritzzeichnungen des Monte Bego (s. S. 16) erforscht und katalogisiert hatte. Das sog. Museo beherbergt zwar eine Reihe dieser vom Stein abgeriebenen Zeichnungen nebst Karten usw., ist aber mehr eine Bibliothek. Im selben Gebäude Sitz des 1938 gegründeten Istituto Internazionale di Studi Liguri.

Am Strand, genauer direkt am Capo Sant' Ampelio, zu Füßen der Altstadt, das mehrfach erneuerte, umgebaute und restaurierte Kirchlein **Sant' Ampelio.** Der bescheidene Bau steht auf einer frühromanischen Krypta mit zwei Apsiden und markiert die Stelle, an der der Eremit gleichen Namens gelebt hatte und 428 gestorben sein soll.

An der Staatsgrenze: Ventimiglia

Wie das Finale und das Imperese ist auch das Gebiet um Ventimiglia vorstrukturiert durch drei parallel und senkrecht zum Meer geführte Wasserläufe, deren Täler durch hohe unwegsame Bergrücken streng voneinander getrennt sind. Die drei Wasserläufe Roya, Nervia und Vallecrosia weisen gleichzeitig auf ein bergiges Hinterland, dessen Hauptdurchlaß zum Piemont der Paß von Tenda bildet. Damit sind auch etwa die Grenzen des von den ligurischen Intimiliern beherrschten Gebietes festgelegt: das Dreieck zwischen San Remo, Monaco und Paß von Tenda. Der eben markierte Küstenabschnitt ist gleichzeitig ein Territorium, auf dem reiche frühgeschichtliche Funde eine weit zurückreichende Besiedlung durch den Menschen eindringlich bestätigen. Die ältesten Schichten der **Grimaldi-Grotten** (Balzi Rossi oder Baousses Rousses) reichen bis weit in die ältere Steinzeit zurück. Die Ritzzeichnungen vom **Monte Bego** weisen auf die Frequentierung des Tenda-Passes bis mindestens in die frühe Eisenzeit. Der Hauptsitz der Intimilier, Albium Intimilium, war ursprünglich auf dem Ausläufer des Bergrückens zwischen Nervia und Vallecrosia (auf dem sog. Hügel von Sgarba) gelegen. Nach der Unterwerfung der ligurischen Küstenstämme legten die Römer zu Füßen des Oppidums, schon in der schmalen Küstenebene, ihr Feldlager an, aus dem die römische Kolonie Albintimilium wurde. 1877, anläßlich der Trassenlegung der Eisenbahnlinie Marseille – Genua, wurden mit dem **römischen Theater** (Abb. 156) die ersten konkreten Funde vom römischen Albintimilium gemacht. Weitere systematische

Ventimiglia, Stich des 19. Jh.

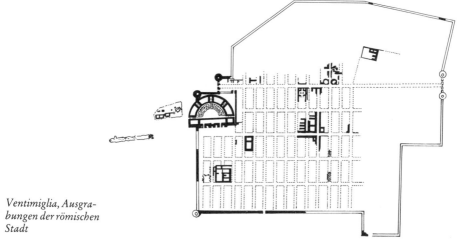

Ventimiglia, Ausgrabungen der römischen Stadt

Grabungen, vor allem unter der Leitung von Nino Lamboglia, brachten die kompletten Umrisse der Stadt mit rechtwinkligen Straßenzügen, öffentlichen Bauten, Türmen und Toren ans Tageslicht. Zusammen mit Luni, am anderen Ende des heutigen Ligurien, sind dies die bedeutendsten Ausgrabungen aus römischer Zeit in der Region. Das Theater (Ende 2. Jahrhundert n. Chr.), gut sichtbar vom Gehsteig nach der Eisenbahnbrücke aus, ist noch vollständig in seinen Umrissen von Proszenium und Cavea, davon noch sechs Sitzreihen *in situ*, erhalten. Dahinter die ums Eck gestellten Eingangstürme, die den Austritt der Via Aurelia an der Porta Praetoria sicherten. Südlich des *decumanus maximus* konnte ein Großteil der trapezoidalen Stadtanlage gesichert werden. Die Funde von Albintimilium harren gegenwärtig einer geeigneten Räumlichkeit zur öffentlichen Präsentation.

Anfang des 5. Jahrhunderts brachten die Goten die erste Zerstörung der römischen Stadt, der schließlich Rothari 641 den endgültigen Garaus bereitete. Die dezimierte und verunsicherte Bevölkerung verließ danach, spätestens mit Einsetzen der sarazenischen Inkursionen, den alteingesessenen Platz und verlegte ihren Wohnsitz auf den besser zu verteidigenden Hügel über der Roya-Mündung, dorthin, wo heute noch das mittelalterliche Ventimiglia liegt.

In karolingischer Zeit war Ventimilium, wie es jetzt hieß, Sitz eines Grafenhauses, das nach seinem Stammsitz den Namen annehmen sollte. Bis zum ausgehenden Mittelalter stellten die Grafen von Ventimiglia eine der mächtigsten und einflußreichsten Feudalfamilien Liguriens. Doch die zu Füßen der Rocca entstandene Stadt begann sich, einmal von den Schrecken der Sarazenengefahr befreit, rasch zur freien Kommune zu entwickeln. Die Streitigkeiten zwischen Grafenhaus und Kommune wußte Genua geschickt auszunutzen, das schließlich nach mehreren Anläufen (1201, 1238, 1251) die wichtigste Grenzfestung zur Provence hin unter seine Botmäßigkeit bringen konnte. Anjou und Genua einigten sich 1261 gütlich im Vertrag von Aix-en-Provence auf die Gebietsaufteilung der Grafschaft Ventimiglia. Dieses blieb bei Genua. Den ehemaligen Grafen blieb nur das Hinterland. Doch mit der Kontrolle der Pässe, z. B. Tenda, gelang es den Grafen, ihre einstige Stadt von Piemont abzuriegeln. Ventimiglia war aufs Meer und sein direktes Umland beschränkt, was den Genuesern ihre Kontrolle erleichterte. Damit begann auch ein neues Kapitel in der Geschichte der Stadt, von der Hauptstadt einer selbständigen Grafschaft zur Grenzstadt und damit Festung von Genua. Grenzstadt ist Ventimiglia noch heute. Aus dieser Situation, seit dem Bau der Eisenbahnlinie im letzten Jahrhundert und dem der Autostrada dei Fiori vor wenigen Jahren, kann Ventimiglia gut leben. Wöchentlich fahren Tausende von Franzosen über die Grenze zum großen Wochenmarkt (Freitag) in Ventimiglia, der der größte seiner Art in ganz Italien ist. Umgekehrt fahren täglich -zig Italiener nach Frankreich, wo sie an der Côte d'Azur Arbeit gefunden haben.

Die Altstadt. Dom Santa Maria Assunta (Abb. 157): Von einem San Secondo geweihten achsengleichen Vorgängerbau des 9.–10. Jahrhunderts, als sich die mittelalterliche Stadt entwickelte, wurden bei den Grabungen im Jahre 1968 die Fundamente gesichert. Es handelte sich dabei um eine langgestreckte Saalkirche mit nur einer großen Apsis. Der rasche Bevölkerungsanstieg machte bereits einen Neubau im 11. Jahrhundert notwendig. Von dieser dreischiffigen Basilika, mit vermutlich offenem Dachstuhl und Krypta, stammen noch die Raumaufteilung des Langhauses, die Außenmauern und die ursprünglich rechteckigen Arkadenpfeiler. Bei den kriegerischen Auseinandersetzungen mit Genua (1201) scheint die Kirche größeren Schaden genommen zu haben, so daß umfangreiche Veränderungen notwendig geworden waren. Für die nun nach provençalischem Vorbild gewölbte Kirche (Halbtonne im Hauptschiff und Kreuzrandgewölbe in den Seitenschiffen) waren Mauerverstärkungen notwendig, was durch kräftige Lisenen und vorgestellte Halbsäulen als Dienste erreicht wurde. Diese setzten sich als doppelte, die Tonne stützende Gurtbögen fort. In einer zweiten Bauphase, nach 1251, entstanden völlig neu die Ostteile, Chorjoch mit oktogonalem Vierungsturm und drei Apsiden, davon die größere mittlere mit Blendarkaden und darüberliegender Fenstergruppe, alles noch in streng romanischen Formen! An den Kapitellen Ansätze zu Skulpturenschmuck. Aus derselben Bauphase stammt das Eingangsportal in Form eines Pseudoprotiro mit fünffach zurückgestuftem Portal (Abb. 155). Das Giebeltriforium ist eine Nachschöpfung der Restauratoren gegen Ende des 19. Jahrhunderts. Gleiches gilt für den im unteren Bereich noch original quadratischen *Campanile* (12. Jahrhundert).

Das wertvollste Stück des *Kirchenschatzes* ist das Tafelbild ›Madonna mit Kind‹ von Barnaba da Modena (ungefähr 1370). Den eindrucksvollsten Anblick der romanischen Baugruppe bietet die Ostseite mit Apsiden, Vierungsturm und Baptisterium.

Baptisterium (Abb. 157): Im 11. Jahrhundert zusammen mit der Kathedrale als freistehender Bau errichtet. Heute im Mauerverbund mit den spätromanischen Ostteilen. Da Ventimiglia eines der ältesten Bistümer Liguriens besaß, könnte das jetzige Baptisterium durchaus an der Stelle eines

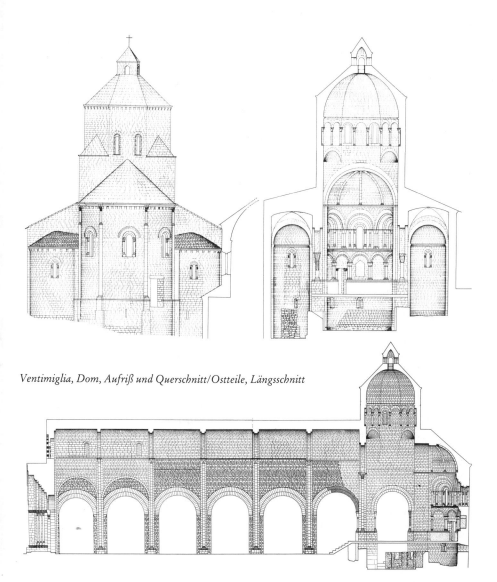

Ventimiglia, Dom, Aufriß und Querschnitt/Ostteile, Längsschnitt

(nicht ergrabenen) Vorgängerbaues gleicher Bestimmung stehen. Die im 16. Jahrhundert erfolgte Umgestaltung des Innenraums wurde bei den letzten Restaurierungen (1969) wieder entfernt, so daß der einfach gegliederte Zentralraum wieder seine alte Wirkung erzielt. Dem außen oktogonalen Zentralbau ist ein ebenfalls achteckiger Innenraum mit abwechselnd halbrunden und rechteckigen Exedren einbeschrieben. Das Taufbecken stammt erst aus der Zeit um 1200.

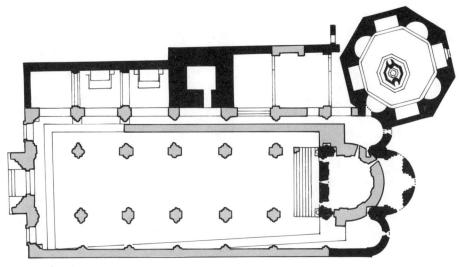

Ventimiglia, Dom, Grundriß

Via Garibaldi. Hauptachse der Altstadt mit zahlreichen im Kern noch mittelalterlichen Häusern. Ebenfalls dort das spätbarocke **Oratorium der Nerianer** (Abb. 154) mit Bildern und Fresken von Francesco Carrega. Danach folgen direkt aufeinander drei kleinere Plätze mit mittelalterlichen Häusern, einem Brunnen des 18. Jahrhunderts, römischer Säule und **San Francesco** (mit Fresken des 15. Jahrhunderts, ›Hl. Katharina‹ und ›Verkündigung‹). Am Nordende Reste der zweiportaligen spätmittelalterlichen **Porta Piemonte**. Rechts davon die anmutige ›romanische‹ Fassade von **San Michele.** An der Stelle einer noch außerhalb der ersten Mauer gelegenen Kirche im 11. Jahrhundert als Art Hauskirche der Grafen von Ventimiglia neu errichtet. Bereits im 13. Jahrhundert gründlich restauriert und den Mönchen von Lérins übergeben. Die nach einem Erdbeben eingestürzte barockisierte Fassade wurde 1885 von den Restauratoren D'Andrades romanisch ergänzt.

Praktische Reisehinweise

1 Geographie, Klima, Temperaturen, Reisezeit, Flora und Fauna

Geographie. Der ligurische Bogen besteht aus einer keineswegs gerade verlaufenden Küstenlinie, bestimmt vom Golf von Genua, dem nördlichen Teil des Tyrrhenischen Meeres und bis ans Meer reichenden Gebirgen. Nur 3% der Bodenfläche sind fruchtbare Ebenen. D.h. Ligurien ist im wahrsten Sinne des Wortes ein Bergland am Meer. Wer sich nicht Zeit und Muße nimmt für Fahrten oder Wanderungen ins Hinterland, zumindest an der Ponente, der kennt Ligurien nicht. Die das Meer begleitende, zum Teil steil abfallende Bergwelt wird gebildet von den Ausläufern der beiden Großgebirge, die Gesicht und Relief Italiens bestimmen, den Alpen und dem Apennin.

Schon den Römern (Strabo) galt der Paß von Cadibona oberhalb von Vado/Savona, wo bei Sella di Altare die Bergrücken auf die Minimalhöhe von 440 m absinken, als klassische Scheide zwischen Alpen und Apennin. Das Finalese lag also doppelt an einer Grenze, geographisch und stämmisch (Liguri Ingauni und Liguri Sabati). Korrekter gesagt aber besteht der Bergkamm aus drei Teilen: a) im Westen die Ligurischen Alpen als Teile der Seealpen (Alpes Maritimae), b) in der Mitte dem Abschnitt zwischen den Pässen Cadibona und Giovi und c) dem geologisch genauer erst östlich vom Passo dei Giovi beginnenden Apennin. Der Teil zwischen den Pässen von Cadibona und Giovi war noch während der Mitte des Tertiärs, als die Alpen schon weitgehend aus dem Meer herausgestemmt waren, unter Wasserniveau und bildete zusammen mit dem Tyrrhenischen Meer, der Po-Ebene und der Adria ein zusammenhängendes Wassergebiet. Erst gegen Ende des Tertiär, mit dem Abschluß der Alpenbildung und der Heraushebung des Apennin als Widerlager, hob sich auch der Teil zwischen Cadibona und Giovi, so daß Po-Ebene und Tyrrhenisches Meer von nun an getrennt waren durch eine Landbrücke.

Doch die Einschnitte in diesen Landstrich, genauer die Pässe Cadibona (459 m), Giovo (516 m), Turchino (532 m) und Giovi (472 m), bilden keine ernsthaften Hindernisse, vor allem sind sie allgemein ganzjährig schneefrei. Die mineralogische Situation ist, ähnlich wie im Apennin, höchst heterogen, nebst Gneis, Porphyr, alpinen Grüngesteinen und Glimmerschiefer finden sich tertiäre Kreiden, mergelige Sande und Kalke vermischt mit tonigen Lagen. Nach einem flachen Nordanstieg folgt eine abrupte und relativ steile Südabtreppung. Die Regionengrenze zwischen Piemont und Ligurien verläuft jedoch nicht genau längs des Höhenkammes, sondern weiter landeinwärts, so daß nur ca. 30% von den Ligurischen

GEOGRAPHIE, KLIMA, TEMPERATUREN, REISEZEIT

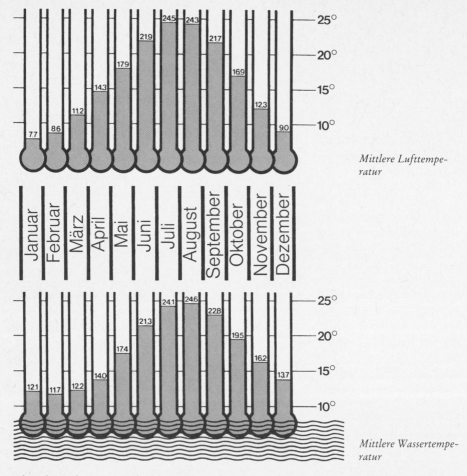

Mittlere Lufttemperatur

Mittlere Wassertemperatur

Alpen bzw. dem Ligurischen Apennin zu der padanischen Region, 70% aber zur mediterranen Region gehören. Der bergige Gesamtcharakter innerhalb der politisch-administrativen und kulturellen Grenzen Liguriens wird dadurch besonders betont. Durch die spezifisch geographische Struktur ergeben sich für Genua und die Riviera eine Grobaufteilung in eine überaus schmale Küstenregion und ein weites bergiges Hinterland.

Klima, Temperaturen. Aus der geographischen Situation ergeben sich auch Konsequenzen für die klimatischen Verhältnisse. Der schmale vom Meer umspülte Südrand genießt den doppelten Vorteil, daß einerseits die wärmespeichernde und ausgleichende Wirkung des Meeres für ein ausgewogenes Gesamtklima sorgt, und andererseits, daß die Südhanglage eine ständige Aufheizung durch die Sonne bei gleichzeitigem Schutz vor kalten Nord- und

Nordwestwinden bewirkt. Die Oberfläche Liguriens wird zu über zwei Dritteln vom mediterranen Klima beherrscht, zu weniger als einem Drittel dagegen, meist in Höhenlagen und gegen die Po-Ebene zu, vom präkontinentalen Klima. Obwohl Genua etwa auf der Breite von Ravenna und San Remo auf der Breite von Rimini liegen, fallen Vergleiche der Jahresdurchschnittstemperaturen zugunsten von Ligurien aus. Die mittlere Jahresdurchschnitts-Temperatur liegt bei 15,5° C in Genua, Chiávari, La Spezia und bei 16,7° C im Raum Alássio-San Remo, das entspricht Werten, wie sie erst wieder erheblich weiter im Süden gemessen werden, genauer in der Campagna (Neapel). Die mittlere Wintertemperatur beträgt 7,6° C in Savona, 8° in La Spezia, 8,3° in Genua und 9,7° C im Raum Alássio-San Remo, d.h. die Temperaturen an der Blumen-Riviera entsprechen den Wintertemperaturen in Süditalien. Die Tabelle der Jahrestemperaturen für Luft und für Wasser ergibt eine durchschnittliche Temperatur für den Monat Januar um die 8° und für Dezember und Februar um die 9°. In den Wintermonaten sinkt die Temperatur also nicht weiter ab als in Gegenden wie Taranto oder Catania.

Hinzu kommt, daß die Südabtreppung Liguriens äußerst niederschlagsarm ist. Am stärksten davon betroffen sind die westlichen Teile der Ponente. In der kalten Jahreszeit fallen die stärksten Niederschläge in den Monaten November und März, während normalerweise die Zeit des eigentlichen Winters von Dezember bis inklusive Februar vorwiegend von Sonnentagen beherrscht wird. Fast keine Nebel und nur äußerst selten Schnee bescheren der Blumen-Riviera, ebenso wie der Côte d'Azur von Menton bis Nizza, ein ausgesprochen mildes und angenehmes Winterklima, das diesem Teil der Region als Winterparadies der oberen Zehntausend zu Weltruhm verhalf. Ein Vergleich mit Jahresdurchschnittstemperaturen der Wintermonate der Jahre vor 1914 mit den gleichen Werten für die sechziger Jahre lassen einen geringfügigen Temperaturrückgang (um ca. 1°) erkennen.

Reisezeit. Im Sommer bleibt dagegen, durch den ständigen Luftausgleich über dem Meer, die Temperatur bei erträglichen Durchschnittswerten: Juni 21,9° C, Juli 24,5° C, 24,3° C im August und 21,7° C im September. Wer nicht gerade zum Überwintern an die Riviera fährt, dem empfiehlt sich als klimatisch günstigste Reisezeit Mitte April bis zweite Hälfte Juni und Ende August bis Ende Oktober.

2 Fauna und Flora

Fauna. Im Gegensatz zum inzwischen bereits problematisch verschmutzten und leergefischten Mittelmeer ist die Fauna Liguriens, bis auf wenige Arten, nicht ganz verschwunden. In den zahlreichen Reservaten, Nationalparks, Jagdschutzgebieten des bergigen Hinterlandes, besonders nach Piemont zu, wo noch das strenge österreichisch-piemontesische Jagd- und Hegerecht gilt, gibt es sogar noch Hoch- und Schwarzwild, gerade letzteres scheint sich durch den Jagdschutz wieder zu etablieren. Ebenfalls im Hinterland noch vereinzelt anzutreffen sind Niederwild (Dachs, Fuchs, Marder, Igel), Nager (Eichhörnchen, Wildhasen, Eichelmaus, Haselmaus usw.) und Reptilien (zahlreiche Vipern, z. B. Aspisviper, Echsen,

FAUNA UND FLORA

Gekkos, Salamander und die große Colubro Lacertino Malpolon, mit bis zu 2,50 m Europas längste Schlange). Weil durch die extensive Landflucht große, einst bearbeitete Gebiete des Hinterlandes brachliegen, konnten sich vor allem die kleinen Nager explosionsartig ausbreiten, was im Rahmen der natürlichen Homöostasis ein fast gleichzeitiges Anwachsen der Vipern nach sich zog. Daher bei Spaziergängen abseits der Wege, besonders beim Blumen- oder Pilzesammeln, erhöhte Wachsamkeit vor Giftschlangen! Bester Schutz sind zunächst Stiefeletten aus festem Leder. Die kleinen Nager sind auch bevorzugte Beutetiere der Greifvögel. Auch in dieser Hinsicht ist im Hinterland eine erfreuliche Zunahme der verschiedenen Eulen-, Bussard- und Falkenarten zu verzeichnen. Auf der nördlichen Seite der Ligurischen Alpen wurde sogar neuerdings der Habicht wieder registriert. Auch das Stachelschwein hat sich wieder im Raum von Albenga und Andora ausgebreitet. Je höher die Region, um so mehr verdichtet sich die einst sicher üppig vorhandene ligurische hochalpine Fauna mit Bergfasan, Gabelhahn, Feldhuhn, Wiesel, Iltis, Marder, sogar Hermelin und Murmeltier (letzteres in den Hochtälern des Canaro und der Aroscia), während im Gebiet des Monte Beigua und bei Savona Rehe ausgesetzt worden sind. Nur an der Küste haben Anwohner und Touristen so ziemlich alles an Fauna vernichtet, was es dort einmal gab oder gegeben haben soll. Der einzige wildlebende Vogel, und dies in Heerscharen, ist die Möwe, neben Heringsmöwe, Lachmöwe und Korallenmöwe vor allem die robuste und starke Silbermöwe. Daß in Ligurien überhaupt ein Anwachsen bestimmter Tierarten registrierbar ist, geht vor allem auf die Initiative dortiger Tier- und Naturschützer zurück, die erreicht haben, daß 1977 die Region 15 Naturparks und 10 Reservate eingerichtet hat.

Flora. Entsprechend der mineralogischen Grundlage des Landes verzeichnet man in Ligurien fünf verschiedene, dicht aufeinander folgende Bewuchszonen: die Küstenregion, die des Olivenbaumes, die submontane Zone der Weidewirtschaft, die Bergzone der Buchenwälder und die alpine Zone. Von allen fünf Zonen ist die erste die reichhaltigste, aber auch die problemvollste. Die besonders günstigen klimatischen Bedingungen lassen alles wachsen, und das Bestreben der Touristenstädte, sich ein möglichst exotisches, farbenfrohes und üppiges Image als Abbild des Paradieses auf Erden zu verschaffen, hat seit der Mitte des 19. Jahrhunderts dazu geführt, daß es kaum eine als besonders schön bekannte Pflanzenart gibt, die man hier nicht in Gärten und Anlagen heimisch gemacht hätte: allen voran die Agrumen und Palmen, von letzteren an die 70 Sorten, Magnolien, Agavensorten, Bambus, Rhododendron, Zedern, kurz, es ist unmöglich, hier sämtliche aus aller Welt eingeführten Bäume, Sträucher, Blumen und Gräser aufzuzählen, die das Auge des heutigen Besuchers erfreuen. Von all den schönen Parks und Gärten, wie z. B. Nervi oder Pegli, ist besonders einer hervorzuheben, weil er, ähnlich wie die Frühgeschichtsforschung der Region und das Bicknell-Museum, auf die hochherzige Initiative eines Entdeckers der ligurischen Küste, den Engländer Hanbury, zurückgeht: die **Giardini Hanbury** bei Mortola (Farbt. 4, 6).

Die nächste Zone, die des Olivenbaums, wird in der Regel von 0 bis 300 m angegeben, was natürlich nicht stimmt, der Olivenbaum Liguriens ist bis in 1000 m Höhe zu finden, z. B. bei Bojardo, wo besonders intensives ›Olio Vergine‹ hergestellt wird. Große Flächen, die ursprünglich vom Olivenbaum bestimmt waren, sind heute besetzt von Glashäusern, besonders im Raum zwischen Ventimiglia und Taggia.

Die dritte, die submontane Zone der Weidewirtschaft (300 m–700 m), wird gebietsweise voll in Anspruch genommen von einem Baum, der zu den typischen Bäumen, sozusagen zur ligurischen Urlandschaft gehört, von der Kastanie. Die drei Regionen Campagna, Calabria und Liguria, in denen die Kastanie große Flächen deckt, füllt in Italien eine Gesamtfläche von 8000 qkm (Frankreich nur 5000 qkm und Spanien nur 1000 qkm). Von der Kastanie lebte und lebt verschiedentlich bis heute noch ein Teil der Bevölkerung des Hinterlandes. Nicht nur zur Herstellung von glasierten Maronen oder Maronenpüree brauchte man sie. In dem an Ebenen und deshalb an Getreide schon immer armen Ligurien war jede Art von Ersatz für Getreide, z. B. Kichererbsenmehl, von Bedeutung, denn Mehl bzw. Getreide mußte über den Seeweg eingeführt werden. So bildete für eine Reihe von ligurischen Gerichten und Gebäcken Kastanienmehl eine Grundlage. Leider ist die Kastanie von einem aus dem Fernen Osten importierten Parasiten (Endothia parasitica) ernsthaft bedroht. Der Parasit, der, ohne daß man ein Gegenmittel gefunden hätte, bis heute bereits alle Edelkastanien Nordamerikas durch den von ihm ausgelösten Rindenkrebs vernichtet hat, wütet schon seit 1938 in Italien. So wird wohl, wie die Korkeiche an der Côte d'Azur, wieder ein typischer Vertreter der Urbepflanzung Liguriens auf der Strecke bleiben. Noch wächst die Kastanie auch in der Bergzone, hier sind es aber vor allem Buchen, Steineichen, Kiefern, Hagebuchen usw. – Die alpine Zone scheidet sich in zwei Großräume, jene echt alpine westlich vom Polcevera-Fluß und jene in der geologischen Formation des eigentlichen Apennin.

3 Feste und Veranstaltungen

In Ligurien ist immer etwas los. Nicht nur, weil seit der Mitte des 19. Jahrhunderts vor allem die Region der westlichen Ponente als Wintererholungszone in Mode war. Ein Katalog, der Vollständigkeit anstrebe, ist kaum erstellbar. Zum einen, weil tradierte regelmäßige Veranstaltungen ein Ende haben können, wie z. B. die ›Tragedia del Venerdì Santo‹ in Vallebona (letzte Aufführung 1959), oder andere erst vor kurzem ins Leben gerufen wurden, z. B. die ›Regata von Noli‹, zum anderen, weil aus Platzgründen selbstverständlich nur eine Auswahl getroffen werden kann. Grundsätzlich wird man zwei Arten von Veranstaltungen oder Festen unterscheiden müssen, solche mit internationalem und jene anderen mit ausgesprochen lokalem Charakter. Für das Kennenlernen einer Region sind natürlich letztere von größerem Wert. Eine andere auffällige Tendenz ist die Zusammenballung von Terminen im Frühjahr, speziell um Ostern, und im Hochsommer. Daß es sich im ersten Falle mehr um religiöse, bzw. vorchristliche Frühlingsriten handelt, liegt auf der Hand. Die Konzentration von Festen in der Hochsaison ist sicherlich auf die touristische Berufung der Region zurückzuführen, doch auch hier findet sich eine Reihe von Bräuchen und Festen, die älter sind als die touristische Evokation, z. B. Fest der ›Stella Maris‹, ›Torta dei Fieschi‹ oder ›Processione dei Cristi‹.

FESTE UND VERANSTALTUNGEN

Für eine Großstadt wie **Genua** läßt sich ohnehin kein fortwährend geltender Veranstaltungskalender aufstellen. Als Fixpunkte ließen sich festhalten die jährlichen **Kolumbus-Feiern** und der **Nautik-Salon** (beide Oktober) oder die **Via Aurea dei Genovesi**. Gerade der Nautik-Salon, obwohl vordergründig eine kommerzielle Veranstaltung (die größte Bootsschau dieser Art im ganzen Mittelmeerraum), ist natürlich für eine uralte Hafenstadt wie Genua und eine Region, die noch heute zum Teil vom Schiffsbau lebt, mehr als nur eine Verkaufsschau. Gleiches trifft auch für die Via Aurea dei Genovesi zu, eine mehrmonatige offene Veranstaltung, die nach dem Willen ihrer Urheber zur Dauereinrichtung werden soll. Und zwar hat die Stadt Genua erstmals im Sommer 1984, nachdem die verkehrstechnischen Voraussetzungen gegeben waren, ihre Prachtstraße, die Via Garibaldi (Strada Nuova), zur Fußgängerzone erklärt. Parallel dazu aber wurde unter dem Motto ›Via Aurea dei Genovesi‹, nach einem Namen, der für die Strada Nuova im 16. Jahrhundert bereits bekannt war, ein ausgedehntes und vielseitiges Kulturprogramm mit dieser Straße verknüpft. So finden von Juli bis Mitte September täglich abends in den hängenden Gärten zwischen Palazzo Tursi (Rathaus) und Palazzo Bianco Konzerte statt. Hinzu kommen Sonderveranstaltungen wie Modeschauen, Folklore-Abende usw. Die Museen Palazzo Bianco und Palazzo Rosso sind dabei bis weit in die Abendstunden geöffnet.

Für alle aktuellen Veranstaltungen kommerzieller, kultureller oder sportlicher Art erstellt die Stadt zweimonatlich eine Informationsbroschüre ›*Genova per voi*‹, die in allen Hotels ausliegt bzw. kostenlos in den Reisebüros und den Niederlassungen der Fremdenverkehrsämter erhältlich ist. Ähnliches gilt auch für San Remo.

Zu den Festen bzw. Veranstaltungen mehr internationalen Charakters gehören vor allem Sportveranstaltungen, wie z. B. der **Radklassiker Mailand–San Remo**, mit dem jährlich die Straßensaison der Radfahrer beginnt, oder die **Nolisiada**, die internationalen Schwimmwettbewerbe von Noli im August. Zum musisch-kulturellen Bereich sind hier zu nennen vor allem der **Schlagerwettbewerb von San Remo**, das internationale **Ballettfestival im Parco Serra-Gropallo** (Nervi), die **Freilichttheater-Aufführungen von Borgio-Verezzi** und die internationalen **Kartoonisten-Kongresse in Rapallo**. Rein touristisch ausgerichtet sind das größte **Volksfest mit Feuerwerk in Rapallo** und die **Wahl der Miß Muretto in Alássio**. Ebenso wird die devisengespickte Klientel der Ausländer wohl von den beiden **Antiquitätenmärkten** in **Sarzana** (den ganzen August) und in **Taggia** (jedes zweite Wochenende im Monat) angesprochen.

Mehr Lokalkolorit und tieferen Einblick in die Volksseele bringen Feste, die aus religiösen oder konkret historischen Anlässen, oft gebunden an alte heidnische Jahreszeitenfeste, stattfinden. Obwohl der eher zurückhaltende und nüchterne Ligurer kein Freund großer Schaustellungen und Spektakel ist, hat sich doch eine Reihe von öffentlichen und gemeinsam gefeierten Traditionen erhalten. Auch hier können nur einige besonders traditionsreiche und typische Beispiele gegeben werden.

Den Reigen dieser volkstümlichen Feiern eröffnet in **Taggia** die **Festa dei Saraceni** am 12. Februar. Dabei wird am Namenstag des Hl. Benedetto Ravelli seit dem hohen Mittelalter die Rettung der Stadt vor den Sarazenen durch die List dieses Benedikt gefeiert. Dieser hatte beim Nahen einer zum Plündern ansetzenden Sarazenenbarke den Einwohnern befohlen, Lärm zu machen, alles Holz und Wäsche anzuzünden und damit viel Rauch zu entwickeln. Die Sarazenen, in der Annahme, Kollegen seien ihnen bereits zuvorgekommen und hätten das Städtchen schon geplündert, ließen ab von Taggia und segelten weiter. Das Gedächtnis an die listenreiche Errettung feiern die Taggianer noch heute mit Freudenfesten und, der Zeit entsprechend, mit Feuerwerk.

In dieselbe Jahreszeit fallen auch die älteren Frühlingsfeste, seit sich in unserem Jahrhundert die Gegend zwischen Taggia und Ventimiglia der Blumenzucht verschrieben hat, in Form von prachtvollen und aufwendigen *Blumencorsi*. (Die berühmte **Battaglia dei Fiori** findet erst im August statt!)

Am Pfingstsonntag feiern die Bewohner in **Baiardo** ein denkwürdiges Fest, die sog. **Festa della Barca.** Mit der Aufführung des ›Canzone della Barca‹ gedenken die Einwohner von Baiardo des schrecklichen Erdbebens von 1887. Zur Erinnerung an diese traurige Begebenheit führen die Baiardi jedes Jahr die dramatisch vorgetragene Ballade von der geköpften Grafentochter auf. Die seit Menschengedenken mündlich tradierte Geschichte berichtet von der tugendsamen Tochter des Grafen von Baiardo, die sich in einen braven Seemann aus ihrer Nachbarschaft verliebt hatte und treu zu dieser Liebe stand, trotz aller Drohungen seitens ihres Vaters, der sie schließlich, wegen ihrer Starrköpfigkeit, eigenhändig köpfte. Im Mittelpunkt der gesungenen und getanzten Ballade steht der Stumpf eines Pinienbaumes, als Symbol der Grafentochter. Gesungen wird in ligurisch, das hier außerhalb des kulturellen Einflusses von Genua schon deutliche Anklänge ans Provençalische aufweist. Wer also um diese Zeit sich in Ligurien aufhält, sollte keineswegs dieses seltene Schauspiel auslassen.

Nach den Veranstaltungen des ausgehenden Winters, die meist in Zusammenhang mit dem Karneval stehen, ist es dann vor allem die Osterwoche, in der sich die Ereignisse und Veranstaltungen wieder zu einem reichen Bündel schnüren. Allen voran die in fast jedem Ort stattfindenden **Karfreitagsprozessionen.** Im Mittelpunkt dieser Prozessionen stehen die verschiedenen lokalen Brüderschaften *(confraternità),* die für die Durchführung verantwortlich sind. Diese seit dem 13. Jahrhundert bekannten halb bürgerlichen, halb kirchlichen Einrichtungen, die ›Casacce‹ (von Casa oder Casone, bezieht sich auf die ursprünglich ärmlichen Häuser und Oratorien, in denen sich die ersten Laienbrüder zum Gebet versammelten), treten dann in ihren prunkvollen farbenfrohen historischen Gewändern auf und tragen ihr Kreuz oder ihre Heiligengruppe in feierlichem, aber auch beschwerlichem Schritt durch die bevölkerten Straßen. Von allen die berühmteste in Ligurien ist die **Processione del Venerdi Santo in Savona.** Hauptausrichter ist die Brüderschaft des ›Oratorio del Cristo Risorto‹ (siehe Savona). In verschieden großen Gruppen werden die von den besten Holzschnitzern Liguriens hergestellten *casse* (tragbare lebensgroße Figurengruppen mit Heiligen oder Darstellungen aus der Passion) dem übrigen Volk als Schaustücke der Passion vorgeführt. Den Rest des Jahres lagern diese prächtigen *casse* als Ausstattungsstücke in den

FESTE UND VERANSTALTUNGEN

Kirchen und Oratorien. Solche Schauprozessionen finden aber nicht nur in der Karwoche statt, sondern je nach Ort und dortigen Traditionen auch an bestimmten Feiertagen, so z. B. die ebenfalls berühmte **Processione dei Cristi in Pedemonte** am 16. August (nördlich von Genua) oder die **Processione di San Rocco in Savignone** am Namenstag des Festheiligen (Sankt Rochus). Ein Schauspiel ganz besonderer Art und im wahrsten Sinne des Wortes, ebenfalls in der Karwoche, ist die **Aufführung des Mortorio**, eines Passionsdramas von 1433 (!), **in Garessio**. Aufführungsort ist die Kirche der Johannes-Brüderschaft *(confraternità di San Giovanni)*. Der Kunstbeflissene kann dann zugleich den Freskenzyklus von Segurano Cigna (1461) im benachbarten Palazzo Communale besichtigen.

Ein Unikum, historisch gesehen höchst bemerkenswert, war die Aufführung der **Tragedia del Venerdi Santo** (in vollem Wortlaut ›La Tragedia della Morte di Gesù Nostro Salvatore‹) **in Vallebona** nördlich von Bordighera. Die Tradition der Aufführung dieser Passionsspiele am Himmelfahrtstag im Rhythmus von jeweils 10 Jahren ist zurückverfolgbar bis in die ersten Jahrzehnte des 16. Jahrhunderts. Leider fand die letzte Aufführung dieses denkwürdigen Spektakels im Jahre 1959 statt. In dem 1931 erschienenen Buch ›Alla Porta occidentale d'Italia‹ von Edward und Margharet Barry beschrieben die Autoren noch sehr eindringlich eine solche Aufführung des Jahres 1889. Gegenwärtig sind beträchtliche Bestrebungen im Gange, diese versiegte Tradition wieder mit den alten vorhandenen Kostümen, Texten usw. neu aufleben zu lassen, so daß für das Jahr 1989 mit einer neuerlichen Aufführung der ›Tragedia del Venerdi Santo‹ zu rechnen ist. Von den vielen jahreszeitlichen Festen, wie z. B. der **Sagra** (Kirmes) **del Nostralino**, sei die **Festa della Maddalena in Taggia** hervorgehoben. Während des Magdalenen-Festes Mitte Juli wird unter anderem eine seit dem späten Mittelalter tradierte ›Danza della Morta‹ aufgeführt. Dabei handelt es sich meines Wissens um den einzigen noch aufgeführten und damit im Volkstum lebendigen spätmittelalterlichen Totentanz.

Ebenfalls ans Mittelalter erinnern soll die erst vor wenigen Jahren wieder (1969) ins Leben gerufene **Regata dei Rioni** am 16. August **in Noli**. Dabei treffen sich in historischen Gewändern als Pagen, Landsknechte, Ritter oder Konsuln bzw. als Ritterfräulein verkleidet die Bürger der vier Stadtteile Portella, Marina, Ciassa und Burgu am Hafen, wo zum Gaudium der Zuschauer ausgewählte Turnierteilnehmer in vielerlei Geschicklichkeitsübungen um den Jahressieg kämpfen. Für das fröhliche Kostümfest bildet die in ihrem mittelalterlichen Kleid hervorragend erhaltene Stadt Noli den würdigen Rahmen.

Ein Schauspiel ganz anderer Art, und nicht minder pittoresk, bietet am ersten Sonntag im August das Fest der **Stella Maris in Camogli**. Dabei handelt es sich um eine Bootsprozession von Camogli bis zum Heiligtum der Madonna Stella Maris an der Punta Ciappa, ganz an der Spitze des Promontorio di Portofino.

Eine ebenfalls typisch ligurische Tradition ist jene der sog. **Confuochi**. Ein Confuoco ist eine mittelalterliche Zeremonie, bei welcher vor dem Podestà (heute Bürgermeister = Sindaco) ein mit Zweigen bedeckter Stamm eines Lorbeerbaumes unter umständlichen, aber präzis vorgeschriebenen Ritualen verbrannt wird. Ursprünglich handelte es sich dabei um eine Unterwerfungsgeste der Bürger unter den von ihnen gewählten obersten Stadtherrn.

Heute wird dieser alte Brauch nur noch in **Savona** durchgeführt, und zwar am Vorabend von Weihnachten, also am Heiligen Abend. In Savona wird die Hommage an den Bürgermeister noch begleitet durch Überreichen von Geschenken, die hier aus örtlichen Keramik-Erzeugnissen (Albisola) bestehen.

Viele dieser Volksveranstaltungen und religiösen Feste sind verbunden mit einem speziellen Gericht bzw. drehen sich heute ausschließlich um eine bestimmte Frucht, ein Backwerk oder eine Mahlzeit, so z. B. die **Sagra delle Pesche** (Pfirsiche) **in Pietra Ligure**, die **Sagra del Crostolo in Loano** oder die **Festa della Torta dei Fieschi in Chiávari / Lavagna**. Letztere erinnert noch an die um 1200 pompös geschlossene Hochzeit zwischen Opizio Fiesco und Bianca dei Bianchi; bereits am zweiten Sonntag im Mai findet das berühmteste Fest dieser Art statt: das traditionelle **Fischfest von Camogli**, bei dem in riesigen, öffentlich aufgebauten Pfannen Fische und anderes Meeresgetier gebrutzelt und gesotten und kostenlos an die Bevölkerung verteilt wird.

Weil wir beim Essen angelangt sind, noch einige Zeilen über das, was Leib und Seele (im Innersten) zusammenhält.

4 Küche und Weine

a Mit den Beinen fest auf dem Boden: Gemüse, Mehl, Öl, Kräuter

Mag das Bild des Regenbogens auch nicht auf die gesamte Region, zumindest historisch, anzuwenden sein: auf die Küche Liguriens trifft der Vergleich schon eher zu. So bunt wie das Spektrum des *arcobaleno* ist die Palette der Gaumenfreuden tatsächlich. Wer sich die klimatischen und geographischen Grundlagen der Region vor Augen führt, den wird dies wenig wundern. Seit ca. zwei Jahrzehnten ist mir auf meinen ständigen Reisen kreuz und quer durch den italienischen Stiefel keine andere Küche begegnet, die es an Abwechslungsreichtum und Vielfalt mit der ligurischen aufnehmen könnte. Nicht umsonst ist Savona der Sitz der italienischen Kochakademie.

Üble Nachrede bescheinigt den Ligurern als Hauptcharakteristikum den Geiz. Nun, wollen wir dies, weniger übelmeinend und sicher gerechtfertigter, als Sparsamkeit bezeichnen. War es den ligurischen Seeleuten gelungen, durch List, Schlauheit und Tapferkeit mißliche Situationen in Siege zu verwandeln, und war es den ligurischen Kaufleuten gelungen, handelspolitischen Niedergang in siegreiche Finanztechnik umzuwandeln, so standen die ligurischen Frauen zu Haus am Herd darin ihren Männern wenig nach. Auch hier war mit Phantasie gepaarte Sparsamkeit schließlich in Reichtum umgeschlagen. Die Ligurer gelten als Erfinder zweier italienischer Nationalgerichte, der Minestrone und der Ravioli. Beide Gerichte stehen im Einklang mit der Tugend der Sparsamkeit bzw. der Beschränkung auf Vorhandenes. Die ligurische Küche bleibt, und dies mit gutem Recht, durchaus auf dem Boden der (köstlichen) Tatsachen, anders ausgedrückt, sie beschränkt sich weise auf das, was ihr der eigene Boden in Hülle und Fülle liefert.

KÜCHE UND WEINE

Schauen wir uns diesen Boden der Tatsachen an, vor allem die Früchte des Feldes, der Sträucher und der Bäume, so gewinnen wir eine erste Kategorie von Grundelementen der ligurischen Küche: Fenchel, Tomaten, Gurken, Auberginen, Zucchini, Kartoffeln, Karotten, Zwiebeln, Knoblauch, Peperoni usw. Berühmt sind die **rundin**, zarte grüne Bohnen von Badalucco und Borgomare. Sie bilden die Grundlage der dortigen **Semino-Suppe**. Ebenfalls guten Ruf genießen die verschiedenen **Artischocken** von Albenga, Terzorio, Taggia, San Bartolomeo del Cervo, Diano Castello oder Cipressa. Auf die **Erdbeeren** von Cesena bei Varese Ligure, Albenga oder Loano möchte zum Nachtisch ebensowenig jemand verzichten wie auf die **Himbeeren** von Bardinetto oder die **Kirschen** von Camogli, die sog. Camogline. **Chinotti** (in Sirup und Alkohol eingelegte Bitterorangen) oder frische **Pfirsiche** und **Aprikosen** (Giustenice, Magliolo, Onzo, Loano, Pietra Ligure usw.) sind gleichwohl beliebte Früchte des Landes. Zentren für Spitzenprodukte sind vor allem die etwas weiteren Flußtäler und kleinen Küstenebenen bei Albenga, Taggia, Finale Ligure, Loano, Arenzano, um Chiávari und im Magra-Tal. Es ist z. B. Taggia neben seiner Blumenzucht nach wie vor erstrangig im Anbau von brasilianischen **Orangen, Artischocken, Muskatellerbirnen, Feigen** und **Zitronatzitronen**. Typisch ligurisch genuine Spezialitäten sind z. B. die **salame d'Erbe** (eine Gemüsewurst) oder **gegrillte Peperoni** (peperoni alla braccia). Ebenfalls großer Beliebtheit erfreuen sich die **pomodori secchi sott'olio**. Doch Gemüse allein ist beileibe keine ligurische Spezialität, vielmehr sind dies Mengengerichte auf der Basis von größeren Gemüseanteilen.

Eine wichtige Rolle spielt dabei **Mehl**. Auch hier werden wir sehen, wie durch typisch ligurische Eigenschaften von Sparsamkeit und Phantasie ein Mangel in Reichtum umschlägt. Durch seine gebirgige Gesamtstruktur war Ligurien nie ein Anbaugebiet für Getreide. Die große Handelsstadt Genua mußte weitgehend ihren gesamten Bedarf an Getreide importieren. Dazu war Genua wohlhabend genug. Aber kleinere Städte, vor allem landeinwärtsgelegene Kleinstädte, Dörfer oder Weiler, konnten den Import eines Grundnahrungsmittels nicht bezahlen. Sie mußten billigere Lösungen finden. Schließlich gab es ja noch andere Früchte, die die zum Kochen und Backen notwendige pflanzliche Stärke lieferten, z. B. die **Kichererbse**, die **Kartoffel**, der **Mais** und die **Kastanie**. Aus der Vielfalt der Rohprodukte zur Stärkegewinnung entstand eine Reihe von lokaltypischen Gerichten mit ganz eigenem Geschmack. Hier einige prominente Beispiele: So erfreut sich die **Polenta** gerade im Hinterland großer Beliebtheit. Sehr verbreitet ist die Polenta mit Blumenkohl. Mit **Calizzano** wird eine Polenta aus gemischtem Weizen- und Kartoffelmehl bezeichnet, die mit Pilzen angereichert ist. **Farinata di Ceci** ist ein, ähnlich wie ursprünglich die echte Pizza, auf großen Blechen gebackener Teig aus Kichererbsenmehl. **Scabei** nennt man an der Riviera di Levante, ganz besonders in Castelnuovo Magra, ausgeschnittene Teigrauten, aus einem gesäuerten und ausgerollten Teig aus Weizen- und Maismehl, der in reichlich Olivenöl herausgebacken wird. Die besondere Rolle der **Kastanie** als Grundnahrungsmittel der Region geht schon aus den zahlreichen Speisen oder Backwerken hervor, für die der heute vom Aussterben bedrohte Baum die Grundsubstanz liefert. Am verbreitetsten ist der **Castagnone**, eine Bauerntorte aus Kastanienmehl. In Ventimiglia findet sich der Castagnone

zum **Castagnola-Kuchen** mit zusätzlich Schokolade, Zucker, Nelken und Zimt verfeinert. **Troffie** nennt man in Isola del Cantone einen Kuchen aus Kastanienmehl mit Nußtunke. Der Farinata verwandt ist eine **Patunna** genannter Fladen aus Kastanienmehl (Fascia, Rezzoaglio).
Mehl ist auch die Grundlage für alle Formen von **Pasta** (Teig, Nudeln). Die verbreitetsten Formen in Ligurien sind die **penne** (Feder, eine relativ schmale Breitbandnudel), **cannolicchi** (kleine Röhrenpasta) und die **ditalini** (kleine Finger). Noch kompakter in der Form sind die manchmal ganz aus Kartoffelteig, manchmal hälftig aus Kartoffel- und Weizenmehl bestehenden **gnocchi**, in Ligurien auch **troffie** genannt (sehr sättigend). Eine regionale Besonderheit sind die bei Sarzana servierten **tagliatelle asciute**, das sind trockene Bandnudeln mit Kartoffeln und Kohl, mit Käse und Olivenöl angemacht.

b Das Prinzip ›ripieni‹

Wie schon erwähnt, sind die meisten ligurischen Gerichte sogenannte Mengengerichte. Nimmt man die beiden Grundelemente Gemüse und Pasta, so ergibt sich daraus die erste und verbreitetste Variante, nämlich die Umwicklung einer gemischten Masse aus großen Gemüseanteilen mit einer Teighülle oder, umgekehrt, die Füllung einer Teigtasche mit verschiedenen Ingredienzen. **Ripieni** bilden somit das Herzstück der ligurischen Küche, ›ripieni‹ sind schließlich alles, was irgendwie mit etwas gefüllt ist. Meistens dient Fleisch, Teig oder auch Fisch oder gar Muscheln *(cozze ripieni)* als Hülle für eine je nach Region und Jahreszeit verschieden ausfallende stark aromatische Füllmasse. Aber auch Gemüsesorten selbst können als Füllfutter dienen, z. B. Tomaten, Gurken, Zucchini, Auberginen, Paprika, Zwiebeln, es gibt schier nichts, was nicht gefüllt und somit als ›ripieni‹ serviert werden könnte. Wer das Prinzip der ›ripieni‹ als Ureigenschaft der ligurischen Küche erkannt hat, besitzt schon einen wichtigen Schlüssel zum Zugang zu einem Großteil der so verwirrend vielen Gerichte.

Klassiker unter den ›ripieni‹ sind die **ravioli.** Fascia nimmt für sich in Anspruch Ursprungsort zu sein. Nach anderer Lesart war ein Schiffskoch der echte Erfinder. Dieser hatte die Küchenreste der Woche gesammelt, kleingehackt, nachgewürzt und in Teigtaschen gesteckt. Von der Resteverwertung zum Nationalgericht, was ja keine Schande ist. Auch in Frankreich ist der herzhafte und köstliche *pot au feu* nichts anderes als ein gelungenes Querdurch-die-Woche. Wieder einmal standen Sparsamkeit und Einfallsreichtum Pate bei der Geburt eines ligurischen Gerichtes. Heute besteht die Füllung von **ravioli alla Genovese** aus Kalbfleisch, Kalbshirn, Schweinebrust, Bries, Ei, Parmesan und in Milch geweichtem Altbrot.

Enge Verwandte der Ravioli, aber von ganz anderer Geschmacksrichtung, sind die **pansoti con salsa di noce.** Pansoti sind Teigtaschen, deren Füllung aus Quark, Eiern, Kräutern und einer Gemüsesorte, je nach Geschmack und Jahreszeit Spinat, Mangold oder Porree, besteht. Ebenfalls wie Teigtaschen sehen die im Umkreis von Santo Stefano d'Aveto beheimateten **crosetti** aus. Dabei handelt es sich um scheibenförmig ausgestochene Flachnudeln, denen mit Modeln Muster oder Familienwappen eingepreßt sind.

KÜCHE UND WEINE

Unter das Prinzip ›ripieni‹ einordnen müßte man z. B. auch die **gizzoa**, eine mit Wurst gefüllte Torte aus Brotteig, und vor allem zwei weitere echt ligurische Spezialitäten, die **cima ripiena** und die **torta pasqualina** (Ostertorte).

Rezept für cima (gefüllte Kalbsbrust): *Zutaten (für 10–12 Personen):* 2½ Liter Wasser, 2½ Teelöffel Salz, 2 Möhren, 1 Zwiebel, 2 Knoblauchzehen, 1 Lorbeerblatt, 1 Stengel Majoran, 1 Bund Petersilie, 2500 g Kalbsbrust (vom Schlachter alle Knochen entfernen und eine Tasche einschneiden lassen), 4 Eier, 125 g Parmesankäse, 2 gehäufte Eßlöffel Semmelbrösel, 1 Eßlöffel Pinienkerne, ½ Teelöffel Pfeffer, 2 Eßlöffel Olivenöl.
Zubereitung: Das Wasser mit Salz, geputzten Möhren, Zwiebeln und Knoblauchzehen sowie Lorbeerblatt, Majoran, Petersilie und ausgelösten Knochen zum Kochen bringen. Das Fleisch waschen und mit Küchenkrepp trocknen. Die Eier verschlagen, geriebenen Käse, Semmelbrösel, gehackte Pinienkerne, feingewiegte Kräuter, Pfeffer, Salz und Öl unterrühren. Die Masse in die Fleischtasche füllen und zunähen. Das Fleisch in die kochende Brühe geben und bei mäßiger Hitze ca. 2 Stunden garen. Die *cima* wird kalt oder warm serviert.

Rezept für die torta pasqualina (Ostertorte)
Zutaten (für 6 Personen): Für den Teig 800 g Weizenmehl, 2 Eßlöffel Olivenöl, Wasser und Salz. Für die Füllung: 1,5 kg Mangold oder Artischocken, 750 g Quark, 8 Eier, 1 Glas Olivenöl, 60 g Butter, 2 Glas flüssige Sahne, 100 g geriebener Parmesankäse, kleingeschnittene Majoranblätter, 1 Prise Salz und Pfeffer.
Zubereitung: Das Mehl mit Wasser, Öl und Salz kneten, bis der Teig sehr weich ist, den Teig in 12 Stückchen teilen und sie getrennt und bedeckt halten. Die kleingeschnittenen Mangoldblätter mit wenig Öl, Salz und Pfeffer in einem Topf kochen, das Wasser auspressen und mit dem Parmesankäse, Salz und ein bißchen Majoran würzen. Den Quark in der Sahne zerfließen lassen und das Gemisch bedeckt halten. Eine 30 cm breite Pfanne mit Öl schmieren. Mit 5 Stück Teig sehr dünne Blätter machen, die nacheinander in die Pfanne gelegt und mit Öl geschmiert werden. Das letzte Teigblatt soll nicht beschmiert werden. Die zerschnittenen Mangoldblätter auf das Teigblatt legen. Ein wenig Öl und den flüssigen Quark aufgießen. In 8 Löcher Butter, 1 ganzes Ei, Käse, Salz und Pfeffer. Die übrigen geschmierten Blätter auf die Torte legen und den Teig am Rand zusammenfalten. Die Oberfläche schmieren und mit der Gabel stechen. Bei mäßiger Hitze eine Stunde backen.

c Der Baum der Minerva

Beginnt man mit den Grundelementen der ligurischen Küche, darf natürlich unter gar keinen Umständen die Olive fehlen. Neben Spanien, Griechenland und Apulien zählt Ligurien zu den wichtigsten Produzenten von Olivenöl. Manche Kenner halten das ligurische **Olivenöl** für das beste der Welt, doch behaupten dies natürlich auch die anderen Herstellungsländer von sich. **Cogorno** und **Leivi** sind für Spitzenöle berühmt. Doch das Zentrum der Olivenöl-Herstellung ist sicher in der Gegend von **Imperia** zu suchen. Vor allem **Dolcedo** 8 km landeinwärts gilt fast unbestritten als das Mekka der Ölherstellung. Es ist schon ein Genuß, Zeuge beim Öleinkauf zu sein. Ein altes Ritual spielt sich jedesmal dabei ab. Ähnlich wie bei der Weinprobe: Farbe, Geruch, Geschmack und Konsistenz müssen sich eingehender Prüfung unterziehen. Erst dann wird um den Preis gefeilscht. Natürlich spielt auch eine wesentliche Rolle, ob es sich um *olio Vergine,* sirupartiges gelblich-grünes Öl der ersten Pressung, oder um **sansa** oder gar **ressansa** handelt. Die ligurischen Oliven sind weniger ansehnlich und prall als z. B. die griechischen oder apulischen, doch haben sie bis zu 20 % mehr Ölgehalt. Dabei ist die Anzahl der verschiedenen Sorten, schwarze und grüne, Speiseoliven, oder solche, die sich nur zur Pressung eignen, recht stattlich. Niemand konnte mir exakte Zahlen geben. Die Angaben schwanken zwischen 20 und 50 Sorten. Die Olivenkultur wird seit Jahrhunderten betrieben. Wie so oft, waren es auch auf diesem Gebiet Benediktiner, die nach der dunklen Zeit der Sarazenengefahr die Bevölkerung die Ölherstellung wieder lehrten.

Heute stehen viele der alten Frantoi leer. Die Landflucht. Die meisten der noch arbeitenden Frantoi haben längst umgerüstet auf Strombetrieb. Doch gibt es noch einige wenige, die wie zu Großvaters Zeiten noch mit dem Wasser als Antriebsenergie auskommen. Wer im November in Ligurien weilt, sollte unbedingt eine solche Frantoia (Ölmühle) besuchen. Eine dieser wenigen wassergetriebenen **Ölmühlen** findet man in **Pietrabruna** (nordwestlich von San Lorenzo al Mare). Seit 150 Jahren dreht sich ächzend, aber geduldig das große Wasserlaufrad des Signore Amoretti: Ein Wunder an Ökologie, so eine alte Frantoia. Auch in der restlichen Provinz gibt es noch solche alte Frantoi, so z. B. in **Ceriana,** bei **Civezza** oder in **Vasia.** Eine wichtige Mühlenstadt war **Ponti di Pornassio** bei Pieve di Teco. Heute stehen sie still, die dortigen Mühlen, für immer. Stumme, aber beredte Zeugen von Fleiß und menschlicher Erfindungskraft. Die großen Ölfirmen in Imperia wie Sasso, Carli oder Berio blicken natürlich hochnäsig auf diese primitive Stufe frühester Industrialisierung herab, doch nicht ohne einen Hauch von Nostalgie. Und was wäre die ligurische Küche ohne die Olive und deren Öl: von den einfachen **olivi in salamoia** (in Salzlake eingelegte Oliven), über die **paté d'oliva** (Pastete aus schwarzen Oliven, als Brotaufstrich), die verschiedenen Salate bis hin zu den raffinierten Gerichten wie **bianchetti, pommodori secchi sott'olio** oder **corniglio arrosto** (Hasenbraten mit Kräutern und Oliven) usw.

d König pesto

Das Salz in der Suppe oder das Tüpfelchen auf dem i in jeder Küche sind aber die Gewürze. Und hier liegt eine ganz entschiedene Besonderheit der ligurischen Küche: sie kennt kaum Gewürze, zumindest kaum ausländisch-exotische. Dennoch sind ligurische Gerichte alles andere als fade oder eintönig. Den aromatischen Abwechslungsreichtum verdankt die ligurische Küche ihren Kräutern. Gemüse und Kräuter sind der Geschmacksnerv aller Gerichte von Ventimiglia bis Sarzana. Die meisten Kräuter wie Dill, Petersilie, Salbei, Thymian oder Rosmarin sind auch anderwärts verbreitet und in Gebrauch. Ein Gewürzkraut, das die

KÜCHE UND WEINE

Spanier aus Katalonien mitgebracht hatten und das dem *cappomagro* (siehe unter Fisch) seinen besonderen Geschmack verleiht, ist **scorzonera** (vom katalanischen *escurzo* = Viper; galt als Heilmittel gegen Schlangenbisse). Ein Kraut aber wächst hier nicht nur besonders üppig, es hat auch nirgendwo anders einen so intensiven typischen Geschmack wie in Ligurien, nämlich das **Basilikum**.

Gemüse, Kräuter, Pasta und Basilikum, alles frisch, bilden die Grundlage für ein weiteres Nationalgericht, das auf ligurischen Herden entstanden sein soll: die **minestrone**. Welcher Italienreisende kennt sie nicht? Aber erst hier am *arcobaleno* wird die *minestrone* zu Nektar und Ambrosia in einem. Im Frühjahr, wenn die Zeit des Basilikums gekommen ist, riecht ganz Ligurien nach diesem Kraut. Aus jedem Haus, aus jeder Küche, aus jedem Topf entströmt der gleiche Geruch. Aber selbstverständlich gibt es heute frisches Basilikum das ganze Jahr. Jeder echte Ligurer, der wochenlang auf See war, weiß erst dann so richtig, daß er wieder zu Hause ist, wenn er sein Basilikum riecht. Getrocknet bringt das Kraut nichts mehr. Deshalb hat man früh das unvermeidliche Kraut in Öl eingelegt. Dieses in Olivenöl eingelegte Basilikum, angereichert mit Salz, Knoblauch, Pinienkernen und Peccorino, zerstoßen und kalt verrührt, *ecco: il pesto*, der König der ligurischen Küche. Was für die benachbarte Provence die Knoblauch-Mayonnaise, das *aïoli*, ist für Ligurien der **pesto**. Ebenso wie dort gelten die Zuspeisen wie Gemüse, Fleisch, Pasta usw. nur als Vorwand, um *pesto* zu essen. *Pesto* kann man (fast) zu allem essen, zu *trenette*, *gnocchi*, zu *manzo bolito* oder *bolito misto* (gemischtes Fleisch gesotten) usw.

Rezept für pesto

Zutaten (für 4 bis 6 Personen): 1 Handvoll frisches Basilikum, ¼ Teelöffel Salz, 1 zerdrückte Knoblauchzehe, 1 Eßlöffel geriebener *pecorino*, 4–5 Eßlöffel geriebener Parmesankäse, 50 g Pinienkerne, Olivenöl.

Zubereitung: Feingehacktes Basilikum, Salz, Knoblauch, Käse sowie grobgehackte Pinienkerne mischen. Unter Rühren Öl aufgießen, bis die Masse gebunden ist. Diesen *pesto* reicht man zu *pasta*, *gnocchi* oder Suppen.

e Da Teresa

Der Himmel war tiefgrau, es nieselte, ein unangenehmer kalter Wind vertrieb Mensch und Tier in die Häuser. Ich mußte noch Aufnahmen von einer bekannten Burgruine ca. 5 km im Hinterland eines bekannten Touristenortes an der Ponente machen. Die Mittagszeit war bereits beträchtlich überschritten. Am Fuße des Castello G. lag eine Osteria. Sie wirkte wenig einladend und schien nicht in Betrieb. Doch die Terrassentür stand offen. Kälte, Hunger und Neugier trieben mich hinein. Kein Licht, keine Gäste. Mit etwas unsicherer Stimme rief ich: »*C'è qualcuno, l'osteria è aperto?*« Als ich unschlüssig schon wieder kehrt machen wollte, hörte ich aus einer der Türen schlurfende Schritte und eine schwache Frauenstimme: »*Chi è? L'osteria è aperto, come no*«. Auf meine Frage, ob wir, meine Begleiterin und ich, etwas zum Essen bekämen, die fast entrüstete Antwort: »*Certo, tutto che vuole.*« Wir würden aber nur eine Kleinigkeit, kein ganzes Menü essen. Das mache nichts. Froh, dem Nieselregen entkommen zu sein, und in Aussicht auf eine kleine Mahlzeit nahmen wir etwas skeptisch Platz. Die schwarzgekleidete Frau mittleren Alters war wieder hinter einer der Türen, durch die sie gekommen war, verschwunden. Wir studierten die reichhaltige Speisekarte mit sehr zivilen Preisen und entschlossen uns für **pansoti con salsa di noce**. Nachdem das Essen geordert war und von dort, wo wir die Küche vermuteten, Geklapper und Geplapper zu hören waren, fand sich Zeit, um sich etwas genauer umzusehen. Die Bar des Vorraumes war umfunktioniert in eine Art Speisekammer, voller verschiedenster Gläser. Gläser mit Marmelade (Feigen, Birnen, Kürbis), Gläser mit eingelegten Pilzen, Gläser mit Öl. Auf letzteren war schlicht vermerkt ›Vergine‹. Auf einem der Tische des Gastzimmers lagen ausgebreitet auf Blechen und Tüchern Kuchen aller Art, Plätzchen und verschiedenes Naschwerk. Alles sah nach häuslicher Produktion aus. Sollten wir vielleicht...? Ich war neugierig geworden und tat etwas, was bisweilen gefährlich enden kann. Ohne Erlaubnis öffnete ich einen Spalt die Tür, hinter der die Stimmen und die anregenden Küchengeräusche zu vernehmen waren. Der Anblick, der sich mir bot, war allzu köstlich. Drei Frauen, wie Leibls ›Drei Frauen in der Kirche‹, Tochter, Mutter und Nonna, standen da und werkelten mit geübten Händen an unserem Mahl. Alles wurde frisch zubereitet. Die Pansotifüllung, die Nußsoße, und Teresa war gerade dabei, die Teigtaschen aus der eben ausgerollten Pasta herauszustechen. Ich war überwältigt – und etwas beschämt über meine zu Anfang an den Tag gelegte hybride Skepsis. Brühwarm erzählte ich das Gesehene meiner Begleiterin. Der Effekt war vorhersehbar. Auch sie erlebte durch den Türspalt das erfrischende Schauspiel. Alles, was es bei Teresa gab, war selbst gemacht und frisch aus dem Garten, der Küche, dem Faß. Ja, auch der Wein war Eigenproduktion. Etwas trüb und beim ersten Schluck sogar recht sauer. Doch man gewöhnte sich schnell an den natürlich traubigen Geschmack. Beim zweiten Glas war man schon gut Freund damit. Der naßkalte Wind, der Nieselregen und das wolkenverhangene Grau waren ganz schnell vergessen. Ich muß nicht besonders betonen, die *pansoti* mit Nußsoße waren ein Gedicht. Wir beschlossen, solange wir in der Nähe logierten, jeden Tag zu Teresa zu gehen. Die Speisekarte war Grund genug dazu. Der gespickte Lammbraten war von einer unübertroffenen Zartheit, das *soufflé mille erbe* zerging wie ein Traum auf der Zunge, und der Hase mit frischer Polenta, hausgemacht, mußte einfach jedem, selbst einem Polenta-Muffel wie mir, schmecken.

Diese erste Begegnung mit Teresa lag schon Jahre zurück. Als ich 1984 mich wieder in der Gegend aufhielt, kam ich nicht an der Osteria Castello G. vorbei. Der große Gastraum war leer. Man baute um. Es war im April. Ich wußte aber, daß ich trotzdem etwas zum Essen bekommen würde. Teresa winkte mich in einen Nebenraum. Dort hatte man schon umgebaut: Einbaubänke um familiäre Rundtische, feines Tischtuch und vorbereitete Stoffservietten. Die Preise erheblich gestiegen. Teresas Kochkunst hatte sich offensichtlich herumgesprochen. Diesmal war ich nicht mehr der einzige Gast. Was sich nicht geändert hatte, war mir natürlich das wichtigste, die hervorragende Küche. Bei Teresa gab es halt mal alle jene Leckereien und Köstlichkeiten der ligurischen Küche, die man am Strand kaum, und wenn, dann überteuert bekommt. Warum ich dies beschreibe? Das Hinterland der Ponente kennt viele Teresas. Durch Vermittlung meines Bekannten in Toirano, der übrigens Zimmer vermietet, lernte ich viele weitere Landgaststätten, oftmals außen als solche gar nicht registrierbar, kennen. Es war dies im Aroscia-Tal, wo die Forellen und Aale, letztere besonders jung eine Delikatesse, berühmt sind.

Teresas Speisezettel ist auch Anlaß, andere Spezialitäten des Landes vorzustellen. Obwohl Fleisch nur eine nachgeordnete Rolle spielt – Fleisch war schon immer der teuerste Teil des Menüs –, kennt Ligurien alle üblichen Formen von Braten und Grillspezialitäten. Besonders berühmt sind die Böcklein des Nervia-Tales. **Jungziegen**, die noch nicht gedeckt sein dürfen, **und Bohnen** sind ein wahrer Sonntagsschmaus in Rochetta Nervia. **Vitello al ucelletto** heißt der Kalbsbraten mit Salbei. **Polpettoni**, unseren Bouletten ähnlich, gibt es zu jeder Jahreszeit. Im Winter freuen sich die Einwohner von Campo Ligure auf die **testa in casella**, eine Art Salami aus Kalbskopf. Das bergige Hinterland ist Wurstland. Hier stechen hervor die **Knoblauch-Salami** aus Casella und Otero, die **Blutwurst** und **Coppa** von Fascia. Für Coppa, eine Wurst aus Schweinehals, ist auch Rezzoaglio bekannt. Die magere **Rohsalami** und **Mortadella** sind Aushängeschilder von Ortovero und Varese Ligure, **Schinken** aus Calizzano kennt jeder Ligurer.

Ligurien und seine Berge sind auch reich an **Pilzen**. Die wichtigsten Pilzgegenden sind um Triora-Rezzo, Pigna, Pieve di Teco, Calizzano-Bardinetto, Sassello, Rossiglione-Tiglieto, Ronco-Savignone-Fraconalto, Val di Vara und Sesta-Godano-Brugnola-Calice. In Calizzano und Bardinetto weiß man ab Spätsommer **funghi alla foglia** wohlschmeckend zu bereiten. Pilze kann man in diesen Orten das ganze Jahr eingemacht in Öl oder getrocknet kaufen (sehr teuer!).
Lasagne di fungo kann man bisweilen sonntags in den Gasthäusern bekommen.
Schnecken ao zimini, dafür ist Borgio-Verezzi berühmt. In Ortonovo serviert man im Herbst **Stare** am Spieß oder andere **uceletti allo spiedino**. Wo Kühe, Schafe und Ziegen gehalten werden, gibt es natürlich **Käse**. Fast alle Orte des Hinterlandes haben ihren eigenen Käse. Scharfer **Brusskäse**, besonders der Schafskäse, ist weich noch sehr mild, nimmt aber mit zunehmender Lagerung erheblich an Strenge und Schärfe zu. In Öl eingelegter **Schafskäse di Fea** ist eine Spezialität von Testico. Sogenannter **Mollane**, sehr stark salziger Schafskäse, kommt von Sori. Besonders würzig entwickelt sich der **Rusagni-Käse** von Rezzoaglio. Eine ligurische Besonderheit ist die **presciusena**, ein leicht gesäuerter Frischkäse, der vornehmlich für die Bereitung der **torta pasqualina** Verwendung findet.

f Rund um den Backofen

Wie bereits dem Abschnitt über Feste und Veranstaltungen zu entnehmen war, gibt es in Ligurien zahlreiche Gerichte, die jahreszeitlich oder an ein Fest gebunden sind. Wären hier zu ergänzen die **crustuli**, das sind Karnevalskuchen in Dolcedo und die **scarpazza**, eine zu Weihnachten gebackene Torte mit Kräutern und Kürbis in Bolano.

Zwar in ganz Ligurien verbreitet, aber besonders in Sarzana geschätzt ist die Reistorte (**torta di riso**). In Baiardo bäckt man den **ciausun**, einen Kuchen aus wilden Kräutern. **Pandolce**, eine Art Rosinenstollen, bekommt man in jeder Bäckerei. Lokale Spezialitäten sind die **sfogliate** (Blätterteigkuchen) von Varigotti und die **bugie** (Lüge) genannten Kuchen von Soldano. Die Palette an Naschwerk ist besonders ausgeprägt. **Süße ravioli** sind beliebte Kalorienbomber. Gleiches gilt für die **cobaita** von Ventimiglia, eine Nougatform aus ganzen oder halbierten Haselnüssen in Honigmasse. Nur dem Kenner bekannt sind die **millesimi**, kleine Rumpralinen aus Millesimo. Vor allem an der Riviera di Levante verbreitet sind die **canestrelli** (süße Brezeln). International bekannter unter Schleckermäulern sind die **baci** aus Alássio, Albenga und San Remo und vor allem die **amaretti** (Makronen), von denen die besten aus Sassello kommen.

Ebenfalls aus dem Backofen kommen die verschiedenen Pizzen, deren für Ligurien typischste die **sardinaira** ist. Neben Zwiebeln, Tomaten, Knoblauch und Olivenöl bestimmen die Sardellen den Geschmack. Doch jede Ortschaft der Provinz Imperia bereitet die Sardinaira ein wenig anders zu.

g   Die andere Seite: Das Meer

Pesto hin, Pesto her. Mag auch das Basilikum im Konzert der Gerüche Liguriens den markantesten Einzelakzent setzen, den alles umflorenden, den alles umspielenden Grundton, den Basso Continuo sozusagen, liefert das Meer. Eine ständige Brise vom Meer mit einem Unterton aus Salz, Tang und Fisch, schlichtweg unwiderstehliches Parfüm. Auf dem Meer schrieben die Genuesen das erste große Kapitel ihrer Geschichte. Das Meer lieferte von jeher einen wesentlichen Anteil der eiweißhaltigen Grundnahrung. Doch waren die Ligurer immer mehr große Seeleute, Entdecker, Krieger und Händler, weniger eine ausgesprochene Fischernation. Das Meer war der Supermarkt vor der Haustür. Doch sei an dieser Stelle mit Nachdruck betont, der Supermarkt ist zum Feinkostladen avanciert, mit entsprechenden Preisen. Ein gutes **Fischgericht** hat preislich längst Kalb- oder Wildfleisch überrundet. Dies hat drei Gründe: 1. Können die kleinen Küstenfischer nicht die geforderte Menge herbringen, 2. haben die anderen großen internationalen Fischfangflotten außerhalb der Hoheitsgrenze das Mittelmeer ziemlich leergefischt und schließlich 3. ist ja die von Touristen überschwemmte und deshalb devisenstarke Küste ohnehin wesentlich teurer als das Hinterland. Im wesentlichen sind die in Ligurien gereichten Speisefische die gleichen wie in Sète, Marseille, Nizza, Pisa, Livorno oder Neapel. Es gibt sie gegrillt *(alla griglia)*, oder gegart oder gedünstet: Kalmar, Meerbrasse, Zahnbrasse, Seebarbe, Makrele, Sarago oder Klippfisch.

Zur Anregung hier einige der landestypischen Gerichte: Als Antipasti empfehlen sich **Seetrüffel**, die ähnlich wie die Auster frisch aus dem Wasser mit etwas Zitrone geschlürft wird, **Lachspastete** (Salmone en paté), **fileto d'aciughe con caperi** (kleine Sardellenfilets mariniert oder in Öl und Zitronen), **musciame** (luftgetrocknetes Delphinfilet, offiziell verboten!), **zuppa di cozze** (Muschelsuppe), **ciuppin** (passierte Suppe aus verschiedenen Fischsorten), **zuppa di datteri** (sog. Dattelmuschel, besonders im Golf von La Spezia zu Hause), **bianchetti** (kleine, eben geschlüpfte Anchovis oder Sardinen, nur ca. 1 cm lang, fast durchsichtig, in Soße aus Olivenöl und Zitrone) und **condigone** (Gemüsesalami mit Sardellen und *musciame*).

Einen großen Anteil an den Hauptgerichten hat **Stockfisch** in allen Variationen. Einmal von den Normannen im Mittelmeerraum eingeführt, ist er schnell heimisch geworden in

KÜCHE UND WEIN

Ligurien, z. B. als **brandacoion,** eine Art Hackbraten aus Stockfisch mit allerlei Zutaten wie Kartoffeln, Eiern, Nüssen und Olivenöl; **burrida,** das ist geschmorter Stockfisch mit würziger Tomatentunke (nicht zu verwechseln mit der *burrida di pesce fresco,* einer Fischsuppe mit verschiedenen Arten von Frischfisch, je nach Jahreszeit); **code di stoccafisso,** Stockfischschwänze mit Gemüse gefüllt, also eine Art Fisch-›*ripieno*‹; **stocco acumodou,** Stockfisch mit einer würzigen Soße aus Tomaten, Weinbeeren, Pinienkernen und Öl; **stoccafisso alla marinara, stoccafisso alla Badalucco** usw. Andere typisch ligurische Fischgerichte sind: **Cappon magro** (magere Gans), ein ausgesprochen üppiges Fischgericht als Salat mit vielerlei Gemüse und Fisch zubereitet, ein beliebter Magenfüller an Fastentagen; **baccala al verde,** Klippfisch, sorgfältig gewaschen und mehrere Stunden in Milch eingelegt, dann langsam in Öl gebraten; **bigné di pesci misti,** eine Art Fischbraten aus verschiedenen Meerestieren.

Natürlich ist damit keineswegs die Palette der ligurischen Fischgerichte erschöpft, doch als Anregung mögen die genannten genügen.

h Ein verkanntes Genie, der ligurische Wein

Verkannte Genies haben den unbestreitbaren Vorzug, daß ihre Werke preisgünstig zu haben sind. Deshalb sollte man gar nicht so viel über den ligurischen Wein schreiben. Der ligurische Wein und die ligurische Malerei haben eines gemeinsam: keine gemeinsame landestypische Schule, dafür aber eine Fülle von Individuen, ausgestattet mit höchster Qualität. Ligurien besitzt keine zusammenhängenden großen Weinberge, wie z. B. Burgund an der Côte d'or, das Rhônetal, das Bordelais oder das Chianti-Gebiet, wo einige wenige Rebsorten zur Perfektion gezogen und quasi großindustriell produziert werden und der Region eine einheitliche, für die Gegend typische Lagebezeichnung verleihen. Der *arcobaleno* zerfällt in eine Unzahl von kleineren und kleinsten Weingärten mit unterschiedlichen Rebsorten und Weinarten. Wo der Ertrag für den Abzug ausreichender Flaschen eigener Weine nicht reicht, und das ist sehr oft der Fall, wird aus den bekannten Nachbarregionen Piemont oder Toscana dortiger Wein zugekauft und in ganz streng geheimgehaltener Proportionierung mit der eigenen Traube gemischt, so daß dabei jeweils ein Wein von hoher Persönlichkeit und Individualität entsteht. Das hat beileibe nichts mit Panschen zu tun. Die Trauben aus Piemont oder der Toscana entstammen derselben Klimazone und wachsen zum Teil auf gleichen mineralogischen Böden, vertragen sich also von daher. Die hausgemachten ligurischen Weine sind absolut trocken. Der landeseigene Individualismus hat sich also nicht nur in der politischen Geschichte prägend ausgewirkt, wir finden ihn auch wieder im Weinbau. Die vielen ligurischen Weine sind fast ausschließlich für den Eigenbedarf, keineswegs aber für den massenweisen Export gedacht. Und wer für sich selber produziert, achtet auf Qualität. Dabei kann es durchaus passieren, daß in einem Dorf, in dem fünf kleine Weinberge in Betrieb sind, fünf verschiedene Weine entstehen. Man kann weder eine für die ganze Region gültige Geschmacksregel aufstellen noch sollte man deswegen gleich Angst entwickeln, bei der Geschmacksvielfalt ständig mit minderwertigen Weinen konfrontiert zu werden. Im Gegenteil, der echte Weinkenner wird seine Freude darin finden, immer neue Geschmacksvarianten zu entdecken. Die Freude kann sogar zum Sport ausarten.

Ein typisch ligurischer roter Mischwein ist der **Perine** (nördlich von Porto Maurizio), bei dem Sangiovese-, Rossese- und Dolcetto-Trauben einen leuchtend rubinroten Wein mit viel Chaleur und Körper ergeben. Beim **Poggialino** (bei Santo Stefano Magra) werden Cabernet-, Merlot- und Canaiolo-Trauben zunächst getrennt gekeltert und erst nachträglich zusammengebracht. Auch außerhalb der engen Herstellungsregion bekannt sind die weißen Mischweine. Der berühmteste, sehr trockene und daher zu Fischgerichten besonders geeignete Weißwein ist der in den Tälern nördlich von Genua gezogene **Coronata**. Dieser nach Wald duftende, sehr erfrischende strohgelbe Wein entsteht aus Trebbiano-, Bianchetto-, Rollo- und Vermentino-Trauben. Beim **Morasca** (die Umgebung von Chiávari) werden 80% Bianchetto-, Vermentino- und nur ganz ganz wenig Trebbiano-Trauben verwendet. Aus derselben Gegend stammt auch der **Missanto**, bei dem Vermentino-, Malvasia- und Albarolo-Trauben einen leuchtend gelben Wein mit nur leichter Säure, der ein wenig bitter nachhängt, liefern. Ebenfalls ein bekannter Weißer (Vermentino-, Trebbiano-, Malvasia- und Rossese-Trauben) mit geringem Alkoholgehalt und ins Goldene spielend kommt aus Arcola bei La Spezia. Eine ganz besondere Art der Weinbereitung liegt beim sog. **Sciac-Trac** aus der Gegend von Pornassio vor. Die Traube bleibt lange am Stock, wird aber nicht gedörrt, dafür bereits 24 Stunden nach der einsetzenden Gärung abgefüllt. Eine Spezialität ist auch der **Vin Particolà** von Monéglia. Mühselig werden die schon gedörrten Bosco- und Albarolo-Trauben von den Stöcken getrennt. Trotz der späten Lese ist dieser hochwertige und stark alkoholhaltige Beerenwein kaum süß.

Die wichtigsten Rebsorten, die vor allem in Reinkultur gepflegt und abgezogen werden, sind vom Roten der **Dolcetto** (Ormeasca) und der **Rossese**. Beide werden unvermischt vor allem an der Ponente kultiviert. Der Dolcetto ist eigentlich im südlichen Piemont zuhause. **Ormeasca**, nach der Stadt Ormea an der Grenze zu Ligurien, ist davon eine besonders bekannte Marke. Aber auch das ligurische Hinterland in Altare, Cairo Montenotte, Carcare, Carpasio, Cosio d'Aroscia, Dolcedo, Pieve di Teco, Pigna, Pornassio, Roccavignale und San Biagio della Cima sind gute Pflegestätten des Dolcetto. An der Riviera di Levante kommt er nur gelegentlich in Reinkultur vor, so z. B. in Sestri Levante oder Uscio. *Der ligurische Rote aber ist der* **Rossese**. Als Hauptstadt des Rossese gilt Dolceacqua. Doch diejenigen von Baiardo, Perinaldo und Biagio della Cima stehen ihm keineswegs nach, sogar noch vollmundiger und mit samtiger Würze ausgestattet scheint mir der Rossese von Vallebona, wo man auch in mehreren Gaststätten sehr gut ligurisch essen kann. Ein ganz dunkler Roter ist der sog. **Sciacchetrà** (nicht zu verwechseln mit dem gleichnamigen Wein aus den Cinqueterre!) in Pornassio, Stellanello, Testico, und ganz besonders der **Sciacchetrà nera** von Triora. Ebenfalls in die Kategorie der Raritäten einzuordnen ist der überaus feurige **Vino d'inferno** von Albisola Superiore.

Daneben können auch noch einige Roséweine durchaus im Vergleich bestehen mit anderen Regionen, so z. B. der **Castellino** von Verezzi, der **Rosé aus der sog. Barbarossa-Traube** in Calice Ligure, Ceriale, Mugliolo, Orco Finale, San Bartolomeo oder Tovo San Giacomo, schließlich der strohtrockene, aber würzige **Torsero** von Ceriale und der **Chiaretto** des Impero-Tales.

KÜCHE UND WEIN

Von den zahlreichen heimischen Weißweinen ist der beliebteste und daher der verbreitetste der intensiv gelbe, angenehm herbe **Vermentino**. Wir finden ihn vor allem an der Ponente in Costaraniera, Diano Castello, Loano, Noli, Perti, Pietra Ligure, San Bartolomeo al Mare, Taggia, Vallecrosia und Ventimiglia. Seine höchste Entfaltung und Krone erfährt er aber in der Umgebung von San Remo, um Bussana und Poggio. Auch an der Levante, wo er allerdings sehr oft gemischt verarbeitet wird, ist er zu Hause, z. B. in Cogorno und Ortonovo.

Daneben bestechen auch der weiße **Massarda** von Perninaldo, der **Lumassina** von Giustenice, Verzi oder Noli oder die edlen Tropfen der **Arbasola-Traube** in Brugnato und Pignone. Im Hinterland von Taggia wird ein mildsüßer **Muskateller** gepflegt, und bei Finalpia kann man sogar einen charaktervollen **Tokaier** finden. Neben dem schon erwähnten Coronata ein anderer beliebter, aber weniger bekannter Weißer der Umgebung von Genua ist der **Valpolcevera** von Ceranesi oder Mignanego.

Für nicht wenige exklusive Kenner der italienischen Weine aber ist der **Pigato** die Nr. 1. Besonders in der näheren Umgebung und im Hinterland von Albenga ist er zuhause. Wer den Pigato von Campochiesa, Salea und Ortovero zu den besten Weißweinmarken zählt, muß keine großen Widersprüche erwarten, er wird unter beifälligem Nicken gern als Kenner akzeptiert.

Dennoch, wer an ligurischen Weißwein, an einen fruchtig trockenen Wein mit einer Brise Meerwind auf der Zunge denkt, hat dabei meist den auch außerhalb von Ligurien bekanntesten Tropfen im Kopf, besser im Mund, den **Cinqueterre**. Die Cinqueterre sind die größte zusammenhängende Monokultur der Region. Der Wein prägt nicht nur bestimmend das eindrucksvolle Bild der Landschaft mit ihren unzähligen schmalfüßigen Terrassen, er sorgt nicht nur für die wirtschaftliche Grundlage der Bevölkerung, er ist schlechthin das Kultursymbol der fünf Länder. Jeder Reisende der Levanteküste wird früher oder später ganz von selbst einmal den Cinqueterre als besondere Gaumenfreude angeboten bekommen. Der meistgepriesene, aber praktisch im Handel, in Geschäften oder in Restaurants nirgends aufzutreibende Wein dieser stark mineralischen und den ganzen Tag der Sonne ausgesetzten Cinqueterre ist der schon fast legendäre **Sciacchetrà**. Ist schon die normale Produktion des weißen Cinqueterre eine selbstquälerische Lust am Dasein, der Sciacchetrà verlangt die einzeln gepflückte Traube, deren Nektar zunächst zwei Jahre im Faß und anschließend 10 Jahre in der Flasche verbringt, bevor man ihn wagt, zu sich zu nehmen, tropfenweise, mit geschlossenen Augen, immer ein besonderes Fest. Die meist nur intern bekannten Winzer, die dieses echte Göttergetränk noch wie seit Generationen herzustellen wissen, produzieren für sich, für den engsten Freundeskreis, für eine feste kleine Klientel. Ihn aufzutreiben, bedarf großer Beziehungen. Doch die Mühe lohnt sich.

Von besonders reifen Trauben können auch **Likör-Weine** hergestellt werden, so vom Rossese in Orcofeglino, vom Vermentino in Loano. Auch in Castiglione Chiavarese wird ein wohlschmeckender weißer Likör-Wein angeboten. Besonders beachtet ist der **Nocino**, ein Nußlikör von Bolano, Carpasio und Murinaldo. In Carpasio weiß man auch einen bei Damen sehr beliebten Orangenlikör zu bereiten, den **Arancino**. Andere Liköre der Region sind z. B. der **Genzianella** und der **Arquebuse,** ebenfalls von Murinaldo. Auch der **Zitronenkrautlikör** von Isola del Cantone weiß ein harmonisches Mahl abzurunden.

5   Kunsthandwerk und heimische Industrien

Im speziellen Spektrum des ligurischen Regenbogens wird unter *gelb* Kunsthandwerk und Folklore angepriesen. Doch weckt die übereifrige Touristikreklame allzu hochgesteckte Ansprüche und Vorstellungen. Hier ist Vorsicht geboten. Zwei Beispiele: In einem Prospekt ›Riviera Ligure‹ heißt es: »Interessante Stücke der Glaskunst kann man in Altare entdecken. Und in Zoagli findet man kostbare Samte. Und in Lorsica werden Damaste und Brokate gewoben.« Die Realität sieht etwas bescheidener aus. Im Falle Altare, dem alten Zentrum für **Glasherstellung** in Ligurien (nicht nur Murano war berühmt), klärte mich Signore Amanzio Bormioli dann auf. Als er 1939 als 14jähriger als Glasmacherlehrling seinen in Altare altehrwürdigen Beruf ergriff, gab es noch an die 60 Glasmachermeister im Ort. Heute ist er praktisch der einzig Übriggebliebene von seiner Generation. Sein abwechslungsreiches Wanderleben führte ihn als Meister seiner Zunft in die Schweiz, nach Frankreich und sogar in den Libanon. Er ist froh, heute einen jungen Gehilfen gefunden zu haben, der bereit ist, die alte Kunst und Tradition des Ortes fortzusetzen. Neben Maestro Bormioli gibt es noch einen zweiten, ebenfalls jüngeren Meister der Glasmacherzunft, Sandro Bormioli, der sich zeitgenössischeren Formen verschrieben hat. Ein dritter Laden für Glaskunst hat sich darauf spezialisiert, fertige Kollektionen bekannter Firmen aus aller Welt mit Gravuren zu versehen. Doch den Grundstoff ihrer Tätigkeit, das Glas, stellt keiner mehr selber her. Dennoch lohnt ein Besuch beim Maestro Bormioli und seinem Gehilfen.

Noch drastischer erweist sich die Rarität im Falle der Herstellung von wertvollen Tuchen, Damast- und Brokatstoffen in Lorsika im Hinterland von Chiávari. Von der einst weltweit Ansehen genießenden **Textilproduktion** Liguriens ist eine einzige Familie übriggeblieben, die noch Damaststoffe an ihren alten Webstühlen herstellt. Doch auch von vier Webstühlen der Familie de Martini, Lorsica, Via Scaletta Nr. 78, sind nur zwei in ständigem Betrieb.

Bleiben wir gleich im Raum Chiávari und dem Promontorio di Portofino, so lohnt ein kleiner Ausflug zu den zum Teil verlassenen Manganminen von Carsagna und den Schieferbrüchen in der Umgebung von Lorsica und Cicagna. Echte Chiavareser Tradition, die in Heimarbeit vor allem weiterlebt, ist die **Knüpfkunst** (eine Art Macramé-Knüpferei). Wenn die Männer wochen- und monatelang für die Heimat auf See waren, hatten die Frauen Zeit und Muße, sich ihrer Kunst, Decken, Handtücher und andere Weißwäsche für die Aussteuer mit phantasievollen Knüpfborten zu versehen, zu widmen. Die **Spitzenklöppelei** ist noch eine Spezialität der Halbinsel von Portofino. Dort und in San Fruttuoso oder Santa Margherita Ligure kann man noch bisweilen die alten Frauen, meist zu mehreren im Plausch vereint, auf der Straße vor den Türen ihrer Häuser sitzen sehen, beschäftigt mit der Klöppelei. Um eine richtiggehende heimische Industrie handelt es sich bei den **Kunstschreinern** von Chiávari, die aus Nuß-, Kirsch-, Ahorn- und Buchenholz Stühle und barocke Bilderrahmen herstellen. Eine andere heimische Industrie, einst von Weltruf, war die Herstellung von **Spezialuhren**, für Rathäuser, Kirchen und auf Plätzen, ihr Fertigungszentrum liegt heute noch in Recco und im Hinterland.

Natürlich darf hier keineswegs unterschlagen werden, daß trotz der großen übernationalen Konkurrenz der **Schiffbau** in Ligurien eine Heimat hat. Wer nicht gerade im Oktober zum Zeitpunkt der Nautica in Genua weilt, der kann sich gerne in Genua-Sestri, La Spezia (Muggiano), Pietra Ligure, Savona, Sestri Levante (Ortsteil Riva-Trigoso) und Varazze über die Tätigkeit und Produktion der ›Cantieri Navali‹ einen lehrreichen Einblick verschaffen.

Dort wo einst Weinstock und Olivenbaum den Charakter der Landschaft bestimmten, hat sich ab Taggia westwärts die **Blumenzucht** vollständig durchgesetzt. In der Mitte des 19. Jahrhunderts einsetzend, in unserem Jahrhundert mehr an wirtschaftlicher Bedeutung gewinnend, hat sich schließlich die Florikultur der Blumen-Riviera zur ernsthaften Konkurrenz für die Côte d'Azur und für Holland entwickelt. Wer sich davon ein Bild machen will, der besuche bevorzugterweise kleinere Orte im Hinterland, wo erst seit wenigen Generationen die Lebensgrundlage auf Blumenzucht umgestellt wurde, z. B. die **Rosenzüchtungen** bei San Biagio della Cima.

Weniger bekannt als die Blumenzucht ist die Herstellung von **Parfüm**. So hat sich z. B. Signore Giulio Papone in Torre Papone der Herstellung von Lavendelparfüm verschrieben.

Als es noch keine Autos gab, was wäre da der Verkehr ohne die **Muli** gewesen! Noch heute, besonders im westlichen Hinterland der Ponente, begegnet der aufmerksame Reisende allenthalben den immer noch unersetzbaren treuen Lastenträgern und Reittieren des bergigen Hinterlandes. Zentrum ist Montalto Ligure, die Geburtsstadt des Malers Ludovico Brea.

Das vielleicht bekannteste Beispiel für lebendig gebliebene kunsthandwerkliche Tradition ist der Ort Albisola, natürlich für seine **Keramik**. Die ganze Stadt besteht daraus. Besonders durch die Anwesenheit avantgardistischer Künstler seit 1925 z. B. Lucio Fontana, Sebastiano Matta, Ansger Jorn, Giaccomo Manzù, Agenore Fabbri etc. hatte die alte Keramikmetropole Savona-Albisola neuen Aufschwung und Anstöße zu zeitgenössischem oder zeitgemäßem Gestalten erlebt. Durch die Produktion von farbigen glasierten Kacheln, den sog. Laggioni, oft mit islamischen Mustern, hatte Albisola Weltruf erlangt. Meister aus Albisola stehen am Anfang großer Porzellan- und Keramikstädte wie Nevers und Vallauris. Obwohl die Stadt besonders zur Touristenzeit schon überquillt und keramische Waren verschiedenster Art angeboten werden, ist es dort ein recht mühseliges Unterfangen die Spreu vom Weizen zu trennen, letzterer ist zu selten geworden.

6 Ausflüge ins Hinterland

Kunsthandwerk, Festkalender, Speisen und Weine haben uns nun schon mehrfach aus den Zentren hinaus und zum Teil weit ins Hinterland hineingeführt. Solchermaßen von verschiedensten Anreizen angespornt ist der Reisende schon fast begierig, das andere, das echte alte Ligurien kennenzulernen. Mochte er sich am Lärm der Küstenstädte und der Touristenmassen am Strand gestoßen haben, spätestens im Hinterland wird jeder Reisende zum Ligurienfan. Besonders eindrucksvoll und reich an Schätzen der Kunst und Geschichte erweisen sich die kurzen Täler der *Ponente*. Ohne Anspruch auf Vollständigkeit hier noch eine Auflistung der wichtigsten Sehenswürdigkeiten abseits der Küste. Selbstverständlich nur in lexikalischer Kürze. (Siehe auch S. 219 ff.: die Ausflüge ins Hinterland der *Lavante!*)

Riviera di Ponente

a Ausflüge von Savona/Varazze aus

Campo Ligure. An der Grenze zwischen den Provinzen Genua und Savona führt die Straße über den Passo di Turchino nach Campo Ligure. Wegen seiner günstigen Lage an der frequentierten Paßstraße strategisch wichtiger und zwischen Genua und Grafschaft Monferrato heftig umstrittener Ort. Von seiner einstigen Kleinindustrie (Eisenverarbeitung, Textilherstellung, Papierproduktion) ist die Spezialität des Ortes, die Herstellung von *Filigranschmuck aus Silber*, nennenswert geblieben. Malerisches Ortsbild vom Fluß aus. Über dem Ort die Ruinen der im 17. Jahrhundert zerstörten *Spinola-Burg* des 14. Jahrhunderts, die in ihrem Kernbau noch Reste des 13. Jahrhunderts aufweist.

Tiglieto. Im Tal der Orba als älteste Filiale der Zisterzienser auf italienischem Boden von der Mutterabtei La Ferté in Burgund 1120 gegründet. 1132 von Papst Innozenz II. bestätigt. Nach reichen Schenkungen wichtiges geistiges Zentrum des Ordens in Oberitalien. 1442 bereits in Kommende überführt. Im späten 17. Jahrhundert profaniert. Von den Konventsgebäuden stehen noch das *Kapitelhaus* (Anfang 13. Jahrhundert), *Sakristei, Dormitorium, Fraternei, Refektorium, Konversenhaus* und *Kirche*

Santa Maria e Santa Croce. Der ursprüngliche romanische Backsteinbau nach und nach verändert. In Material- und Formenrepertoire eindeutig lombardisch ausgerichtet. Heute als Bauernhof genutzt. Auf höfliche Anfrage Besichtigung des Außenbaues möglich.

Tiglieto, Triforiumsfenster des Kapitelsaales

Sassello. Seit 967 durch ein Diplom Ottos d. Gr. bezeugt. An wichtiger Straße über den Giovo-Paß (nach Turin) gelegen. Regionales Wirtschafts- und Kulturzentrum schon seit Zeiten der Frühgeschichte. Interessantes *Museum* (Museo Perrando); zeigt neben Funden der Frühgeschichte Bilder von Domenico Piola, Luca Cambiaso, Magnasco, Il Grechetto usw.

Rocchetta Cairo. Außerhalb des Ortes, ca. 1 km über die Eisenbahnlinie, die mittelalterliche Brücke *Ponte degli Allemanni*. Einige Kilometer Bormida-abwärts bei Piana Crixia, unterhalb der alten Pfarrkirche eine Sehenswürdigkeit der Natur, der berühmte *Fungo di Piana*. Dieser Pilzfelsen, den die Wasser der Bormida ausgespült haben, besteht aus einem tonnenschweren monolithen Felsblock, der unter sich einen Stiel (15 m Höhe!) aus Sedimentgesteinen belastet. Interessantestes Exemplar dieser Art in Italien!

Cairo Montenotte. Römische Gründung. Später wichtiger Ort der Aleramischen Mark. Mit seinen rechteckigen Straßenzügen, den Resten der Stadtmauer und der Burgruine der Del Caretto typisches Beispiel spätmittelalterlicher Stadtneugründungen. Zu besichtigen die gotische *Porta Soprana* (12.–14. Jahrhundert), der *Palazzo Scarampi*, die *Via dei Portici*, die *Pfarrkirche* von 1632–40. Nördlich von Cairo Montenotte der kleine Flecken *Caretto*, Stammsitz des bedeutenden Feudalgeschlechtes (seit 12. Jahrhundert) der Del Caretto.

Millesimo. Am Schnittpunkt mehrerer Täler schon zu römischen Zeiten von strategischer Bedeutung. Über dem Ort Ruinen des 1553 von den Spaniern zerstörten *Del Caretto-Castells* aus dem 13. und 14. Jahrhundert. Zentrum der Stadt die rechteckige *Piazza Italia* mit zum Teil mittelalterlichen Häusern und dem *Stadtpalast der Del Caretto*, heute Rathaus. Von dort über die Via Ponte Vecchio zur *mittelalterlichen Brücke* über die Bormida. Nach römischem Vorbild sehr hochgeschwungener Brückenbogen mit spätmittelalterlichem Wehrturm. An der Straße nach Cengio die Kirche *Santa Maria extra muros*, zum ersten Mal 967 erwähnt. In Grundriß und Struktur der Außenmauern noch romanisch. Sonst weitgehend im 15. Jahrhundert erneuert. Aus dieser Zeit an den Seitenwänden und im Chor *Freskenzyklus*.

Ca. 1 km vom Ortskern an der Straße nach Saliceto linkerhand die *Villa Centurione Bruno* (19. Jahrhundert), die Reste des alten 1216 von Enrico II. Del Caretto gegründeten Klosters *Santo Stefano* umschließt. Kreuzgang des 15. Jahrhunderts. (Privatbesitz, aber zu besichtigen.)

Saliceto. Pfarrkirche *San Lorenzo*. Im Auftrag von Carlo Del Carretto, Kardinal von Finale, als Renaissance-Bau (selten im Hinterland) errichtet. Von Pilastern dreigeteilte und ausgewogene Fassade mit ebenfalls drei Portalen, das mittlere davon besonders reich dekoriert. Das dreischiffige Innere besitzt eine mit vier Hochreliefs ausgestattete Kuppel. Bemerkenswerte Kanzel aus Sandstein (Ende 16. Jahrhundert). Hinter der Pfarrkirche die ehemalige Kirche *Sant' Agostino*: Dort hochinteressante *Kapelle* des 14. Jahrhunderts; vollständig mit *Fresken* des 15. Jahrhunderts ausgemalt.

1 km stadtauswärts in Richtung Monesiglio die Gemeinde Liguera; dort das Kirch-

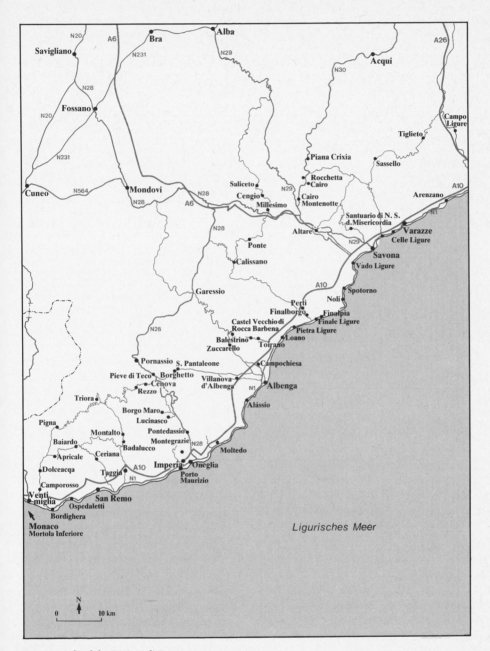

Das Hinterland der Riviera di Ponente

lein *San Martino* in romanischem Stil. Apsis und Presbyterium ausgemalt mit spätgotischen *Fresken* (um 1400): Szenen aus dem Leben des Kirchenpatrons (Verkündigung, Christus als Weltenrichter, Evangelisten und Kirchenväter, Heilige usw.).

Ponte. Kleine Gemeinde südöstlich von Millesimo. Kirche *San Lorenzo* mit gotischer Backsteinfassade lombardischen Einflusses, Fensterrose, Stufenportal und trecenteskem Sandsteinrelief (Hl. Lorenz auf dem Rost). In der Lünette des Portals Madonna mit Kind und Engeln, Fresko des 15. Jahrhunderts. Aus der gleichen Zeit der von drei Reihen Biforien durchbrochene *Campanile*. Im linken Seitenschiff mittelalterliches *Taufbecken* und in der Sakristei *Fresken* des 15. Jahrhunderts.

Altare. Stadt der Glasherstellung (siehe Kunsthandwerk).

Santuario di Nostra Signora della Misericordia. 7 km nördlich von Savona. Links vom Ortseingang die historische *Locanda del Pellegrino*, bereits 1540 erbaut. Rechts der große Kirchplatz mit *Brunnen* von Giaccomo Antonio Ponsonelli (1708). Links vom Platz der *Palazzo Pallavicino* und das *alte Hospiz* (Vecchio Ospizio) und rechts der neue *Palazzo del Ospizio* (1636).

An der Stirnseite des Platzes die *Basilika della Signora della Misericordia*. 1536–40 nach Plänen des Lombarden Pace Antonio Sormano zur Erinnerung an die Erscheinung der Madonna (18. März 1536, dem Bauern Antonio Botta) errichtet. Die Fassade aus verschiedenfarbigem Marmor geht auf Taddeo Carlone (1610–11) zurück. Das dreischiffige Innere von gotischen oktogonalen Pfeilern und Kreuzrippengewölben altmodischer Art bestimmt. Sehr bedeutende Ausstattung. Die *Freskierung* von Westwand, Gewölben des Hauptschiffes und Kuppel von Bernardo Castello (ab 1610). *Im rechten Seitenschiff:* 1. Kapelle, ›Assunta‹ von Paolo Gerolamo Brusco; 2. Kapelle, caravaggieske ›Geburt Mariens‹; 3. Kapelle, ›Darstellung im Tempel‹ von Domenichino; 4. Kapelle, ›Kreuzigung‹ von Giovanni Battista Paggi. Im durch die Krypta erhöhten *Presbyterium* Hauptaltar von Francesco Schiaffino und großes Prozessionskreuz der Maragliano-Schule. *Krypta:* ›Madonna della Misericordia und kniender Antonio Botta‹, Marmorgruppe von Pietro Orsolino (1560) und farbig gefaßtes Holzkruzifix, Anfang 15. Jahrhundert. *Linkes Seitenschiff:* 1. Kapelle, Verkündung von Andrea Semino; 2. Kapelle, ›Anbetung der Hirten‹ von Bernardo Castello; 3. Kapelle, ›Heimsuchungsgruppe‹ aus Marmor, traditionellerweise dem Gian Lorenzo Bernini zugeschrieben (wohl aber nicht überzeugend!); 4. Kapelle, ›Madonna mit Kind in Engelsglorie‹ von Bernardo Castello.

b Ausgangspunkt Albenga

Balestrino. Im Frühmittelalter Besitz des Klosters San Pietro di Varatella. Ging schließlich im 14. Jahrhundert in Feudalbesitz der Del Carretto di Finale e di Zucarello über, wo seither 1545 die wichtige Nebenlinie der Del Carretto von Balestrino ihren Sitz hatte. Noch heute bestimmt deren *Castello* das Profil von Balestrino. In der zweiten Hälfte des 16. Jahrhunderts erstmals errichtet, 1795 von den Franzosen zerstört und im 19. Jahrhundert mehr als Schloß wieder aufgebaut. Nach wie vor im Besitz der Familie Del Carretto.

Santuario di Nostra Signora della Misericordia; nach Strafforello

Castel Vecchio di Rocca Barbena. Ältester Feudalsitz der Region und älteste Burg der Markgrafen von Clavesana. Teile des Kastells gehen bis ins 11. Jahrhundert zurück. Die jetzige Gestalt wird weitgehend durch Neubauten des 17. Jahrhunderts bestimmt. Schöner Blick auf Küste und Hinterland.

Zuccarello. Von den Clavesanern als neuer Familienbesitz im Tal des Neva im 13. Jahrhundert gegründet (vgl. Finalborgo, siehe dort). Gut erhaltenes Beispiel eines solchen spätmittelalterlichen Borgo als Neustadt. Hauptstraße mit Arkaden.

Garessio (siehe Seite 344).

San Giorgio di Campochiesa (Abb. 137). Wie der Name schon sagt, handelt es sich um die Friedhofskirche San Giorgio. Romanisch-gotische Kirche, dreischiffig mit offenem Dachstuhl. Zwei Bauphasen: Die ersten drei Joche romanisch (12. Jahrhundert) und zwei westliche Joche vom Anfang des 14. Jahrhunderts. Berühmt wegen seiner *Fresken im Presbyterium*. In der Hauptapsis Darstellung des Jüngsten Gerichtes von 1446 mit Szenen aus Dantes Divina Commedia. In der rechten Apside Szenen aus dem Leben des Hl. Leodegar (13.–14. Jahrhundert in provençalischer Tradition). Wenn geschlossen, Schlüssel bei den Schwestern ca. 500 m stadteinwärts linker Hand holen.

Santo Stefano di Massaro (Farbt. 11). Hat man, von Albenga kommend, links in Richtung Villanova abbiegend die Neva überquert, gleich die erste kleine Straße rechts nehmen. Nach ca. 1,5 km die Kirche Stefano

S. Stefano di Massaro, Fresko des pfeilschießenden Todes, 15. Jh.

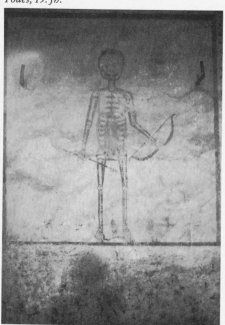

aus dem 11. Jahrhundert. Im Inneren bekannte *Fresken* des 14. und 15. Jahrhunderts. Darunter die etwas unbeholfen-naive, aber in Ligurien seltene Darstellung des ›Todes als Bogenschütze‹. Schlüssel bei einem der benachbarten Gärtner erhältlich.

Villanova d'Albenga. Einer der vom Bischof von Albenga (1250) gegen die aggressiven Feudalherren der Clavesaner errichteten befestigten Orte. Mauerring fast noch vollständig erhalten. Westlich des Mauerringes an der Straße nach Garlenda gelegen die 1520 begonnene Rundkirche *Santa Maria della Rotonda*. In Ligurien seltener Zentralbau der Renaissance auf kreisrundem Grundriß. Außenbau nie fertig geworden. Noch weiter im Westen, am Friedhof gelegen, die ehemalige Pfarrkirche *Santo Stefano* der verschwundenen Gemeinde von Cavatorio (Farbt. 13). Campanile mit Biforien des 12. Jahrhunderts. Im Inneren Fresken des 15. und 16. Jahrhunderts.

San Pantaleone. Einsam über der Aroscia gelegen (in Richtung Pieve di Teco etwas nach Borghetto d'Aroscia) die wichtige Kirche *San Pantaleone*. Auf dem kleinen Vorplatz eine einzeln aufgestellte Säule. Eine der Apsiden noch aus dem 11. Jahrhundert. Die andere Apside und der Portikus im Westen stammen noch aus dem 15. Jahrhundert. Im Portikus Fresken des 15. Jahrhunderts. Portal 1493 von einem Meister der Schule von Cenova skulptiert.

Rezzo. Vorbei an Cenova, dem einstigen Sitz der Schieferbrüche und -werkstätten, von denen ein Großteil der landestypischen Renaissance-Portale in Schiefer stammt. Ca. 3 km oberhalb von Rezzo die Wallfahrtskirche von *Nostra Signora del Sepolcro* (Abb. 135). Das schlichte dreischiffige holzgedeckte Sanktuarium besitzt neben alten steinernen Kirchbänken und einem barocken Hauptaltar mit ›Modanna mit Kind‹, ein Hauptwerk des Filippo Parodi, einer der bedeutendsten *Freskenzyklen* der Region. Die freskierten Szenen aus dem Leben Christi stammen von der Hand des namentlich bekannten Meisters Pietro Guidi (1515). Schlüssel unten im Ort im Municipio gegen Ausweishinterlegung erhältlich.

Pieve di Teco. Wichtigster Straßenort auf dem Weg von Albenga nach Turin. Einstmals Hauptsitz für Schuh- und Lederwarenherstellung. Als Wächter des oberen Aroscia-Tales und der Verbindung zwischen Meer und Piemont bis ins 19. Jahrhundert bedeutender Ort. Hauptverkehrsachse des alten Borgo ist der *Corso Ponzoni* mit seinen mittelalterlichen Arkaden. Wichtigster Bau ist die Kollegiatskirche *San Giovanni Battista*. Erst 1792–1806 als Zentralbau über drei Konchen errichtet. Das streng kassetierte Gewölbe ist schon dem Klassizismus verpflichtet. Noch verhaltenes Barock zeigt die hochaufgeschossene streng komponierte Fassade. Im Inneren ›Kreuzweg‹ von Domenico Bruschi und eine Krippe von Maragliano.

Die ältere Pfarrkirche *Santa Maria della Ripa* (15. Jahrhundert) ist leider z. Z. geschlossen. Die Hauptachse Corso Ponzoni mündet nordwärts in die Via Garibaldi. Dort Nr. 36 schönes *Schieferportal* (Anfang 16. Jahrhundert) vom alten Hospital (Abb. 136). Weiter nördlich, schon außerhalb des Borgo über der Staatsstraße der Ex-Augustinerkonvent mit luftigem *Kreuzgang* (um 1500).

Nach wenigen Kilometern in Richtung Pornassio im Ortsteil **Villa** die Kirche *San Dalmazzo* (Farbt. 20). Wichtige Kirche des oberen Aroscia-Tales mit romanischem Campanile. An der Fassade des 15. Jahrhunderts schönes Portal von 1455 mit skulptiertem Architrav. Das Lünettenfresko des Portals wird dem Canavesio zugeschrieben. Das dreischiffige Kircheninnere mit rundbogigen Arkaden über Säulen mit reichgearbeiteten Kapitellen birgt einige Schätze, z. B. das ›Polyptychon des Hl. Biagio‹, ebenfalls dem Canavesio zugeschrieben; ein anderes Polyptychon des frühen 16. Jahrhunderts mit Skulpturen und Reliefs aus vergoldetem Holz und im rechten Seitenschiff Fresken von 1559, dem aus Ranzo gebürtigen Giorgio Guidi zugeschrieben.

c   Umgebung von Imperia

Pontedassio. Spaghetti-Museum (siehe Museen). In der im 19. Jahrhundert rekonstruierten *Pfarrkirche* Altarbild mit dem ›Hl. Bartolomäus zwischen Johannes dem Täufer und der Hl. Katharina‹ von Lucca Baudo (1503).

Lucinasco. In zahlreichen Windungen führt die Straße durch endlose Olivenwälder hinauf nach Lucinasco (Farbt. 17). Etwas außerhalb des Ortes die spätromanische, in Barock verlängerte Kirche *Santo Stefano*. Von dort ca. 5 km zur einsam gelegenen Wallfahrtskirche *Santa Maria Maddalena* von 1401. Spätromanische Formen! Hervorragend erhalten. Wunderbarer Blick auf die Alpen.

Borgo Maro. Reste des *Castello del Maro*, Lehen der Grafen von Ventimiglia. Die

Pfarrkirche *SS. Nazzaro e Celso* (15. Jahrhundert), die Mutterkirche des ganzen Tales, zeigt zwischen Resten des romanischen Vorgängerbaues Portal und Säulen in schwarzem Stein. In der Nähe Schwefelquellen.

Montegrazie. Im Ort in der *Pfarrkirche* Polyptychon von Carlo Baccesco (1478). Schlüssel bei Elena Boasco (am kleinen Platz vor der Schule, Ortseingang). Über dem Ort das Sanktuarium *Nostra Signora delle Grazie*. In der 1450 in gotischen Formen nach seit der Romanik vertrautem Schema errichteten Wallfahrtskirche bedeutendster *Freskenzyklus* der Ponente. *Im linken Seitenschiff* ›Jüngstes Gericht‹ und ›Strafe der Verdammten‹ (1483) und *in der linken Apside* ›Geschichte Johannes des Täufers‹, Werke der Brüder Tommaso und Matteo Biasacci da Busca. *Im rechten Seitenschiff* ›Passionsgeschichte‹ von Pietro Guido da Ranzo (erste Hälfte 16. Jahrhundert) und *in der dazugehörigen Apside* ›Geschichte des Hl. Jakobus‹ von Gabriele della Cella (1498). Von hier aus ein schöner Blick auf Porto Maurizio.

Moltedo. Die ›heilige Familie‹ von Antonis van Dyck in der *Pfarrkirche*, die in allen Führern noch vermerkt ist, wurde vor einigen Jahren schon gestohlen. Ein Ausflug nach Moltedo des Van Dyck wegen lohnt also nicht! Lohnenswert sind aber alle diese kleinen Orte, besitzen sie doch in ihren Kirchen und Oratorien fast allesamt entweder Freskenreste oder alte Altartafeln des 15. oder 16. Jahrhunderts, Reste romanischer Architektur, reiche Schnitzkunst oder ähnliches: Dolcedo, Molini, Vasia, Valloria Marittima, Tavole, Piani.

d Umgebung von San Remo und Ventimiglia

Badalucco. Von Taggia aus Argentina-aufwärts. Am Anfang des Ortes die malerische *Brücke* mit Tor und Kapelle der Hl. Lucia (Abb. 145). Im Ort *Palazzo Boeri* (16.–17. Jahrhundert) mit Loggia im Obergeschoß. Am Ortsende weitere spätmittelalterliche Brücke.

Montalto Ligure (Abb. 143). Herkunftsort der Malerfamilie der Brea. In der *Pfarrkirche* Polyptychon des ›Hl. Georg‹ von Ludovico Brea (1516), eine ›Auferstehung‹ von Luca Cambiaso und Werke von Carrega. Vor dem Ort die spätromanische Friedhofskirche *San Giorgio* (Abb. 144) mit Resten spätmittelalterlicher Fresken. Zwischen Montalto und Triora noch besonders häufige Nutzung der Muli als Last- und Reittiere!

Triora. Im Vor-Ort, im Tal gelegen, Mulini di Triora, zahlreiche Reste der einstigen präindustriellen Bestimmung des Ortes: *Wassermühlen* mit großen Schaufelrädern, und zwar sowohl Öl- als auch Getreidemühlen. Etwas außerhalb des Ortes das Sanktuarium *Madonna della Montata* mit Fresken des 15. Jahrhunderts. 1 km vor Triora linker Hand unterhalb der Straße, die Kapelle *San Bernardino*, mit Fresken von 1443.

Triora, einst wichtige Besitzung der Aleramischen, dann der Arduinischen Mark; über diese an Ventimiglia und schließlich nach 1261 an Genua. Gut erhaltener alter Häuserbestand, trotz der unsinnigen Zerstörungen von 1944, aus Rache gegen die Partisanen. An der Fassade (1833) der Kollegiatskirche *SS. Annunziata* (16. Jahrhundert) spätgotisches Portal. In der Taufkapelle rechts vom Eingang ›Taufe Christi‹ von Taddeo di Bartolo (1397).

Ceriana (Farbt. 2). Pfarrkirche (18. Jahrhundert) *SS. Pietro e Paolo*, prächtige Schaufassade mit zwei Türmen. Im großräumigen Inneren Polyptychon des 16. Jahrhunderts. Ebenfalls im Ort romanische Kirche *Sant' Andrea* mit massigem Campanile und einer Pala von 1528. Außerhalb, im Talgrund gelegen, die ehemalige Pfarrkirche *San Pietro* (jetzt bekannter als Basilica del Santo Spirito). Ursprünglich romanischer Bau (12. Jahrhundert), im 16. Jahrhundert vollständig erneuert mit dreischiffigem Inneren und Portikus. In der Apsis ›Hl. Petrus auf dem Thron und andere Heilige‹, großes Polyptychon, erste Hälfte 16. Jahrhundert. Momentan lohnt sich ein Besuch nicht, da das Kirchendach eingestürzt ist. Neben San Pietro das spätbarocke *Oratorium der Hl. Katharina* (vorläufig von innen nicht zu besichtigen).

Baiardo (Farbt. 8). Bei dem schrecklichen Erdbeben von 1887 schwere Verluste an Menschen und Material. Aus diesem Anlaß die ›Festa della Barca‹ (siehe Feste). Vom höchsten Punkt, mit Ruinen vom Kastell und der alten Pfarrkirche, herrliche Aussicht auf die Alpen.

Pigna (Farbt. 9). Typisch ligurische Bergstadt mit engsten Gassen und überbauten Straßen (sog. *chibi*). Am Ortseingang links die Ruine der einst großartigen romanischen Klosterkirche *San Tommaso*. Im Ortskern von der Piazza Vecchia durch die *Loggia della Piazza Vecchia* (15. Jahrhundert, mit den alten Getreidemaßen der Stadt!) zur Pfarrkirche *San Michele* (Abb. 158, 159). Die ursprünglich romanische Kirche, 1450 erneuert, 1570 verlängert, 1944 teilweise zerstört und wieder restauriert, besitzt noch ihre schöne Fassade mit großer Fensterrose und spätgotischem Portal als Pseudoprotiro mit dem Hl. Michael und dem Drachen (Skulpturen im Tympanonfeld). Die Rosette stammt von Giovanni Gaggini (1450) und ist mit Originalglasfenstern ausgestattet (diese zeigen zwischen den Speichen die zwölf Apostel). Im dreischiffigen Inneren, über oktogonalen Säulen mit gotischen Blattkapitellen, auf dem Hauptaltar ein großes Polyptychon mit 36 Feldern von Giovanni Canavesio (1482). Im rechten Seitenschiff die hier angebrachten Fresken von der Friedhofskapelle San Bernardo. Auch diese von Giovanni Canavesio (1482; Abb. 160). An der Kirchenfassade vorbei nach links das spätgotische Oratorium mit schöner Stuckdekoration des 18. Jahrhunderts. An der Piazza Centrale, wo einst das Castello stand, einige schöne charakteristische Portale und Hausfassaden.

Apricale (Farbt. vordere Umschlagklappe). Malerisches Bergstädtchen. Opfer der Landflucht. Ende des letzten Jahrhunderts noch mehrere tausend Einwohner. Heute fast ausgestorben. Überall an den Fassaden Fresken von Gegenwartskünstlern, angebracht bei einer Aktion zur Wiederbelebung der ›toten‹ Stadt.

Dolceacqua (Farbt. 10). Handelspolitisches, strategisches und landwirtschaftliches Zentrum des Nervia-Tales, auf beiden Seiten des Flusses. Im Westen der *jüngere Borgo mit Stadttor*. Östlich älterer Teil zu Füßen der dominierenden Ruinen der *Doria-Burg*. Diese bereits 1177 von den Grafen von Ventimiglia zur Sicherung des Nervia-Tales errichtet. Seit etwa 1260 von den Doria erworben und von diesen als Wohnschloß im 15.

AUSFLÜGE INS HINTERLAND: VON SAN REMO UND VENTIMIGLIA AUS

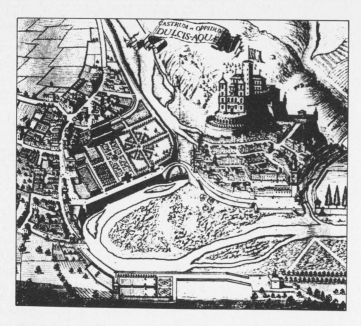

Dolceacqua

Jahrhundert ausgebaut. 1745 zerstört und nicht mehr erneuert. Beide Stadtteile verbunden von der großen *Brücke*, die in einem einzigen hochgezogenen Bogen von 33 m Spannweite den Fluß überquert. Wichtigster Anbauort des Rossese di Dolceacqua (siehe Weine). Am südlichen Stadtrand, im Friedhof die mehrfach veränderte Kirche *San Giorgio* aus dem 11.–12. Jahrhundert.

Camporosso. Friedhofskirche *San Pietro* (Farbt. 12). Um 1100 an der Stelle eines frühmittelalterlichen Vorgängerbaus als romanische Saalkirche mit halbrunder Apsis errichtet, noch im Stile des ›premier art roman‹. Im 15. Jahrhundert erweitert und 1967–69 restauriert. Freskenausstattung um 1500 (›Christus in der Mandorla mit Tetramorph‹ in der Apsiskalotte). In der Pfarrkirche *San Marco* aus dem 15. Jahrhundert, 1670 vergrößert, in der ersten Kapelle links großes Polyptychon ›Petrus, Paulus und andere Heilige‹ von der Hand des Nizzarden Stefano Andrecchi (1533). Linke Chorkapelle mit Polyptychon ›Martyrium des Hl. Sebastian‹, erste Hälfte 16. Jahrhundert, und in der 2. Kapelle links Polyptychon ›Madonna mit Heiligen‹ auf Goldgrund von 1536.

Mortola Inferiore. *Giardini Hanbury.* 1867 kaufte der Engländer Sir Thomas Hanbury, der im Chinahandel zu großem Reichtum gekommen war, die Cinquecento-Villa der Familie Lanterni, die 1611 in Besitz der Familie Orenga gelangt war. In den Kauf eingeschlossen war ein Grundstücksareal von über 1 qkm Größe, das die Doppelfunktion haben sollte, zum einen der Erhaltung der Originalpinien- und Macchiavegetation zu dienen und zum anderen ein botanischer Garten für exotische Pflanzen aus aller Welt zu werden. Trotz der teilweisen Verwahrlo-

Mortola Inferiore, Villa Hanbury

sung immer noch einer der schönsten Gärten der gesamten Riviera (Farbt. 4, 6). Seit 1960 vom italienischen Staat angekauft. Seither, wegen Kompetenzstreitigkeiten zwischen dem Nutznießer Universität Genua, dem Istituto Internazionale di Studi Liguri und der Region, nicht mehr in voller Pflege. Eintritt frei.

7 Museen und Öffnungszeiten

Albenga
Civico Museo Ingauno (im Palazzo Vecchio del Comune), Volkskunde: Nur mit Führung. Führer i. Fremdenverkehrsamt gegenüber Pal. Vecchio, Via B. Ricci. 9.00–12.00 Uhr (Okt. – März 10.00–12.00 Uhr) und 15.00–18.00 Uhr, Montag geschl.
Museo Diocesano (im Palazzo Vescovile), sakrale Kunst vom Mittelalter bis ins 18. Jahrhundert: Öffnungszeiten und Führer die gleichen wie Civico Museo Ingauno.
Museo Navale Romana (im Palazzo Peloso-Cepolla), römisches Schiffsmuseum: Öffnungszeiten und Führer die gleichen wie Civico Museo Ingauno.
Chiesa di San Bernardino: Schlüssel beim Museumsführer holen bzw. erfragen.

MUSEEN UND ÖFFNUNGSZEITEN

Albissola Marina
Museo della Ceramica (Villa Faraggiana), Keramikmuseum: nach telef. Voranmeldung bei Azienda di Soggiorna di Albissola Marina, ∅ 019/48 16 48.

Bardino-Nuevo (bei Pietra Ligure)
Museo del Orologio (Standuhrenmuseum).

Bedonia
Museo del Seminario: Archäologie und Pinakothek.

Bordighera
Museo Bicknell (Via Romana 39). Bibliothek und Sitz des Istituto Internazionale di Studi Liguri. Mo–Fr 9–13 Uhr und 15–18 Uhr.

Camogli
Aquario Tirrenico (Fische des Tyrrhenischen Meeres): 10.00–12.00 Uhr und 15.00–19.00 Uhr (Okt.–Mai 14.00–18.00 Uhr).
Civico Museo Navale (Schiffskunde des Ortes): 9.00–12.00 Uhr und 16.00–19.00 Uhr (Winter 15.00–18.00 Uhr).

Carrega Ligure (Umgebung Genua; Volkskunde)
Museo della Cultura Popolare.

Cassego (Tal des Vara)
Museo di Contadino (Volkskunde).

Chiávari
Civico Museo Archeologico (Palazzo Rocca): Sa u. So 10–12 u. 16–19 Uhr.

Quadreria del Palazzo Torriglia (Sitz der Azienda Autonoma), Pinakothek: Mo–Fr 9–12 Uhr und 15.30–18.00 Uhr, Sa 9–12 Uhr.

Palazzo Episcopale (kleines Diözesanmuseum): Oft im Seminario Sonderveranstaltungen und Ausstellungen. Im Verkehrsamt aktuellerweise erfragen!

Coldirodi (Vorort von San Remo)
Pinacoteca Rambaldi. Wichtigste Gemäldegalerie San Remos. Privatbesitz; augenblicklich geschlossen, Besichtigung nach Vereinbarung möglich.

Diano Marina
Museo Civico Archeologico (Palazzo del Parco, im Fremdenverkehrsamt): Besichtigung nach Vereinbarung.

Finalborgo
Museo Civico del Finale (im Convento di Santa Catarina), Archäologie, Ethnologie: Okt.–Mai 9–12 u. 14.30–16.30 Uhr, Juni–Sept. 10–12 u. 15–18 Uhr, feiertags 9–12 Uhr, Mo u. im Januar geschl.

Genua
Civica Galleria d'Arte Moderna (Nervi): 9.30–11.45 und 14–17 Uhr; So, Mo u. feiertags geschl.
Civico Museo Navale (Pegli, Villa Doria): 9–13.15 u. 15–18 Uhr, Mo geschl.
Galleria Nazionale di Palazzo Spinola: Sommer: 9–17 Uhr; Winter 9–19 Uhr; So u. Mo 9–13 Uhr.
Galleria di Palazzo Bianco: 9–13.15 u. 15–18 Uhr, So u. feiertags 9.15–12.45 Uhr, Mo geschlossen.
Galleria di Palazzo Reale: Mo–Fr und So 9–13.30 Uhr, Sa 9–18 Uhr.
Galleria di Palazzo Rosso: 9–13.15 Uhr, So 9.15–12.45 Uhr, Mo geschl.

Museo dell'Accademia Ligustica di Belli Arti (Piazza De Farrari 5): 9–13 Uhr; So u. feiertags geschl.

Museo Americanistico F. Lunardi (Villa Grüber): 9.30–12 u. 15–17.30 Uhr; So 15–17.30 Uhr; Mo geschl.

Museo d'Arte Orientale E. Chiossone (Piazzale Mazzini) Winter 9–13.15 u. 14–17 Uhr, Sommer 9–13.15 u. 15–18 Uhr, So u. feiertags 9–13.15, Mo geschl.

Museo Civico di Archeologia Ligure (Pegli, Villa Pallavivini und Park!): Winter: Di–Sa 9–13.15 u. 14.15–16.45 Uhr, Sommer: 9–13.15 u. 15.15–17.45 Uhr, So 9.15–15.45 Uhr

Museo Civico G. Luxoro (Nervi): Winter: 9–13.15 u. 14–17 Uhr, So 9.15–12.45 Uhr, Sommer: 9–13.15 u. 15–18 Uhr, So 9.15–12.45 Uhr, Mo geschl.

Museo dell'Istituto Mazziniano oder del Risorgimento (Via Lomellini 11): 9–13.15 u. 15–18 Uhr, So 9.15–12.45 Uhr, Mo geschl.

Villa Croce (Museo d'arte contemporanea) Museum: 9–13.15, 15–18 Uhr; So von 9.15–12.45 Uhr; Mo geschl. Bibliothek: 9–12, 13.30–17.30 Uhr; Fr von 9–12, 13.30–16.30 Uhr; Sa u. So geschl.

Sammlungen sakraler Kunst in Genua

Dom S. Lorenzo, Domschatz: 9.30–11.45 u. 14–17.15 Uhr; So u. Mo geschl.

Museo di S. Agostino: 9–13.15 u. 15–18 Uhr, So 9.15–12.45 Uhr; Mo geschl.

Nostra Signora della Consolazione: Quadreria im Refektorium auf Anfrage zu besichtigen

S. Maria di Castello: Konvent und Museum auf Anfrage beim Sakristan zu besichtigen

La Spezia

Museo Civico Archeologico Formentini (Via Curtatone 9): 9–13 u. 15–19 Uhr; So 9–13 Uhr; Mo geschl.

Museo Technico Navale: Di, Mi u. Do 9–12 u. 14–18 Uhr.

Luni

Museo Nazionale: 9–12 u. 16–19 Uhr (Winter: 14–17 Uhr); Mo geschl.

Pontedassio

Museo Storico degli Spaghetti (privat): Schlüssel und Besichtigungstermin bei der Fa. Agnesi in Oneglia (✆ 0183/21651)

Pontremoli

Museo Archeologico della Lunigiana (Castello del Pragnaro): 9–12 u. 16–19 Uhr.

Porto Maurizio

Museo Navale (Piazza del Duomo, in der Pinacoteca Civica): Besichtigung auf Anfrage zw. 18 u. 20 Uhr.

Rapallo

Museo Civico (Piazza delle Nazioni); alle Tage 9–12 Uhr.

Rovegno (Trebbia-Tal)

Museo della Civiltà Contadina (am Rathaus): Normale Bürozeiten, Besichtigung nach Vereinbarung.

S. Bartolomeo di Savignone (Scrivia-Tal)

Museo Archeologico: Do, Fr, Sa 15.30–19 Uhr; 9.30–12 Uhr.

MUSEEN UND ÖFFNUNGSZEITEN

San Remo
Civico Museo Archeologico (prov. Unterbringung): Besichtigung auf Anfrage und bei Ausstellungen.

Sassello
Museo Perrando: Okt.–Juni geschl., 15.–30. Juni So 15–18 Uhr, 1. Juli–15. Sept. Sa u. So 15–18 Uhr, 16.–30. Sept. So 15–18 Uhr.

Savona
Galleria d'Arte Moderna (im Rathaus): Aktuelle Öffnungszeiten im Rathaus erfragen.

Pinacoteca Civica (Via Quarda Superiore 7, Palazzo Del Carretto Pavese Pozzobonello): Mo, Do u. Sa 8–12.30 Uhr, Sept. geschl.

Dom S. Maria Assunta, Museo del Tesoro: Besichtigung auf Anfrage beim Sakristan.

Sestri Levante
Museo Rizzi: Do, Sa u. So u. feiertags 15–18 Uhr.

Taggia
Museo di S. Domenico: 9–12 u. 15–18 Uhr, Do geschl.

Toirano
Grotte di Toirano: 9.30–11.30 u. 14.30–18 Uhr (17 Uhr im Winter). Dauer der Führung ca. 1–1½ Std; für Busse und Gruppen empfiehlt sich vorherige Anmeldung, besonders in der Saison!

Vado Ligure
Civico Museo Archeologico Queirolo (im Rathaus): nur vormittags an normalen Werktagen

Ventimiglia
Giardino Botanico ›Hanbury‹: Okt.–Mai 10–17 Uhr (Einlaß bis 16 Uhr), Juni–Sept. 9–19 Uhr (Einlaß bis 18 Uhr), Führungen möglich.

Villafranca in Lunigiana
Museo Etnografico: 9–12 u. 15–18 Uhr; So u. Mo geschl.

Voltaggio (nördl. v. Genua)
Pinacoteca dei Capuccini: Öffnungszeiten jeweils im Ort erfragen.

Glossar

Ädikula (lat. *aedicula* = kleines Haus), ursprünglich säulen- bzw. pilastergerahmte Wandnische für Statuen; später als Bezeichnung für alle Rahmungen von Wandöffnungen, die im Aufbau einer Tempelfront entsprechen.

Akrotere (gr. *akroterion* = höchste Spitze), beim griechischen Tempel Bekrönung der Firstenden und Dachecken. Von der bemalten Tonplatte über pflanzliche Motive führt die Entwicklung schließlich zu vollplastischen Figuren oder Fabeltieren.

Ambiente (lat.-it., wörtlich Milieu, Kreis, Sphäre, Lebenskreis, Umwelt, Umgebung), speziell in der Kunst bedeutet A. alles, was eine Gestalt umgibt bzw. von außen bestimmt.

Antependium (lat. *antependere* = vorhängen), in der christlichen Kunst die Verkleidung der zur Gemeinde blickenden Altarvorderseite. Meist aus Stoff oder Treibarbeit, aber auch gemalt, als Relief oder Einlegearbeit bekannt.

Ardesia (it.) Schiefer; *'portale in ardesia'* dementsprechend: Portale aus Schiefer.

À rissoeu (lig.), Pflastermusterung aus verschiedenfarbigen Natursteinkieseln.

Arkosolgrab, von Bogen überfangenes Wandgrab.

Atlant, von Atlas, dem mythischen Himmelsträger, abgeleitetes Wort für männliche Trägerfigur (anstelle von Säulen oder Pfeilern). Meist nur dekoratives Architekturelement ohne echte Trägerfunktion. Nicht zu verwechseln mit → Hermen. Weibliches Gegenstück zu A. → Karyatide.

Bosse, im Quadermauerwerk die roh belassene Sichtseite der einzelnen Steinquadern. Die Reihung solcher nur grob behauener Quadersteine zum Mauerverband ergibt die → Rustika.

Cardo (= Endpunkt, Wendepunkt), in den regelmäßig angelegten Städten der Römer die wichtigste Nord-Süd-Achse.

Carrugio, im ligur. Raum die Bezeichnung für die zwar engen, aber zumindest mit Eselskarren befahrbaren Stadtgassen.

Castellaro, im Gegensatz zum → *oppidum* auf steilen Bergrücken, meist im Hinterland versteckt, nur zu militärischen Zwecken errichtete Fliehburgen der ligur. Urbevölkerung.

Chiaroscuro (it. = Helldunkel), weitgehend unter Ausschluß der Farbe und deren Wirkung auf die Effekte von Licht und Schatten aufbauende Malweise. Seit dem Manierismus, besonders aber durch den Einfluß von Caravaggio, zum bestimmenden Gestaltungsmittel der Barockmalerei.

Chibi, ligurische Bergstadt mit engen, überbauten Straßen.

Decumanus (lat.), in Ost-West-Richtung verlaufende Straße in röm.-antiken Städten, *decumanus maximus* = Hauptstraße.

Deutsches Band, Zickzackfries, oft in Verbindung mit Rundbogenfries.

Diamantquader, in der Art von Diamantschliff, meist als flache Pyramide behandelte Sichtseite von Mauerquadern.

Donjon, bewohnbarer Wehrturm. Oft die letzte Bastion innerhalb einer Festung. Besonders in Frankreich oft auch alleinstehend.

Dorsale, die Rückwand des Chorgestühles, vielfach reich geschnitzt oder mit Intarsien geschmückt.

Eklektizismus, in der Kunst die unorthodoxe, antiklassische Mischung verschiedener Stile und Ausdrucksmöglichkeiten.

GLOSSAR

Exedra, Raumteil bzw. Raumerweiterung über halbkreisförmigem Grundriß, z. B. Apsis.

Fronte, Stirnwand.

Gesprengter Giebel, Giebel ohne durchgehendes Mittelteil.

Giardini pensili, sog. hängende Gärten, auf Stützmauern errichtete Hanggärten.

Gothic revival, Neugotik, seit der zweiten Hälfte des 18. Jh. von England ausgehende Welle. Auf dem Kontinent erst ab dem frühen 19. Jh. Wichtige Teilbewegung des → Historismus.

Groteske, Groteskwerk (it. *il grottesco*), ursprünglich aus der röm. Antike stammende Ornamentmalerei aus Ranken und Blattwerk, in welche Menschen, Tiere, Blumen oder Früchte eingearbeitet sind. Ende des 15. Jh. in Rom in künstlichen Grotten antiker Villen wiederentdeckt. Daher der Name *il grottesco*. Seit dem 16. Jh. beliebtes Dekorationsmotiv für die Innenraumausstattung.

Herme, zunächst Brustbild des Hermes auf hohem Sockel, später allgemein für Büste von Göttern oder hochgestellten Personen auf pilasterartigem Sockel. Seit dem Manierismus beliebt als tragendes oder nur schmückendes Architekturteil.

Hexastylos, antiker Tempel mit sechssäuliger Fassade.

Historismus. Das durch Aufklärung und Romantik ausgelöste neue Geschichtsbewußtsein, verbunden mit der neuen Wertschätzung der Denkmäler vergangener Epochen, zeitigte vor allem in der Architektur z. B. Klassizismus und Neugotik. Hinzu kamen Neoklassizismus, Neoromanik, Neobyzantinismus, Neobarock etc. Besonders seit der Mitte des 19. Jh., als einerseits neue Materialien (Glas, Eisen) und Techniken zunehmend die Architektur beherrschten, und andrerseits für diese noch keine verbindliche oder klassische Formensprache entwickelt war, wurde es fast obligatorisch, daß diese sog. Ingenieurbauten von Architekten in historisch 'würdigem' Stil verkleidet wurden. Den Höhepunkt erlebte der H. gegen Ende des 19. Jh. Hervorstechendes Merkmal dieser Spätphase des H. war die Anwendung verschiedenster Stilrichtungen, auch außereuropäischer Formen, an ein und demselben Bau (→ Eklektizismus). Die künstlerische Antwort auf diesen dekadenten H. war der Jugendstil.

In situ, bereits im Mauerverband versetzt oder: am ursprünglichen Platz befindlich.

Intarsie (it. *intarsia*), Einlegearbeit in verschiedenem Material, vorwiegend in Holz. Bei Verwendung von Stein oder Stuck spricht man von *scagliola*.

Kalotte, strenggenommen die Bezeichnung für nicht vollständig als Halbkugel ausgebildete flache Kuppel. Der Begriff wird aber auch für andere Formen unvollständiger Halbkugeln, z. B. der Viertelkugel von Apsiswölbungen, gebraucht.

Karyatide (auch Kanephore oder Kore), weibliches Gegenstück zum → Atlant, also Tragefigur anstelle von Säulen oder Pfeilern.

Kathedra, Bischofsstuhl

Konche (gr. *Kónche* = Muschel), halbkreisförmige Nische.

Levante, allgemein übliche Bezeichnung für die syrisch-palästinensische Küste, manchmal auch für den ganzen östlichen Mittelmeerraum gebraucht. Im speziellen Fall Ligurien: die östliche der beiden Küsten der Region, die Riviera di L. Welche L. gemeint ist, geht meist aus dem Kontext hervor.

Lisene, flache senkrechte Mauerstreifen ohne Basis und Kapitell, sowohl als Mauerverstärkung als auch für dekorative Rhythmisierung des Mauerverbandes eingesetzt.

Loggia, von Stützen (Säule oder Pfeiler) getragene, meistens eingewölbte Bogenhalle, die sowohl als autonomer Bau als auch nur als Vorbau auftreten kann.

Lünette (frz. *lunette* = kleiner Mond), halbkreisförmiges Bogenfeld über Türen oder Fenstern. Beliebt als Träger von Malerei oder Skulpturenschmuck, seltener als Lichtöffnung durchbrochen.

Mezzanin(geschoß), von it. *mezzo* = halb, niedriges Halbgeschoß, meist als Zwischengeschoß

eingeschoben, aber auch als Abschlußgeschoß (Attikaersatz) möglich.
Monolith, Bauglied aus einem Stein gefertigt.
Nekropole (gr. = Stadt der Toten), Friedhof der Antike und des frühen Christentums.
Obergaden, auch Lichtgaden, Fensterzone des Mittelschiffes einer Basilika.
Oppidum, vorrömisches religiöses, wirtschaftliches und politisches, seit dem 5. Jh. v. Chr. mit Mauern befestigtes Zentrum der ligurischen Urbevölkerung.
Oratorium, kleiner Betraum in oder an großen Kirchen. Zunächst als Privatkapelle adeliger Stifter, dann ab dem 16. Jh. auch als öffentlicher Betraum verbreitet.
Orographisch, die Unebenheiten bzw. die Bedingungen des Geländes betreffend.
Pala, Altaraufsatz, Altarbild, → (Altar) Retabel
Paliotto, Altarverkleidung, vgl. → Antependium.
Pallium, in der Antike mantelartiger Überwurf, später im Mittelalter Krönungsmantel der Kaiser. Im kirchlichen Gebrauch die weiße Schulterbinde mit sechs schwarzen Kreuzen, das persönliche Amtszeichen der kath. Erzbischöfe.
Pendentif, sphärisches Zwickelfeld zwischen den im Quadrat gestellten Schildbögen der Vierung und dem Aufliegekreis der Kuppel, daher **Pendentifkuppel.**
Peribolos, seit der griechischen Klassik meist als Säulenhalle gestaltete Umfriedung des heiligen Tempelbezirks.
Point de vue (frz. Blickpunkt), Endpunkt perspektivischer Fluchten, z. B. bei Alleen, Plätzen, Gartenanlagen etc.
Polyptychon, mehrtafeliges Altarbild. **Diptychon** = zweitafeliges, **Triptychon** = dreitafeliges Altarbild.
Portikus, an ein Hauptgebäude zur Betonung und Herausstreichung des Portales angelehnte Vorhalle auf Säulen oder Pfeilern. Gewöhnlich mit Giebel bekrönt.
Predella, Sockelstück oder Untersatz von Altarbildern.

Protiro, raumgreifender, auf Freisäulen stehender baldachinartiger Vorbau an mittelalterlichen Kirchen Italiens. Sind die Stützen des Portalvorbaues in die Kirchenwand eingelassen, also nicht freistehend, spricht man von einem **Pseudoprotiro.**
Quadratura (oder Quadraturmalerei), zur illusionistischen Erweiterung des gebauten Realraumes an Decke und Wand angebrachte Perspektivmalerei.
Ravelin, vorgelagertes Außenwerk von Festungsanlagen.
Reliquiar, kostbar gefaßter, aus edlem Material gefertigter Reliquienbehälter.
Retabel (auch Altarretabel, lat. *tabula* = Tafel), hinter dem Altar angebrachte Bildtafel, aus der sich im späten Mittelalter kostbare Flügelschreine und im Barock komplizierte Altararchitekturen entwickelten.
Retrochor, ursprünglich der freigebliebene Raum hinter dem Chorgestühl, jetzt allgemein jeder Raum hinter dem Chor.
Risalit (it. *risalto* = Vorsprung), über die Hauptfluchtlinie eines Gebäudes hinausragender Bauteil. Wichtiges Element zur Rhythmisierung und Strukturierung großer Fassadenflächen.
Rustika → Bosse.
Sgraffito, Kratzputztechnik.
Sopraporte, bemaltes oder skulptiertes Wandfeld über dem Türsturz.
Spiegelgewölbe, nur am Rand gewölbte Decke mit großem ebenen Mittelfeld (Spiegel).
Spolie, von einem älteren Bau stammendes Werkstück, das im neuen Mauerverband wiederverwendet wurde.
Stile Liberty, italienische Bezeichnung für Jugendstil bzw. Art Nouveau.
Tambour, zwischen → Pendentif und Kuppelschale eingezogener Kreiszylinder (Tambour), ergibt **Tambourkuppel.**
Tetramorph (Viergestalt), die vier Evangelistensymbole.
Tholos, griechischer Rundtempel.
Tondo, kreisförmiges Bild oder Relief.

GLOSSAR

Topographisch, die Lage oder die Gegend betreffend.

Topos (gr.), ursprünglich aus der Rhetorik stammender Begriff; heute im Sinne von Allgemeinplatz, traditionellem Denk- und Ausdrucksschema gebraucht.

Transenne (it. *transenna* = Absperrung, Geländer, Gitter), in der frühchristlichen Kunst der Vorgänger der Fensterverglasung in Form von durchbrochenen Holz-, Stein- oder Alabasterplatten.

Triptychon → Polyptychon.

Valeur, in der Malerei Bezeichnung für Tonwerte und für die Abstufung von Licht und Schatten, von Hell und Dunkel allgemein.

Vedute, gemalte oder gezeichnete Stadt- bzw. Landschaftsansicht.

Ziborium (Ciborium), flachgedeckter oder gewölbter Altarbaldachin. In ihm hing oder stand das Gefäß mit dem geweihten Brot.

Bildnachweis

Farbtafeln
Bildarchiv Huber, Garmisch-Partenkirchen: 6, 7
SAGEP, Genua: 33, 51, 53, 57
Scala, Florenz: 55, 56
ZEFA (K. Benser), Düsseldorf: 10

Schwarzweiß-Abbildungen
Archivio Fotografico d'Arte A. Villani & Figli, Bologna: 7
E. Bernardini: 132, 133 u. Abb. S. 13
SAGEP, Genua: 17, 31, 38
Scala, Florenz: 6

Alle übrigen Vorlagen für Farb- und Schwarzweiß-Abbildungen stellte der Autor des Buches zur Verfügung.

Literaturhinweise

Die nachfolgende Liste lesenswerter Literatur zu Ligurien ist keineswegs vollständig und strebt auch keine Vollständigkeit an. Verzichtet wurde vor allem auf einschlägiges Quellenmaterial insbesondere lateinischer Texte, auf allzu spezielle Themen, auf Beiträge in Fachzeitschriften, Artikel in sonstigen Periodika und philosophisch-schöngeistige Literatur (abgesehen von einigen wenigen im Text zitierten Werken). Die Anordnung der angegebenen Werke erfolgt innerhalb der Teilbereiche nach der Chronologie ihres Erscheinens. Der Schwerpunkt der Auswahl, die sich durchaus nicht als bloßes Quodlibet versteht, liegt gemäß der Natur der Reihe Kunstreiseführer auf dem historisch-kulturellen Sektor.

I Allgemeine Literatur, Sammeldarstellungen, Anthologien und Reisebeschreibungen bzw. Reiseführer zu ganz Ligurien oder größeren Teilgebieten

Merianheft *Italienische Riviera*, Hamburg 1984
Manfredini, Gianpiero, *Liguria Sconosciuta*, in: ›Quest' Italia‹, Bd. 45, Rom 1983
Beniscelli, Giannetto, *Cara Liguria*, o.J. (1983?)
Schomann, Heinz, *Piemont, Ligurien, Aosta*. Reclams Kunstführer Italien I, 2, Stuttgart 1982
Guida d'Italia (TCI), ›Liguria‹, Mailand 1982
Bernardini, Enzo, *Reiseführer durch Ligurien*, Genua 1981
Bernardini, Enzo, *Liguria*, in: ›Itinerari Archeologici‹, Bd. 8, Rom 1981
Bernardini, Enzo, *Genova e la Riviera di Levante*, Genua 1981
Carboneri, Nino, *La Liguria di Levante*, Turin 1975
Hörstel, W., *Genua und die beiden Rivieren*, in: ›Monographien zur Erdkunde‹, Bd. 11, Bielefeld/Leipzig 1925
Bieler, Wolfgang, *Die Riviera*, Griebens Reiseführer, Bd. 79, Berlin 1914/18
Straffarello, G., *La Patria, Geografia dell'Italia*, Turin 1894
Kaden, Woldemar – Nestel, Hermann, *Die Riviera*, Berlin/Stuttgart ca. 1890

Liégeard, Stephen, *La Côte d'Azur*, Paris 1887
Stieler, C., Paulus, E., Kaden, W., *Italia. Viaggio pittoresco dall'Alpi a Enna*, Mailand 1876
Furttenbach, J., *Newes Itinerarium Italiae*, 1626, repr. Hildesheim/New York 1971

II Geschichte und Archäologie Liguriens

Priuli, Ausilio, *Felszeichnungen in den Alpen*, Zürich/Köln 1984
Tiné, Santo (Hrsg.), *I cacciatori paleolitici*, in: ›L'uomo e la civiltà in Liguria‹, Genua 1984
Tiné, Santo (Hrsg.), *I primi agricoltori e lo sviluppo del commercio*, Genua 1983
Bernardini, Enzo, *L'Italia preistorica*, Rom 1983
Maggi, Roberto (Hrsg.), *Preistoria nella Liguria Orientale*, Sestri Levante 1983
Scarrone, Mario, *Gli Aleramici e gli insediamenti monastici nel Finale*, in: ›La chiesa e il convento di S. Catarina in Finalborgo‹, Genua 1982
Sicardi, G. P., Caprini, R., *Toponomastica storica della Liguria*, Genua 1981
Delfino, Enrico, *Liguria preistorica*, Savona 1981
Riemschneider, Margarete, *La religione dei Celti*, in: ›Mondo Novo‹, Mailand 1979
Polonio, Valeria, *Le maggiori fonti storiche del medioevo ligure*, in: ›Studi Genuensi‹, Bd. V, Genua 1964/65

Luppi, B., *I Saraceni in Provenza, in Liguria e nelle Alpi Occidentali*, Bordighera 1952

Lamboglia, Nino, *Liguria romana*, Genua 1938

Ferro, P. J., *Gli abbati di SM e di S. Venerio del Tino nel golfo di Spezia*, in: ›Revista Storica Benedettina‹, Bd. XVI, 1925

III Jüngere Literatur zur Kunstgeschichte Liguriens

Rossini, Giorgio, *L'architettura degli ordini mendicanti in Liguria nel due e trecento*, Bordighera 1981

Cervi, Maria Grazia, *Alfredo d'Andrade* (Ausstellungskatalog), Turin 1981

Vicini, D., *Correlazioni tra il romanico ligure e il romanico provenzale*, in: ›Atti del seminario di studi diretti da Piero Sampavesi‹ (Villa Monasterio di Varenna), Mailand 1975

Galeazzo Alessi e l'architettura del cinquecento italiano. Atti del convegno internazionale di Studi, a Genova 1974, Genua 1975

Ambrosi, Augusto C., *Corpus delle statue-stele lunigianesi*, Bordighera 1972

Atti del II° congresso storico Liguria – Provenza (11–14 ottobre 1968), Bordighera/Marseille 1971

Dufour, Bozzo, u. a., *La pittura a Genova e in Liguria*, 2 Bde., Genua 1970–71

Lamboglia, Nino, *I monumenti medioevale della Liguria di ponente*, Turin 1970

Dufour, Bozzo, *La diocesi di Genova*, in: ›Corpus delle sculture altomedioevale‹, Bd. 4, Spoleto 1966

Wittkower, Rudolf, *Art and architecture in Italy, 1600–1750*, Harmondsworth 1958

IV Einzeldarstellungen und kleinere Teilregionen

Il museo diocesano di Albenga, Bordighera 1982

Ricchebono, Marco – Varaldo, Carlo, *Savona*, Genua 1982

Ragazzi, Franco – Corallo, Carla, *Chiávari*, in: ›Le città della Liguria‹, Genua 1982

Algeri, Giuliana – Varaldo, Carlo, *Il Museo della cattedrale di S. Maria Assunta a Savona*, in: ›Monumenti e tesori d'arte del Savonese‹, Savona 1982

Varaldo, Carlo, *La chiesa di San Paragorio a Noli e la zona archeologica*, in: ›Monumenti e tesori d'arte del Savonese‹, Savona 1982

Marocco, Battistino, *Il S. Domenico di Taggia*, Pinerolo, o.J.

Costa Restagno, Josepha, *Albenga, topografia medioevale, immagine della città*, in: ›Collana storico-archeologica della Liguria occidentale‹, Bd. XXI, Bordighera 1979

Lamboglia, Nino, *Gli scavi di Albintimilium*, Bordighera 1979

Casini, Alfonso, *S. Giovanni Battista di Chiávari*, Mailand 1979

Lamboglia, Nino – Tongiorgio, Ezio, *La grotta di Toirano*, in: ›Itinerari Liguri‹, Bd. 11, Bordighera 1978

Lamboglia, Nino, *Die Denkmäler in den Tälern von Imperia*, Bordighera 1970

Mazzino, Eduardo, *S. Fruttuoso di Capodimonte*, in: ›Itinerari Liguri‹, Bd. 14, Bordighera 1964

Lamboglia, Nino, *Das römische und mittelalterliche Albenga*, in ›Itinerari Liguri‹, Bd. 1, Bordighera 1961

Lamboglia, Nino – Silla, G. A., *Die Denkmäler des Finale*, in: ›Itinerari Liguri‹, Bd. 10, Bordighera 1960

V Genua, Geschichte

Kurowski, Franz, *Genua aber war mächtiger*, München 1983

Poleggi, Ennio – Cevini, Paolo, *Genova*, in: ›Le città nella storia d'Italia‹, Bari 1981

Brizzolari, Carlo, *Storia di Genova sul mare*, 2 Bde., Florenz 1980

Howard, Edmund, *Genova, storia ed arte di un approdo millenario*, Genua 1978

Taviani, P. E., *Cristoforo Colombo*, Novara 1974

Mazzini, Eduardo – Negri, Teofilo Ossian de, *Il centro storico di Genova*, ebd. 1973

Formentini, U. – Scarsella, A. R., *Storia di Genova dalle origini al tempo nostro*, 3 Bde., Mailand 1941–42

VI Genua, Kunstgeschichte

Schomann, Heinz, *Peter Paul Rubens, Palazzi di Genova*, Dortmund 1982

Torriti, Piero, *Tesori di Strada Nuova*, Genua 1982

Giardini, A.-Milanese, M., *L'archeologia urbana a Genova negli anni 1964–78*, in: ›Archeologia medioevale‹, Bd. 6, 1979

Restauri in Liguria, per: Ministero per i Beni Culturali e Ambientali, Genua 1978

Gavazza, Ezia, *La grande decorazione a Genova*, Genua 1974

Belloni, V., *Pittura genovese del seicento*, 2 Bde., Genua 1969/74

Poleggi, Ennio, *S. Maria di Castello e il romanico a Genova*, Genua 1973

Kruft, Hanno-Walter, *Portali Genovesi del rinascimento*, Florenz 1971

Università degli studi di Genova. Genova, Strada Nuova, Genua 1970

Labò, Mario, *I palazzi di Genova di P. P. Rubens, ed altri scritti d'architettura*, Genua 1970

Parma Armani, E., *Il palazzo del principe Andrea Doria a Fassolo in Genova*, in: ›L'Arte‹, Bd. 10, Juni 1970

Schmale, Renate, *Treppenanlagen in Genueser Palästen des 16. Jahrhunderts*, Diss. Kiel, 1969

Poleggi, Ennio, *Strada Nuova, una lottizzazione del cinquecento a Genova*, Genua 1968

Vagnetti, Luigi, u.a., *Genova, Strada Nuova*, Genua 1967

Negri, Emmina (Hrsg.), *Catalogo delle Ville Genovese*, Genua 1967

Mortari, L. *Bernardo Strozzi*, Rom 1966

Rotondi, P., *Note sul Cambiaso e sul Bergamasco in S. Matteo*, in: ›Arte Lombarda‹, Bd. I, 1964

Grosso, Orlando, *Dimore genovesi (i palazzi, le ville, i castelli)*, Mailand 1956

Ceschi, Carlo, *Architettura romanica genovese*, Mailand 1954

Grosso, Orlando, *Genova*, in: ›Coll. di monografie illustrate‹, serie 1, 2, Italia Artistica Bd. 91, Bergamo 1926

Labò, M., *Giovanni Battista Castello*, Rom 1925

Suida, Wilhelm, *Genua*, Leipzig 1906

Reinhardt, Robert, *Genua*, in: ›Palast-Architektur von Oberitalien und Toscana vom XV. bis XVII. Jh.‹, Bd. I, 1886

Alizeri, Federico, *Guida illustrata del cittadino e del forasterio per la città di Genova e sue adiacente*, Genua 1875 (Reprint Bologna 1969)

Angelini, A., *Una visita artistica delle celebri pitture ad affresco di Pietro Buonaccorsi fiorentino detto del Vaga*, Genua 1847

Gauthier, Martin P., *Les plus beaux édifices de Gênes et ses environs*, 1818–32

Poleggi, E. u. F., *Descrizione della città di Genova da un anonimo del 1818*, Genua 1969

Soprani, R., *Vite de'pittori scultori e architetti genovesi*, Genua 1674

VII Monographische Darstellungen, Beschreibungen von Einzelwerken und Sonderaspekte

Die für Genua wichtigste Reihe:

Guide di Genova 1–100, (Sagep) Genua

Marcenaro, Giuseppe – Repetto, Francesco, *Dizionario delle chiese di Genova*, Genua 1970 (Bd. I)

Ceschi, Carlo, *Chiese di Genova*, Genua 1967

Ceschi, Carlo – Matt, Leonhart, *Chiese di Genova*, Genua 1966

Dom: Trentini, A., *Iconografia e simbolismo nelle sculture della facciata di San Lorenzo*, in: ›Studi Genuensi‹, Bd. VIII, 1970/71

Kruft, H. W., *La cappella di S. Giovanni Battista*, in: ›Antichità Viva‹, n. 4c, 1970 und n 1, 1971

Garcelli, A. R., *Le sculture del duomo di Genova*, in: ›L'arte in Italia‹, Bd. III, Mailand 1969

Pesce, Bartolomeo, *La cattedrale di Genova*, ebd. 1959

Universität: Fedozzi, P., *L'università di Genova*, ebd. 1923

S. Agostino: Botto, Ida Maria, *Il museo di S. Agostino*, Genua 1984

S. Silvestro: Andrews, D. – Springle, D. – Cartledge, J., *Lo scavo dell'arco dell'area sud del chiostro San Silvestro a Genova*, ebd. 1977

S. Maria di Castello: Vigna, P. A. Raimondo,

LITERATURHINWEISE

Illustrazione storica, artistica ed epigrafica dell' antichissima chiesa di S. Maria di Castello in Genova, ebd. 1846

VIII Zum Gelben Teil

Centro Studi Unioncamere Liguri (Hrsg.), *Der Höhenweg der ligurischen Berge,* Genua 1984

Malandra, Guido, *I vetrai di Altare,* Savona 1983

Richetti, Mauro, *Liguria sconosciuta,* Mailand 1983

Farris, Giovanni – Monticelli, Claudia, *La processione del Venerdi Santo a Savona,* in: ›Monumenti e tesori d'arte del Savonese‹, Savona 1982

Grimaldi, Emilio, *Der Friedhof von Staglieno,* Genua 1970

Ullmann, Rudolf, *Der nordwestliche Apennin, Kulturgeographische Wandlungen seit Beginn des 18. Jahrhunderts,* in: ›Freiburger Geographische Arbeiten‹, Heft 2, Freiburg 1967

Farneti, Gianni – Pratesi, Fulco – Tassi, Franco, *Naturreiseführer Italien,* Minden/Bern/Wien 1975

Veronelli, Luigi, *Sonnenbogenführer zu Küche und Keller Liguriens,* Regione Liguria (Hrsg.), o.J.

Barile, Costantino, *La ceramica di Albisola,* Savona o.J.

Register

Ortsregister

Abukir 224
Acri 25, 30
Aigues Mortes 292
Alássio 292, 313 ff., 342, 353 (Abb. 143)
Albaro s. Genua: Vororte
Albenga 24, 263, **287 ff.**, 340, 346, 353, 365 (Abb. 125, 130)
– Baptisterium 292 f. (Abb. 126–128)
– Dom S. Michele 294 f. (Abb. 131)
– Museen 369 f.
– Museo Navale Romano 295 f. (Abb. 129)
– Palazzo Vecchio (Civico Museo) 293 f.
Albisola 129, **266 f.**, 355, 358
– Keramikmuseum 266, 370
– S. Carlo-Kapelle 114, 267
Alghero 65
Almeria 26, 65, 66
Altare 357, 362
Amalfi 24, 25, 30, 31, 73, 76
Ancona 73
Antiochia 25
Antwerpen 71
Apricale 367 (Farbt. vordere Umschlagseite)
Arcola 355
Arenzano 264, 346
Arsilah 67
Arsuf 25
Asinaria 24
Asti 62
Avignon 109
Azoren 61

Badalucco 346, **366** (Abb. 145)
Baiardo 340, 343, 352, 355, 367 (Farbt. 8)
Balestrino 362
Barcelona 27, 63
Bardinetto 346, 352

Bardino-Nuevo 370
Bari 73
Basilica dei Fieschi 223 (Abb. 76, 77)
Bedonia 370
Beirut 25
Bensançon 71
Bobbio 221
Bolano 352, 356
Bologna 115
Bordighera 262, 330 f., 370 (Farbt. 3)
Borgo Maro 365 f.
Borgo-Verezzi 352
Borzonasco 220
– Abtei von Borzone 220 (Farbt. 43)
Boughi 26
Brügge 59, 67
Brugnato 220 f., 356
Bussana 323, 356 (Farbt. 7)
Byzanz 23, 27, 29, 50, 53, 55, 65

Cadiz 67
Caesarea 185
Caffa 29, 55, 60
Cahors 62
Cairo Montenotte 355, 360
Calice Ligure 355
Calizzano 352
Cambrai 63
Camogli 109, 223, **224 f.**, 227, 344, 345, 346, 370 (Farbt. 38, 39)
– Civico Museo Navale 225
Campochiesa 356 (Abb. 137)
Campo Ligure 352, 359
Camporosso 368 (Farbt. 12)
Cancade 13
Cannes 322, 330
Caprazoppa 279, 285
Carcassonne 292
Carpasio 355, 356
Carrega Ligure 370
Carsagna 357
Cäsarea 25

Casella 352
Cassego 370
Castello Andora 315, 340
– SS. Giacomo e Filippo 315 (Farbt. 14)
Castelnuovo 221
Castelnuovo Magra 346
Castel Vecchio di Rocca Barbena 363
Castiglione Chiavarese 356
Celle Ligure 265
Cengio 360
Cenova 102, 364
Ceranesi 356
Ceriale 355
Ceriana 349, 367 (Farbt. 2)
Cervo 315 f. (Abb. 142)
Cesena 346
Ceuta 26, 67
Chantilly
– Musée Condé 122
Chassey 14
Chiávari 223, **229 f.**, 345, 346, 355, 357, 370 (Abb. 73)
– Palazzo dei Portici Neri 230 (Abb. 75)
– S. Francesco 231 (Abb. 74)
– S. Giovanni Battista 116, 230
– Civico Museo Archeologico 230 f.
– Dom Nostra Signora dell'Orto 231
Chieri 62
Chioggia 28, 54, 66, 80
Chios 49, 53, 55, 60
Chiusavécchia (Farbt. 16)
Cicagna 357
Cinqueterre 54, 223, **250 ff.**, 263, 356 (Farbt. 40; Abb. 81–83)
Cipressa 346
Civezza 349 (Farbt. 18)
Cogorno 356
Coldirodi 370
Corniglia 251

381

ORTSREGISTER

Cornigliano Ligure s. Genua: Vororte
Cortaillod 14
Cosio d'Aroscia 355
Costaraniera 356
Cremona 107, 108
Curzola 30, 50, 51, 65, 186

Diano 290
Diano Castello 346, 356
Diano Marina 370
Dolceacqua 367 f. (Farbt. 10)
Dolcedo 352, 355, 366

Elba 55
Euböa 29

Famagusta 49, 55
Fascia 347, 352
Ferrara 74
Finalborgo 282 ff., 370
- Kollegiatskirche 282 f. (Abb. 120)
- S. Catarina 284 (Abb. 121)
Finale Ligure 276, 280, 346
Finale Marina 281 f. (Abb. 116, 117)
Finalese 279 ff.
Finalpia 280 f., 356
- S. Maria di Pia 281 (Abb. 118, 119)
Flandern 29
Florenz 30, 57, 62, 74, 75, 108
- Or San Michele 129
Fréjus (Fraxinetum) 23, 24, 122, 289

Garessio 344, 363

GENUA 18, 19 ff., 73 ff., 118 ff., 223, 288, 290, 341, 346, 358, 370 f., (Farbt. 24, 25; Abb. 1, 3, 60)
Albergo dei Poveri 205
Börse (Abb. 9)

Galleria Mazzini 210 f. (Abb. 61)
Hafen 118 ff. (Farbt. 24; Abb. 2)
- Hafenrundfahrt 119, 219

Kirchen
- Chiostro S. Andrea 101, 130 f.
- Dom S. Lorenzo 25, 77, 78, 109, 140 ff. (Abb. 24–29)
- Domschatz s. Museen

- - Johanneskapelle 101, 144 f. (Abb. 31)
- - Lercarikapelle 111, 144
- - Sebastianskapelle 106, 144
- Nostra Signora del Carmine 78, 205
- Nostra Signora della Consolazione 105, 212
- Oratorium S. Filippo Neri 102, 118, 203 f.
- S. Agostino 78, 133 f. (s. a. Museen)
- S. Ambrogio (Il Gesù) 106, 113, 115, 116, 137 ff., (Abb. 11, 12)
- SS. Annunziata 78, 113, 114, 115, 204 f.
- SS. Annunziata di Portoria (S. Catarina di Genova) 211
- S. Cosimo 136 f. (Abb. 21)
- SS. Cosma e Damiano 78
- S. Donato 78, 134, 223 (Farbt. 31)
- S. Domenico 102
- S. Giorgio 137
- S. Giovanni di Pré 78, 122 f., 232 (Abb. 8)
- S. Luca 128
- S. Marco 130
- S. Maria Assunta di Carignano 99, 103, 131 ff. (Farbt. 24; Abb. 13, 14, 15)
- S. Maria di Castello 25, 77, 78, 101, 103, 104, 134 ff. (Farbt. 51; Abb. 18, 19, 20, 22, 23)
- S. Maria delle Vigne 115, 187, 232
- S. Marta 210
- S. Matteo 77, 101, 102, 111, 186, 226 (Abb. 32, 33, 34, 36, 37)
- S. Pietro 129
- S. Siro 23, 25, 78, 115, 123 ff.
- S. Stefano 78, 211 f. (Abb. 63)
- S. Torpete 137
- SS. Vittore e Carlo 208 f. (Abb. 57)

Mercato Orientale 212

Museen 370 f.
- Museo del Tesoro di S. Lorenzo (Domschatz) 185 (Abb. 30)
- Galleria Nazionale di Palazzo Spinola 128 f.

- Galleria Palazzo Reale 209 f. (Farbt. 26; Abb. 58, 59)
- Gemäldegalerie im Palazzo Bianco 201 f. (Farbt. 57; Abb. 7)
- Gemäldegalerie im Palazzo Rosso 202 f. (Farbt. 32, 55, 56; Abb. 48, 54)
- Museo di S. Agostino 31, 101, 103, 109, 133 f. (Farbt. 50; Abb. 16, 17)

Palazzi
- Babilano Pallavicino 123
- Balbi-Senarega 207
- Bianco 103, 104, 114, 201 f. (Farbt. 57; Abb. 7) (s. a. Museen)
- Brancaleone-Grillo 79
- Brignole-Durazzo 203
- Cambiaso (Banco di Napoli) 193 f.
- Campanella 198 f.
- Carrega-Cataldi (Camera di Commercio) 98, 195 f. (Abb. 47)
- - Galleria Dorata 118, 196 (Farbt. 33)
- Cataneo-Adorno 114, 197 f.
- Centurione 123
- Doria (Associazione industriale) 197
- Doria-Pamphily (Villa del Principe Doria in Fassolo) 100, 109, 110, 112, 120 ff. (Farbt. 53; Abb. 4, 5)
- Doria-Spinola (Präfektur) 98, 100, 110, 189 f. (Abb. 1, 39)
- Doria-Tursi (Municipio) 99, 199 f. (Abb. 52, 53, 55)
- Ducale 139 f. (Abb. 62)
- Durazzo-Pallavicini (Giovanni Agostino Balbi) 206, 207
- Gambaro (Banco di Chiávari) 117, 194 (Farbt. Umschlagrückseite; Abb. 46)
- G. B. Balbi (Ex-Reale) 117
- della Giustizia 210
- Grimaldi della Meridiana 97, 100, 203
- Imperiale 98, 111, 186 f.
- Lamba Doria (Abb. 35)
- Lercari-Parodi 194 f. (Abb. 44, 45, 50)

- Lomellini-Padrone 100, 114, 203
- Negrone-De Cavi 117, 190 (Farbt. 28, 29)
- Pasqua-Pallavicini 109
- Pessagno-Pallavicini 109, 111, **190** (Abb. 40)
- Podestà 98, 197 (Abb. 51)
- Reale 209f. (Farbt. 26; Abb. 58, 59) (s. a. Museen)
- Rosso 68, 108, 114, **202f.** (Farbt. 32, 55, 56; Abb. 48, 54) (s. a. Museen)
- di S. Giorgio (Banco di S. Giorgio) 49, 53, 55, 62, 71, 102, **129f.** (Abb. 10)
- Spinola (Banco d'America ed d'Italia) **196f.**
- Spinola (Galleria Nazionale) **128f.** (s. a. Museen)
- Spinola della Casa (dei Marmi) 79, 97, 102, **190** (Abb. 38)
- Spinola-Pessagno 98
- Spinola alla Prioria di S. Agnese 114
- Squarciafico-Invrea 109
- delle Torrette 201
- dell' Università 102, **207f.** (Abb. 56)

Porta Soprana 77, 130 (Farbt. 30)
Torre della Lanterna **119f.** (Abb. 2)
Via Balbi 100, **205ff.** (Abb. 58)
Via Garibaldi (Strada Nuova) 98, 100, 113, **190ff.** (Farbt. 32; Abb. 49)

Villen
- **Cambiaso** in Albaro 98, 111, **212f.** (Farbt. 27)
- **Grimaldi** in Sampierdarena 98, 99, **215f.**
- **Imperiale Scassi** 99
- **Imperiale** in Terralba 99, 111, 213 (Abb. 66)
- **Negrone in Prá** 114, **218**
- **Pallavicino dei Peschiere** 98, 99, 100, 111, 112, 113, **188f.** (Farbt. 54; Abb. 41–43)

- Spinola di S. Pietro in Sampierdarena 114, **217** (Abb. 65)
- **Tomati** 98

Vororte
- Albaro 79, **212ff.**
- – S. Francesco 213
- – S. M. del Prato 213
- – Santuario S. M. del Monte **213f.**
- – Villa Cambiaso 98, 111, **212f.** (Farbt. 27)
- – Villa Imperiale 99, 111, **213** (Abb. 66)
- **Cornigliano Ligure** 218
- **Nervi** 80, 215, 216, 342
- – Museo Civico 215
- – Villa Serra 215
- **Pegli 218f.**
- – Villa Doria-Centurione (Civico Museo Navale) **218f.**
- – Villa Pallavicini (Museo Civico di Archeologia Ligure) 217, **218f.**
- **Prá** 218
- – Villa Negrone 114, **218**
- **Sampierdarena** 79, **215f.**
- – Villa Centurione 114, 215
- – Villa Centurione-Carpaneto 217
- – Villa Grimaldi 98, 99, **215f.**
- – Villa Imperiale-Scassi 216
- – Villa Spinola di S. Pietro 114, **217** (Abb. 65)
- **Staglieno 214f.**
- **Struppa** 215
- – S. Siro 215 (Abb. 64)

Ghibiletto 25
Giardini Hanbury s. Mortola Inferiore
Gibraltar 59
Giglio 28, 64
Giustenice 356
Granada 56
Grasse 62, 122
Grotta delle Arene Candide 12, 13, 15
Grotte dei Balzi Rossi (Grimaldi Grotten) 11, 12
Grotta di Bàsura 12 (Abb. 132, 133)
Grotta del Colombo 12
Grotta delle Fate 12
Grotta della Madonna dell'Arma 12, 323

Grotta delle Manie 12
Grotta Pollera 14
Grotta S. Lucia Superiore 12
Grotte de Lazaret 12
Grotte de l'Observatoire 12
Grotte Terra Amata 11
Grotte de Vallonet 11

Imperia 316f., 349
Isola del Cantone 347, 357

Jerusalem 25

Kanarische Inseln 60
Kapverdische Inseln 61
Konstantinopel (s. a. Byzanz) 49, 60, 65, 67, 80
Korsika 24, 29, 32, 49, 66
Kreta 27, 29, 32f.

La Briglia 63
Lagozza 14
Laiguéglia 314f.
Lanzarote 61
La Rochelle 61
La Spezia 54, 223, **254ff.**, 263, 358
- **Museo Civico Archeologico** 17, 253, **256**, 371 (Abb. 91–93)
- **Museo Tecnico Navale** 256, 371
- **S. Agostino 255f.**
Lavagna 64, 232, 249, **345** (Farbt. 49)
Lemnos 29
Lepanto 71
Lérici 54, 252, **256f.**, 263 (Farbt. 46; Abb. 94)
Lévanto 223, **249f.**
- **S. Andrea** 223, 232, **250** (Farbt. 48; Abb. 84)
Liguera 360f.
Livorno 57
Loano 263, 286, 292, 345, 346, 356
Lodi 56
London 59, 67
Lorsica 357
Lucca 23, 52, 257
Lucinasco 365 (Farbt. 17)
Luni 24, 221, **257ff.**, 371 (Abb. 99)
- **Museo Nazionale** 259
Lunigiana 9, 16, 17, 103, 257ff. (Abb. 91)
Lyon 71

Madonna delle Grazie bei Chiávari 78, **228f.** (Abb. 67)

383

ORTSREGISTER

Mailand 23, 30, 52, 53, 55, 56, 57, 63, 108, 293, 322
– Palazzo Marino 193
Manarola 251 (Abb. 81)
Mantua 74, 108
– Camera degli Sposi 114
Maragnano 63
Marina di Andora 315
Marseille 23, 24, 27, 60, 288
Maser, Villa 114
Mehadia 25
Meloria 30, 50, 65, 76
Mignanego 356
Millesimo 353, 360
Molini 366
Moltedo 366
Monaco 55
Monéglia 249, 355
Montalto Ligure 105, 358, 366 (Abb. 143, 144)
Monte Bego 11, 16 f.
Montegrazie 366
Monte Oliveto 281
Montepulciano 99
Monterosso 251 (Abb. 80, 85)
Montferrat 56
Monticello 267, 268
Mortola Inferiore 368 f.
– Giardini Hanbury 340 (Farbt. 4, 6)
Mugliolo 355
Murinaldo 356, 357
Mytilene 29

Nancy 56
Neapel 56, 57, 62
Nervi s. Genua: Vororte
Nevers 266, 358
Ninfeo 29, 50
Nizza 27, 104, 322, 324, 330
Noli 24, 276 ff., 342, 344, 356 (Farbt. 21; Abb. 113, 114)
– Kathedrale S. Pietro 277 f.
– S. Paragorio 278 f. (Abb. 112, 115)
Novara 63

Oneglia 316
Orco 284
Orcofeligno 356
Orco Finale 355
Ormea 355
Ortonovo 221, 352, 356
– Santuario della Madonna del Mirteto 221
Ortovero 352, 356

Ospedaletti 224, **330**
Otero 352
Otranto 57
Outremer 28

Padua 54
Palermo 101
Palmaria 253
Parma 118
Pavia 104
– Certosa 102
Pedemonte 344
Pegli s. Genua: Vororte
Peiro Signado 13
Perinaldo 355, 356
Perti 284 f., 356 (Farbt. 19)
– **Castello Gavone** 285 (Abb. 122)
– **Nostra Signora di Loreto** 285 (Abb. 123)
– **S. Eusebio** 285 (Abb. 124)
Perugia 131
Phokäa 29, 49, 53, 60
Pia 284
Piacenza 71
Piana Crixia 360
Piani 366
Piemont 118
Pietrabruna 349
Pietra Ligure 285 f., 345, 356, 358
Pieve di Teco 352, 355, 365 (Abb. 136)
Pigna 352, **367** (Farbt. 9; Abb. 158–160)
Pignone 356
Piombino 66
Pisa 23, 24, 25, 26, 27, 30, 31, 32, 57, 66, 73, 74, 76, 78, 104, 223
Poggio 356
Polcevera 22
Ponte 362
Pontedassio 365, **371**
Ponti di Pornassio 349
Pontremoli 257
– Museo Archeologico della Lunigiana 17, **371**
Pornassio 355
– Ortsteil **Villa** 365 (Farbt. 20)
Portofino 109, 223, 224, **227**, 252, 263 (Farbt. 44)
Portofino Vetta 225
Portolungo 53
Porto Maurizio 290, **317 ff.**, 355, 371 (Farbt. 22; Abb. 140, 141)
– **Dom** 317 f. (Abb. 138, 139)

Portovenere 26, 54, **252 ff.** (Farbt. 34)
– **Castello** 254
– **S. Lorenzo** 254 (Abb. 88, 90)
– **S. Pietro** 252, **254** (Abb. 86, 87, 89)
Prá s. Genua: Vororte

Rapallo 225, **228**, 342, **371** (Abb. 71)
Ravenna 287, 293
Recco 224, 358
Rezzo 364 f., 352 (Abb. 135)
Rezzoaglio 352
Riomaggiore 251
Roccavignale 355
Rocchetta Cairo 360
Rocchetta Nervia 352
Rom 30, 74, 80, 105, 108, 288
– Farnesina 112
– Palazzo Doria (Abb. 6)
– S. Andrea della Valle 113
– St. Peter 131
– Villa del Vascello 117
Ronco 352
Rossiglione 352
Rovegno 371
Ruta 225
Rysswick 72

Saint-Gilles 63
Salea 356
Salech 67
Saliceto 360
Sampierdarena s. Genua: Vororte
San Bartolomeo del Cervo 346
San Bartolomeo al Mare
– **Santuario della Madonna della Rovere** 316, 356
San Bartolomeo di Savignone 371
San Biagio della Cima 355, 358
San Filippo Neri
– **Oratorium der Nerianer** 102, 118, **336** (Abb. 154)
San Fruttuoso 222, 224, **225 ff.**, 263, 357 (Farbt. 41, 42; Abb. 69, 72)
San Gimignano 287
San Giorgio di Campochiesa 363 f. (Abb. 137)
San Nicolo di Capodimonte 225
San Pantaleone 364
San Remo 24, 224, **322 ff.**, 341, 353, 356, 372 (Abb. 148, 149, 150, 151)

- Civico Museo Archeologico 371
- Casino 328 (Farbt. 5)
- Dom S. Siro 325 (Abb. 152)
- Fort S. Tecla 328 (Abb. 153)
- Santuario della Madonna della Costa 327 (Abb. 147)

San Rocco bei Ruta 225
San Salvadore dei Fieschi 232
Santa Margherita Ligure 109, 225, **228**, 357
- Kapuzinerkirche **228** (Abb. 68)
- Villa Durazzo-Centurione **228** (Farbt. 35–37)

Santo Stefano d'Avero 347
Santo Stefano Magra 355
Santo Stefano di Massaro **364** (Farbt. 11)
Santo Stefano bei Villanova **364** (Farbt. 13)
Santuario di Nostra Signora della Misericordia 362
Sardinien 27, 29, 32, 52, 65
Sarzana 103, **259**ff., 342, 347, 352 (Abb. 95)
- Dom S. Maria Assunta **260**f. (Abb. 96, 97)
- Il Sarzanello **261** (Abb. 98)
- S. Andrea **259**f.

Sassello 352, 353, **360**, 371
Savona 54, 55, 64, 100, 105, **267**ff., 290, 340, 343, 345, 358 (Farbt. 23; Abb. 100–103, 109–111)
- Art Deco-Bau der Stadtwerke **269**
- Kathedrale **273**ff. (Abb. 104–106)
- – Cappella Sistina 118, 268, **274**f.
- – Domschatz **274**
- Museen **372**
- Oratorio di Cristo Risorto 268, **272**f. (Abb. 108)
- Pinacoteca Civica **271**f. (Farbt. 52; Abb. 107)
- Priamar **269**f.
- Teatro Chiabrera 268, **275**

Savignone 344, 352
Savoyen 56
Sestri Levante 109, 223, 224, **232**f., 263, 355, 358, **272** (Farbt. 45; Abb. 78)
- Museo Rizzi **249**
- S. Nicolo **249** (Abb. 79)

Sevilla 67, 71
Sidon 25
Siena 74, 104
Soleano 353
Sori 352
Southampton 59
Spotorno 276, 279
Staglieno s. Genua: Vororte
Stellanello 355
Struppa s. Genua. Vororte
Susa 290
Sutri 28

Taggia 24, 105, 290, 319ff., 324, 341, 342, 343, 344, 346, 356, 358, **372**
- S. Domenico **320**ff., (Farbt. 15; Abb. 146)

Tan 29, 55, 60
Tavole 366
Tellaro **257** (Farbt. 47)
Tenedos 29, 54
Terzorio 346
Testico 352, 355
Tiglieto 352, **359**
Tinello 253
Tino 253
Todi 99
Toirano 12, **287**, 292, **372** (Abb. 132, 133)
Tolfa 195
Tortosa 25, 26
Torvo San Giacomo 355
Trapezunt 29, 55, 60
Triora 352, 355, **366**
Tripoli 25, 65
Tunis 25, 26
Turin 54, 263, 268, 290, 365

Urbino 74
Uscio **219**f., 355

Vado Ligure 275, 276, **372**
Vado Sabatia 276, 279, 287, 289
Vallauris 266, 358
Vallebona 341, **344**, 355 (Farbt. 1)
Valle Cristi **225** (Abb. 70)
Vallecrosia 356
Valloria Marittima 366
Varazze **264**f., 358
- S. Ambrogio **264**f.
Varese Ligure **220**, 346
Varigotti 280, 352
Vase Ligure 352
Vasia 349, 366
Venedig 26, 27, 28, 29, 30, 49, 53,
54, 55, 56, 60, 65, 67, 74, 76, 107, 108
Ventimiglia 24, **332**ff., 342, 343, 346, 353, 356, **372** (Abb. 156)
- Dom S. Maria Assunta **334**f. (Abb. 155, 157)
- Oratorium der Nerianer **336** (Abb. 154)
Verezzi 355
Vernazza **251** (Farbt. 40 und Umschlagvorderseite)
Verona 52, 99
Verzi 356
Villafranca 372
Villanova d'Albenga **364**
Voltaggio 26, 372
Voltri 80, 263

Zoagli 263, 357
Zuccarello **363**
Zypern 54, 55

Personenregister

Adalbert von Luni, Bischof 259
Addison, Joseph 20
Adelaide (Witwe Ottos d. Gr.) 226
Adelaide von Susa 290
Adelasia (Tochter Ottos d. Gr.) 314
Ademar, Graf von Genua 23
Adorno, Th. 54, 64, 65, 198
Adorno, M. Filippo 198
Adorno de Agostino, Antoniotto, Doge v. Genua 54, 63
Aertsen, Pieter 106, 201
Albuin 289
Aleramo (Schwiegersohn Ottos d. Gr.) 267, 314
Alessi, Galeazzo 75, 77, 98f., 111, 112, 130, 131f., 141f., 188, 192f., 195, 215, 216, 217
Alfons V., König von Aragon-Sizilien 55, 65, 224
Alfons VI., König von Kastilien 26
Allegrini, Francesco 117
Amoretti 349
d'Andrade, Alfredo 129, 134, 227, 266, 279, 292f., 336
Andrecchi, Stefano 368
Andronicus IV., griech. Kaiser 54
Anne de Bretagne 56

385

PERSONENREGISTER

Ansaldo, Andrea 107, 108, 114f., 129, 135, 190, 198, 214, 217, 218, 267 (Abb. 65)
Ansaldo, Giovanni Andrea 113, 117, 272, 286
Anselmo von Incisa 187
Antoninus Pius, röm. Kaiser 252
Antonius, Hl. 278
Aprile, Antonio Maria 274
Argan, Giulio Carlo 73, 110
d'Aria, Giovanni 275
d'Aria, Michele 102, 130, 275
Assereto 64
Assereto, Biagio 224
Assereto, Giaccomo 272
Assereto, Gioacchino 190, 202, 205, 322
Assereto, Giovanni 115
Augustus 257
Avvogado 64

Baccesco, Carlo 366
Balbi 205
Balbi, Giaccomo 207
Balbi, Giovanni Agostino 205
Balbi, Pantaleo 207
Balbi, Paolo 207
Balbi, Stefano 209
Balduin I., König von Jerusalem 25
Balduin IX., König von Jerusalem 27
Balduino, Jacobus 28
Barabino, Carlo 127, 214, 216
Baratta, Tommaso Giovanni 256
Barbagelata, Giovanni 265, 285
Barbarossa s. Friedrich I. Barbarossa
Bardi, Donato da 75, 104, 271
Barella, Nicolo 282
Barocci, Federigo 75f., 106, 107, 144
Barry, Edward und Margharet 344
Bartolomeo da Camogli 104
Bassano, Jacopo 210
Baudo, Luca 272, 365
Beccafumi, Domenico 75, 97, 109, 122
Benci, Donato 212
Benso, Giulio 115, 117, 122, 140, 314
Berengar II., König von Italien 24, 267, 290
Bernini, Gian Lorenzo 75, 102, 108, 362

Bertelli 295
Betti, Sigismondo 272
Beuckelaer, Joachim 106, 201
Bianchi, Bianca dei 345
Bianco, Bartolomeo 75, 100, 205, 207, 208, 209, 230f.
Bianco, Giovanni Battista 144
Biasacci, Matteo und Tommaso 313, 366
Biasini 328f., 330
Bicknell, Clarence 331
Biggi, Francesco 197, 208
Bissone, Giovanni da 185
Bistolfi, Leonardo 269
Boasco, Elena 366
Boccaccio, Giovanni 252
Boccanegra, Ambrogio 61
Boccanegra, Guglielmo 28f., 50, 64, 129
Boccanegra, Simone 52, 53, 139
Bocciardo, Domenico 282
Bocciardo, Pascale 282
Bocciardo, Sebastian 281
Boemund I. von Tarent, Fürst von Antiochien 25
Bogge, Pietro 323
Bologna, Jean de, gen. Giambologna 102, 129, 208
Bologneser Quadraturisten 117, 194
Boni, Giaccomo Antonio 202, 207, 210, 327
Boni, Jacopo Antonio 118, 197, 203
Bonifatius I., Markgraf von Clavesana 290
Bonifatius II., Markgraf von Clavesana 315
Bonifaz VIII., Papst 30
Bonifaz von Montferrat 32
Bordenone, Giovanni 75, 122, 135
Bordone, Paris 106, 202
Borea 327f.
Bormioli, Amanzio 357
Bormioli, Sandro 357
Borromini, Francesco 101
Borzone, Benedetto 231
Borzone, Luciano 272, 274
Bortalla, Gio Maria 190
Botta, Antonio 362
Bracceso, Carlo 136, 250
Bramante, Donato 99, 131, 285
Brea, Antonio 201
Brea, Ludovico 104f., 136, 275, 321, 322, 358, 366
Breughel, Pieter d. Ä. 221

Breughel, Pieter d. J. 221
Brigole-Sale, Rudolfo Maria und Giovanni Francesco 202
Brilla, Antonio 273, 275
Brozzi, Paolo 127, 128, 132, 194 (Farbt. Umschlagrückseite)
Brunelleschi, Filippo 101, 144
Bruschi, Domenico 365
Brusco, Paolo Gerolamo 272, 274, 275, 362
Burckhardt, Jacob 73, 78, 80, 102, 110, 111
Busichi-Brüder 322
Byron, Lord 256, 257

Cabot, John (Giovanni Caboto) 51, 61
Caffaro, Konsul 26, 65
Caldera, Simone 185
Calixtus II., Papst 32
Calvi 110, 194, 195, 196f.
Calvi, Agostino 105
Calvi, Felice 190
Calvi, Lazzaro 122, 190, 203, 211, 214
Calvi, M. A. 189f.
Calvi, Pantaleone 110, 211
Camardino, Enrico 32
Cambiaso, Giovanni 105, 319, 320
Cambiaso, Luca 108, 110, 111, 112, 129, 132, 133, 137, 144, 186, 187, 188, 190, 195, 196, 197, 199, 201, 202, 203, 210, 211, 213, 216, 225, 227, 249, 251, 256, 265, 272, 360, 366 (Abb. 44, 46)
Campi, Bernardino 322
Campofregoso, Domencio 54
Canavesio, Giovanni 322, 365, 367 (Abb. 160)
Cantone, Bernardino 98, 99, 129, 132, 189, 192f., 196, 197, 198, 216
Cantone, Giovanni Battista 286
Cantone, Pier Francesco 209
Cantone, Simone 140, 212
Cantoni, Gaetano 317
Canzio, Michele 216, 218
Caprina, Luca del 261
Caravaggio 75f., 106, 107, 108, 114, 115, 202
Carbone, Bernardo 210
Carbone, Giovanni Bernardo 202, 230
Carlo da Milano detto del Mantegna 104
Carlone, Giovanni Andrea 144, 203, 216 (Abb. 65)

386

Carlone, Giovanni Battista
   75, 107, 108, 113, 114, 115, 116f.,
   120f., 123, 127, 128, 138, 140,
   190, 194, 205, 210, 211, 213, 214,
   217, 230, 249, 272 (Farbt. 28, 29)
Carlone, Taddeo   129, 143, 188,
   199, 201, 282, 314, 362
Carona, Domenico da   144
Carrona, Andrea de   216
Carracci   106, 207
Carrega, Francesco   316, 336, 366
Carrega, Giaccomo Filippo   195
Carretto, del   277, 280, 282, 283,
   284, 360, 362
Carretto, Biagio Galeotto del
   281, 282
Carretto, Carlo del   360
Carretto, Enrico il Guerico del
   277, 280, 282
Carretto, Enrico II. del   360
Carretto, Giovanni I. del   282
Carretto, Sforza Andrea del   282
Carus, Carl Gustav   223
Cäsar, Gaius Julius   22f., 288
Casella, Domenicio   187
Cassiodor, Kanzler Theoderichs d.
   Gr.   23
Castello, Bernardo   113, 122, 128,
   129, 135, 187, 197, 205, 212, 215,
   216, 217, 225, 251, 265, 272, 274,
   362
Castello, Giovanni Battista (Il Berga-
   masco)   75, 98, 99, 108, 110, 111,
   112, 114, 144, 186f., 188, 189,
   190, 192f., 195, 196, 197, 199,
   203, 211, 213, 216, 314 (Farbt. 54;
   Abb. 42)
Castello, Valerio   108, 129, 139,
   190, 197, 202, 207, 210, 215, 272
Castiglione, Giovanni Benedetto (Il
   Grechetto)   108, 117, 128, 197,
   202, 210, 230, 272, 360
Castracani   261
Castracani, Castruorio   259
Cataldo   97
Cattanei   29
Cattaneo, Lorenzo   213
Cavallini, Pietro   103
Cella, Gabriele della   366
Centurione, Agamo   219
Centurione, Barnabò   215
Centurioni   29, 67, 123
Cepolla   293
Cerisola, Andrea
   (Il Vannone)   129, 139, 192
Chastel, André   73

Chiabrera, Gabriello   273
Chigi, Agostino   112
Ciboretto, Giovanni   190
Cimabue   103
Civitali, Matteo   102, 144f.
Cleve, Joos van   75, 104, 129, 134,
   201
Clouet, Jean   106, 201
Colonna   30
Colonna, Angelo Michele   210
Columban d. J.   220
Constantius III., röm. Kaiser
   289, 292
Corneille de Lyon   201
Corrado, Pier Antonio   100, 203,
   205
Corregio   117, 118
Corte, Niccolò da   144, 185
Cortona, Pietro da   117, 190, 274
Cosini, Silvio   97, 122
Costaguta   230f.
Creschi   187
Crespi, Giovanni Battista   202
Crespi, Giuseppe Maria   260
Cristoforo da Milano, Dominikaner-
   mönch   321
Curto, Pier Antonio del   120
Cybo, Giuliano   185

Dandolo, Andrea, Admiral   30
Dandolo, Enrico, Doge   26, 32
Danieli, Teramo   185
Dante Alighieri   73, 221
David, Claude   132
David, Gerard   77, 104, 201
Davolio, Giuseppe   118, 204
Dickens, Charles   20, 112
Di Negro   67
Diogenes, Bischof von Genua   23
Domenichino   106, 207, 362
Doria   64, 65, 67, 97, 112, 186, 226,
   316, 323
Doria, Aidone   61
Doria, Ambrogio   54, 65f.
Doria, Andrea   51, 53, 57, **62ff.**,
   67f., 69ff., 77, 80, 97, 100, 102,
   105, 106, 109f., 112, 120, 122,
   131, 140, 186, 189, 191, 201, 226,
   267, 286, 317 (Abb. 6, 7)
Doria, Ansaldo   65
Doria, Antonio   97, 197
Doria, Babilano   227
Doria, Corrado   30
Doria, Egidio   227
Doria, Filippo   65
Doria, Gaspare, Admiral   65

Doria, Giacopo   227
Doria, Giovanni Andrea   71, 120,
   201, 219
Doria, Guglielmo   227
Doria, Lamba   30, 50, 51, 65
Doria, Luciano   54, 65f.
Doria, Nicolò   227
Doria, Oberto, Admiral   29, 30, 50,
   65, 255, 286
Doria, Pagano, Admiral   53, 65,
   186
Doria, Pietro   54, 65f.
Doria, Raffaele   52
Doria, Tommaso   292
Dürer, Albrecht   203
Durazzo   228
Durazzo-Brignole, Marie   201
Dyck, Antonis van   73, 75f., 106,
   107, 115, 128, 201, 203, 210, 221,
   228, 251, 366

Embriaci   25, 29, 31, 64
Embriaco, Guglielmo, Admiral
   25, 136, 185
Enrico II. von Savoyen   282
Etrusker   17, 18
Euthymenes   60
Eyck, Jan van   104

Fabbri, Agenore   269, 358
Falconieri, Carlo   268, 275
Fasolo, Bernardino   214, 230
Fasolo, Lorenzo   104, 135, 231f.,
   272, 275
Faustus   100
Federigo di Montefeltro   66
Ferdinand II., König von Aragon
   56, 61, 66
Ferrari   67
Ferrari, Andrea de   202
Ferrari, Anselmo de   144
Ferrari, Giovanni Andrea de   205,
   272, 315
Ferrari, Gregorio de   108, 118, 123,
   127, 128, 135, 187, 198, 202, 203,
   207
Ferrari, Lorenzo de   118, 122f.,
   128, 129, 144, 196, 197, 265, 318
Ferrari, Orazio de   115, 127, 128,
   130, 202, 209, 230, 231, 249, 265,
   272, 286
Ferrari, Raffaele de, Duca di Galiera
   119
Ferret, Eugenio   328
Fetti, Domenico   107
Fiasella, Domenico (Il Sarzano)

PERSONENREGISTER

113, 115, 127, 128, 130, 132, 139, 140, 144, 202, 203, 207, 210, 214, 221, 230, 249, 256, 260, 261, 265, 272, 274, 286
Fieschi 28, 30, 50f., 52, 64, 65, 185, 192, 220, 229
Fieschi, Bardo 230
Fieschi, Luca 185
Fieschi, Nicolo 255
Fieschi, Ugone 231
Fiesco, Carlo 52
Fiesco, Gian Luigi 57, 131
Fiesco, Gian Philippo 64f.
Fiesco, Giorgio, Kardinal 102, 185
Fiesco, Opizio 345
Fiesco, Ottobono 232
Fiesco, Sinibaldo, Graf von Lavagna 28, 131, 232
Filibert, Emmanuele 316
Fiomacchi, Leonardo 76
Foix, Gaston de 63
Fontana, Carlo 209
Fontana, Lucio 358
Foppa, Vincenzo 75, 104, 144, 271, 275
Fornari, Anselmo 274
Fornari, Manfredo de 271
Franceschini, Marc Antonio 203
Francesco da Pavia 187
Francesco I. Sforza 55
Francken, Frans 230
Franz I. von Frankreich 62 f., 66
Fregosi (Campofregosi) 54, 64
Fregoso, Giovanni 63
Fregoso, Piero 54
Fregoso, Tommaso 67
Friedrich I. Barbarossa, dt. Kaiser 26, 32, 77, 282, 290
Friedrich II., dt. Kaiser 28, 50, 65, 69, 290
Friedrich Wilhelm IV., König von Preußen 324
Fructuosus, Märtyrer 225 f.
Frumento, Giovanni Battista 275
Fugger 71

Gaggini, Domencio 101, 144
Gaggini, Elia 101, 144
Gaggini, Giovanni 101, 102, 136, 144, 367
Gaggini, Pace 102, 130
Galleano, Pietro 249
Gallioti, Sebastiano 128, 272
Garibaldi, Giuseppe 224, 269, 286
Garnier, Charles 330, 331
Gattilusi 29

Gaulli, Giovanni Battista (II Baciccio) 108, 128, 202
Gavazza 110, 113
Gelasius II., Papst 141
Gentileschi, Orazio 127
Genuati 18, 21, 22
Gerolamo Brasco Salvago 123
Gerolamo da Brescia, Fra 272
Gherardos von Cogorno 220
Giotto di Bondone 103
Giordano, Luca 128
Giovanni Andrea III. 120
Giovanni, Francesco da 261
Giovanni Canavieso da Pinerolo 105
Giovanni dei Re da Rapollo 104
Giustiniani, Luca 212
Goes, Hugo van der 201
Goethe, Johann Wolfgang von 100, 223
Goya, Francesco de 108
Goyen, Jan van 202
Granello, Nicolosio 219
Gregor IX., Papst 28
Griechen 17, 18, 21, 60
Grimaldi 29, 30, 50, 51, 64, 65, 97, 112, 135, 186, 191, 230
Grimaldi, Andrea 53
Grimaldi, Antonio 52, 65
Grimaldi, Gaspari 52
Grimaldi, Gerolamo 203
Grimaldi, Giovanni Battista 97
Grimaldi, G. F. 117
Grimaldi, Lazzaro 102
Grimaldi, Luca 191, 201
Grimaldi, Natto 61
Grimaldi, Niccolo 109, 199, 201
Grimaldi-Durazzo, Clelia 218
Guardi, Francesco 108
Guercino, Il 106, 133, 202, 207, 272
Guidi, Giorgio 365
Guidi, Pietro 365
Guidobono, Bartolomeo 203, 249
Guidobono, Battista 272
Guidobono, Bernardo 123, 137, 202

Habsburger 56, 70, 71
Hadrian V., Papst 232
Haffner, Anton Maria 123, 128, 202, 203
Hanbury, Sir Thomas 368
Hannibal, röm. Feldherr 18, 267, 288
Haverkamp, Hendrick 203

Heinrich II. von Lusignan, König von Zypern und Jerusalem 30
Heinrich VII., dt. Kaiser 52, 101, 139
Helena, röm. Kaiserin 103
Hemessen, Jan Sanders van 203
Hephaistos 251
Hermanns, Wilhelm 132
Honorius III., Papst 27
Howard, Edmund 20, 21, 60, 72
Hugo von Volta, Erzbischof von Genua 220

Ibintimilier 263
Il Baciccio s. Gaulli, Giovanni Battista
Il Bergamasco s. Castello, Giovanni Battista
Il Grechetto s. Castiglione, Giovanni Benedetto
Il Sarzano s. Fiasella, Domenico
Imperiale, Vincenzo 216
Ingauni 263, 287
Innozenz II., Papst 26, 254, 359
Innozenz III., Papst 258
Innozenz IV., Papst 50, 64, 69, 232
Innozenz VI., Papst 284
Innozenz VIII., Papst 66
Ippolito, Marcello 221
Isabella von Kastilien 56, 61

Jacobus de Voragine 265, 276
Jesole, Giovanni da 97
Johannes XXII., Papst 52
Johannes VI. Kantakuzenos, byzant. Kaiser 53, 65
Jorn, Asger 358
Julius II., Papst 268, 271
Justus von Ravensburg 75 f., 104, 136 (Farbt. 51)
Justinian, röm. Kaiser 23

Kair-ad-din (Barbarossa) 66
Kamil, Sultan 30
Karl V., dt. Kaiser 62 f., 65, 66, 67 f., 69, 70, 80, 110, 120, 267
Karl VII., König von Frankreich 55
Karl VIII., König von Frankreich 56, 62
Karl von Anjou 51, 52
Karl der Große, dt. Kaiser 23
Karl der Kühne, Herzog von Burgund 56
Karolinger 23
Keller, Harald 73, 74, 75

388

Kelten 17, 18
Kolumbus, Christoph 51, 61, 67, 70, 130, 219, 264 (Frontispiz)
Krassin 228
Kurowski 60

Lamartine, Marie Louis Alphonse 20
Lamboglia, Nino 296f., 333
Lancret, Nicolas 202
Lanfranco, Giovanni 113
Langhetti, Giovanni Battista 202
Lanterni 368
Lavagna 229, 251
Legnani 203
Lemeigre, Jean, Maresciall de Bouzicaut (Buccicaldo) 55
Leopold I. von Österreich, röm.-dt. Kaiser 281
Leonard, hl. 319
Lercari 192, 195
Ligurer 11, 17f., 21, 24, 30, 109
Lippi, Filippino 75f., 104, 201
Liss, Johann 107
Lomellini 97, 120, 192
Lomellini, Baldassare 198f.
Lomellini, Battista 104
Lomellino, Nicolò 197
Lomi, Aurelio 106, 132, 135, 211, 256
Longhi, Ingone 32
Lorenzo de Medici 261
Luciano da Milano 130
Ludovico Il Moro 55
Ludwig XI., König von Frankreich 56
Ludwig XII., König von Frankreich 58, 63, 119, 213
Ludwig XIV., König von Frankreich 140
Luini, Bernardino 272
Lurago, Giovanni 194
Lurago, Rocco 75, 100

Maestro Guglielmo (Abb. 96)
Maestro di Santa Maria di Castello 129
Maffei, Francesco 202
Magelhan, Fernando de 61
Magister Venetus 185
Magistri Antelami 134f
Magnasco, Alessandro (Il Lissandrino) 108, 128, 202, 213, 215, 230, 272, 360 (Farbt. 57)
Malespina, Francescino 221

Malocello, Lanzarotto 60, 265
Manfredi, D. 272
Mantegna, Andrea 114
Manzù, Giaccomo 358
Maragliano, Anton Maria 103, 127, 130, 135, 136, 187, 203, 204, 205, 208, 220, 231, 249, 265, 273f., 286, 314, 315, 316, 325, 362, 365 (Abb. 57)
Maratta, Carlo 132
Marco Polo 51, 61
Mateo und Nicolò Polo 61
Mardosi, Enrico 51
Margareta von Brabant (Abb. 17)
Mari, de 323
Maria Alexandrova, Zarin 323
Martinengo, Filippo 273
Martini, Arturo 269, 275
Marvaldi, Giovanni Battista 316
Maso, Bruder Hannibals 21, 288
Masone, Giovanni 104, 144, 187, 201, 271
Matsys, Jan 75, 106, 201 (Abb. 7)
Matsys, Quentin 68, 229
Matta, Sebastiano 358
Maximilian I., dt. Kaiser 56
Meister des Johannes 201
Meister Guglielmo 103, 260
Michael VIII. Paläologus, byzant. Kaiser 28f., 103
Michelangelo 68, 75, 80, 131, 328
Mignano, Serafino 294
Mignard, Pierre 129
Minucci, Quintus und Marcus 22
Miradori, Luigi (Il Genovesino) 107, 108, 202 (Farbt. 56)
Mitelli, Agostino 210
Modena, Barnabà da 75, 104, 136, 201, 334
Molinari, Giacomo 273
Molinari, Giovanni Angelo 274
Montaldo, Giovanni Battista 204, 286
Montorsoli, Giovanni Angelo 75, 80, 102, 120, 140, 144, 186, 328
Morelli Giovanni 260
Il Moretto (da Brescia) 201, 202
Moretti, Cristoforo 104
Mugahid, Emir 24
Il Mulinaretto 202
Murillo, Bartolomé Esteban 202
Mussolini, Benito 317
Mutone, Carlo 128

Napoleon I. 120, 224, 261, 268, 275

Narducci, Roberto 275
Natali, Giovanni Battista 128, 272f.
Neer, Art van der 202
Negrone 97
Nervi, Paolo Luigi 269
Niermans 328f.
Nikolaus V., Papst 261
Noli, Antonio da 61
Novi, Benedetto da 120
Novi, Matteo da 120
Nuvolone, Pancilio 107f.

Obeid, Sultan 24
Obertenghi 23f., 25, 31, 251
Oberto 23f., 64
Olgiati, Giovanni Maria 77
Oliviero, Fra 129
Onorato, Bischof von Mailand 137
Orcagna, Andrea di Cione 74
Olrey, Barend van 104
Orenga 368
Ormida, Missionar 323
Orsini 30
Orsolino, A. 211
Orsolino, Giovanni Pietro 194, 198, 362
Orsolino, Rocco 99
Orsolino, Tommaso 139
Orvieto, Renzo 328
Otto I., dt. Kaiser 23f., 226, 259, 267, 314

Paggi, Giovanni Battista 106, 107, 130, 135, 139, 272, 286, **362**
Paggi, P. T. 205
Pallavicini 97, 123, 138, 192
Pallavicini, Andrea 218
Pallavicini, Babilone 97
Pallavicini, Ignazio 218
Pallavicino, Agostino 193
Pallavicino, Nicolò 139
Pallavicino, Oberto 259
Pallavicino, Tobia 112, 188, 195
Palma il Giovane, Jacopo 201
Palma il Vecchio 106
Pammarone 143
Pancaldo, Leone 61
Pancalino 283, 295, 325
Panizzi, Giovanni Battista 324
Pantaleoni, Giovanni Michele da 144, 274
Papone, Giuolo 358
Paragorius, hl. 276
Parentucelli, Tommaso 261
Parmigianino 322

PERSONENREGISTER

Parnasio, Michele 202
Parodi, Domenico 135, 197, 202, 203, 210, 211, 273; (Abb. 23)
Parodi, Filippo 103, 128, 129, 132, 203, 209, 210, 271, 273, 331, 365
Parrasio, Michele 229 f.
Pasallo, Giovanni Maria 144
Pasquale, Oddone 283
Perin del Vaga 75 f., 80, 105, 106, 107, 109 f., 112, 120, 122, 195, 207, 212, 219, 228, 265, 322 (Farbt. 53)
Peruzzi, Baldassare 112
Pessagno, Antonio 61
Pessagno, Manuel 51
Petrarca 20
Pevsner, Nikolaus 115
Phillip II., König von Spanien 199, 201
Phillip IV. der Schöne, König von Frankreich 51, 61
Philipp V., König von Spanien 281
Piacenza, Bartolomeo da 109
Piaggio, Teramo 215, 228
Piazza, Albertino 274
Pietrasanta, Lorenzo da 260
Pinello 67, 123
Piola, Domenico 108, 117, 123, 127, 128, 132, 135, 139, 187, 194, 202, 203, 205, 208, 210, 211, 230, 265, 272, 286, 360 (Abb. Umschlagrückseite)
Piola, Paolo Gerolamo 203, 207
Piombo, Sebastiano del 68, 112, 214; (Abb. 6)
Piovene, Guido 59
Pisanello, Antonio 202
Pisano, Giovanni 75, 101, 129, 133; (Abb. 17)
Pistoria, Manfredino da 75, 103, 109
Pius VII., Papst 268, 275
Plinius d. Ä. 227
Plutarch 287 f.
Poleggi, Ennio 21, 79, 80, 110, 192, 196, 205
Polpo, Ottone 32
Ponsello, Domenico 216
Ponsello, Giacomo 132
Ponsello, Giovanni 99, 120, 129, 192, 198, 199, 205, 216, 286
Ponsonelli, G. A. 362
Pontormo, Jacopo 201
Pordenone, Giovanni 97, 109
Porta, Antonio della 75, 102, 130
Porta, Giacomo della 75, 144, 204

Porta, Guglielmo della 75, 97, 122, 144, 185, 271
Poseidon 251
Postumius, röm. Konsul 22
Pourbus, Frans 203
Pozzo, Andrea 139
Preti, Mattia 202
Previati, Gaetano 143
Procacci, U. 72, 80
Procaccini 106, 129, 132, 202
Procaccini, Guilio Cesare 202
Prosperus, Bischof von Tarragona 225
Provost, Jan 75, 104, 201
Puget, Giambologna 75
Puget, Pierre 73, 75, 102, 103, 128, 132, 134, 194, 204, 205 (Abb. 14, 16)
Pytheas 60

Quentius, Bischof 289
Quinzio, Antonio 265

Raffael 68, 75, 80, 105, 112, 131
Raggi, P. B. 210
Raimund von St. Gilles 62
Raimundi, Rosa 286
Ranzo, Pietro Guido da 366
Rathenau, Walther 228
Ratti, Carlo Giuseppe 122
Ratti, Giovanni Agostino 274
Recco, Nicolo da 61
Recco, Nicolosio da 224
Reni, Guido 75, 106, 115, 128, 139, 202, 207
Resasco, G. B. 215
Rezio 295
Ribera, Jusepe de 207
Ricci, Sebastiano und Marco 108
Riccomani, Leonardo 136
Riccomano, Leonardo 260
Riccomano, Lorenzo 260
Ridolfi, Carlo 79 f.
Riemschneider, Margarete 18
Rigaud, Hyazinth 203
Risorto, Cristo 273
Robatto, Giovanni Stefano 272, 263
Robert I., König von Neapel 52
Robbia, Andrea della 256
Rocca 231
Rocchi, Elia de 144, 274
Roderio, Antonio 120, 259
Römer 18, 21
Romano, Giulio 105, 112, 212, 228
Romano, Lucio 122

Romolos, Eremit 323
Roos, Jan 210
Rosa, Salvator 202
Rothari 23, 267, 290, 333
Rottenhammer, Hans 230
Rovere, F. N. della, Doge 266
Rovere, Giovanni della 66
Rovere, Giuliano della 271
Roverizio di Roccasterone, Adele 323
Rovezzano, Benedetto da 212
Ruffini, Giovanni 319, 324, 330
Ruisdael, Jakob van 202
Rubens, Peter Paul 73, 75 f., 106, 107, 114, 115, 139, 190, 195 f., 197 f., 201, 203, 249

Sabater 263
Sacchi, Andrea 202
Sacchi, Francesco 104, 201
Sacchi, Pier-Francesco 75, 135, 201
Sacconi, Marco 272
Sambelli, Giovanni Francesco 144
Sangallo, Antonio da 77, 131
Sangallo, Giuliano da 261, 271
Sanguinetti, Gaetano 269
Sanmicheli, Michele 99
Sansovino, Andrea 75, 102, 185
Sarazenen 23, 24, 66, 77
Saulli, Bandinello 131, 197
Saverio, Francesco und Gerolamo, hl. 208
Savoya, Odone di 215
Savoyen, Königshaus 255
Scala, Pier Angelo della 143
Schiaffino, Bernardino 225
Schiaffino, Bernardo 103, 130, 202, 203
Schiaffino, Francesco 132, 135, 202, 203, 210, 211, 230, 265, 362
Schiaffino, Simone 224
Scorel, Jan van 104, 129, 201
Scorza, Sinibaldo 128, 202
Semino, Andrea 110, 111, 112, 129, 188, 190, 194, 196, 197, 199, 202, 214, 250, 271
Semino, Antonio 105
Semino, Francesco 265
Semino, Ottavio 110, 132, 194, 195, 196, 199, 211, 271
Serfolio, Giaccomo 136
Sforza 104, 321
Shelly, Percy B. 257
Sinan der Hebräer 66
Siro, Missionar 323
Sixtus IV., Papst 57, 274, 275

Smollet, W.   20
Sneyders, Frans   106
Sodoma   112
Solaro, D.   187
Sormano, Battisto   273
Sormano, Giovanni Lorenzo   283
Sormano, P. A.   362
Sorri, Pietro   106, 129
Spazio, Bernardo   99, 132, 194, 215
Spinola   64, 65, 67, 97, 112, 186, 191, 192
Spinola di San Pietro   217
Spinola, Andrea   194, 197
Spinola, Angelo Giovanni   196
Spinola, Antonio   254
Spinola, Battista   217
Spinola, Corrado   30, 51, 65
Spinola, Francesco   102
Spinola, Galliotto   52
Spinola, Gherardo   52
Spinola, Giaccomo   198
Spinola, Lazzaro   198
Spinola, Oberto   29, 50, 65
Spinola, Obizzino   52
Spinola, Tommaso   190
Spuris, Lucretius, röm. Konsul   21
Staël, Germaine de   190
Steen, Jan   202
Storace, A.   282
Strozzi, Bernardo   107, 108, 113, 114, 115, 116, 118, 123, 128, 202, 205, 207, 210, 217, 250, 251, 315 (Farbt. 55)
Suida, Wilhelm   101, 104, 109, 110, 111
Superba   229, 251, 257

Taddeo di Bartolo   75, 104, 187, 271, 366 (Farbt. 52)
Tagliafichi   198f., 207
Tavella, Carlo Antonio   202, 215
Tavarone, Lazzaro   110, 111, 113, 123, 128, 129, 140, 143, 144, 187, 197, 198, 219, 249, 272
Theoderich d. Gr., König der Westgoten   23
Theodolfo, Bischof von Genua   24
Theodulf II., Bischof   211
Templer   122
Teniers d. J., David   202
Terramo di Piaggio da Zoagli   105
Tiné, Santo   17
Tintoretto, Jacopo   106, 129, 202
Titus, Livius   17, 267
Tizian   68f.
Tommaso Biasacci di Busca   105
Torriani   30
Treviso, Gerolamo da   97, 109, 122
Treviso, Gerolamo da d. J.   322

Urban II., Papst   25
Urban IV., Papst   60
Usodimare, Antoniotto   61

Valeriani, Giuseppe   138
Vanni, Francesco   286
Vanni da Pisa   75, 104
Vannone, Andrea   213, 219, 230
Varni, S.   275
Vasari, Giorgio   192
Vasallo   202
Vasi, G.   116f.
Veituri Langarsi   22
Velasquez, Diego   75, 107, 115

Venerius, hl.   253
Venezia, Fra Antonio da   281
Venezia, Marachesa   284
Veneziano, Niccolo   105
Venzona, Luigi   269
Vernet, Claude Joseph   202
Veronese, Bonifacio   202
Veronese, Paolo   106, 107, 114, 197, 201, 202, 207, 210
Vezzano   253
Viano, Giacomo   201
Victor Amadeus von Savoyen   286
Victoria, Königin von England   330
Vietti, Luigi   275
Viktor III., Papst   25
Visconti   30, 104, 255, 321
Visconti, Giovanni   53
Viviano, Nicolò   202
Vivaldi, Michelino da   206
Vivaldi, Ugolino   61
Vivaldi, Vadino   61
Volta   64
Voltri, Nicolò da   104, 134, 271 f., 281, 327
Vouet, Simon   128, 138 f., 202

Waal, Cornelius de   106, 202
Welser   71
Weyden, Rogier van der   104
Wildens, J.   202
Wilhelm von Arles, Gaugraf   24
Wittkower, Rudolf   73 f., 106, 107, 109, 110, 117

Zaccaria   64
Zimmermanns, Klaus   74
Zurbaran, Francisco   202

DuMont Kunst-Reiseführer

»Kunst- und kulturgeschichtlich Interessierten sind die DuMont Kunst-Reiseführer unentbehrliche Reisebegleiter geworden. Denn sie vermitteln, Text und Bild meist trefflich kombiniert, fundierte Einführungen in Geschichte und Kultur der jeweiligen Länder oder Städte, und sie erweisen sich gleichzeitig als praktische Führer.« *Süddeutsche Zeitung*

Alle Titel in dieser Reihe:

- Ägypten und Sinai
- Entdeckungsreisen in Ägypten 1815–1819
- Algerien
- Arabien
- Entdeckungsreisen in Südarabien
- Belgien
- Die Ardennen
- Bhutan
- Brasilien
- Bulgarien
- Bundesrepublik Deutschland
- Das Allgäu
- Das Bergische Land
- Bodensee und Oberschwaben
- Bonn
- Bremen, Bremerhaven und das nördliche Niedersachsen
- Düsseldorf
- Die Eifel
- Franken
- Hannover und das südliche Niedersachsen
- Hessen
- Hunsrück und Naheland
- Köln
- Kölns romanische Kirchen
- Die Mosel
- München
- Münster und das Münsterland
- Zwischen Neckar und Donau
- Oberbayern
- Oberpfalz, Bayerischer Wald, Niederbayern
- Ostfriesland
- Die Pfalz
- Der Rhein von Mainz bis Köln
- Das Ruhrgebiet
- Sauerland
- Schleswig-Holstein
- Der Schwarzwald und das Oberrheinland
- Sylt, Helgoland, Amrum, Föhr
- Der Westerwald
- Östliches Westfalen
- Württemberg-Hohenzollern
- Volksrepublik China
- DDR
- Dänemark
- Frankreich
- Auvergne und Zentralmassiv
- Die Bretagne
- Burgund
- Côte d'Azur
- Das Elsaß
- Frankreich für Pferdefreunde
- Frankreichs gotische Kathedralen
- Korsika
- Languedoc–Roussillon
- Das Tal der Loire
- Lothringen
- Die Normandie
- Paris und die Ile de France
- Führer Musée d'Orsay, Paris
- Périgord und Atlantikküste
- Das Poitou
- Die Provence
- Drei Jahrtausende Provence
- Licht der Provence
- Savoyen
- Südwest-Frankreich
- Griechenland
- Hellas
- Athen
- Die griechischen Inseln
- Alte Kirchen und Klöster Griechenlands
- Tempel und Stätten der Götter Griechenlands
- Korfu
- Kreta
- Rhodos
- Großbritannien
- Englische Kathedralen
- Die Kanalinseln und die Insel Wight
- London
- Schottland
- Süd-England
- Wales
- Guatemala
- Holland
- Indien
- Ladakh und Zanskar
- Indonesien
- Bali
- Irland
- Island
- Israel
- Das Heilige Land
- Italien
- Apulien
- Elba
- Das etruskische Italien
- Florenz
- Gardasee, Verona, Trentino
- Lombardei und Oberitalienische Seen
- Die Marken
- Ober-Italien
- Die italienische Riviera
- Von Pavia nach Rom
- Rom – Ein Reisebegleiter
- Rom in 1000 Bildern
- Das antike Rom
- Sardinien
- Südtirol
- Toscana
- Umbrien
- Venedig
- Die Villen im Veneto
- Japan
- Nippon
- Der Jemen
- Jordanien
- Jugoslawien
- Karibische Inseln
- Kenya
- Luxemburg
- Malaysia und Singapur
- Malta und Gozo
- Marokko
- Mexiko
- Unbekanntes Mexiko
- Namibia und Botswana (Februar '89)
- Nepal
- Österreich
- Burgenland
- Kärnten und Steiermark
- Salzburg, Salzkammergut, Oberösterreich
- Tirol
- Vorarlberg und Liechtenstein
- Wien und Umgebung
- Pakistan
- Papua-Neuguinea
- Polen (Februar '89)
- Portugal
- Madeira
- Rumänien
- Die Sahara
- Sahel: Senegal, Mauretanien, Mali, Niger
- Die Schweiz
- Tessin
- Das Wallis
- Skandinavien
- Sowjetunion
- Georgien und Armenien
- Kunst in Rußland
- Moskau und Leningrad
- Sowjetischer Orient
- Spanien
- Die Kanarischen Inseln
- Katalonien
- Mallorca – Menorca
- Nordwestspanien
- Spaniens Südosten – Die Levante
- Südspanien für Pferdefreunde
- Sudan
- Südamerika
- Südkorea
- Syrien
- Thailand und Burma
- Tunesien
- USA – Der Südwesten
- Zypern

Alle Bände mit vielen, zum Teil farbigen Abbildungen; dazu Zeichnungen, Karten, Grundrisse, praktische Reisehinweise.